U0898577

中国渔业
互助保险发展实践

ZHONGGUO YUYE
HUZHU BAOXIAN FAZHAN SHIJIAN

◎ 孙颖士　主编

辽宁人民出版社

图书在版编目（CIP）数据

中国渔业互助保险发展实践 / 孙颖士主编. — 沈阳：辽宁人民出版社，2020.11
ISBN 978-7-205-09979-4

Ⅰ. ①中… Ⅱ. ①孙… Ⅲ. ①渔业－保险－研究－中国 Ⅳ. ①F842.66

中国版本图书馆CIP数据核字(2020)第197691号

出版发行：辽宁人民出版社
地址：沈阳市和平区十一纬路 25 号　邮编：110003
电话：024-23284321（邮　购）　024-23284324（发行部）
传真：024-23284191（发行部）　024-23284304（办公室）
http：//www.lnpph.com.cn
印　　刷：辽宁新华印务有限公司
幅面尺寸：170mm × 240mm
印　　张：27
字　　数：410 千字
出版时间：2020 年 11 月第 1 版
印刷时间：2020 年 11 月第 1 次印刷
责任编辑：娄　瓴
装帧设计：隋　治
责任校对：吴艳杰
书　　号：ISBN 978-7-205-09979-4

定　　价：68.00 元

编写说明

本书以渔业生产高风险理论、农业保险经营模式、相互保险发展政策为背景，以渔业权制度、渔业生产装备现状和现代渔业保险要素为基础，系统撰写了市场经济发轫之初，商业保险淡出渔业保险市场，中国渔业互助保险组织应运而生，地方渔业互保协会顺势而起，历经26年的艰辛探索，从小到大，从弱变强，在互助共济、服务渔业的特殊保险领域，闯出一片新天地的持续发展和伟大实践。

在本书出版之际，中国渔业互助保险系统体制改革工作进入了最后的实质性阶段。按照农业农村部和银保监会两部委文件要求，2020年底中国渔业互保协会将退出渔业保险业务运营，取而代之的是改制后的，在工商部门注册登记的渔业互助保险社，继承开展原来渔业互助保险业务。

本书设计新颖、内容广博、体系独特，从渔业权、渔业生产装备、渔业风险分析、渔业保险险种到渔业互助保险和理赔实务等，相互贯通，构成一个相对完整的理论体系，并建立起一套可具体工作的实务流程。既可以作为渔业保险工作者的工具书，也是渔业行业管理者的参考书，还是广大渔业生产者的培训教材。本书分为十个部分，由导言和九个章节构成。

导言作者孙颖士；第一章作者刘广东、卫航；第二章作者刁有明；第三章作者于晓利、李帅；第四章作者张伟光；第五章作者孙颖士、刘俏；第六章作者孙颖士、白春林；第七章作者刘国磊；第八章作者广东省陈任澄、冯石旺，宁波市李双明，浙江省王杨科，山东省高鹏，江苏省胡永生、河北省常古森、菅冬韵、任鹏、马先进，辽宁省刘明阳、张冬雷，福建省黄金水、姜善；第九章王炳喜、郑童遥。

序　一

从1994年7月至今，我国渔业互助保险事业已经走过了26年不寻常的实践历程，这其中既有成绩和经验，也有问题和不足，值得认真总结思考。近期，颖士同志组织业内的专家骨干编著了《中国渔业互助保险发展实践》一书，对渔业互助保险发展做了全面系统的回顾，有助于大家更加客观深入地去了解认识“渔业互助保险”及其发展历程，很有意义也很有必要。

渔业是国际公认的高风险行业，然而如何解决这一问题各国做法不一。20世纪90年代，我国商业保险机构未有效介入渔业保险市场，渔民特别是海洋捕捞渔民出海作业缺乏基本的风险保障。在当时特定国情下，渔业主管部门出面建立了这样一种互助保险的保险模式，将渔业安全生产管理和渔业风险保障工作结合起来，组织宣传引导渔民自我保障，渔业互助保险事业自此开始起步。26年来，在各级渔业主管部门的指导帮助下，渔业互助保险不断发展壮大，探索出了一条符合实际的渔业保险道路，为加强渔业安全生产管理和完善渔业风险保障体系做出了历史性的贡献。目前，渔业互助保险工作已在全国25个省（市、区）展开，会员总量高达23万人，惠及渔民群众近百万人。渔业互助保险的深入开展，不仅促进了有关各方的保险理念创新，更重要的是普遍增强了广大渔民的保险意识，买保险保平安的思想已经深入渔民心中，培育出了一个具有相当规模的渔业保险市场，为整个渔业保险下一步发展打下了扎实的基础。

当前，渔业互助保险正处于改革发展的重要时期。全系统正按照国务院批准的体制改革方案，在坚持“互助共济、服务渔业”宗旨、渔业主管部门行业指导和“全国一盘棋”三项原则不变的基础上扎实推进体制改革工作，以更好地适应国家保险监管要求规范发展，更好地服务于广大渔民会员。希望社会各界更多关心渔业，关爱渔民，更多有识之士积极投身渔业互保研究实践中，共同造福渔业渔民。

中国渔业互保协会理事长

2020 年 7 月

序　二

2011年，中国渔业互保协会辽宁省办事处历经17年的艰苦奋斗、薪火相传，完成了她的历史使命——以办事处的员工队伍、保险业务和品牌形象为基础，在辽宁省民政厅登记注册，成立具有独立法人资格的辽宁省渔业互保协会，在中国渔业互保协会的指导下，在原辽宁省海洋与渔业厅的领导下，在全省渔港监督机构大力帮助和广大渔民会员支持下，独立开展辽宁省的渔业互保业务。体制、机制的变革，极大地释放出地方协会的工作积极性和创造性，承保业务快速发展，赔付率显著下降，会员服务有声有色，全省渔业互助保险工作充满生机活力。

风云际会，机缘巧合，我有幸担任辽宁省渔业互保协会理事会的首任理事长，从此和渔业互助保险事业有了不解之缘。九年来，我经历了渔业互保从弱到强、从小到大的发展历程，经历了渔业互保服务会员形式创新、内容丰富的发展转变，经历了渔业互保体制改革、政策图新的积极探索。这些年，有业务发展的喜悦，有机构改革的忧虑，有目标清晰的释然。渔业互助保险事业虽然在不断地发展壮大之中，引起方方面面的关心和重视，但是从事保险业务，没有纳入国家保险监督管理部门的监管体系，没有针对性的法律法规保障，始终制约着全系统的渔业互保业务做大做强。如何破解法律地位和财政支持的难题，一直是渔业主管部门和全国协会系统关心的头等大事。今年，在国务院领导的关心下，农业农村部和中国银保监会联合印发文件，全国渔业互助保险系统将整体改革，成立在工商部门登记注册的渔业互助保险社团，纳入国家监管体系，可以“名正言顺”地从事政策性渔业保险业务。这对渔业互保事业来说，将是一个全新的历史发展阶段，未来充满希望，也充满挑战。

去年，中国渔业互保协会原秘书长孙颖士先生从獐子岛集团执行总裁的岗位上退休，被聘为辽宁省渔业互保协会的顾问。由他组织、策划、主编此书，系统记录和总结了26年来全国渔业互助保险事业的发展和实践，尤其是在渔业互保体制改革之时，给历史留下了宝贵的文字纪念。我认为这对渔业互助保险事业是件非常有意义的好事，也是一项很有挑战性的艰苦工作，我代表省协会给予积极支持。

今年春节前后，颖士先生走访八个地方渔业互保协会，沟通信息、搜集素材，投入巨大的精力，加班加点组织作者、购买书籍、阅读撰写，以惊人的效率完成了 30 多万字的厚厚书稿，送我案头，嘱我作序。

仔细翻阅书稿，感觉思路清晰、结构新颖、逻辑顺畅、观点鲜明、语言平实。书中有关于农业保险、相互保险、渔业保险、渔业互助保险、水产养殖保险方面的大量政策、制度和模式内容，信息量大、知识面广、数据源新，既有农业保险的理论体系，又有渔业互保的业务实践，既有国家协会的发展历程，又有地方协会的奋斗足迹，展现出全国渔业互助保险事业26年来的不凡经历。

本书出版之际，正值全国渔业互保体制改革的高光时刻，我向诸位推荐此书，对我们未来的事业，在理论和实务上都将带来实实在在的帮助。

说些有感而发的心里话，是以为序！

中国渔业互保协会理事长 陈维仁

2020 年 7 月

目 录

导 言

中国渔业互助保险模式的终结与新生

在商业保险机构一统天下的中国保险市场，在新模式、新机制、新渠道不断涌现的农业保险领域，有一片特殊的保险天地，顽强地探索实践了26年，形成一整套基本符合渔业生产实际、符合渔业风险规律、符合渔民保险心愿的保险体系，形成了政府放心、渔民支持的“为政府分忧、为渔民解难”的渔业保险制度，形成了在农业保险和相互保险领域比较有影响力的中国渔业互助保险运营模式。2019年尽管中国渔业互助保险系统的保费收入只占全国农业保险保费收入的三十二分之一，却主导着中国渔业保险市场。在潜力巨大的渔业保险领域里，在商业保险机构主导农业保险的市场格局下，渔业互助保险模式展现出顽强的生命力，有着无限的想象空间。

更为社会各界所关注的是，在当下中国社会，以社团法人资格、以协会性质的体制机制，在相互保险组织法律法规建设滞后、不受国家保险监督管理部门约束的条件下，中国渔业互保协会能否合法地、长期地、独立地开展渔业保险业务，能否在中央政策性农业保险体系中享受到与其他商业保险机构同等待遇，能否如同日本、韩国渔业保险体制一样，把民间组织的探索实践升华成立法保障的、财政扶持的、独立于商业保险监督管理体系之外的互相制渔业政策性保险运营模式，这些问题始终伴随着渔业互保事业的发展进程。

1994年成立的中国渔船船东互保协会（2007年更名为“中国渔业互保协会”），设想着要立足于中国渔业产业，走出一条有别于商业保险体系的互助保险体制下的运营之路。基本制度的顶层设计是“建成人大立法保障的、中央财政保费补贴的、渔业主管部门指导的、渔民广泛参加的、互助保险组织运作的”中国渔业互助保险制度。26 年来，距离这个目标若即若离、时远时近。

2006 年中共中央、国务院一号文件要求：“加快发展多种形式、多种渠道的农业保险。”中国渔业互助保险模式正符合了与商业保险机构不同的形式和不同的渠道，是全国范围内仅有的符合国家政策支持范围的、区别于商业保险机构的行业互助保险实践者。

2012 年中共中央、国务院一号文件中明确指出“扶持发展渔业互助保险”，这是国家政策层面首次对渔业互助保险最有针对性的宏观支持表述，中国渔业互助保险经营模式终于进入了国家政策考量的视线，发展渔业互助保险模式有了尚方宝剑，扶持政策呼之欲出，建立渔业互助保险制度似乎将要水到渠成了。

2013 年 3 月 1 日起施行的《农业保险条例》，经过漫长而艰难的沟通和争取，终于明确了渔业互助保险的法律地位。在定性相互保险组织的过程中，也反映了在相当的层面上，对互助保险组织如何适应在中国社会发展的矛盾与冲突。《农业保险条例》规定，“本条例所称保险机构，是指保险公司以及依法设立的农业互助保险等保险组织”。依法所规，似乎中国渔业互保协会在经营政策性渔业保险业务时合法合规了，向着渔业互助保险组织被国务院保险监管部门认可，承载渔业保险财政保费补贴的发展目标更近了，然而却是真正距离协会法人从事互助保险的目标更遥远的开始。在《农业保险条例》第三章“经营规则”中，设立了保险机构经营农业保险业务，必须经国务院保险监督管理机构依法批准的六条规定，未经依法批准，任何单位和个人不得经营农业保险业务。而要符合这六条法规要求的条件，又是没能纳入保监会监管、缺少巨额资本金的协会组织短期无法达到的。对于此规定 2006 年有了修改，对符合条件的取消了依法批准。近日，中国银保监会办公厅发布《关于进一步明确农业保险业务经营条件的通知》，其中主要内容是对综合性财产保险公司和专业性农险公司偿付能力充足率分别做出了不同规定。前者要求上一年度末及最近两个季度综合偿付能力充足率 180% 以上，后者 150% 以上，但这对正处于体制改革之中的协会已经不是问题了。

纵观党中央、国务院一系列支持发展互助保险经营农业保险的方针政策，都是导向性的、宏观的。具体到实质性的、操作层面的，就缺少法律法规的保障，有的多是限制和约束。归根结底是渔业互助保险组织的体制机制，不适应国务院保险监督管理机构依据《保险法》监管商业保险机构的内容、方式和方法。社团法人互助保险组织的非营利、低成本、有限赔付等特点正是商业保险机构的劣势；而商业保险机构充足的偿付能力、大灾风险安排应对预案和追求利润等特点正是互助保险组织的劣势。用统一监督管理工商部门登记注册的商业保险机构的制度，来规范要求民政部门登记注册的互助保险协会是于法无据的，也是没有监管基础的，没能体现出党中央、国务院一系列支持发展互助保险的精神。国家在农业保险政策上，始终没有出台针对互助保险组织经营特点的具体政策，更谈不上如日本、韩国对渔业互助保险的专门立法保障了。尽管中国渔业互助保险模式是新中国成立 70 年来最为成功的农业保险制度相互制模式的伟大实践，也最有可能为社团法人经营互助保险在中国争取一席之地，成为市场经济条件下保险领域的创新力量，然而这条路终究还是没能走通。

相互保险制是一些经济发达国家农业保险经营的主要制度，尤其是法国、日本、韩国等。据陈辉博士在他的相互保险研究系列书籍中披露：主要相互保险国家所占本国保险市场份额，日本为 45%，欧洲为 42.2%，美国为 35%。在欧洲有近 3000 家相互保险机构，而日本资产规模前三位的保险公司都是相互保险机构。2007 年，全球相互与合作保险市场份额占到全球保险市场的 23.7%，而 2014 年增加到了 27%。数据显示出经济发展越好的地区其相互与合作保险的占比越高。而作为世界第二大保险体的中国，相互与合作保险仅占整个保险市场份额的 0.3%，这种发展严重滞后的局面与有关相互保险的法律法规缺位、社会文化缺少合作互助基础有关。从这个意义上说，中国渔业互助保险模式没有能顺理成章地成为法律法规保障之下，承载中国渔业政策性保险的主体，是与国情相符的。拥有众多同质风险，又是规模不大的小本经营的渔船船东和水产养殖户，难以独自承担生产过程中的各种风险，最需要互助共济，抱团取暖，用低成本的会员体系共同抵御灾害损失。但是这种制度要想走得远、走得快，必须有政府坚强支持的后盾，有法律法规的制度性保障。

2020 年 5 月 22 日，农业农村部办公厅、中国银保监会办公厅印发《关于推进渔业互助保险系统体制改革有关工作的通知》，明确“剥离协会保险业务，设立专业保险机构承接”的改革总体思路，设立具有独立法人资格的全国性渔业互助保险机构，力争 2020 年内完成，此后，中国渔业互保协会不再从事保险业务。这是中国渔业保险由互助保险协会组织经营模式的终结，也是由专业相互保险机构经营中国渔业保险模式的新生。

终结了的是在民政部门登记注册，不受国务院保险监督部门监管的、非营利性质的相互制渔业互助保险运营模式。新生了的是在工商部门登记注册，接受国务院保险监督部门监管的、营利性质的相互制渔业专业保险机构经营模式。

这个终结不是戛然而止，这个新生也不是从天而降。中国渔业互助保险体系 26 年积累起来的政府信任、市场品牌、渔民拥戴、社会认可、组织体系、员工队伍、技术标准、理赔经验、业务份额和海量数据，都是终结者留下的宝贵遗产，都是新生者继承的丰厚财富。可以预测，2020 年底完成改制后的渔业相互保险机构肯定会打破新成立的保险机构要亏损 3—5 年的铁律，成为中国保险界当年成立、当年赢利的首个机构。

专业保险机构重视合法合规的市场化经营，民间互助组织的灵魂则是互助共济会员自我服务。“一人保大家，大家保一人”是互助保险的基因和核心理念。改制后新生的渔业专业保险机构必然会携带着与生俱来的传统基因，创新会员服务的新方法、新手段、新形式。服务好了会员就是服务好了市场，就掌握住了核心竞争力。

总体看，中国渔业互保协会的早期发展壮大是深度依赖渔业行政主管部门的，从国家协会到地方协会的上层决策部门理事会，几乎均由渔业主管部门的现任领导或退休领导担任，理事长、秘书长和监事长等重要职务均由现任领导担任，基层办事处、代办处领导均由各级渔港监督执法机构领导兼任。把渔业互保工作作为渔业安全工作的一部分，利用行政、执法工作的便利条件，为渔民开展保险服务。这一做法延续了协会成立之前全国渔港监督机构为中国人民保险公司代理渔船保险业务的惯例，也符合渔业行政主管部门担心保费资金安全而选派得力干部管理渔业互保的用意。但是这种体制和机制与协会的民主管理、会员治理相矛盾，对于发挥会员的积极性和主动性设计不足，与“政社脱钩”的政策相冲突。因此协会工作长期处在政策的调整之中，行政人员兼职协会各级领导也存在着变动频繁、协会队伍建设不稳定、员工工资福利待遇不规范、难以吸纳人才等问题。

保险业务是集合风险而科学管理的事业，发生事故之后能否具有充足的偿付能力，涉及众多被保险人的利益和社会的稳定，所以进入这个行业的门槛很高，国家对保险机构的监督管理很严。而协会从事渔业保险业务，经营着巨额风险，又不受国家保险监督管理部门的约束。尽管这些年协会严格自律，没有出现过较大的经营风险和信用危机，但是政府有关部门还是不放心。改革体制、纳入监管也就别无选择了。

实际上国家和地方渔业互保协会工作机制的改革一直没有停止，从2001年开始，国家协会层面的秘书处全体工作人员就已经实现不用兼职，完全由社会招聘专职人员担任。从2004年浙江省渔业互保协会成立开始，就大量聘用专职人员从事协会基层的业务工作，形成新的独立于渔港监督机构的用人体系。自此各新成立的渔业互保协会的秘书处工作人员全都实现了市场化用人机制。2018年辽宁省120人的渔业互保队伍，从秘书长到基层办事处已经全部实现人才市场招聘，行政执法人员全部退出协会兼职，但决策层理事会的基本格局始终没有大的改变。渔业互保组织多年来处于体制机构变动的状态之下，处于保险政策模糊的状态之下，没有能正常释放出应有的能量，没有能达到更好的发展效果。同样是1994年前后成立的太平洋保险、平安保险、泰康保险、新华保险、华泰保险等都已经发展成为保险业的巨头，拥有几千亿的资产。而全国渔业互助保险体系仅仅积累了几十亿资产，这与协会的产权制度、治理结构原始的缺陷有关。

终结了的是一段艰苦创业的历史，是一段积极探索的历程。26年来兼职协会工作的众多同志，就是渔业互保事业的志愿者，大家不发工资，不计得失，兢兢业业地工作，履行着“互助共济、服务渔业”的责任与使命。

2020 年 6 月 12 日，中国银保监会印发《加快财产保险业高质量发展三年行动方案（2020—2022 年）（征求意见稿）》提出“推动渔业互助保险系统体制改革”，渔业互保体制改革已经提到银保监会的议事日程。未来的中国渔业相互保险机构有明确的独立法人地位，是名正言顺的政策性渔业保险运营主体，彻底结束了长期束缚手脚的政策羁绊，我国正处在农业政策性保险发展的最好时代，真可谓“好风凭借力，送我上青天”，中国渔业保险事业的明天一定会更好。

渔业互保体制的改革正是凤凰涅槃，浴火重生，改制之后其羽更丰、其音更清、其神更髓，我们期待这只时代的金凤凰为中国的渔民兄弟带来福音。

第一章　渔业权和渔业安全生产管理制度

第一节　渔业权制度

一、海域使用权

海域使用权管理制度的主要执行单位为国家及代表国家行使管理权的国家海洋行政机关，我国管辖范围内的海域归国家所有，单位和个人禁止以买卖、占有或其他形式对海域使用权进行非法转让。海域使用权属管理制度由三个级别构成，按照层次的高低依次为国家海域使用管理制度、国家海洋行政机关海域使用管理制度、相邻海域使用管理制度。

（一）海域使用权的取得

1. 海域使用权的取得制度

（1）海域使用申请人应当向县级以上人民政府海洋行政主管部门提出申请，申请人应当提交海域使用申请书、海域使用论证材料、相关的资信证明材料及法律、法规规定的其他书面材料。

（2）按照《中华人民共和国海域管理使用法》的规定和省、自治区、直辖市人民政府的规定，报有批准权的人民政府审批。

（3）有批准权的人民政府经审查，认为海域使用申请人申请使用的海域符合海洋功能区划、符合申请人身份和用途的规定以及本法和有关法律、法规的其他规定的，予以批准，批准后由该人民政府对海域使用权进行登记造册，向海域使用申请人颁发海域使用权证书。至此，海域使用申请人方取得海域使用权。

（4）对海域使用权的申请实行分级审批。需要由国务院进行审批的用海项目有：填海 50 公顷以上的项目用海；围海 100 公顷以上的项目用海；不改变海域自然属性的用海 700 公顷以上的项目用海；国家重大建设项目用海；国务院规定的其他项目用海的海域使用申请。除此以外，其他项目用海的审批权限，由国务院授权各省、自治区、直辖市人民政府规定。县级以上地方人民政府按照本省、自治区、直辖市人民政府规定的审批权限对海域使用申请进行审批。

2. 海域使用权的取得方式

（1）一般取得方式。海域使用权的取得方式是：通过海域使用申请人的申请，并经有批准权的人民政府的批准取得。

（2）特殊取得方式。通过招标或者拍卖的方式取得。首先由海洋行政主管部门编制某一海域的招标或者拍卖方案，该招标或者拍卖方案是否可行还要报经有批准权的人民政府进行审批，批准后才能作为正式的招标或者拍卖方案进行招标或者拍卖；通过招标或者拍卖确定海域使用权人后，向中标人或者买受人颁发海域使用权证书。

3. 海域使用权的取得时效

海域使用申请人自领取海域使用权证书之日起，方取得海域使用权。海域使用申请人合法取得的海域使用权受法律保护，没有按照本法规定的程序和规定的审批权限取得的海域使用权属于违法取得，其已经取得海域使用权无效，因取得海域使用权而产生的其他利益法律不予以保护。颁发海域使用权证书，除依法收取海域使用金外，不得收取其他费用。海域使用权证书的发放和管理办法，由国务院规定。

（二）海域使用权人的权利和义务

长期以来，我国立法比较注意对国家、集体利益的保护，相对而言对公民和法人及其他组织的权利保护较弱。《中华人民共和国海域管理使用法》为加强对公民和法人及其他组织权利的保护，明确规定“海域使用权人依法使用海域并获得收益的权利受法律保护，任何单位和个人不得侵犯”。举例来说，对于排他性用海的海域使用权人，其依法取得海域使用权后，政府不能再批准其他的单位和个人使用该海域，其他单位和个人未经使用权人同意进入该海域，捕捞使用权人养殖的海产品、采挖该海域的海砂或者因进入该海域影响了海域使用权人的正常生产经营活动的，即是对使用权人的合法使用权造成了侵害，海域使用权人可以自己要求非法进入该海域的单位和个人退出该海域，也可以依照本法第 44 条的规定请求海洋行政主管部门排除妨害，还可以依照民事诉讼的有关规定向人民法院提起诉讼，因非法进入使海域使用权人受到损失的，海域使用权人还可以要求其赔偿自己的损失。海域使用权人的如上权益依法受我国法律的保护。

同时，有权利就有义务，权利和义务一致才能使权利得到最大的保护，使义务得到最彻底的履行。因此本法规定海域使用权人有义务合理使用海域、保护海域，对不妨害其依法使用海域的非排他性用海活动不得阻挠。这就是说，海域使用权人取得了海域使用权后，并不能随心所欲地使用海域，如改变海域的用途，也不能破坏性使用海域或者污染海域以及影响其他单位和个人对海域的合法使用。由于海域具有公共性、共享性的特点，可以重复和综合利用，海域使用权具有自己的特点，即它在排他性方面具有一定的抽象性，有一些用海活动是具有非排他性的，例如通航。因此，对于海域使用权人来说，其他单位和个人只要不影响海域使用权人正常使用海域，无论是其他单位和个人需要通行或者进行其他非排他性的用海活动，海域使用权人都不得拒绝或进行阻挠。

海域使用权人一般不得进行海洋基础测绘。海洋基础测绘关系到国家的安全，需要有国家的特别许可才能进行。海域使用权人在取得海域使用权期间，因开发利用该海域确实需要进行海洋基础测绘的，必须按照《中华人民共和国测绘法》的规定和其他有关规定，经过依法批准，并按照规定的方法和程序，在批准的范围内进行海洋基础测绘活动，形成的文字、图表等还要按照有关规定上交给国家有关部门。凡没有经过依法批准的，任何单位和个人都不得从事海洋基础测绘，否则即为违法，将承担非法进行海洋基础测绘的法律责任。

海域使用权人在使用海域期间，发现海域自然资源和自然条件发生重大变化的，应当及时报告海洋行政主管部门。由于海水不停地在流动，因此海域内的自然状况处于不断的变化之中。可能因某一潮汐或者洋流流动速度、方向发生改变而使某一海域的一些渔业资源突然增多，也可能因风暴潮、地震海啸、风暴海浪、海冰、海雾、赤潮等海洋灾害的影响，以及因排放污染物、海上建筑物、船舶通航、采挖珊瑚礁等人为活动，使多种海洋动植物大量减少，还可能使某一海域内的自然条件发生变化。发生这种情况，不仅会对海域使用权人当前的利益带来影响，也可能对海域使用权人将来的利益以及周围大范围的海洋自然资源、气候等自然条件带来影响。因此，海洋使用权人应保持警惕，凡遇此类情况，一定要及时向海洋行政主管部门报告。

（三）海域使用权的使用年限

《中华人民共和国海域管理使用法》区别各行业用海的不同情况和要求，兼顾不同情况的投资和预期收益，并参照各类土地利用年限、矿权存续年限等的规定，对海域使用权最高年限做了不同的规定：

1. 养殖用海，15 年。主要包括饲养和繁殖鱼、虾、贝、蟹等海洋生物以及海带、紫菜、医用藻类等海洋植物的用海；

2. 拆船用海，20 年。指按照国务院 1988 年 5 月 18 日发布的《防止拆船污染环境管理条例》第 3 条的规定进行拆船活动的用海，包括岸边拆船和水上拆船。岸边拆船指废船停靠拆船码头拆解、废船在船坞拆解、废船冲滩（不包括海难事故中的废船冲滩）拆解。水上拆船指对完全处于水上的废船进行拆解；

3. 旅游、娱乐用海，25 年。指建设开发海上自然景观、旅游休闲、冲浪娱乐等设施和项目的用海；

4. 盐业、矿业用海，30 年。指为开采海盐、采挖海沙、开采海底石油和天然气等矿产资源的用海；

5. 公益事业用海，40 年。如建立海洋珍稀动植物保护区等的用海；

6. 港口、修造船厂等建设工程用海，50 年。指建造各类客运、货运港口、码头，制造、维修各类军用、民用船只以及铺设海底电缆、管道等建设项目的用海。

（四）海域使用权续期

海域使用权到期后，海域使用权人仍然需要使用该海域的，还可以申请续期使用，海域使用权续期申请应按相关规定进行。海域使用权续期申请的时间为海域使用权期限届满前 2 个月。续期使用申请的接受和审批部门为原来批准该海域使用权的人民政府。不论原海域使用权的取得是通过申请、审批取得还是通过招标或者拍卖取得，其进行续期申请的程序和要求相同。一般情况下，海域使用权人申请海域使用权续期的，原批准用海的人民政府应当批准其续期使用申请。如果因公共利益和国家安全需要使用该海域的，原批准用海的人民政府也可以不批准海域使用权人的续期使用申请。经批准准予续期使用的，海域使用权人应当按照规定或者约定的数额缴纳续期的海域使用金。续期使用期间，海域使用权人的权利义务与原来相同。

（五）海域使用权变更、转让和继承

海域使用权作为一种财产权利，具有可流转性。

海域使用权人是企业时，海域使用权人变更的规定：企业因生产经营的需要，可能由一个企业分立为两个或者几个企业，也可能与其他的企业合并为一个企业，还可能与其他企业或者个人进行合资经营、合作经营。不管企业是进行合并、分立还是与他人进行合资、合作经营，都有可能使原有的海域使用权人发生变更，这时就需要更换海域使用权人。目前海域使用权的产生主要源于行政许可审批，仅仅有当事人双方的合意还不能形成权利主体的改变，必须经过行政审批才能完成这一财产权利主体的改变。因此规定企业因合并、分立或者与他人合资、合作经营，需要变更海域使用权人的，需要经原批准用海的人民政府的批准。

海域使用权可以依法转让的规定：转让是指一方将自己的某一财物或者某一项权利让与另外一方，从而取得一定的报酬作为对价的行为。财物或者权利的原拥有人为出让人，接受财物或者权利的人为受让人。海域使用权类似于土地使用权、矿产开采权等用益物权。按照我国有关法律的规定，土地使用权、矿产开采权的转让都有法定的条件限制，有的还需要经过有批准权的人民政府或者有关行政主管部门批准才能进行。鉴于我国进行海域使用管理的时间较短，实践经验还不够丰富，本法只规定海域使用权可以依法转让，但对于转让的条件、程序，以及是否需要经过审批等则未做明确规定，而是授权由国务院制定海域使用权转让的具体办法。

海域使用权可以依法继承的规定：考虑到海域使用权是一种财产权利，特别对于传统渔民来讲是生活的基本保障，这里讲的“依法”是指《中华人民共和国继承法》。因此，继承是以海域使用权人为自然人为前提的。

二、养殖权

水域滩涂养殖使用权的制度建设中，最具代表性的就是水域滩涂养殖证制度建设。该制度建设的核心之一是确权。养殖证制度是确保养殖渔民长期而稳定的水域滩涂使用权的法律制度。养殖证对渔民养殖权益的保护主要体现在两个方面：第一，养殖证是渔民合法拥有水域滩涂养殖权利的法律凭证，意味着渔民在该水域滩涂进行养殖、获取收益的行为受法律保护，任何单位、个人不得侵犯；第二，养殖证作为判断水域滩涂功能用途的依据，当政府或其他行业部门为了公共利益需要在养殖证有效期限届满前收回使用权，或养殖因污染而遭受损害时，渔民可依据养殖证索要补偿或赔偿。

改革开放以来，我国水域滩涂养殖证制度建设大体经历了三个阶段，分别为：①萌芽阶段，时间大体为 1985—2002 年，标志性事件是 1986 年《渔业法》的颁布，该法用法律的形式确立为水域滩涂养殖使用权制度，该法第十一条明确规定，“国家对水域利用进行统一规划，确定可以用于养殖业的水域和滩涂。单位和个人使用国家规划确定用于养殖业的全民所有的水域、滩涂的，使用者应当向县级以上地方人民政府渔业行政主管部门提出申请，由本级人民政府核发水域滩涂养殖证，许可其使用该水域、滩涂从事养殖生产。核发水域滩涂养殖证的具体办法由国务院规定。集体所有的或者全民所有由农业集体经济组织使用的水域、滩涂，可以由个人或者集体承包，从事养殖生产”。这一条款基本奠定了后续水域滩涂养殖证制度建设的核心内容；

②启动阶段，时间大体为2002—2007年，标志性事件是《农业部关于印发完善水域滩涂养殖证制度试行方案的通知》的出台。2002年3月，农业部印发《完善水域滩涂养殖证制度试行方案》，要求在全国范围内逐步建立起以水域滩涂养殖证制度为基础的水产养殖业管理制度。指出建立水域滩涂养殖规划制度，国家对水产养殖水域、滩涂实行养殖证制度，养殖证是生产者使用水域滩涂从事养殖生产活动的合法凭证，要按照发证范围、发证办法、实施步骤开展工作；③全面铺开阶段，时间大体为2007年至今，标志性事件是《物权法》的颁布实施以及《水域滩涂养殖发证登记办法》《农业部关于稳定水域滩涂养殖使用权，推进水域滩涂养殖发证登记工作的意见》《农业部办公厅关于启用新版〈水域滩涂养殖证〉有关事项的通知》等文件的出台。

《养殖使用证》是单位或者个人依法向县级以上地方人民政府行政主管部门提出申请，经渔业行政主管部门审核，由县级以上地方人民政府核发，允许其使用规划用于养殖的水域、滩涂从事养殖生产的权利的法律证明文件。《养殖使用证》的核发对象是养殖水域滩涂所有者或承包者。全民所有的海域和内陆水域依照《渔业法》和《土地管理法》的规定，确定海域和内陆水域养殖使用权。集体所有或者全民所有由农业集体经济组织使用的海域和内陆水域，依照《渔业法》《土地管理法》和有关土地承包经营的规定，确定海域和内陆水域养殖承包经营权。2010年5月，农业部发布《水域滩涂养殖发证登记办法》，明确了国家所有水域滩涂的发证登记、集体所有或者国家所有由集体使用水域滩涂的发证登记，以及变更、收回、注销和延展水域滩涂养殖权等事项的办理要求。

三、捕捞权

捕捞权，是渔民或企业依法取得的利用特定水域进行捕捞的权利。其实质是权利主体获得对特定水域进行捕捞作业的使用权。捕捞权制度，一方面通过确定捕捞权，限定水域使用主体数量，维护水域捕捞生产秩序，保护捕捞权主体的合法权益。另一方面规定捕捞权主体的义务，如作业场所、作业时间、使用渔具、作业方式等控制捕捞强度，以达到保护渔业资源的目的。在捕捞权制度建设中最具代表性的就是捕捞许可制度建设。

捕捞许可制度包括投入和产出两方面的许可。我国的渔业捕捞许可制度从20世纪70年代末起步。1989年农业部颁布、1997年修订了《渔业捕捞许可证管理办法》，对捕捞许可制度做出了较全面的规定。2000年修改的《渔业法》，新增规定“国家对捕捞业实行捕捞许可证制度”，规定具备下列条件的，方可发给捕捞许可证：（一）有渔业船舶检验证书；（二）有渔业船舶登记证书；（三）符合国务院渔业行政主管部门规定的其他条件。县级以上地方人民政府渔业行政主管部门批准发放的捕捞许可证，应当与上级人民政府渔业行政主管部门下达的捕捞限额指标相适应。在审批程序上，对于国务院渔业行政主管部门、县级以上人民政府地方渔业行政主管部门赋予了不同的权限。从事外海、远洋捕捞业的，由经营者提出申请，经省、自治区、直辖市人民政府渔业行政主管部门审核后，报国务院渔业行政主管部门批准。从事外海生产的渔船，必须按照批准的海域和渔期作业，不得擅自进入近海捕捞。近海大型拖网、围网作业的捕捞许可证，由国务院渔业行政主管部门批准发放；近海其他作业的捕捞许可证，由省、自治区、直辖市人民政府渔业行政主管部门按照国家下达的船网工具控制指标批准发放。内陆水域的捕捞许可证，由县级以上地方人民政府渔业行政主管部门批准发放。

2019年1月农业农村部重新修订的《渔业捕捞许可管理规定》，对渔业捕捞许可证做了一般的规定：在中华人民共和国管辖水域从事渔业捕捞活动，以及中国籍渔船在公海从事渔业捕捞活动，应当经审批机关批准并领取渔业捕捞许可证，按照渔业捕捞许可证核定的作业类型、场所、时限、渔具数量和规格、捕捞品种等作业。对已实行捕捞限额管理的品种或水域，应当按照规定的捕捞限额作业。禁止在禁渔区、禁渔期、自然保护区从事渔业捕捞活动。对捕捞渔船和作业场所的分类、船网工具指标管理、渔业捕捞许可证管理、签发人制度、渔业船网工具指标和捕捞许可证的管理做出了更加明确的规定，指出国家对捕捞业实行船网工具控制指标管理，实行捕捞许可证制度和限额捕捞制度，渔业捕捞许可证、船网工具控制指标等证书的审批和签发实行签发人制度。农业部报国务院批准后，向有关省、自治区、直辖市下达海洋捕捞业船网工具控制指标。地方各级渔业行政主管部门控制本行政区域内捕捞渔船的数量、功率，不得超过国家下达的船网工具控制指标。规定了制造、购置、更新改造、进口海洋捕捞渔船、申请船网工具指标所需要提供的资料，以及各级政府的管理权限。渔业捕捞许可证核定的海洋捕捞作业场所分为以下四类：A 类渔区：黄海、渤海、东海和南海等海域机动渔船底拖网禁渔区线向陆地一侧海域；B 类渔区：我国与有关国家缔结的协定确定的共同管理渔区、南沙海域、黄岩岛海域及其他特定渔业资源渔场和水产种质资源保护区；C 类渔区：渤海、黄海、东海、南海及其他我国管辖海域中除 A 类、B 类渔区之外的海域，其中，黄渤海区为 C1、东海区为 C2、南海区为 C3；D 类渔区：公海。内陆水域捕捞作业场所按具体水域核定，跨行政区域的按该水域在不同行政区域的范围进行核定。渔业捕捞许可证的作业场所核定权限如下：

（一）农业农村部

A 类、B 类、C 类、D 类渔区和内陆水域。

（二）省级人民政府渔业主管部门

在海洋为本省、自治区、直辖市范围内的 A 类渔区，农业农村部授权的 B 类渔区、C 类渔区。在内陆水域为本省、自治区、直辖市行政管辖水域。

（三）市、县级人民政府渔业主管部门

由省级人民政府渔业主管部门在其权限内规定并授权。

2007 年，《中华人民共和国物权法》获得通过，该法“用益物权编”第 123 条规定，“依法取得的使用水域、滩涂从事养殖、捕捞的权利，受法律保护”。这是我国民事基本法律首次明确规定渔业养殖权和捕捞权，意味着渔民的合法权益不仅受行政法保护，还受民法保护。明确了水域滩涂养殖使用权的用益物权属性，这样就彻底解决了水域滩涂养殖使用权性质不清，以致相关制度无法有效建立的问题。

第二节　渔业安全生产法律法规

渔业水上安全管理法律体系属于我国法律体系的组成部分。全国人大常委会、国务院、农业农村部及渔政渔港监督管理机关制定和实施了大量有关渔业水上交通安全管理的法律、行政法规、行政规章和规范性文件，主要涉及渔业船舶管理、渔业船员管理及防治船舶污染海域等领域。主要的法律、法规有：

一、《安全生产法》

2014 年 8 月 31 日全国人民代表大会常务委员会修改《中华人民共和国安全生产法》，自 2014 年 12 月 1 日起施行，共七章 114 条，突出以下特点：

1. 以人为本，坚持安全发展

提出安全生产工作应当以人为本，将坚持安全发展写入了总则，对于坚守红线意识、进一步加强安全生产工作、实现安全生产形势根本性好转的目标具有重要意义。

2. 建立完善安全生产方针和工作机制

将安全生产工作方针完善为“安全第一、预防为主、综合治理”，进一步明确了安全生产的重要地位、主体任务和实现安全生产的根本途径。提出要建立生产经营单位负责、职工参与、政府监管、行业自律、社会监督的工作机制，进一步明确了各方安全职责。

3. 落实“三个必须”，确立安全生产监管执法部门地位

按照安全生产管行业必须管安全、管业务必须管安全、管生产经营必须管安全的要求：一是规定国务院和县级以上地方人民政府应当建立健全安全生产工作协调机制，及时协调、解决安全生产监督管理中的重大问题。二是明确各级政府安全生产监督管理部门实施综合监督管理，有关部门在各自职责范围内对有关“行业、领域”的安全生产工作实施监督管理。三是明确各

级安全生产监督管理部门和其他负有安全生产监督管理职责的部门作为行政执法部门，依法开展安全生产行政执法工作，对生产经营单位执行法律、法规、国家标准或者行业标准的情况进行监督检查。

4. 强化乡镇人民政府以及街道办事处等管理机构安全生产职责

乡镇街道是安全生产工作的重要基础，有必要在立法层面明确其安全生产职责，同时针对各地经济技术开发区、工业园区的安全监管体制不顺、监管人员配备不足、事故隐患集中、事故多发等突出问题，明确乡镇人民政府以及街道办事处、开发区管理机构等地方人民政府的派出机关应当按照职责，加强对本行政区域内生产经营单位安全生产状况的监督检查，协助上级人民政府有关部门依法履行安全生产监督管理职责。

5. 明确生产经营单位安全生产管理机构、人员设置、配备标准和工作职责

规定了安全生产管理机构以及管理人员的 7 项职责，主要包括拟定本单位安全生产规章制度、操作规程、应急救援预案，组织宣传贯彻安全生产法律、法规；组织安全生产教育和培训，制止和纠正违章指挥、强令冒险作业、违反操作规程的行为，督促落实本单位安全生产整改措施等。明确生产经营单位做出涉及安全生产的经营决策，应当听取安全生产管理机构以及安全生产管理人员的意见。

6. 明确了劳务派遣单位和用工单位的职责和劳动者的权利义务

一是规定生产经营单位应当将被派遣劳动者纳入本单位从业人员统一管理，对被派遣劳动者进行岗位安全操作规程和安全操作技能的教育和培训。劳务派遣单位应当对被派遣劳动者进行必要的安全生产教育和培训。二是明确被派遣劳动者享有本法规定的从业人员的权利，并应当履行本法规定的从业人员的义务。

7. 建立事故隐患排查治理制度

把加强事前预防、强化隐患排查治理作为一项重要内容：一是生产经营单位必须建立事故隐患排查治理制度，采取技术、管理措施消除事故隐患。二是政府有关部门要建立健全重大事故隐患治理督办制度，督促生产经营单

位消除重大事故隐患。三是对未建立隐患排查治理制度、未采取有效措施消除事故隐患的行为，设定了严格的行政处罚。

8. 推进安全生产标准化建设

结合多年来的实践经验，在总则中明确生产经营单位应当推进安全生产标准化工作，提高安全生产水平。

9. 推进安全生产责任保险

为了增加事故应急救援和事故单位从业人员以外的事故受害人的赔偿补偿资金来源，国家鼓励生产经营单位投保安全生产责任保险。

二、《海上交通安全法》

2016 年 11 月 7 日，全国人大常委会对《中华人民共和国海上交通安全法》做出修改，共十二章五十三条。

《海上交通安全法》规定了船舶、设施和人员必须履行的义务：船舶必须进行登记，取得船舶国籍证书，或船舶登记证书，或船舶执照。船舶和船上有关航行安全的重要设备必须具有船舶检验部门签发的有效技术证书。船舶应当按照标准定额配备足以保证船舶安全的合格船员。船长、轮机长、驾驶员、轮机员、无线电报务员、话务员以及水上飞机、潜水器的相应人员，必须持有合格的职务证书，其他船员必须经过相应的专业技术训练。设施应当按照国家规定，配备掌握避碰、信号、通信、消防、救生等专业技能的人员。船舶、设施上的人员必须遵守有关海上交通安全的规章制度和操作规程，保障船舶、设施航行、停泊和作业的安全。

关于航行、停泊和作业的规定：在我国沿海水域航行、停泊和作业的一切中国籍和外国籍船舶、设施，必须遵守我国的有关法律、行政法规和规章。国际航行船舶进出中华人民共和国港口，必须接受主管机关的检查。船舶进出港口或者通过交通管制区、通航密集区和航行条件受到限制的区域时，必须遵守中华人民共和国政府或主管机关公布的特别规定。

三、《渔港水域交通安全管理条例》

1989 年 7 月 3 日，国务院发布了《中华人民共和国渔港水域交通安全管理条例》（以下简称《条例》），自 1989 年 8 月 1 日起实施。之后根据《国务院关于废止和修改部分行政法规的决定》于 2019 年 3 月 2 日第三次修订。

《条例》共 29 条，适用于在中华人民共和国沿海水域以渔业为主的渔港和渔港水域航行、停泊、作业的船舶、设施和人员以及船舶、设施的所有者、经营者。中华人民共和国渔政渔港监督管理机关是对渔港水域交通安全实施管理的主管机关，并负责沿海水域渔业船舶之间交通事故的调查处理。对船舶、渔业船员做出如下规定：

1. 船舶进出渔港必须遵守渔港管理章程以及国际海上避碰规则，并依照规定向渔政渔港监督管理机关报告，接受安全检查。

2. 渔业船舶在向渔政渔港监督管理机关申请船舶登记，并取得渔业船舶国籍证书或者渔业船舶登记证书后，方可悬挂中华人民共和国国旗航行。渔业船舶必须经船舶检验部门检查合格，取得船舶技术证书，并领取渔政渔港监督管理机关签发的渔业船舶航行签证簿后，方可从事渔业生产。

3. 渔业船舶的船长、轮机长、驾驶员、轮机员、电机员、无线电报务员、话务员，必须经渔政渔港监督管理机关考核合格，取得职务证书，其他人员应当经过相应的专业训练。

四、《海洋环境保护法》

2013 年 12 月全国人大常委会修订后的《中华人民共和国海洋环境保护法》（以下简称《海洋环境保护法》）共十章 98 条。其中，第八章涉及船舶污染的防治。《海洋环境保护法》适用于中华人民共和国内水、领海、毗连区、专属经济区、大陆架以及中华人民共和国管辖的其他海域。在中华人民共和国管辖海域以外，造成我国管辖海域污染的，也适用本法。在我国管辖海域内从事航行、勘探、开发、生产、旅游、科学研究及其他活动，或者在沿海陆域内从事影响海洋环境活动的任何单位和个人，都必须遵守本法。关于海洋环境保护管理体制以及船舶污染的防治，做出如下规定：

1. 海洋环境保护管理体制

明确国务院环境保护行政主管部门、国家海洋行政主管部门、国家海事行政主管部门、国家渔业行政主管部门、军队环境保护部门以及沿海县级以上地方人民政府的职责。其中国家海事行政主管部门负责所辖港区水域内非军事船舶和港区水域外非渔业、非军事船舶污染海洋环境的监督管理，并负责污染事故的调查处理；对在中华人民共和国管辖海域航行、停泊和作业的外国籍船舶造成的污染事故登轮检查处理。船舶污染事故给渔业造成损害的，应当吸收渔业行政主管部门参与调查处理。国家渔业行政主管部门负责渔港水域内非军事船舶和渔港水域外渔业船舶污染海洋环境的监督管理，负责保护渔业水域生态环境工作，并调查处理海洋环境污染事故以外的渔业污染事故。

2. 防治船舶及有关作业活动对海洋环境的污染损害

（1）在中华人民共和国管辖海域，任何船舶及相关作业不得违反本法规定向海洋排放污染物、废弃物和压载水、船舶垃圾及其他有害物质。从事船舶污染物、废弃物、船舶垃圾接收以及船舶清舱、洗舱作业活动的，必须具备相应的接收处理能力。

（2）船舶必须按照有关规定持有防止海洋环境污染的证书与文书，在进行涉及污染物排放及操作时，应当如实记录。

（3）船舶必须配置相应的防污设备和器材。载运具有污染危害性货物的船舶，其结构与设备应当能够防止或者减轻所载货物对海洋环境的污染。

（4）船舶应当遵守海上交通安全法律、法规的规定，防止因碰撞、触礁、搁浅、火灾或者爆炸等引起的海难事故，造成海洋环境的污染。

（5）国家完善并实施船舶油污损害民事赔偿责任制度；按照船舶油污损害赔偿责任由船东和货主共同承担风险的原则，建立船舶油污保险、油污损害赔偿基金制度。实施船舶油污保险、油污损害赔偿基金制度的具体办法由国务院规定。

（6）港口、码头、装卸站和船舶修造厂必须按照有关规定备有足够的用于处理船舶污染物、废弃物的接收设施，并使该设施处于良好状态。装卸油类的港口、码头、装卸站和船舶必须编制溢油污染应急计划，并配备相应的溢油污染应急设备和器材。

（7）船舶发生海难事故，造成或者可能造成海洋环境重大污染损害的，国家海事行政主管部门有权强制采取避免或者减少污染损害的措施。对在公海上因发生海难事故，造成中华人民共和国管辖海域重大污染损害后果或者具有污染威胁的船舶、海上设施，国家海事行政主管部门有权采取与实际的或者可能发生的损害相称的必要措施。

（8）所有船舶均有监视海上污染的义务，在发现海上污染事故或者违反本法规定的行为时，必须立即向就近的依照本法规定行使海洋环境监督管理权的部门报告。

第三节　渔业安全生产管理体制

一、安全生产管理体制

安全生产管理体制就是安全管理系统的结构组成、管理权限划分、事务运作机制等方面的综合概念。我国安全生产管理体制是“企业负责、行业管理、国家监察、群众监督、劳动者遵章守纪”。强调“管生产必须管安全”的原则，发挥和调动了职工管安全的作用和积极性。

1. 企业负责

《安全生产法》规定：生产经营单位的主要负责人对本单位的安全生产工作全面负责。对于企业来说，从企业主要领导到班组长，要实现安全第一领导负责制，分管生产的领导负责日常安全工作，同时设立相应专职安全机构和人员进行有效的具体管理。班组、科室应配备安全员，各级领导机构和人员都应明确安全生产责任制，企业是安全生产的主体和基础。

2. 行业管理

行业管理是行业管理部门、生产管理部门和企业自身，按“管生产必须管安全”的原则，对企业生产进行安全管理、检查、监督和指导。行业管理是通过对安全工作的组织指挥、计划、决策和控制等过程来实现安全生产目标。

3. 国家监察

国家监察是为保证安全生产所建立的安全监察制度。它是国家授权安全生产监督部门，依据安全审查法规，以法制手段，对行业主管部门和企业的安全生产情况进行监督检查，促其搞好安全生产，保障职工在生产过程中的安全与健康。能较好地站在国家利益方面，正确公正地处理好企业与职工、生产与安全的关系，使国家安全生产方针、政策、法规得到有效的贯彻执行。

4. 群众监督

群众监督是由工会系统来组织实施的，各级工会组织职工自下而上对安全生产进行监督检查，主要是协助、监督企业做好安全工作，提高群众遵章守纪的自觉性。

5. 劳动者遵章守纪

企业职工必须按照国家、行业以及企业内部的规章制度进行作业，目的就是规范劳动者的安全行为，杜绝违章指挥作业、违反劳动纪律的现象。

二、安全生产管理体制的建立

1. 政府监管与指导

各级政府实施安全生产监督管理与协调指导的“监督运行机制”。《安全生产法》第九条明确了政府的安全生产监督管理职能，即国务院负责安全生产监督管理的部门，对全国安全生产工作实施综合监督管理；县级以上地方各级人民政府负责安全生产监督管理的部门依照本法，对本行政区域内安全生产工作实施综合监督管理。国务院有关部门依照本法和其他有关法律、行政法规的规定，在各自的职责范围内对有关的安全生产工作实施监督管理；县级以上地方各级人民政府有关部门依照本法和其他有关法律、法规的规定，在各自的职责范围内对有关的安全生产工作实施监督管理。而政府的监督管理是安全生产综合监管与各有关职能部门（公安消防、公安交通、煤矿监督、建筑、交通运输、质量技术监督、工商行政管理）专项监管相结合的体制。国家的安全生产综合监管部门和专项管理部门合理分工、相互协调，表明了我国安全生产法的执法主体是国家安全生产综合管理部门和相应的专门监管部门。

2. 企业实施与保障

企业全面落实生产过程安全保障的“事故防范机制”。《安全生产法》第四条规定：生产经营单位必须遵守本法和其他有关安全生产的法律、法规，加强安全生产管理，建立、健全安全生产责任制度，完善安全生产条件，确保安全生产。第五条规定：生产经营单位的主要负责人对本单位的安全生产工作全面负责。并在第三章中明确了生产经营单位保障安全生产的具体措施和责任意义。

3. 员工利益与自律

从业人员的权益保障和实现生产过程安全作业的“自我约束机制”。《安全生产法》第六条规定：生产经营单位的从业人员有依法获得安全生产保障的权利，并应当依法履行安全生产方面的义务。在第三章中具体明确了员工的八项权利和三项义务。

4. 社会监督与参与

工会、媒体、社区和公民广泛参与的“社会监督机制”。《安全生产法》第七条规定：工会依法组织职工参加本单位安全生产工作的民主管理和民主监督，维护职工在安全生产方面的合法权益。第六十四条规定：任何单位或者个人对事故隐患或者安全生产做出违法行为，均有权向负有安全生产监督管理职责的部门举报。第六十七条规定：新闻、出版、广播、电影、电视等单位有进行安全生产宣传教育的义务，有对违反安全生产法律、法规的行为进行监督的权利。第七十二条规定：居民委员会、村民委员会发现其所在区域内的生产经营单位存在事故隐患或者安全生产违法行为时，应向当地人民政府或者有关部门报告。

5. 中介支持与服务

建立国家认证、社会咨询、第三方审核、技术服务、安全评价等功能的“中介支持与服务机制”。《安全生产法》第十二条规定：依法设立的为安全生产提供技术服务的中介机构，依照法律、行政法规和执业准则，接受生产经营单位的委托为其安全生产工作提供技术服务。中介机构通过咨询与服务方式为生产经营单位提供安全生产的技术支持，提高企业的安全生产保证水平和能力。

三、渔业船舶检验

（一）渔船检验机构

船舶检验是指国家授权或国际上承认的船舶检验机构、组织等，按照国际公约、规范或规章的要求，对船舶设计、制造、材料、机电设备、安全设备、技术性能及营运条件等所进行的审核、测试、检查和鉴定，是目前各国为保证船舶技术状态，保障水上人命、财产安全和防止海洋环境污染，所普遍采取的一种对船舶监督管理的措施。通过检验可以确定船舶及其设备是否适合预定的用途，是否具备在一定航区安全航行及营运的能力和条件。船舶只有通过检验证明符合规定的条件后，才能取得相应的合格技术证书。船舶技术证书是船舶登记、签证、船舶保险、海事索赔和处理等的必备文件。

根据中共中央印发《深化党和国家机构改革方案》规定，将农业部的渔船检验和监督管理职责划入交通运输部，负责渔业船舶检验工作，具体职责包括：

1. 贯彻执行国家有关渔业船舶检验的法律法规，履行有关国际公约的有关义务。

2. 起草渔业船舶检验的法律法规、渔业船舶及船用产品检验计费标准；

起草渔业船舶法定检验规则，经国务院主管部门批准后组织实施；制定渔业船舶检验规范、规程、证书格式及指导性文件并监督实施。

3. 负责渔业船舶和船用产品法定检验及监督管理；处理渔业船舶检验中的重大技术问题、业务纠纷；组织协调有关国家和地区委托的渔业船舶检验业务；组织、协调、指导渔船公证检验业务。

4. 负责渔业船舶检验机构检验业务核定；承担渔业船舶注册验船师制度实施的相关工作；监督渔业船舶检验机构业务执行情况；监督验船人员依法检验与文明执法。

5. 负责渔业船舶的设计单位、修造企业及重要船用产品制造、维修企业、检测机构的认定和监督管理；承担渔业船舶船用锅炉压力容器的安全监察管理；指导渔业船舶修造企业特殊工种人员的培训、考核工作。

6. 拟定渔业船舶必须检验的重要设备、部件和材料目录，承担全国渔船标准的制定、修订工作。

（二）渔业船舶检验条例

2003 年 6 月 11 日，国务院颁布了《中华人民共和国渔业船舶检验条例》（以下简称《条例》)，自 2003 年 8 月 1 日起施行。国家对渔业船舶实行强制检验制度。强制检验分为初次检验、营运检验和临时检验。

1. 初次检验

渔业船舶的初次检验，是指渔业船舶检验机构在渔业船舶投入营运前对其所实施的全面检验。

下列渔业船舶的所有者或者经营者应当申报初次检验：制造的渔业船舶；改造的渔业船舶（包括非渔业船舶改为渔业船舶、国内作业的渔业船舶改为远洋作业的渔业船舶）；进口的渔业船舶。

2. 营运检验

渔业船舶的营运检验，是指渔业船舶检验机构对营运中的渔业船舶所实施的常规性检验。

渔业船舶检验机构根据渔业船舶运行年限和安全要求对下列项目实施检验：渔业船舶的结构和机电设备；与渔业船舶安全有关的设备、部件；

与防止污染环境有关的设备、部件；国务院渔业行政主管部门规定的其他检验项目。

3. 临时检验

渔业船舶的临时检验，是指渔业船舶检验机构对营运中的渔业船舶出现特定情形时所实施的非常规性检验。

有下列情形之一的渔业船舶，其所有者或者经营者应当申报临时检验：因检验证书失效而无法及时回船籍港的；因不符合水上交通安全或者环境保护法律、法规的有关要求被责令检验的；具有国务院渔业行政主管部门规定的其他特定情形的。

4. 注销渔业船舶检验证书规定

有下列情形之一的渔业船舶，其所有者或者经营者应当在渔业船舶报废、改籍、改造之日前 7 个工作日内或者自渔业船舶灭失之日起 20 个工作日内，向渔业船舶检验机构申请注销其渔业船舶检验证书，逾期不申请的，渔业船舶检验证书自渔业船舶改籍、改造完毕之日起或者渔业船舶报废、灭失之日起失效，并由渔业船舶检验机构注销渔业船舶检验证书：按照国家有关规定报废的；中国籍改为外国籍的；渔业船舶改为非渔业船舶的；因沉没等原因灭失的。

四、渔业船舶登记

（一）船舶登记概述

《中华人民共和国海上交通安全法》第五条规定：“船舶必须持有船舶国籍证书，或船舶登记证书，或船舶执照。”船舶通过登记而获得船舶登记证书；对航行海上或者国际河流的船舶，发给船舶国籍证书以代替船舶登记证书；对小于一定尺度的船舶则发给船舶执照。

船舶登记是船舶登记机关按照该国的法律或规章，对该国国家、法人、自然人所拥有的船舶和该国法律准予接受的船舶依法强制进行注册登记，签发船舶国籍证书或其他证明文件，授予船舶国籍，确认船舶所有权、船舶抵押权等其他法律关系的行为。只有通过登记，才能在法律上确定该船的存在，并确认其应有的相关权利和义务。

（二）渔业船舶登记办法

2012 年，农业部以部令的形式发布了新修订的《中华人民共和国渔业船舶登记办法》（以下简称《办法》），自 2013 年 1 月 1 日起施行。

1. 对渔业船舶登记的要求

渔业船舶依照本办法进行登记，取得中华人民共和国国籍，方可悬挂中华人民共和国国旗航行。渔业船舶不得具有双重国籍。凡在境外登记的渔业船舶，未中止或者注销原登记国籍的，不得取得中华人民共和国国籍。渔业船舶所有人应当向户籍所在地或企业注册地的县级以上登记机关申请办理渔业船舶登记。远洋渔业船舶登记由渔业船舶所有人向所在地省级登记机关申请办理。中央在京直属企业所属远洋渔业船舶登记由渔业船舶所有人向船舶所在地的省级登记机关申请办理。

渔业船舶登记的港口是渔业船舶的船籍港。每艘渔业船舶只能有一个船籍港。

省级登记机关应当根据本行政区域渔业船舶管理实际确定省级以下登记机关的登记权限和船籍港名称，并对外公告。登记机关应当自受理申请之日起二十个工作日内做出是否准予渔业船舶登记的决定。不予登记的，书面通知当事人并说明理由。

2. 所有权登记

渔业船舶所有权的取得、转让和消灭，应当依照本办法进行登记。申请渔业船舶所有权登记，应当填写渔业船舶所有权登记申请表，并提交下列材料：

（1）渔业船舶所有人户口簿或企业法人营业执照。

（2）取得渔业船舶所有权的证明文件：制造渔业船舶，提交建造合同和交接文件；购置渔业船舶，提交买卖合同和交接文件；因继承、赠与、拍卖以及法院判决等原因取得所有权的，提交具有相应法律效力的证明文件；渔业船舶共有的，提交共有协议；其他证明渔业船舶合法来源的文件。

（3）渔业船舶检验证书、依法需要取得的渔业船舶船名核定书。

（4）反映船舶全貌和主要特征的渔业船舶照片。

（5）原船籍港登记机关出具的渔业船舶所有权注销登记证明书（制造渔业船舶除外）。

（6）捕捞渔船和捕捞辅助船的渔业船网工具指标批准书。

（7）养殖渔船所有人持有的养殖证。

（8）进口渔业船舶的准予进口批准文件和办结海关手续的证明。

（9）农业部规定的其他材料。

登记机关准予登记的，向渔业船舶所有人核发渔业船舶所有权登记证书。

3. 国籍登记

渔业船舶应当依照本办法进行渔业船舶国籍登记，方可取得航行权。渔业船舶国籍登记，由渔业船舶所有人申请。

申请国籍登记，应当填写渔业船舶国籍登记申请表，并提交下列材料：

（1）渔业船舶所有人的户口簿或企业法人营业执照；

（2）渔业船舶所有权登记证书；

（3）渔业船舶检验证书；

（4）捕捞渔船和捕捞辅助船的渔业船网工具指标批准书；

（5）养殖渔船所有人持有的养殖证；

（6）进口渔业船舶的准予进口批准文件和办结海关手续的证明；

（7）渔业船舶委托其他渔业企业代理经营的，提交代理协议和代理企业的营业执照；

（8）原船籍港登记机关出具的渔业船舶国籍注销或者中止证明书（制造渔业船舶除外）；

（9）农业部规定的其他材料。

渔业船舶国籍证书有效期为五年。对达到农业部规定的老旧渔业船舶船龄的渔业船舶，登记机关核发渔业船舶国籍证书时，其证书有效期限不得超过渔业船舶检验证书记载的有效期限。

渔业船舶国籍证书或临时渔业船舶国籍证书必须随船携带。

4. 抵押权登记

船舶抵押权的设定、转移和消灭，抵押权人和抵押人应当共同依照本办法进行登记。抵押权人和抵押人共同申请渔业船舶抵押权登记，应当填写渔业船舶抵押权登记申请表，并提交下列材料：

（1）抵押权人和抵押人的户口簿或企业法人营业执照；

（2）渔业船舶所有权登记证书；

（3）抵押合同及其主合同；

（4）农业部规定的其他材料。

5. 变更登记和注销登记

下列登记事项发生变更的，渔业船舶所有人应当向原登记机关申请变更登记：

（1）船名；

（2）船舶主尺度、吨位或船舶种类；

（3）船舶主机类型、数量或功率；

（4）船舶所有人姓名、名称或地址（船舶所有权发生转移的除外）；

（5）船舶共有情况；

（6）船舶抵押合同、租赁合同（解除合同的除外）。

渔业船舶所有人申请变更登记，应当填写渔业船舶变更登记申请表，并提交下列材料：

（1）渔业船舶所有人的户口簿或企业法人营业执照。

（2）渔业船舶所有权登记证书、渔业船舶国籍证书、渔业船舶检验证书和航行签证簿。

（3）变更登记证明材料。

渔业船舶有下列情形之一的，渔业船舶所有人应当向登记机关申请办理渔业船舶所有权注销登记：

（1）所有权转移的；

（2）灭失或失踪满六个月的；

（3）拆解或销毁的；

（4）自行终止渔业生产活动的。

渔业船舶所有人申请注销登记，应当填写渔业船舶注销登记申请表，并提交下列材料：

（1）渔业船舶所有人的户口簿或企业法人营业执照；

（2）渔业船舶所有权登记证书、国籍证书和航行签证簿。因证书灭失无法交回的，应当提交书面说明和在当地报纸上公告声明的证明材料；

（3）捕捞渔船和捕捞辅助船的捕捞许可证注销证明；

（4）注销登记证明材料。

6. 船舶抵押权注销登记

船舶抵押合同解除，抵押权人和抵押人应当填写渔业船舶抵押权注销登记申请表，持渔业船舶所有权登记证书、渔业船舶抵押权登记证书、经抵押权人签字的解除抵押合同的文件和双方身份证明文件，向登记机关申请办理船舶抵押权注销登记。

登记机关准予注销登记的，应当注销其在渔业船舶所有权登记证书上的抵押登记记录，收回渔业船舶抵押权登记证书，存入该船登记档案。

五、渔业船员管理

2014 年 5 月 4 日，农业部第四次常务会议审议通过《中华人民共和国渔业船员管理办法》（以下简称《办法》），自 2015 年 1 月 1 日起施行。《办法》共八章 53 条。主要内容如下：

（一）渔业职务船员证书等级

职务船员证书分为海洋渔业职务船员证书和内陆渔业职务船员证书。

海洋渔业职务船员证书等级划分如下：

1. 驾驶人员证书

（1）一级证书：适用于船舶长度 45 米以上的渔业船舶，包括一级船长证书、一级船副证书；

（2）二级证书：适用于船舶长度 24 米以上不足 45 米的渔业船舶，包括二级船长证书、二级船副证书；

（3）三级证书：适用于船舶长度 12 米以上不足 24 米的渔业船舶，包括三级船长证书；

（4）助理船副证书：适用于所有渔业船舶。

2. 轮机人员证书

（1）一级证书：适用于主机总功率 750 千瓦以上的渔业船舶，包括一级轮机长证书、一级管轮证书；

（2）二级证书：适用于主机总功率 250 千瓦以上不足 750 千瓦的渔业船舶，包括二级轮机长证书、二级管轮证书；

（3）三级证书：适用于主机总功率 50 千瓦以上不足 250 千瓦的渔业船舶，包括三级轮机长证书；

（4）助理管轮证书：适用于所有渔业船舶。

3. 机驾长证书

适用于船舶长度不足 12 米或者主机总功率不足 50 千瓦的渔业船舶上驾驶与轮机岗位合一的船员。

4. 电机员证书

适用于发电机总功率 800 千瓦以上的渔业船舶。

5. 无线电操作员证书

适用于远洋渔业船舶。

内陆渔业职务船员证书等级划分如下：

1. 驾驶人员证书

（1）一级证书：适用于船舶长度 24 米以上设独立机舱的渔业船舶；

（2）二级证书：适用于船舶长度不足 24 米设独立机舱的渔业船舶。

2. 轮机人员证书

（1）一级证书：适用于主机总功率 250 千瓦以上设独立机舱的渔业船舶；

（2）二级证书：适用于主机总功率不足 250 千瓦设独立机舱的渔业船舶。

3. 机驾长证书

适用于无独立机舱的渔业船舶上驾驶与轮机岗位合一的船员。

内陆渔业船舶职务船员职级由各省级人民政府渔业行政主管部门参照海洋渔业职务船员职级，根据本地情况自行确定，报农业部备案。

（二）渔业船员配员

《办法》第十七条规定，海洋渔业船舶应当满足本办法规定的职务船员最低配员标准。见表 1–1。

表 1–1　海洋渔业船舶职务船员最低配员标准表

配员船舶类型	职务船员最低配员标准		
长度≥ 45 米远洋渔业船舶	一级船长	一级船副	助理船副 2 名
长度≥ 45 米非远洋渔业船舶	一级船长	一级船副	助理船副
36 米≤长度 <45 米	二级船长	二级船副	助理船副
24 米≤长度 <36 米	二级船长	二级船副	
12 米≤长度 <24 米	三级船长	助理船副	
主机总功率≥ 3000 千瓦	一级轮机长	一级管轮	助理管轮 2 名
750 千瓦≤主机总功率 <3000 千瓦	一级轮机长	一级管轮	助理管轮
450 千瓦≤主机总功率 <750 千瓦	二级轮机长	二级管轮	助理管轮
250 千瓦≤主机总功率 <450 千瓦	二级轮机长	二级管轮	
50 千瓦≤主机总功率 <250 千瓦	三级轮机长		
船舶长度不足 12 米或者主机总功率不足 50 千瓦	机驾长		
发电机总功率 800 千瓦以上	电机员，可由持有电机员证书的轮机人员兼任		
远洋渔业船舶	无线电操作员，可由持有全球海上遇险和安全系统（GMDSS）无线电操作员证书的驾驶人员兼任		

注：省级人民政府渔业行政主管部门可参照以上标准，根据本地情况，对船长不足 24 米渔业船舶的驾驶人员和主机总功率不足 250 千瓦渔业船舶的轮机人员配备标准进行适当调整，报农业部备案。

第二章　渔业装备概述

渔业保险主要有三大类：一是渔业财产保险，二是渔民人身保险，三是渔业安全生产责任保险。本章所要讲述的是渔业财产保险中的两类主要渔业装备：渔业船舶和水产养殖设施，从技术角度提供渔业保险从业人员应该掌握的基础知识。而水产品加工厂房和机械等，可以视为普通财产险标的，具有房屋财产和机械财产的普遍性。

第一节　渔业船舶

一、渔业船舶的技术要求及分类

（一）渔船的分类

我国渔业船舶（简称渔船）分为渔业生产船、渔业辅助船、休闲渔船等三类，是直接或间接从事渔业生产活动的船舶。

1. 渔业生产船

渔业生产船是指直接使用一定渔具以捕捞作业为主的生产船舶。按照捕捞方式不同，可分为以下几种：

（1）拖网渔船

拖网是过滤性的运动渔具，在拖曳过程中将鱼虾等驱集入网，使水滤过网目，渔获物不能通过而达到捕捞目的。

拖网渔船是渔船中的主要船型之一，渔船拖曳网具在海底滑行，鱼被拦入网内，通常说的拖网渔船，多为底拖网渔船。依据其作业方式不同分为单拖渔船和双拖渔船。

（2）围网渔船

围网也是一种主要渔法，是一种过滤性围旋网具，主要用于围捕中、上层鱼类。作业时，靠渔船的快速回转航行使网具在水中垂直展开呈圆形围壁来包围鱼群进行捕捞。

围网渔船分为单船围网、双船围网和多船围网。有的在尾部起网，有的在舷侧起网。

（3）钓渔船

钓具是捕捞分散鱼群的良好渔具，适应海底多礁的渔场进行作业，可钓捕体型大、质量好的鱼，有利于渔业资源保护。钓具是用系结在钓线上的鱼钩，装上诱惑性饵料——真饵或拟饵，利用鱼类的食性诱鱼吞食上钩，或以密集而锐利的空钓敷设在鱼类回游的通道上，钓住鱼体而达到捕捞的目的。钓渔船根据钓具的不同，可分为延绳钓渔船、竿钓渔船、鱿鱼钓船、金枪鱼钓船等。

（4）流（刺）网渔船

流（刺）网是网具中结构较简单的一种带形网具，属于被动网具。捕鱼原理是将数十片至数百片矩形网片连接成带形，当鱼类试图通过时，则被刺挂在网眼中或被缠结在网衣上达到捕捞目的。该网具总长可达数百米甚至上千米，网具上方有浮子下方有沉子，从而漂浮在水中与船一起随风、流漂移，能源消耗少，渔获质量较好。

2. 渔业辅助船

（1）生产性渔业辅助船

生产性渔业辅助船是指专门从事加工及运输渔获等船舶，包括渔业基地加工船、光诱船以及渔获运输船等。

（2）非生产性渔业辅助船

为了提高渔业生产效率，加强渔业生产管理及培训渔业生产人员，出现了渔业调查船、渔政船、渔业实习船等，不直接从事商品性捕捞生产，却与整个渔业生产密切相关。

（3）休闲渔船

近年来休闲产业逐步兴起，在海上出现了休闲渔船，它是在展现捕捞渔获的基础上以休闲功能为主的新型渔船。

休闲渔船是指具有观光、体验、捕捞等休闲功能的一种比较特殊的商业性渔船，与传统渔船的主要区别是船上多了乘客。其主要功能体现为：

①现场起放渔具，完整体现一种渔捞作业的全过程，供游客观看、欣赏甚至亲身体验；

②将现场捕捞或采集的渔获物经简单加工后供游客品尝；

③游客可乘船观赏海上风景。

（二）渔船的任务和技术要求

1. 渔船的主要任务

从事水产动植物的捕捞、养殖和采集；对捕得的渔获物进行保鲜、加工、贮藏；把渔获物及加工后的成品运回基地港；与海洋捕捞直接有关的辅助性工作，如资源调查、试验、练习、指导、巡逻、运输等服务。以展示完整的捕捞方式为主，同时提供观光、体验等休闲服务。

各类渔船除有既定的任务外，还有若干技术经济要求。首先是营运方面，要在一定的作业条件下，有最高的捕捞效率，提供优质鱼品，成本也最低。在技术经济要求方面，涉及的面很宽，各个条件之间往往互相制约和矛盾，因此需在渔船设计中进行综合技术经济论证，从中选择较佳方案。

2. 渔船的技术要求

捕捞对象、渔具渔法、保鲜方式、作业半径、作业渔场、单位渔获量等是主要内容。一般按上述项目就能决定渔船的船型大小、航速、主机功率、鱼舱容积、自持力、渔捞设备、加工设备、其他辅助机械等。实际每一项主要技术要求，对渔船本身都有很大影响。如渔具渔法一项，若采取拖网捕捞，就决定了设计渔船主机应有较大的功率，推进特性有些类似拖轮；从设备上说，就必须配置大功率的拖网绞机。再如保鲜方式一项，若采用冻结保鲜渔获物，则电站功率要大，且应有足够的加工空间，进而影响船型大小；在设备上，必须配置冻结装置，安装大功率制冷压缩机。

各类渔船的技术要求，除使用方面的内容外，还涉及安全的内容，主要包括：船体结构和舾装；锚泊设备；起卸设备；救生及消防设备；主机、辅机及其他机械设备；干舷、载重线、最大吃水；稳性及装载情况；居住场所及卫生条件；导航和通信设备；灯光及音响设施；装载非安全物品的方式；船长和船员的技术水平等方面。

在全年内，除正常计划修船以外的时间，称为渔船的技术准备天数，它直接影响渔船的技术经济效果。渔船设计中，应充分注意设备的可靠性和在结构上的方便维修。按规范要求定期检修渔船，是增加技术准备天数的重要一环。长期不按计划检修，会造成部分结构和设备的严重损坏，甚至引起事故。

（三）渔船主要技术参数及船体几何形状

1. 船体主要图样

（1）型线图

表示船体几何形状和大小的图样称为型线图。型线图的基本投影面就是三个相互垂直的基准面，但是这三个基准面和船体相截所得的截面图还不能完整地表达船体的几何形状，尚需补充若干个分别平行于三个基本投影面的剖面才能完整地表达船体的型表面。型线图是船体图样中最基本和最重要的图样之一。它除了表示船体的形状和大小外，又是船舶设计、计算和建造放样的重要依据。不仅船体专业要用到，进行动力装置的布置、螺旋桨轴穿出船体等工作时都要用到。型线图绘制的精确程度，直接影响计算的准确性和建造的质量。

（2）总布置图

总布置图是全船总体布置的图样，其主要用途是：表示船舶上层建筑的型式以及舱室、设备、门窗、通道等的布置情况；进行其他设计和计算的依据；也是绘制其他图样的依据。

2. 船体部位名称

船的前端称为船首，后端称为船尾。站在船上，面向船首，左侧为左舷，右侧为右舷。

渔船由主船体和上层建筑两部分组成。主船体是由甲板与外板组成一个水密的外壳，内部被甲板、纵横舱壁及其骨架分隔成许多舱室。

船体最上层沿船长方向连续不间断大型板架结构称为上甲板，向下依次为第二甲板、第三甲板……普通渔船只有一层甲板。甲板上的各种建筑统称为上层建筑。船体最下面的部位称为龙骨，两舷与船底的过渡部位称为舭部，如图 2–1 所示。

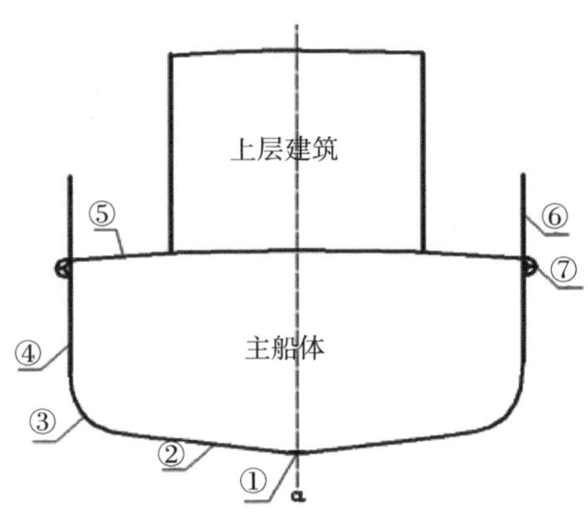

图 2–1 船体部位示意图

①龙骨 ②底板 ③舭部 ④舷侧 ⑤甲板 ⑥舷墙 ⑦护舷材

3. 船体主尺度

总长（L_{OA}）：船首最前端至船尾最后端之间的水平距离，是船舶的最大长度。

垂线间长（L_{bp}）：首垂线与尾垂线之间的水平距离，通常用于性能计算。

首垂线是指通过设计水线与首柱前缘的交点所作的垂直于设计水线的直线。

尾垂线是指过舵柱的后缘所作的垂直于设计水线的直线，若无舵柱则取舵杆的中心线。

设计水线长（L_{WL}）：设计水线与首尾轮廓线交点之间的水平距离，有时也用于性能计算。

登记船长（LR）：按船舶登记规范计算的船长。根据中华人民共和国海事局颁布的《船舶与海上设施法定检验规则国内海洋渔船法定检验技术规则2019》第一篇中 2.2.16 之规定，船长系指最小型深 85% 处水线总长的 96%，或沿该水线从首柱前缘量至舵杆中心线的长度，取大者。

型宽（B）：垂线间长中点处设计水线面的宽度。有的船舯剖面处的甲板宽度大于设计水线面，称为最大宽度，以 B_{max} 表示。

型深（H）：舯剖面处，甲板边线最低点到基平面的垂直距离。

吃水（T）：舯剖面处，设计水线至基平面的垂直距离。船体主尺度主要参数如图 2-2 所示。

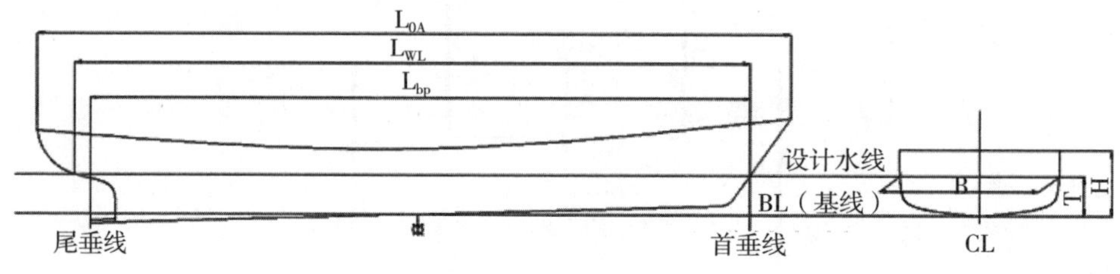

图 2-2　船体主尺度

4. 主要技术参数

渔船的技术参数，除普通船舶的项目外，还附加若干特征性的参数，分别说明它的捕捞方法、加工能力、渔具、过鲜能力等。渔船的技术参数主要包括：

排水量（△）：船体设计水线以下部分的体积所排开水的重量，也等于船舶的总重量。

鱼舱容积和装载量：鱼舱容积是船上用于装载渔获物和鱼品的容积；装载量则是鱼舱所允许的最大装载重量。

吨位：表示船舶围蔽处所容积的指标，通常作为验船、停泊、引水等交费以及营运纳税的依据，以 2.83 米^3（即 100 立方英尺）为 1 吨位。通常分为总吨位（GT）和净吨位（NT）。总吨位是指船舶所有围蔽处所的容积（包括上层建筑），总吨位减除不盈利的容积（如机舱、航海工作室、船员生活舱室等）后所剩的用以盈利的容积为净吨位。

自持力和续航力：自持力是指渔船出航后，不回港添加油、水、食品等储备，且可保证渔获物的质量、满足捕捞或加工要求所能维持的最多天数。续航力是指渔船出海后，不回港添加油、水、食品等储备，主、辅机以一定的工况航行所能达到的最远距离，一般以海里计。在实行综合船队作业时，可以在海上补充油、水、食品等储备，自持力和续航力可以大大延长。

渔获物处理能力：指有渔获加工（包括冻结、鱼粉、鱼油、鱼糜、罐头等）设备的船每天能加工处理的渔获物数量，以吨计。

船员人数：渔船上的船员人数，与渔捞方法特别是加工程度关系很大。

航速及主机功率：航速指渔船航行时，单位时间所行进的路程，单位是节（kn）。1 节 =1 海里 / 小时 = 1. 852 公里 / 小时。

主机功率与航速有直接关系，对拖网渔船，拖力和拖速也影响其大小。渔船主机功率，要经过仔细的技术经济论证后加以选择。

过鲜能力：在以基地船为中心的综合船队里，捕捞船在海上向加工船过载渔获物，单位时间里过载的数量称为过鲜能力。过鲜能力与海上气候环境、渔获物种类、过鲜方法等有关。对用吊杆过鲜的渔船，每个舱口每小时可过鲜 5—20 吨，用吸鱼泵过鲜，每小时的过鱼量可达 100 吨以上。

作业半径：指渔船出航后中途不添加燃油、淡水、食品以及备品等情况下到达作业渔场进行捕捞作业后，且能保证渔获物质量返回基地港；在保证上述条件的情况下，则从基地港至作业渔场的最大距离称为作业半径。

渔捞周期：指渔船出航并抵达渔场进行作业，而后返回基地港，卸下渔获后再装载燃油、淡水、食品以及备品等物资达到可以再次出航进行捕捞作业状态时的天数。因此，这个周期包括由基地港至作业渔场所需的航行天数，包括转移渔场及避风在内的作业天数、由渔场返航至基地港所需天数以及卸下渔获，装载燃油、淡水食品、备品等所需天数。渔捞周期有时也称为渔船航次周期，或简称为“航次天数”。

二、船舶的主要性能

1. 浮性：船舶在一定装载情况下，能漂浮于指定水线的能力。浮性是渔船最基本的性能。

2. 稳性：船舶在外力作用下，不致倾斜到危险倾角，在外力消除后，能回复到原平衡位置的性能。保证渔船稳性的主要措施有：（1）按设计要求在舱底适当位置加压载；（2）渔获物装在舱底，生产用网具、锚等尽量下舱，以降低渔船重心高度；（3）合理设置液柜（舱），尽量减小自由液面的影响；（4）尽量降低甲板室的高度，以减小受风面积。

3. 抗沉性：船舶在一舱或数舱破损进水时，仍能保持足够的浮性和稳性而不致沉没和倾覆的性能。

船舶某舱破损进水，进入舱中的水看作是增加到船上的重量，船的重量增加了，就要下沉，吃水增加，当增加吃水所获得的浮力等于淹进水的重量时，船就不再下沉，达到平衡。此时船舶不但吃水增加了，而且还视破损的位置和破舱情况，可能产生纵倾或横倾，稳性也将发生变化，一般情况下是稳性变坏，特别是具有自由液面时，对稳性的影响最为严重。

船上设置水密舱壁的目的是当船破损进水后，可将水限制在一定的范围内而不至蔓延全船；另外，将船舶内部空间分隔成一定区域的不同舱室也便于使用，在不同的舱室内布置功能不同的设备等，以免相互干扰。有的渔船设置双层底，其中一个重要作用就是万一外底破损时，其内底还可保证水不至流入船内。

船舶都具有一定的干舷（F），如图 2–3 所示。其作用就是保证当船舶破损进水吃水增加时，不至使水漫过水密甲板，也就是给船舶留有一定的储备浮力，干舷越大，储备浮力也越大。

船舶的抗沉性是用水密舱壁将船体分隔成适当数量的舱室，并具有一定的储备浮力来保证的。水密舱壁越多，船的抗沉性越好，但水密舱壁太多，会造成舱室太小，使船舶有关设备与机械的布置变得复杂和困难，同时也增

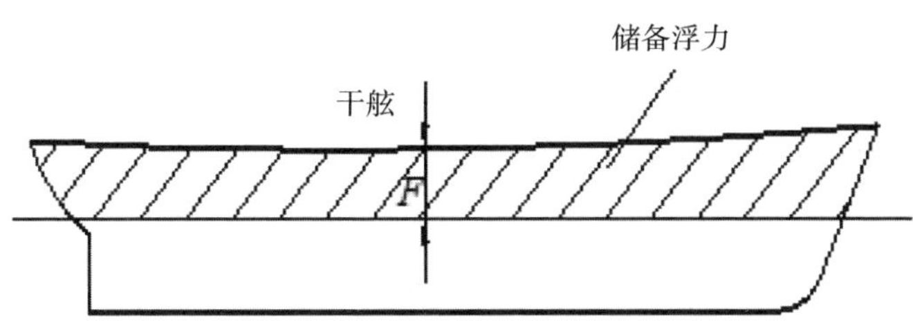

图 2-3　干舷

加了船体的重量。所以，水密舱壁的划分，除了考虑抗沉性的要求外，还必须从使用性能方面加以考虑，合理设置。普通渔船沿船长方向一般设置 4 道水密舱壁，分别是首、尾尖舱壁和机舱的前、后壁。

4. 快速性：船舶在航行时受到空气和水的阻力，为了保持一定的航速前进，必须提供推力克服阻力。船舶一般由主机供给能量通过推进器（常用的是螺旋桨）转换成推动船舶前进的推力，推力大小取决于主机功率的大小和推进效率（推进器将主机功率转换成推力的效率）的高低。因此船舶能达到航速的高低取决于阻力、主机功率及推进效率三个因素。

5. 操纵性：操纵性是指船舶保持既定航向和根据驾驶人员意图迅速改变航向的性能，主要反映在航向稳定性和回转性两个方面。

船舶的航向稳定性和回转性通常是用舵来保证的。当舵的正中位置在船的中纵剖面时，船应做直线航行。若舵转了一个角度，由于舵叶两侧水压力不等，便产生了一个垂直于舵叶的压力，使船由原定方向发生方向转变。

6. 耐波性：是指船舶在风浪中受外力干扰所产生的各种摇荡运动以及碰击、上浪、失速、受波浪弯矩作用情况下，仍能维持一定航速和安全营运的性能。

渔船在风浪作用下产生摇荡运动，是在平衡位置附近做周期性的振荡运动，其中影响严重的是横摇、纵摇和垂荡。横摇较易控制，可专门设计减摇装置改善横摇性能。渔船最常用的减摇装置是舭龙骨，它沿船长方向安装在船的舭部，长度不应大于两柱间长的 40%，宽度尽可能不小于 5% 型宽，其形状与舭部流线一致。

三、动力装置及主要设备

（一）动力装置的组成

渔船的动力装置，包括推进装置、辅助能量装置、船舶设备、渔业机械、管路系统、机舱自动化设备等部分。

推进装置包括主柴油机、传动设备、传动轴系、推进器等设备。

辅助能量装置包括船舶辅助锅炉装置、船舶电站等。

船舶设备包括锚、系泊、舵、装卸、吊艇等设备。

渔业机械包括捕捞机械、输送机械、冷冻机械和加工机械等。

管路系统由为主、副柴油机服务的动力管系和为保证渔船安全和船员正常生活的船舶管系两部分组成，动力管系包括燃油管系、滑油管系、冷却水管系、压缩空气管系、进排气管系等；船舶管系包括舱底水管系、压载水管系、消防管系、供水管系、通风空调管系等；另外还有一些专用的管路系统，如液压油管系、冷藏装置管系等。

机舱自动化设备包括主、副柴油机和有关设备的自动操纵控制、自动调节、自动检测和自动报警系统。

（二）动力装置的特点

渔船除了保证正常航行和捕捞生产外，还要满足鱼类冷藏或加工等专门要求，因此与一般船舶相比，渔船动力装置有以下特点：

1. 主机功率较大

为了减少往返渔场时间以及尽快转移渔场，渔船必须达到较高的航速；另外为了进行深水拖网作业和提高拖网速度，要求推进动力较大。现代渔船随着主尺度的增大，主机功率也相应增加，中、小型渔船的单位总吨功率已达 3.68—5.15 千瓦 / 总吨，而普通货船仅为 0.44—0.88 千瓦 / 总吨。

2. 电站功率较大

艉拖网渔船，特别是大、中型拖网冷冻和加工渔船，不仅有大功率的起网绞机及甲板机械，还有很多冷冻、加工设备，这些设备都要求电站提供电能。有的渔船，其电站功率高达主机功率的65%—85%。另外渔船的电制较复杂，船用动力、照明、通信和自动控制要求不同的电压；在采用电动绞网机的渔船上，还需增加直流电制。

3. 推进系统比较复杂

捕捞渔船特别是拖网渔船的工况比较复杂，对推进系统的要求也高。在往返渔场和转移渔场时要求有尽可能高的航速；拖网时要求有尽可能大的拖力，还需要保持一定拖速；起网时需要微速、大拖力。为满足在各种工况下都能充分发挥主机功率，常采用一些较复杂的推进形式，如调距桨推进装置、多级减速推进装置、电力推进装置、母子式推进装置等。此外，为合理分配主机功率，还通过主机直接或间接带动发电机或捕捞机械或空压机等，从而使渔船推进装置变得相当复杂。

4. 甲板机械种类多，功率较大

渔船必须配备各种专用的甲板机械，以完成捕捞作业和运输鱼类任务，如绞纲机、起网机、动力滑车、钓机和传送机械等。这些设备功率较大，选择动力装置时需特别注意。

5. 制冷和加工机械需要的功率大

大型的拖网冷藏和加工渔船，都有强大的制冷能力和加工设备。近年建造的拖网渔船，有的配备112千瓦制冷机2台，远洋渔船所需功率更大。在拖网渔船上，由于冻结和加工的工况不均匀，致使负荷跳动较大，因而造成配电和整个动力系统的复杂化。

（三）动力装置的主要设备

1. 主机

渔船的主机主要采用中、高速柴油机，具有体积小、重量轻、造价低、可理想地选择螺旋桨转速等优点；大型渔船也有采用低速柴油机的。

2. 辅机

机舱内除主柴油机外，维持渔船正常航行和运转的其他辅助机械设备包括发电机组、空压机组、各种泵等。

3. 螺旋桨

渔船常用的螺旋桨一般为定距桨，材料为铜质或不锈钢质，远洋渔船也有采用可调距桨的。

4. 减速齿轮箱

渔船用的减速齿轮箱多为单极减速，即只有一个减速比，拖网渔船由于工况复杂会选用多速比减速齿轮箱。

5. 海水淡化设备

渔船自持力的加大，船员人数的增加，以及船上加工的发展，都对淡水装载量提出很高的要求，这对吨位不大的船只来说是一个突出的问题。要保证鱼舱、油舱容积，并适应对淡水的要求。

6. 污油、水处理设备

为防止海洋污染，政府间海事协商组织制定了国际条约，须配备油水分离器和污水分离器等设备。

7. 电力系统及设备

一般包括电源装置、动力装置、照明设备、电热设备、船内通信、导航助渔设备、无线电通信设备、主机遥控装置等。

四、其他船用设备

（一）导航设备

1. 罗经

罗经是各类渔船必备的设备，它体积小、重量轻，若配上一组反射镜，既可做标准罗经，又可在驾驶室实现自动操舵。一般国内渔船配磁罗经，远洋渔船配电罗经。

2. 定位设备（北斗、GPS）

通过船载的卫星发射和接收装置传输船位数据，可以较好地实现全天候对渔船监控。刚开始引进美国 GPS 系统，随着科技的不断进步，我国自主研发的北斗系统已投入使用，信号目前已基本覆盖全球，近年来国内渔船均免费安装了北斗系统。

3. 雷达

渔船使用的雷达，已发展到可以不遮暗荧光屏，而是直接看雷达屏导航。而且普遍采用了晶体管、多波长脉冲，提高了可靠性和灵敏度。渔船雷达体积小、重量轻、消耗功率小。

（二）助渔设备

1. 探鱼仪

探鱼仪是利用声在水中传播和反射的原理进行探鱼，它是由测深仪演变而来，并自 20 世纪 50 年代开始广泛用于渔船的。

2. 探鱼声呐

探鱼声呐主要应用于探测中、上层鱼群，在围网渔业、中层拖网中已广泛使用。这种声呐除在垂直方向探测外，还能在水平方向探测，可以及时掌握鱼群立体的具体位置，包括距离、方向、深度。使用探鱼声呐，还可使围网渔业做瞄准捕捞，并监视捕捞过程，使渔捞效率提高。

3. 网位仪和网情记录仪

网位仪是一种能探测网具在水中工作状况的仪器，最早使用的是一种仅能表示拖网深度的记录仪。后来发展为水声仪器，在网口周围加装送波器，直接将网的位置、水温传送到船上。这样的水声网位仪，起初是单一参数的，现已发展到多参数网情记录仪，能同时测得网的深度、离海底的位置，网口扩张度、网口鱼群、网口渔获物、网具所处水层、水温等多项数据。网位仪在中层拖网中，对调整网位和引导瞄准捕捞是很重要的。网位仪和网情记录仪，可以是有线方式，也可以是无线方式。

（三）渔捞机械及设备

1. 拖网机械及设备

拖网渔船的主要渔捞设备包括拖网绞机、起网绞机、各种辅助绞机、艉部门形架、艉滑道、桅及吊杆、各种导向滑轮、网板、鼓形卷网机等。

2. 围网机械及设备

围网渔船的主要渔捞设备包括括纲绞机、甲板起网机和理网机等。

3. 起绳机械及设备

钓船上的渔捞机械品种很多，但主要的是起绳机，另外在竿钓及鱿鱼钓船上，还有各种类型的自动钓机。

（四）保鲜、制冷及冻结设备

1. 船用保鲜设备

海水制冰机、海水冷却器、集装箱等。

2. 船用冻结设备

管架吹风冻结装置、隧道冻结装置、卧式平板冻结机、立式平板冻结机、悬挂式连续冻结装置、传送带式连续冻结装置、回转式平板冻结机等。

3. 船用制冷设备

制冷压缩机、冷凝器、蒸发器、液分离器等。

（五）鱼类加工机械和设备

1. 鱼品加工机械

分类机、洗鱼机、去头机、开膛机、去皮机、采肉机、脱壳机、粉碎机、搅拌机、制罐机等。

2. 综合利用加工机械

鱼粉机、鱼油机、半成品鱼肝制罐机等。

3. 辅助加工机械和设备

包冰衣机、传送带、工作台、贮鱼池等。

五、船体结构

（一）钢质渔船船体结构

船体是由钢板和骨架组成的封闭式板架结构。钢板保证船体形状、水密性和强度，内部纵横交叉的骨材支撑钢板，增加整个结构的强度和刚度，形成船体内部水密空心结构，提供浮力使船漂浮于水中。

板架结构大大提高了结构强度，并使钢板的厚度减小到最低，既节省了钢材，又提高了船舶的装载量。船体内部的骨架是由钢板或型材加工而成，根据规格尺寸不同，较小的称为骨材，较大的称为桁材。

1. 外板结构

外板是由许多块钢板焊接而成，钢板的长边通常沿船长方向分布。钢板长边相连接的纵向接缝，称为边接缝；钢板短边的横向接缝，称为端接缝。钢板逐块端接而成的连续长条板，称为列板。

位于船底的各列板统称为船底板，其中位于船体中心线的一列板称为平板龙骨。由船底过渡到舷侧的弯曲部分称为舭部，该处的列板称为舭列板。舭列板以上的外板称为舷侧板，其中位于舷侧最上列并与上甲板相连的一列板称为舷顶列板。

外板的作用是：保证船体的水密性，使船舶具有漂浮及运载能力，并承担船体总纵强度、横向强度和局部强度；承受舷外水压力、舱内液体压力、波浪冲击力、螺旋桨的水动压力，以及外界的碰撞、挤压和搁浅等作用力；进坞修船时，还要受到坞墩的作用力。

根据所在位置和受力情况不同，外板的厚度沿船长方向及肋骨围长方向有所不同。通常在船体中部 0.4L 船长区域之内外板最厚，向船的首尾逐渐减薄。考虑到甲板设备等作用，首尾区域应适当加强。为了保证船舶进坞或搁浅等需要，要求平板龙骨的厚度和宽度应在整个船长内保持不变，其厚度不得小于船底板厚度加 2mm。

船底平板龙骨和舷顶列板受总纵弯曲应力最大，平板龙骨还承受船舶建造时龙骨墩或坞墩的反力和磨损，舷顶列板与上甲板相连接，又起着舷侧与甲板之间力的传递作用，因此平板龙骨和舷顶列板要比其他外板厚些。考虑到锈蚀、磨损等因素，舭部列板也适当加厚一点。

有些局部区域，易产生应力集中或受到较大振动力和波浪冲击力，这些部位的外板需要局部加厚或加覆板。如尾端螺旋桨区域，与艉柱的连接区域、首端锚孔区域、甲板开口区域等。

2. 船底结构

根据渔船的大小和用途不同，船舶底部有单底和双底两种形式。单底结构只有一层船底板，结构简单，施工方便，多用于国内渔船和远洋渔船的首尾端。

单底结构由船底外板、中内龙骨、旁内龙骨、肋板和舭肘板等构件组成。

（1）中内龙骨：设置在船底中心线上的纵向连续的构件，其作用是保证总纵弯曲强度、船底局部强度及承担墩木的反作用力。

（2）旁内龙骨：对称地设置在中内龙骨两侧的纵向构件，起着联系、支持肋板的作用，同时也保证总纵弯曲强度。

（3）肋板：设置在船底每一肋位上的横向构件，主要作用是承担横向强度，并将底部载荷传递给舷侧。其在中内龙骨处间断，并与之焊接。肋板可采用T型材或钢板折边型材，但机舱内不能采用折边的形式，且机舱内肋板腹板的厚度应不小于中内龙骨腹板的厚度。为了疏通和排除舱底积水，在肋板、旁内龙骨下缘均应开半圆或长圆形流水孔，也可扩大焊缝切口作为流水孔。

（4）舭肘板：它是连接肋骨下端与肋板的构件，用来加强节点连接强度。舭肘板应有面板或折边。

3. 舷侧结构

渔船一般只有一层舷侧外板，舷侧结构由舷侧外板、肋骨、强肋骨和舷侧纵桁等组成。

（1）肋骨

肋骨是设置在舷侧各肋位上的横向构件，一般采用不等边角钢或球扁钢制成，尺寸较大时，采用T形结构。两甲板之间的肋骨称为甲板间肋骨，船舱肋骨又称主肋骨。

（2）强肋骨

强肋骨是由尺寸较大的组合T型材制成的舷侧横向构件。通常采用T形结构，每隔3—4个肋位设置一根，支撑舷侧纵桁，通常与甲板的强横梁及底部的实肋板组成坚固的横向框架。

（3）舷侧纵桁

舷侧纵桁是舷侧结构中沿船长方向设置的纵向构件，主要用来支撑肋骨、加强外板。根据型深不同，渔船一般设置一道或两道舷侧纵桁，通常采用T形结构。

4. 甲板结构

国内渔船属于中、小型船舶，仅设有一层贯通全船的连续甲板。

（1）甲板板

甲板板是由多块钢板焊接而成。钢板的长边沿船长方向布置，且平行于纵中剖面线。在船首尾端，由于甲板宽度减小，甲板板的列数也相应减少，有时将钢板沿横向布置，以求建造施工方便。与外板类似，船中部甲板较厚，向首尾两端逐渐减薄。与舷侧相接的一列甲板板称为甲板边板，这是甲板中最厚的一列板，因为它是甲板板中从首至尾最有效的纵向连续构件，且经常积水易受腐蚀。

（2）横梁

横梁是设置在甲板各肋位上的横向构件，常用不等边角钢或球扁钢制成。横梁在舷侧处用肘板与肋骨连接。

（3）甲板纵桁

它是沿船长方向布置的纵向构件，一般采用T形结构，在横舱壁处剪，用肘板与舱壁连接。

（4）舱口围板

设置在鱼舱开口的四周，由纵向围板和横向围板组成。可防止打上甲板的海水灌入鱼舱，并防止人员跌入舱内。

（5）支柱

设在甲板纵桁与强横梁的交叉处，多用圆钢管制成。

5. 舱壁结构

渔船的横舱壁通常为平面，平面横舱壁结构由舱壁板和舱壁扶强材组成。

（1）舱壁板由多列钢板焊接而成，舱壁最下端的钢板受到的水压力最大，又容易腐蚀，因此最厚，向上可以逐渐减薄。

（2）舱壁扶强材常用不等边角钢或球扁钢制成，尺寸较大时采用T形结构。一般垂直布置，当舱壁较高时，还需设置水平桁材，以作垂直扶强材的支撑。

6. 首部结构

首部通常指从首柱到艏垂线再向尾 0.15L 处的区域。

（1）首柱

是船体最前端的构件，一般采用前倾式首柱，需要有足够的强度和刚度。首柱的截面形状是变化的，加工制造比较麻烦。普通渔船多采用钢板焊接首柱，也有采用铸造与钢首柱的混合结构。

（2）首部结构的加强

在艏尖舱区域内，肋骨间距比船中部小，肋板向首逐渐升高，厚度比中部略有增加，一般还装设强胸横梁。

7. 尾部结构

船尾通常是指艉尖舱舱壁以后的区域。

（1）尾柱

艉部结构的重要构件，设在尾端下部，主要是支持及保护舵和螺旋桨，并提高尾部结构的强度。渔船采用的尾柱有铸造尾柱和钢板焊接尾柱。

（2）尾部结构的加强

尾尖舱的肋骨间距比中部小，舱深较大时也设置强胸横梁和舷侧纵桁，底部肋板升高通常超过尾轴管高度。

（二）木质渔船船体结构

我国木质渔船始终占有较大的比例，在数量上是我国海洋渔船队的主体。木质渔船之所以自古至今获得广泛应用，是因为木材有如下的一些优点：

1. 质轻，具有天然浮力，这对用于水上建筑物是有利的。

2. 原材料可直接取于自然界，有利于环保。

3. 具有较好的强度，且能吸收冲击与振动。

4. 对于热量为不良导体，有助于渔获保鲜，又能构成适宜的居住舱室。

5. 由于木材易于加工，便于成形，因此建造木质渔船无须复杂的设备。

但是木材也有着一些缺点：易燃；含水率变化时，膨胀收缩就有显著变化，甚至会引起弯曲、扭转或裂开；易于腐朽；强度有方向性。

木材通常分为软木与硬木。软木来自针叶树，即树叶细长如针，多为常绿树，如红松、落叶松、马尾松、杉木、柏木等；硬木来自阔叶树，树叶宽大，叶脉呈网状，如红榜、毋生、柞、榆、水曲柳、黄波罗、樟、槐、柚等。

木材具有某些天然的缺陷，如节子、青皮、裂纹、虫眼、腐朽等，在建造木质渔船时，其构件对所选用的木材是有一定的要求的。

木质渔船和钢质渔船在总体结构上有相似之处，可以参考。但差异方面也很多。玻璃钢渔船船体结构比较特殊，在渔船保险领域玻璃钢渔船和木质渔船数量也不少，但限于篇幅本书就不具体讨论了，有需要的读者可以阅读相关专著。

六、渔船修理及定价

（一）渔船修理工程

1. 船体工程

针对船体各部位的维修项目都包括在内，主要工作内容包括：船体外板及内部结构维修、甲板及其结构维修、上层建筑及其结构维修、舱室内部装修、船体涂装等。

船体工程所用的材料主要是制作船体及其构件的板材和型材、油漆、室内装修用的材料及鱼舱保温层发泡材料等，涉及铆工、电气焊工、油漆工、木工等十余个工种。

2. 轮机工程

包括机舱内主要设备及轴系、管系、螺旋桨等的维修，主要工作内容包括：设备的烘干及拆装、轴系拆装、管系更换、螺旋桨校正及拆装等，涉及的工种主要有钳工、管工、电气焊工等。

3. 电气工程

包括全船电缆的换新及电气设备的维修。

（二）渔船修理定价

1. 影响因素

渔船的修理价格，主要包括拆除费、材料费、人工费、设备及加工费、安装费、辅助工程费用、服务费、管理费、利润、税金等。影响维修定价的因素主要有：

（1）渔船的主尺度不同；

（2）渔船部位不同；

（3）船厂技术力量及规模不同。

另外还有地区差异，也导致渔船修理价格的不同。

渔船保险行业要取得合理的修船定价，应做好以下工作：

（1）船厂分类，根据各船厂在场地、设备、技术人员配备等方面的具体情况，对船厂分档，采取同档次船厂统一定价的方法。

（2）渔船分档，渔船的主尺度不同，其构件尺寸、规格不尽相同，导致维修价格也不同。建议以总长为基准，把渔船分档，在同档内选择典型渔船及其船体构件作为标准进行定价。

（3）根据船体部位定价。渔船保险保的是整船，因此船体工程的维修定价尤为重要。船体部位不同，其加工方法、工艺要求等不同，消耗的工时也不同，应对不同部位分别定价。

2. 定价依据

（1）《国内民用船舶修理价格表（1992）》

目前，钢质渔船修理价格通常采用中国船舶工业总公司 1992 年印制的《国内民用船舶修理价格表》（简称“92 黄本”）中的办法，依据成料的单位重量来定价。92 黄本根据船体外部型线不同，将船体分为平直外板、单曲外板和双曲外板，以平直外板为基准定价，其余按一定百分比加价。随着社会的发展，修船价格也一直在变化，每次的变化都是在 92 黄本的价格基础上加以改变，一直沿用至今。92 黄本定价包含了渔船修理的所有成本及费用，简单明了、使用方便。

（2）《中国渔业船舶修理行业价格本（2008）》

该价格本专门为渔船修理制定，专业性强、可操作度高、涵盖的项目比较齐全，其中包含了木质渔船的内容，适合修理渔船企业参照定价。

上述两本定价依据，由于出版年代距今较远，在使用时应充分考虑到物价上涨的因素，结合当地实际情况制定合理的定价标准。

3. 钢质渔船定价项目

（1）船体工程

钢质工程：钢板及骨架换新，根据船体部位不同定价。

油漆工程：除锈、刷漆，以设计水线为分界线，上下油漆的度数要求不同，应分别定价；另舷墙要内外两面刷油漆。

聚氨酯保温层换新：鱼舱内部保温层按发泡后的体积定价，一般两舷厚度 150mm，机舱壁前端厚度 200mm，鱼舱壁厚度 100mm；发泡后还要安装木板及铺设两层玻璃钢。

内装工程：所有起居处所的内部装修换新。

其他工程：包括门、窗、栏杆换新，锚、锚链（索）等换新，带缆桩换新等。

辅助工程：包括坞道费和脚手架工程。坞道费包含拉坞费和占坞费，拉坞费按次数计，一上一下为 1 次，占坞费按天计算；脚手架工厂一般按延长米计算。

（2）轮机工程

包括主机、辅机、齿轮箱修理，轴、桨、舵拆装，导流罩拆装等。

（3）电气工程

电缆换新根据其规格定价，一般按延长米计。电气设备的定价可根据厂家及品牌定价，其他设备亦如此。

（4）服务性费用

根据渔船停靠的船厂不同，有时会收取一项或几项服务费。

码头费：根据船长不同按天收取。

清除垃圾费：根据船长不同按天收取。

搭拆上下船扶梯：根据船长不同收取。

第二节 海洋牧场

海洋是人类获取优质蛋白的“蓝色粮仓”。近40年来，我国以海水养殖为重点的海洋渔业迅猛发展，继传统捕捞业、养殖业之后，海洋渔业面临新一轮的产业升级，而海洋牧场是重要发展方向之一。

一、海洋牧场溯源

海洋牧场理念起源于20世纪70年代的美国和日本。美国1968年提出海洋牧场计划，1974年建成加利福尼亚巨藻海洋牧场。1971年日本水产厅海洋审议会文件中指出“海洋牧场将会成为未来渔业的基本技术体系，这一系统可以从海洋生物资源中持续生产食物”。

海洋农牧化包括“农业化”和“牧业化”两个方面。其中“农业化”即“耕海”，是在沿海的滩涂、沼泽、港湾及二三十米等深线以浅的海域，人工栽培、种植藻类和耐盐经济植物，使用笼具、网箱、围网等在有限空间内进行海洋动物人工养殖。自20世纪50年代以来，我国海洋农业走过了海藻、海洋虾类、海洋贝类、鱼类海珍品养殖五次产业浪潮。“牧业化”则是把人工培养的幼苗培养到一定规格、具有一定的抵抗病害和逃避敌害能力的阶段，然后释放到自然海域让其自由地索饵、生长、发育，最后作为自然资源的一部分进行合理的捕捞。海洋牧业既不同于海洋捕捞业，也不同于海洋养殖业，而是两者的结合。从耕海、海洋农牧化到海洋牧业，我国海洋牧场发展理念的演化和形成与国外“海洋牧场”概念的核心思想是一致的。

二、海洋牧场的概念

海洋牧场的概念源于陆地牧场，海洋牧场建设与人工鱼礁有着密切联系，美国、日本、挪威最早着手于投放人工鱼礁，建设海洋牧场。

学术界尚未对海洋牧场做出统一的定义，这反映出对海洋牧场的认识还需不断深化和完善。一般的解释是：在一定海域内，采用规模化渔业设施和系统化管理体制，利用自然的海洋生态环境，将人工放流的经济海洋生物聚集起来，像在陆地放牧牛、羊一样，对鱼、虾、贝、藻等海洋资源进行有计划和有目的的海上放养，是指在特定海域里，为有计划地培育和管理渔业资源而设置的人工渔场。

海洋牧场的特征：1. 范围特定。建设海洋牧场是具有针对性的，选取的位置需要事先考察评估。2. 人为干预。人工鱼礁的设置和投放、生物苗种的培育和放流、人工驯化和海域检测等均受到人为干预。3. 开放环境。海洋牧场不同于淡水养殖，不是圈养，需要开阔的海域。4. 生态效益与经济效益。建设海洋牧场的目的，起初是解决渔业资源枯竭问题，带来经济效益，随着时间的推进和技术发展，发现海洋牧场可以改善水质并缓解其他生态问题，实现生态环境的可持续发展。

三、海洋牧场与传统渔业养殖的区别

（一）海洋牧场的功能

1. 净化水质、提高海洋碳汇能力，改善生态环境

海洋牧场会对海域非生物环境产生巨大影响，人工鱼礁类型、形状、材质等方面的选取与设置经过实地调查与评估得出，投放地点经过实地测量及空间分析得出。人工鱼礁会对周围水域流速、浪高、形态等产生直接影响，其形状、大小及内部构造不同，产生的影响程度也大不相同，同时也影响海底生物的栖息环境。

在海洋牧场投放网箱、鱼礁时，营养盐上下翻动，给附着的动物、浮游植物和藻类带来良好的生长环境。藻类繁殖过程中，可吸收海水中的氮、磷、硅等营养元素，保持氮磷比的平衡。同时净化海域水质，改善海洋生态环境，降低海水富营养化程度和赤潮等灾害发生频率。

海洋牧场具有较强的碳汇能力，特别是贝类养殖。贝类是近海生态系统中物质流和能量流的驱动者，它通过强烈的滤食活动，大量摄食海水中的有机碳，有效控制浮游植物生物量，加速其再生速率，从而促进了海水无机碳向有机碳的固定并移除海洋中碳的含量。同时，海洋牧场还能吸收二氧化硫、硫化氢等有害气体，起到调节气候、净化空气的作用。

2. 资源保护、修复渔业资源，改善捕捞质量

无节制的捕捞造成海洋渔业资源的枯竭和衰退，同时海洋环境污染导致一系列的病害、灾害频繁发生，海产品安全问题随之而来。海洋牧场能为鱼、虾、贝等水生物提供聚集、索饵、繁殖、避难等栖息场所，有效阻止野蛮捕捞行为，对海洋资源起到修复和保护的作用。

海洋牧场海域的物理环境变化会带动生态环境变化，成为鱼虾类良好的饵料场所，具有明显的集鱼效果，可在一定程度上提高海洋捕捞质量，增加渔业产量，填补陆地粮食的短缺。

3. 促进海洋深层次开发，提升社会效益

随着人们生活水平不断提高和经济的快速发展，废弃的车、船等被大量淘汰，海洋牧场为废弃物的处理提供了有效的解决方案。通过废物再利用，发展循环经济，将带来巨大的社会效益。海洋牧场可有效促进渔业行业的可持续发展，同时带动当地餐饮、交通运输等行业共同发展，提高经济效益，有利于渔业产业结构的调整，促进渔民转产转业，实现海洋渔业资源的修复和海洋生态环境保护等。

4. 带动沿岸经济发展，促进渔民就业结构转型

建设海洋牧场不仅能拉动经济发展，还能增加就业岗位，解决剩余劳动力的就业问题。同时改变渔民的传统生活方式，从简单的捕捞销售到开展体验式的捕捞、海钓、潜捕、渔业观光等项目，拉长产业链，促进渔民向现代渔业的过渡和转型。

5. 宣示国家主权、保护领土完整

沿海国家的领土除了陆地，还包括海洋。中国是海洋大国，海域辽阔，海岸线跨域大，有的岛屿远离陆地、人烟稀少，有被他国侵犯的潜在威胁。

通过在岛屿周围海域建设海洋牧场，是维护海洋主权的有效手段。

（二）海洋牧场的建设内容

1. 前期准备 主要包括海洋牧场选址、环境检测评估、牧场建设类型分析、资金投入分配、团队选取等。

2. 建设期间 主要包括人工鱼礁建造、鱼礁投放（地址评估、选取、投放技术）、海藻区域建设、娱乐区域划分、苗种培育及放流、生物驯化及控制、生境改造、环境监测、基础设施建设等详细环节建造及技术开发过程。

3. 管理 主要包括专业团队组建及分配、部门监控、维护修复、发展环境评估、资金效益分析、生态系统监控、生境变化预测调整等管理体系的构建。

（三）海洋牧场与传统渔业养殖

1. 目标不同

传统渔业养殖主要是“靠天吃饭”，过于依赖自然环境，追求的是经济利益，多以消耗资源、牺牲环境为代价。这种模式虽然短期内能获得经济效益，但随着时间的推移，弊端日益凸显。

海洋牧场首先是实现生态效益，其次才是追求经济效益，同时产生巨大的社会效益，前期投资大，收益周期长，后期经济价值大，走的是绿色、无污染、可持续发展的道路，是未来海洋渔业发展的趋势。

2. 技术方法不同

传统渔业养殖，其场内水位浅，容易造成泥沙淤积，水体环境恶化，发病率高，清塘除害的工作量大且烦琐；海洋牧场选址在深水区，与外海实时进行水体焦化，水环境不易恶化。海洋牧场具有规模大、养殖密度低、饵料系数低、对环境影响小和抗风浪能力强等显著特点。

传统渔业养殖随着年限的增长，产业整体质量下降，养殖产品生长缓慢、肉质变差。海洋牧场是一个生态体系，包含众多内容，涉及海洋工程技术、海洋生物技术、海洋环境保护技术、海洋环境模拟技术、海洋生态系统工程技术等众多学科，现代海洋牧场与物联网、云计算、大数据等结合，发展智慧海洋牧场。随着科学技术的快速发展，传统渔业养殖将逐步向海洋牧场方向迈进。

3. 资源利用与管理不同

海洋牧场主要依靠苗种放流、人工鱼礁投放来建造海洋生物栖息地，在原有的海洋资源基础上，充分利用投放资源。人工鱼礁入海后，礁体周围逐渐生长海藻，成为鱼类等海洋生物繁殖、生长、索饵和避敌的最佳场所。藻类通过光合作用释放氧气，供给海水中层养殖的贝类；贝类排放二氧化碳被藻类吸收，其排泄物被海底的海珍品所利用；海水中过剩的氮、磷等有机物被藻类吸收，清洁水环境的同时也为贝类生长创造了条件。传统渔业养殖是小范围养殖，盲目投饵和无节制地吸收海洋营养，导致海洋环境逐步恶化，鱼类品质也越来越差。

传统渔业养殖管理涉及人员少，人类活动干扰大，管理工作较为轻松，只要完成特定的工作，具有政策条例及其他方面的依据。海洋牧场是一个完整的体系，需要进行前期规划、调查、评估，中期投资建设、鱼礁投放、苗种放流、生境改造，后期运营、定期检测、远程监控、预测评估等方面的工作，需要制定一系列的详细措施，其工作量大且烦琐，需要政府部门检测调查，同时需要法律法规的支持。海洋牧场是以人管理为主的自然养成的养殖体系，其环境容量以自然调控为主，同时需要少量的人为资源补给，主要依赖自身生态系统的自我调节；传统渔业养殖主要依赖人为资源补给，以人为调控为主。

4. 政策不同

我国的海洋牧场多为公益性质的，企业参与较少，在政策管理方面，地方政府在人工鱼礁建设之初出台发展规划，且多为支持性质；相较而言，传统渔业养殖规章制度较多，虽然也有惠民条例，但多为处罚条例。我国海洋牧场发展晚，缺乏完善的规章制度与政策，没有针对海洋牧场发展的法律法规，多从传统渔业养殖政策衍生而来，尤其后期管理方案较为缺乏。完善的规章制度体系能有效保障各方面的权益，需要加快海洋牧场规章制度体系的建设，促进海洋牧场的可持续发展。

四、海洋牧场的基本分类

1. 渔业增殖养殖型海洋牧场。一般建在近海沿岸，产出多以海参、鲍鱼、海胆、梭子蟹等海珍品为主。

2. 生态修复型海洋牧场。多用于修复鱼类生存环境，提高鱼类资源量。是目前受鼓励的海洋牧场发展方向。

3. 休闲观光型海洋牧场。随着休闲渔业的兴起而出现，多嵌在其他类型海洋牧场之中，是海洋牧场管理开发的一项新兴产业。

4. 种质保护型海洋牧场。在不影响其本身自然环境条件的前提下，有限度地通过人为建设和管理，用来保护和恢复本地原生海洋植被和动物区系，以达到保护原生物种优良基因库的目的。区别于增殖养殖型海洋牧场，种质保护型海洋牧场不以生产渔获物为主要目的，而是通过海洋牧场一系列建设方法来保护和恢复本地生物物种多样性，避免基因交叉污染，保护野生种质资源。

5. 综合型海洋牧场。我国在建的牧场多以综合型海洋牧场为主，一般兼顾一项或多项功能，最常见的是在渔业增殖养殖型海洋牧场中开发休闲垂钓功能，在生态修复型海洋牧场中开发休闲观光功能和鱼类增殖养殖功能等。

截至目前，我国的海洋牧场试验及建设可分为两种类型。一种是在原先人工鱼礁建设与增殖放流技术的基础上由政府建设而成的，这类海洋牧场一般是基于安排“双转”渔民再就业、发展休闲渔业、修复渔业资源等社会公益型目标建立起来的。另一种是利用民间企业在承包海域实施底播增殖，这种生产方式一般出现在我国海域确权明确的北方，生产种类主要是海参、鲍鱼、扇贝等海珍品。

五、海洋牧场关键设施

海洋牧场是一个新型的增养殖渔业系统，即在某一海域内，建设适应水产资源生态的人工生息场，采用增殖放流的方法，将生物种苗经过中间培育或人工驯化后放流入海，利用海洋自然生产力和微量投饵育成，并采用先进的生物控制技术和环境监控技术对其进行科学管理，使其资源量持续增长，有计划且高效率地进行渔获。建设海洋牧场需要一整套系统化的渔业设施和管理体制，如苗种扩繁系统、人造上升流设施、环境监测系统、资源管理系统、质量安全保障系统等。

海洋牧场建设需要以海水增养殖工程设施为技术手段和支撑，增养殖工程设施是人们利用自然物或人工合成物，研制具有特定功能的工程装置并应用于陆基和浅海海域，从而实现海洋经济生物的人工养殖和自然增殖。设施主要包括资源关键种扩繁与养殖设施、浮筏礁体设施、海底人工设施等。

设施现代化是提高海洋牧场生产效率和单位效益及有效管控风险的重要手段，是资源节约、高效环保、智能管理型现代海洋农业的重要标志。在增养殖空间与层次方面，海水增养殖工程领域的研究热点从最初局限于近岸单一物种养殖层面的筏式养殖设施、底播养殖设施、池塘与围堰养殖设施，发展为近岸与离岸兼顾、养殖与增殖并举的多营养级立体生态养殖的海洋牧场构建技术。在增养殖工程设施可操控性方面，海洋牧场工程设施也由传统的人工操控向自动化、智能化方向转变。

六、浮筏礁体设施

（一）浮筏礁体设施结构与布局

浮筏礁体设施主要以筏式养殖设施为基础。筏式养殖的基本形式有两种：一种是浮台式，其结构参照网箱养鱼所采用的木（竹）结构组合式筏架，适于风浪较小并可避风的海区使用；另一种为延绳式，通常适合水深流急的海区使用。目前这两种筏架在世界范围内都有使用，浮台式筏架的优点是养殖对象排列较集中便于操作和管理，但相对于延绳式筏架，其单位面积产量受水流及食物丰度的影响较大，而且浮台式筏架还影响海区景观，并与游艇、军事等用途相冲突，在我国浮台式筏架在南方应用比较广泛，北方则主要为延绳式。

延绳式筏架主要有两大类：一类为单筏，由一绠两橛构成，一个筏体由两个橛子与海底固定；另一类为框筏，由单筏组合而成，由大绠构成框架，用框架大绠固定单筏，框架大绠上不加浮子，只起形成框架的作用。单筏结构较框筏简单，抗风浪能力强，是我国目前贝藻养殖的主要设施。

筏式养殖有多种养殖模式，如垂养、平养、单养或混养。其中垂养和单养占主导地位，平养主要用于藻类养殖，而垂养则主要用于贝类的养殖。混养是一种生态养殖模式，可以利用不同养殖对象在养殖过程中的生态互补性，达到生态高效、优化养殖环境的目的。

（二）浮筏礁体设施发展趋势

用作海洋牧场浮筏礁体设施的筏式养殖最早是日本发明的，后来得到广泛运用。在日本，筏式养殖被广泛应用于牡蛎和大型藻类的养殖。在欧美，筏式养殖技术被广泛应用于牡蛎、贻贝及扇贝的养殖。我国从 20 世纪 50 年代海带筏式养殖技术的完善和成熟开始，至今已经发展成为涉及多个经济物种的筏式养殖，利用筏式工程设施养殖的藻类有海带、紫菜、龙须菜、麒麟菜、石花菜、羊栖菜等，贝类有扇贝、牡蛎、贻贝，海珍品有鲍、海参、海胆、蟹类等。

目前国内外有关筏式养殖结构与生态养殖技术的研究多局限于近岸水域，对近岸筏式养殖的养殖模式、混养种类和搭配比例、混养种类间的生态互利机制等方面都开展了一系列研究。

我国浅海筏式养殖有几十年的发展历史，筏式养殖取得了技术和产业规模的巨大进步。筏式养殖规模居世界首位，养殖产量占国内海水养殖总产量的一半以上。但是海水筏式养殖设施的种类比较单一，针对一些特殊生态习性的养殖生物（如海参、鲍）的养殖设施开发不够，有关养殖设施及其工程结构的研究较少。我国近海水深普遍较浅，在缺少垂直空间使用浮沉式结构及其技术的情况下，只能依靠养殖设施的强度来抵御风浪，使养殖生产抵抗自然风险的能力降低。

筏式养殖设施作为海洋牧场浮式礁体的重要设施，在海藻等初级生产力提高及贝藻生态养殖中发挥了巨大的作用，但其在养殖实践过程中也经历了不断创新和改进的历程。当前，筏式养殖也呈现出所涉水域越来越深、适应能力越来越强、机械化程度更高等新的发展趋势。

七、海底人工增养殖设施

（一）海底人工增养殖设施种类与结构

海底人工增养殖设施是海洋牧场建设的基础，是对海水底播增养殖设施的改造升级，也是实现海洋牧场绿色高效发展的重要支撑。近年来，由于海参、鲍等海珍品市场的不断扩大，底播增养殖业发展异常迅速，底播型海洋牧场配套的海底人工增养殖设施研发迅速展开。

我国在浅海自然海域开展底播增养殖的种类较多，主要有虾夷扇贝、皱纹盘鲍、刺参、中国蛤蜊、魁蚶、毛蚶等，其中除刺参、鲍等需要在养殖海区投放石块、水泥构件等附着基外，其他大部分养殖种类均是在适宜增养殖的海区通过直接播撒苗种或者自然采苗的方式实现经济物种的增养殖。

近几年，中科院海洋研究所在底播增养殖设施研发方面开展了大量工作，在关键设计参数量化、最适材料筛选、专用设施研制等方面取得了重要突破，创新发明了系列海底人工增养殖设施，有力推动了底播型海洋牧场装备技术的革新与升级。

针对近岸海湾型海洋牧场，特别是软泥底质海湾无法开展刺参底播增养殖的技术瓶颈，发明了牡蛎壳海珍礁。采用聚乙烯线编织网，内装25—75kg的牡蛎壳和配重石块制作而成，单体直径40—100cm，10—30个牡蛎壳海珍礁单体灵活组合构建礁群。设施便于刺参攀爬，并可根据海域海况和底质条件调节配重大小和礁群组建规模，牡蛎壳海珍礁的刺参栖息密度高达17.8—40头/m^2，亩产量达300kg。

针对离岸岛礁型海洋牧场，发明了多层组合式海珍礁、大型藻类抗风浪沉绳式养殖设施、海龙底播式海水增养殖设施。多层组合式海珍礁为混凝土材质，由3—5层阶梯形水泥板和两个立柱套装而成，层板间距5—20cm，单体重 30—500kg；阶梯形设计可保证各层板均能接受充足光照，利于大型藻类生长；礁体层板间隙为两侧通透半封闭空间，不仅能保证内部优良的水交换，而且为刺参和各种趋礁性鱼类提供躲避风浪和捕食者的场所。大型藻类抗风浪沉绳式养殖设施模拟了大型藻类海底直立生长的模式，抗流能力强，保证其在浪大流急海域的正常生长，规模投放可在人工礁区形成“海底森林”，营造优良的生境，显著提高了岛礁区域海藻床覆盖率，增加了刺参的天然饵料供给。海龙底播式海水增养殖设施由 PVC 管平行固定在聚乙烯绳上，外罩网衣制作而成，PVC 管间形成多个独立的养殖笼。平铺式网衣可附着大型藻类形成海藻床，网笼内可混养刺参、扇贝。综合应用以上设施，构建了“参—鱼—贝—藻”生态增养殖模式，实现了浪大流急海域以刺参为主的生态多元化增养殖。

（二）人工鱼礁

人工鱼礁是人为放置在海底的一个或多个自然或者人工构造物，它能够改变与海洋生物资源有关的物理、生物及社会经济过程，并可改善海域生态环境，营造海洋生物栖息的良好环境，为鱼类等提供繁殖、生长、索饵和避敌的场所，达到保护、增殖和提高渔获量的目的。人工鱼礁是资源养护型海洋牧场建设的核心，对于修复和改善海洋生态环境、增殖和优化渔业资源、促进海洋经济持续健康发展等方面具有重要的意义。

我国的人工鱼礁建设事业开始于 20 世纪 70 年代末。目前，沿海各省份都已完成或正在进行人工鱼礁的规划，人工鱼礁区已在沿海粗具规模。

用于建造人工鱼礁的材料种类很多，礁体材料的选择直接影响礁体的结构特征和礁区生物的增养殖效果。根据材料的来源不同，人工鱼礁使用的材料可分为天然材料、废弃材料和人造材料三大类，天然材料主要有竹子、木材、贝壳、石块等，这类材料一般不会对海洋环境造成污染，但可塑性和耐久性较差。废弃材料包括废旧火车车厢、无轨电车车身、废旧汽车、废旧飞机、废旧船只、退役军舰、混凝土涵管、废旧轮胎、粉煤灰、烟气脱硫石膏、油气生产平台、防浪堤等，这类材料在投放前一般需要分拣、评估、清洗和改造，尽可能减少其对海洋环境带来的负面影响。人造材料主要包括塑料构件、玻璃纤维、聚氯乙烯、瓦片、钢材、钢筋混凝土等，这类材料具有较强的可塑性，可根据鱼礁用途和目标海域的环境条件利用一种或多种材料制成各种形状和结构。一个礁体的不同位置也因需求不同而使用多种不同材料，以实现礁体不同部位的生态功能。

礁体设计对礁体效果的发挥至关重要，主要包括礁体材料、重量、形状、几何尺寸、内部结构等因素。适宜的鱼礁规模和礁体布局方式是人工鱼礁取得理想效果的重要保证，鱼礁区的规模至少达到4000空方才能使鱼礁起到应有的作用。礁体规模在400—4000空方的范围内，鱼礁区的生产力随礁体规模的增加而增大。单位礁体之间的间距也会影响人工鱼礁区的生物量，不同种类及规格的鱼类对相邻单位鱼礁之间的间距有不同的反应，在一定范围内，单位鱼礁区鱼类的种类和丰度随着单位鱼礁间距的增加而增加。

研究表明，人工鱼礁区域的生物多样性高于附近的天然礁区，建成稳定后的人工鱼礁区域具有明显的集鱼效果，礁区内的生物多样性和生产力明显提高、群落结构得到改善，渔获量和经济物种所占比例均高于邻近的天然礁区和自然海区。

八、现代化海洋牧场的概念

2009年，陈勇教授在总结前人研究的基础上，结合多年来的研究成果，在首届全国人工鱼礁与海洋牧场学术研讨会上首次提出“现代化海洋牧场”的建设理念；2012年，在由中国科协主办的“新观点新学说学术沙龙——海洋牧场的现在和未来”学术会议上，陈勇又对现代化海洋牧场的理念进行了进一步的丰富与阐述，提出了“现代化海洋牧场”的概念与定义：是一种基于生态系统，利用现代科学技术支撑和运用现代管理理论与方法进行管理，最终实现生态健康、资源丰富、产品安全的一种现代海洋渔业生产方式。这是在国内外首次提出“现代化海洋牧场”的建设构想。传统海洋牧场主要是通过增殖放流补充自然鱼贝类资源量，或是通过人工鱼礁等生态工程养护和增殖渔业资源，目的是增加渔获量；现代化海洋牧场则是在传统海洋牧场建设的基础上，利用现代科学技术和管理方法，对生物资源、生态环境、渔业生产以及相关文化休闲活动等进行系统管理，形成由人、鱼、陆、海等构成的大系统，并动态优化大系统的生态功能，从根本上消除粗放型捕捞及增养殖对海洋生态环境和生物资源造成的压力，使生态、经济和社会效益得以协调发展，实现综合效益的最大化；现代化海洋牧场能够实现从传统渔业向现代渔业、从水产资源消耗型向资源管理型海洋渔业生产方式转变的一次新跨越；现代科技的快速发展为现代化海洋牧场提供科技支撑，如互联网、物联网、人工智能、海洋探测、海洋生物、海洋生态、新材料、新工艺、新装备技术等，这些技术在海洋牧场规划建设和管理运营中不断应用，大幅提高海洋牧场的现代化水平。

（一）现代化海洋牧场的技术体系

现代化海洋牧场区别于传统的捕捞、养殖和增殖，也区别于网箱、浮筏、养殖工船等海上养殖场，是一项集生态环境修复与优化、生物资源养护与增殖、环境友好型选择性采捕等技术要素于一体，以促进和保障渔业可持续健康发展为最终目标，对生态、生物、生产等全程进行科学管理的系统工程。

现代化海洋牧场技术体系包括八项技术要素，即生息场建造技术、苗种生产技术、增殖放流技术、鱼类行为驯化控制技术、环境监控技术、生态调控技术、选择性采捕技术和海洋牧场管理方法与技术等。其中，生息场建造技术包括人工鱼礁建设技术（如选址技术、礁型设计与设置技术、制作与投放管理技术等）、海藻场海草床营造技术（如海带裙带菜藻场营造技术、大叶藻海草床营造技术等）；苗种生产技术，主要指增殖放流用鱼贝类苗种的健康繁育技术，以及提高其成活率的相关技术；增殖放流技术，主要指提高放流后成活率和回捕率的相关技术，包括中间育成技术、行为驯化技术、适地选择技术、放流规格与投放量的确定技术、追迹技术、效果评价技术等；鱼类行为驯化技术，包括驯化信号的确定技术、不同鱼贝类行为的控制技术等；环境监控技术主要包括海洋牧场海域的生态环境因子实时在线监测技术、生态环境评估预警技术、生态与生产综合监控技术等；生态调控技术包括敌害生物去除及生态补充技术、以生态平衡为目的的生物数量控制技术、水中营养盐类调控技术等；选择性采捕技术包括幼鱼幼贝保护型渔具渔法、环境友好型渔具渔法等；海洋牧场管理方法与技术，包括对生态环境和渔业资源综合管理的方法和技术，涉及互联网、物联网、人工智能等高新技术，也包括相关法律法规的制定与实施。这八项主要技术是现代化海洋牧场技术体系中的核心技术要素，针对不同类型的海洋牧场应根据海域环境和资源现状选择不同的核心技术进行组合构建，以达到海域生态修复与优化、资源养护与增殖的目标。

近年来，随着科技进步和产业升级，一、二、三产业融合发展已成为趋势，结合产业发展，现代化海洋牧场的技术体系得以不断拓展，涵盖了海洋牧场建设前、中、后的各个阶段，特别是随着后续产业链条的延伸，包括产品精深加工技术、休闲渔业、海洋牧场保险体系、产品物流与市场营销、产品可追溯质量控制及服务保障体系等，形成了贯穿一、二、三产全产业链条的技术体系和建设内容，现代化海洋牧场的内涵得以丰富和延伸，成为产业融合协调发展的有效载体。

（二）现代化海洋牧场的特征

现代化海洋牧场区别于传统海洋牧场，也不同于传统的养殖、捕捞和增殖，主要有五个特征。

1. 生态优先性

这是现代化海洋牧场建设的根本特性之一，即所有现代化海洋牧场中的建设、生产、休闲娱乐等活动均以生态安全为核心目标，以保证生态环境优良、生物资源丰富及渔业可持续发展为前提，所有活动特别是捕捞生产和养殖生产活动等均不得破坏生态环境和生物资源的完整性。

2. 系统管理性

现代化海洋牧场是由生息场建造、环境调控、种苗生产、种苗放流、育成管理、收获管理、灾害对策等多种技术要素有机组合的生态管理型渔业，人为的生态管理贯穿于海洋牧场建设与运营的全过程。

3. 生物多样性

海洋牧场的对象生物不仅仅包括沿岸鱼贝类，还包括近海鱼类及洄游性鱼类，同时现代化海洋牧场针对的是海洋生态系统水平的资源修复与增殖，关注的是生态系统稳定前提下在不同营养级上的多品种对象生物的持续产出，而非单一种类的产出，这也是现代化海洋牧场区别于传统单一品种养殖的重要特点之一。

4. 区间广域性

现代化海洋牧场是一个“场”和“空间”的概念，是在海洋中的某一个场所或者空间开展的渔业活动，既包括海域的海底也包括海水的底层、中层、表层及海面上从事的渔业活动，最终确立适宜海域特征的多个生物资源培育系统立体组合的复合型资源培养系统。

5. 功能多样性

传统的养殖和捕捞生产等只具有一种生产功能，而现代化海洋牧场则是集生态修复、资源养护、渔业生产、渔业碳汇、科学研究、科普教育、休闲渔业、景观再造等多功能于一体的现代渔业综合体，其生态、经济、社会等综合效益更加凸显。

第三节　深海网箱

一、背景

随着我国水产养殖业的发展，内湾、滩涂及其他近海养殖水域生态问题日益严峻。我国海水养殖优势区域集中在浅海表底层，该区域养殖空间可挖掘潜力十分有限，而广阔的深远海空间自然条件优越，开发程度低，发展深海养殖业大有可为。充分挖掘深海区养殖产业的发展潜力，将缓解我国当前资源条件下高负荷运转的近海养殖业。

在相对较深海域发展养殖业需要深海网箱。与传统网箱相比，大型深水网箱具有抗风浪能力强、养殖容量大、鱼类生长速度快、产品品质好等优点，是网箱养鱼的发展方向。国内外深海网箱的发展特点主要表现在以下几点：

1. 网箱容积日趋大型化。网箱的容积已达到万立方米级，提高了产量，降低了单位体积的养殖成本。

2. 抗风浪能力强，变形小。最高抗风浪达 17 米，抗流达 5 米 / 秒；在恶劣的海况条件下，有效容积率在 85%—90%。

3. 新材料、新技术应用广泛。在结构上用了 HDPE、轻型高强度铝合金和特制不锈钢等新材料，并采取了各种抗腐蚀、抗老化技术及无毒害处理，极大提高了结构强度及使用寿命。

4. 自动化程度高。随着计算机集成和自动控制技术的应用和发展，网箱的自动化管理技术也得到大幅提升，有的网箱已经达到全部自动化。

5. 运用系统工程方法，注重环境保护。将网箱及其所处环境作为一个系统进行研究，结合计算机模拟技术，融入环保理念，尽量减少对环境的污染和破坏。

6. 大力发展配套设备和技术。目前已成功开发出与深海网箱配套的工作船、检测设备、自动喂饲系统及配套设备等，形成了较完整的工业配套体系。

二、深海网箱的组成

（一）箱体

箱体是蓄养鱼的部分，既要保持水流畅通，又要防止鱼逃逸，由网衣、网盖与底衬组成。网衣分金属网衣和合成纤维网衣两大类。金属网衣耐腐蚀，强度高，附着生物少，但成本高，操作笨。合成纤维网衣包括聚乙烯网衣和尼龙网衣，它易被凶猛鱼类咬破，易附着各种生物，但具有轻便、价格便宜、装换容易等优点，因此被广泛采用。合成纤维网衣分为有结节和无结节两种，无结节网衣滤水性能好，对鱼体损伤少，但强度相对较差，破损后修补不便。目前，密眼网已普遍采用无结节网衣，大网目网衣视情况而定。

深水网箱因体积大、抗风浪要求高，故对网衣强度的要求高于传统网箱。网盖设置在网箱口，一般由合成纤维编织而成，其作用是遮阳，减少阳光直射，降低藻类附着程度，防止鱼类因受惊吓而跳跃，增强鱼类安全感，增加摄食，防止鸟类掠鱼及外来偷盗。投饵式网箱养鱼一般在网箱底部增设衬网（一般用 100 目 /cm^2 的密眼纱网做衬底），以减少饵料流失，提高饵料利用率，保护海域环境。网盖和底衬并非网箱的必要结构，为方便操作，很多网箱不设网盖。一些封闭式深水网箱如浮绳式网箱、碟形网箱等，则无必要设置网盖。

（二）框架

框架为网箱的骨架，使箱体定型，便于管理和操作。传统网箱的框架最常用的是木、竹等材料，强度较差，抗风浪能力低。深水网箱由于种类不同，其框架材料也有差别。如重力式全浮网箱应用的是高密度聚乙烯管（简称 HDPE），浮绳式网箱的框架为直径 1 cm 的尼龙绳，碟形网箱则由镀锌铁桶、铁管及高密度聚乙烯纤维支撑。总体来说，深水网箱框架强度高，耐腐蚀，但成本高，维护不便。

（三）浮力装置

浮力装置使网箱在水中保持一定的深度，并维持其稳定性。我国传统网箱的浮力装置包括浮子和沉子两部分。浮子的作用是使浮式网箱浮于水面，通常固定在网箱框架下方，最常用的是泡沫塑料；沉子的作用是使箱体下沉、张开，不受潮流和风浪影响而始终保持一定的形状，常用密度大的材料制成，如沙袋、砖头、铁块、铅块等，也有用镀锌铁管围成框子置于箱底的。深水网箱的浮力装置因种类不同而异，如重力全浮式网箱框架（HDPE 管）本身具有浮力；碟形网箱的中央圆柱可充气充水，调节比重；张力腿网箱底部直接由拉索固定于海底。凡此种种，仍都可以视为浮子和沉子的变型或省略。

（四）固定装置

网箱依靠固定装置与海底、海岸定位。传统网箱一般用铁锚做固定装置，也有用石头、钢筋水泥块或打桩方法固定的，锚绳通常用聚乙烯绳、棕绳等。深海网箱养殖系统的水下固定装置要根据养殖海区的海底构造决定采用锚固定或钢钎固定，一般岩石底质须采用钢钎固定，而泥沙底质则采用锚固定。水下固定系统是为了保护网箱，防止风浪较大时的相互损坏而专门设计的，可以使每个网箱都固定在各自的框架之内。一般采用了被世界普遍所采用的一种固定方法，即方形的框架固定结构，此结构可以确保固定系统的各点受力均衡，可以保证最大程度上把网箱所受到的力均匀分配到各个点上去，而不是某一点受力，这也为网箱的安全提供了充足的保证。

在水下的固定系统中，主要部件由锚、锚链、绳索、浮标共同组成，还有一些用来加固、连接这些部件的套环、卸扣、连接环等。固定框架一般在水下 3—5 米，为一方形框架结构，其上由 10 个大的浮标提供浮力，并在每个方角处斜上引出两条绳索系缚在网箱的主浮管上，用以固定网箱。在海的底部，固定所用的锚通过锚链连接到绳索上，并向上连接到固定框架的方角处，通过连接环与其他绳索相连。总之，固定系统的装配不仅要求使用高强度的配件，还要求轻便及简单化的设计理念，以利于系统的维护管理。

（五）附属设施

传统网箱与深水网箱的附属设施相差很大。传统网箱的附属设施一般包括食台、管理房、栈桥等。国外的深海浮式网箱由于生产自动化程度高、管理规范，附属设施比较先进，其网箱一般配有自动投饵、自动分级收鱼、鱼苗自动计数、死鱼自动收集等自动化设施，极大地提高了生产率。值得一提的是，我国企业在引进国外网箱的同时，一般都同时引进配套的附属设施。以传统的劳动密集型生产方式经营大型深水网箱养鱼，这是我国目前深水网箱养鱼的一个突出特点。

三、深水网箱分类

海洋环境条件相比于陆地更加复杂多变，深海网箱养殖这种离岸性的养殖方式对网箱、网衣等硬件产品技术要求更高。一个完备的网箱养殖系统通常由主体性网箱框架、网衣、锚泊系统和包括饲料加工、投饵、捕捞、水下观察设备在内的养殖辅助系统组成。当前主流养殖网箱有以下几类：

1. 高密度聚乙烯（High Density Polyethylene，HDPE）网箱。这种网箱在养殖大国挪威和我国都较为流行，其主框架是由质地轻、韧性好的 HDPE 材料制成，框架周长为 100—180 米，网深在 20—40 米，单口网箱海水鱼产量最高可达 1000 吨。该网箱在功能性上又分为全浮式、沉降式和升降式三种，其中升降式网箱可以在强台风天气下潜至水下一定深度，减免风浪冲击带来的损失。

2. 碟形网箱（semi-rigid sea station）。这种网箱最早是由美国制造，由浮杆及浮环组成，以钢铁混合材料为主架，框架周长约 80 米，抗风浪性能好，但操作便捷度不高。

3. 爱尔兰普利司通（Bridgestone）网箱。这种网箱在爱尔兰养殖渔业中常见，是由一定强度橡胶材料和钢制结构连接而成，呈八边形样式，整体柔性好，外形保持度高，网箱周长约为 120 米，单网箱产量可达 400 吨。我国当前网箱已大体实现国产化，但质量性能与传统渔业大国仍有一定差距，并且养殖配套辅助系统的使用率及自动化程度都很低，比如自动投饵系统在我国使用极少，多数养殖户都是用人力投饵替代。

四、深水网箱养殖展望

2015 年我国加大调整国内渔业油价补贴政策，减少对渔船的燃油补贴，调整专项转移支付资金重点支持海洋捕捞渔民减船转产、人工渔礁建设、深水抗风浪养殖网箱、安全装备建设等项目，逐步调减近海普通网箱养殖，优化调整产业布局结构，保护近海海域生态环境，促进水产养殖持续健康发展，从 2016 年到 2020 年，农业农村部每年推广深水抗风浪养殖网箱 2000 个，补助资金用于购置深水网箱箱体，配套投饵机、起网机、废物收集装置、看护平台等相关生产设施设备；每只深水网箱及配套设施设备（40—120 米周长网箱）中央专项转移支付补助资金规模控制在 10 万—

30万元之间。

2016年落实中央财政专项转移支付资金2.5亿元，支持浙江、山东、福建、海南等8省推广深水抗风浪养殖网箱项目。当年海南省获得支持资金3000万元。渔业主管部门还积极推动深水网箱智能装备的应用，加强规划引导，联合技术攻关，为我国深远海域量身定做智能渔场技术方案。

2018年我国深水网箱养殖面积近1348万立方米，产量达到15.4万吨，成为增长最快的养殖领域。但深海网箱养殖产量占当年全国海水养殖总产量仅为0.71%，发展空间巨大，随着深水网箱建造技术的成熟和成本的降低，必将加快普及的速度。

同时深水网箱的保险服务也快速跟进，2018年3月29日，临高海丰养殖发展有限公司获赔906万元，标志着海南省首单政策性深水网箱养殖保险项目顺利完成理赔。2017年7月，太保财险海南分公司承保了该企业88口80米周长网箱的金鲳鱼养殖项目，总保费110万元，为生产经营所面临的自然风险和病虫害风险提供风险保障2200万元，标志着我国规模化政策性深水网箱养殖金鲳鱼保险实现了零突破。同年10月，受“卡奴”台风造成的洋流污染、海水低位等多因素影响，该公司承保的金鲳鱼突发疾病而大批量死亡。经检验认定，核定最终赔付金额为906万元。

五、深水网箱主要产品介绍

（一）国内最大坐底式智能网箱“长鲸一号”

“长鲸一号”是烟台中集来福士海洋工程有限公司研发的国内首座深水智能化坐底式网箱，其设计和建造应用独创两项“世界第一”。能够实现系统定时、定量、高效自动控制，自带水动力自动投饵系统，日常仅需4名员工就能喂养1000吨鱼。总长60米，总宽60米，高度34米，工作吃水30.5米，养殖体积64000立方米。通过大数据技术，“长鲸一号”可实时反馈海洋水文信息、监测数据，是全国首个与保险公司实现监测数据实时分享、首个通过美国船级社检验的网箱，是集深水养殖和休闲垂钓功能于一体的网箱，开创了养殖、旅游新模式，可实现自动投饵、自动水下清洗渔网、自动提升网衣，实现了我国海水养殖业从近海迈向深海的历史性跨越。

（二）养殖网箱“耕海一号”

“耕海一号”是山东海洋集团与中集来福士公司共同研发、设计、建造的养殖网箱，将智能化渔业养殖、休闲垂钓运动和海洋文化旅游有机结合。“耕海一号”由3个养殖网箱组合而成，构成总直径80米的“海上花”概念，每朵“花瓣”养殖体积约9000立方米。3个“叶片”上设置了60个休闲垂钓位置，叶片交会处设计了多功能厅，可实现休闲观光、科普教育、海洋监测等功能，还可用来召开海上展会，平台顶部设直升机停机坪。总长80米，子网箱长40米，高15米，工作吃水10米，养殖体积27000立方米，生活区面积500平方米，甲板面积2000平方米。三个网箱分别是全自动网箱、半自动网箱、不需要提网的龟甲网箱。能够实时采集环境数据、精准投喂饵料、自动清理网箱等，实现了自动化、智能化、环保化的生态养殖。

（三）半潜式智能海上渔场“海洋渔场1号”

“海洋渔场1号”是座半潜式智能海上渔场，由中船重工武昌船舶重工集团有限公司总承包建造。该渔场直径110米，总高69米，空船重量7693吨，容量25万立方米，外层网衣面积3.5万平方米。可在开放的远海海域以及100米至300米的水深区域进行三文鱼养殖，一次可实现养鱼量150万条。“海洋渔场1号”配备了全球最先进的三文鱼智能养殖系统、自动化保障系统、高端深海运营管理系统等，且融入了生物学、工学等多种技术，安装各类传感器2万余个、水下水上监控设备100余个、生物光源100余个，在鱼苗投放、喂食、实时监控、渔网清洗等方面，系统都实现了智能化和自动化，将复杂的养殖过程控制变得异常简单和准确，养殖系统的日常操作仅需2人即可完成。

（四）大型深水养殖渔场“海峡1号”

“海峡1号”是由福鼎市国资国企城市建设投资公司委托马尾造船厂建造，海鸥水产公司负责运营、养殖的大型深海养殖装备，用于大黄鱼的大规模养殖。该设施为全国首座单柱半潜式深海渔场，其平台直径达140米，总体高度40米，网箱高度12米，有效养殖水体容积15万立方米，可养殖大黄鱼2000吨。该网箱适用于45米以上水深海域，配备网衣、发电系统、压载系统、环境监测系统等相关设施设备，并采用7点钢制悬链系泊系统，可抵御17级台风。

（五）全潜式深海养殖网箱“深蓝1号”

“深蓝1号”是一座全潜式深远海渔业养殖网箱。网箱周长180米，高38米，重约1400吨，有效养殖水深30米，直径60.44米，整个养殖水体约5万立方米，设计年养鱼产量1500吨，可同时养殖三文鱼30万尾，可以抵御12级台风。该全潜式养殖平台是我国基于绿色理念研创的深远海养殖重器，通过调节浮筒内部的水量来实现上浮和下潜，使三文鱼避开暑热；结合挪威“海洋渔场1号”的研制经验，融合黄海冷水团三文鱼养殖技术，创建了我国独特的深远海全潜式三文鱼养殖模式。

第三章　渔业生产风险分析

第一节　农业风险

一、风险的概念及分类

（一）风险的概念

学术界对于风险的概念尚无统一的定义。最为普通的一种说法是，在远古时，以打鱼捕捞为主的渔民，每次出海前都要祈祷，让神灵保佑自己能够风平浪静、满载而归。他们在长期的捕捞实践中，深深地体会到“风”给他们带来的无法预测的危险。通过归纳总结，可以认为：风险就是生产目的与劳动成果之间的不确定性，其大致有两层含义：一是强调风险表现为收益的不确定性；另一层则强调风险表现为成本或代价的不确定性。风险会给人们正常的生产和生活带来有害的影响，它存在于社会生活的一切领域。

（二）风险的分类

1. 按照产生风险的原因划分，风险可以分为自然风险、社会风险和经济风险。自然风险指自然因素和物理现象所造成的风险；社会风险指个人或团体在社会上的行为导致的风险；经济风险指经济活动过程中，因市场因素影响或者管理经营不善导致经济损失的风险。

2. 按照风险致损的对象划分，风险可以分为财产风险、人身风险和责任风险。财产风险指各种财产损毁、灭失或者贬值的风险；人身风险指个人的疾病、意外伤害等造成残疾、死亡的风险；责任风险指按照法律或者有关合同规定，因行为人的行为或者不作为导致他人财产损失或人身伤亡，行为人所负经济赔偿责任的风险。

二、农业风险的概念及分类

（一）农业风险的概念

农业风险是指人们在从事农业生产和经营过程中遭受的能够导致损失的、难以预测的不确定性，或者即便可以预测但人力也无法抗拒。农业作为基础产业，由于自身的弱质性和生产过程的特殊性，在整个再生产循环过程中面临着许多风险，是典型的风险产业。农业风险一般具有风险单位大、发生频率较高、损失规模较大、区域效应明显，而且具有广泛的伴生性等特点。农业风险的特征是农业风险的本质及其发生规律的表现，主要包括客观性、不确定性、相对性、双重性、季节性和多样性等。

（二）农业风险的分类

农业风险的分类主要是按照风险发生的原因进行划分，这不仅适合各规避主体的需要，更便于对其进行深入分析，探索农业风险的规律与趋势，以便更有针对性地采取应对措施，减少风险带来的损失，为农业的发展保驾护航。所以，在此将农业风险按其产生的原因划分为自然风险、经济风险、社会风险、技术风险四类。

1. 自然风险

农业的自然风险主要是指由于自然力的不规则变化给农业带来的灾害和损失，表现为气象灾害风险、生物灾害风险、地质灾害风险和环境灾害风险等。农业是受自然灾害影响较大的产业，随着种植结构调整，规模经营比例越来越大，一旦遭受自然灾害，农民必将血本无归、倾家荡产。

2. 经济风险

农业风险中的经济风险主要来源于农业产、供、销经济活动中的经营管理不善、市场运作失灵、价格波动、消费需求变化、通货膨胀等因素。经济风险主要表现为市场风险，在市场经济条件下任何部门都会受其影响。在市场经济条件下，农民不得不面对种种市场风险。农业市场风险是来自市场方面的可能导致农业生产遭受损失的不确定事件，不仅包括国内市场风险，还包括国际市场风险，不仅包括价格波动风险，还包括市场容量、消费者需求变化，以及运送和加工储藏过程中物资投入的供应完备与否等方面的风险。

3. 社会风险

社会风险即行为风险，是由个人或团体的过失、疏忽、侥幸、利益驱使等行为所导致的风险，主要包括政策风险和制度风险。

（1）政策风险，来自有关农业和农村经济政策的不稳定性或某些失误。因情况变化而导致政府政策的调整是必然的。但农业政策的不稳定会给农产品生产、营销等带来不少风险，有时甚至会影响整个国民经济的发展。如农用生产资料价格失控、收购资金不能到位等都会影响到农产品的价格。

（2）制度风险，源于政府行为和财政体制，主要指政府制度变化给农业带来的不确定性。现行制度极易导致决策行为的短期化，这使农业这个弱质性产业处于不利地位。

（3）其他人为的意外风险，例如，恶意破坏、盗抢，或农民重大疾病等所造成的风险。近年来，全国各地媒体报道出现的恶意破坏农作物等新闻层出不穷，这类恶意破坏给农民带来了很大风险。

4. 技术风险

农业技术风险是指农业技术运用的实际收益与预期收益发生背离导致的风险。在农业领域，现代科学技术的发展不仅拓宽了传统农业的产品种类，而且降低了农业对自然资源的依赖，极大地提高了农业产出率。但是，因为农业技术是以农民人力资本优秀、资金和物资充足的追加投入为前提的，所以，农业技术的发展及推广也隐含着巨大的风险。调整农业产业结构、种养结构、农产品品种结构，都面临着一定的技术风险。

第二节 渔业风险

一、渔业风险的概念及特征

（一）渔业风险的概念

关于渔业风险定义：徐小怡（2012）认为渔业风险是在渔业生产和流通中，因为无法预测各种因素的影响，造成经营者的实际收益与预期收益发生相互背离的可能性；吴江（2011）则认为在渔业生产、加工过程中，由于诸多不确定性的因素导致渔业生产者及经营者遭受损失的可能性；范之安（2007）认为渔业风险主要包括自然风险、市场风险、技术风险、管理风险及他人强制性输入风险；许朝霞（2007）从社会稳定的角度出发，认为由于渔业生产的多样性及多面性，渔业风险应该囊括社会风险。

（二）渔业风险的特征

1. 不可预测性。虽然渔业风险的发生是客观的，但是风险是否发生，在何时、何地发生以及发生的范围和程度等完全是一种偶然的和不确定的结果。比如对渔业生产影响较大的天气和海洋，尽管气象科技和海洋环境监测预报有了长足进步，但至今仍然难以对灾害性天气和赤潮等进行完全准确的预报。

2. 相对性。渔业风险的相对性主要包括两个方面。一是指渔业风险的可测性。尽管渔业风险具有不可测性，但是任何事物的产生、发展都不是偶然的，而是有规律可循的，随着科学技术的进步和人们素质的提高，渔业风险的规律性是可以逐步被认识和掌握的。二是指对不同的渔业经营者，相同的风险所带来的损失程度是不同的。

3. 难以抵御性。自然灾害大多超过人类的抵御力，如台风登陆产生的风暴潮、赤潮暴发等，人类在突如其来的自然灾害面前往往显得束手无策。

4. 破坏性。自然灾害对渔业生产的破坏一般是大范围和毁灭性的。自然灾害的这些特点极大地增加了渔业风险的可能性。

二、渔业风险分类

（一）自然风险

自然风险是指由于自然力的不规则变化引起的种种物理化学现象，造成损失机会的风险，也就是通常所说的自然灾害。渔业生产是自然因素和人类劳动相互作用的过程，其生产绝大多数是在自然环境下完成的，生产的对象更是有生命的动植物体，自然环境的异常变化会对其生产过程产生重大的影响。

海洋渔业生产对环境和渔业资源状况具有高度的依赖性，台风、暴雨、冰雹、病害、温度异常、风暴潮、赤潮、海洋环境污染等都是自然界频繁发生的自然灾害，常常给海洋渔业生产者带来毁灭性损失或影响生产时间，降低产量。这些自然灾害通常难以预测，即使能够预测，通常也缺乏有效的抵御措施，特别是渔业生产环境在很大程度上是无法由生产者自行控制的，因此，自然灾害对渔业生产的破坏往往是大范围的和毁灭性的。自然灾害的这些特点极大地增加了渔业生产的不稳定性。

（二）市场风险

1. 市场风险是指市场价格浮动的可能性带来的渔业收益变动风险。

主要是指在渔业生产和经营的过程中，由于种苗、饲料和鱼药等渔业生产资料价格上升，渔获产品价格下降，或者由于渔获产品和生产资料的价格不能同步增长等造成经济损失的风险。由于渔业生产具有季节性明显、生产周期比较长的特点，决定了生产决策变化相对于市场变化的滞后性，导致了渔业生产对市场变化的应急反应能力低下。同时，目前我国渔业生产大多经营分散，经营规模较小，在市场上既不能对渔获价格等因素施加影响，更不能形成垄断价格。有时渔业生产者之间无序的竞争，更加促使价格朝着不利于生产者的方向变化。由于建立渔业信息的披露机制目前还很困难，生产者缺乏必要的信息指导和交流，只能孤立地参照上一生产周期的市场需求状况和价格确定养殖品种及养殖规模，造成养殖业一哄而上和一哄而下，导致水产品的供给大起大落，使生产者收益受到影响。另外，水产品鲜活易腐，如果该销售的水产品不能及时销售，就会使成本大幅度增加，还难以保证较高的成活率，从而给生产者带来损失，如果生产过程中渔用物资价格上涨，生产者还要承担额外的成本。

渔业生产中第二类经济风险，是由于自然原因或社会原因造成产业低迷，而渔业投入的资本专属性强，无法及时灵活地采取转产转业等应对措施，从而造成损失的可能性，或者难以预料的投资贬值。随着渔业资本的不断增加，这种风险越来越大。与其他产业对比，这种资本贬值、资金积压的风险造成的损失更为巨大，而且具有一定的不可抗性。

2. 海洋渔业市场风险是指在海洋水产品的生产和经营过程中，由市场行情变化、消费需求转移和经济政策改变等不确定性因素引起的实际收益与预期收益发生偏离的可能性。

由于海洋渔业的生产活动具有季节性明显和周期较长的特点，其生产决策变化相对市场变化具有滞后性。海洋渔业同时承受自然风险和市场风险，是典型的高风险行业，而风险的多样性和复杂性也陡增其风险管控难度。

（三）社会风险

社会风险又称为行为风险，它是指由于个人和团体的社会行为造成的风险。社会风险通常主要包括以下几个方面：一是错误的行政干预造成的渔业生产损失，渔业产业相关政策的变化给渔业个体生产者造成的损失；二是伪劣种苗、饲料和鱼药等生产资料造成的渔业生产损失；三是水域污染给渔业生产造成的损失；四是人为的火灾、偷盗和战争等给渔业经济生产造成的损失；五是因资源衰退而形成的风险。

渔业生产面临的社会行为风险与大农业中其他部门一样，但是由于渔业生产本身的多样性，所面临的社会行为风险更为复杂。比如伪劣种苗、饲料和鱼药等生产资料造成的损失一旦形成，因为生物生长的不可逆性，损失很难挽回，同时由于生物生长的复杂性，损失的责任追究更为困难。行政干预和政策的改变，由于渔业生产的连续性以及生产资料的专属性，对生产经营者的影响往往也是难以规避的；由于渔业生产对自然环境的依赖性比较强，水环境比土地更为敏感，环境污染特别是工业污染也成为渔业生产中的主要风险因素。

（四）技术风险

水产学作为一门亦工亦农的应用科学，不仅涉及植物、动物、微生物、生理、生态、物理、化学、数学等基础科学，而且涉及医学、气象、机械、水利、自动化等应用科学，因此渔业生产的技术广泛而复杂。一般说来，渔业生产技术包括人工繁殖、水质管理、饲料加工、混养密养、病害防治、活鱼运输、捕捞、水产品加工等几大类，每一类中又包含很多具体的技术。渔业生产技术的复杂性不仅体现在组成上，还体现在养殖水体、方式、品种和时间的多样性上，不同养殖水体、不同的养殖方式、不同的养殖品种、不同的养殖季节具有不同的养殖技术，因而产生不同的孵化率、生长率、成活率和起捕率。这些技术形成了彼此关联相互影响的技术系统，如果系统中一个环节不成熟或生产者技术不熟练，轻则造成鱼类生长缓慢或者少量死亡，重则导致大量死亡甚至全部死亡。

1. 海上渔排、贝藻类养殖设施风险

使用海上渔排、贝藻类养殖设施实施海水养殖是沿海广大群众脱贫致富的重要途径，为捕捞渔民转产转业、摆脱贫困做出了重要贡献。然而，随着海上养殖业的盲目扩张，无度无序无质养殖问题愈加突出，有些还占用了军事区、航道、锚地、码头等。同时，传统养殖设施抗风浪能力差、易损毁导致大量海漂垃圾长期堆积且难以降解，渔排人员生产生活垃圾污水直排入海，都对海洋生态环境和自然景观造成了严重影响。

为保护海洋环境、促进渔业可持续健康发展，必须淘汰老旧木质渔排、养殖泡沫浮球等渔业设施设备，制定塑胶设施选型和海上养殖设施质量、结构、锚固、检测等规范标准，推动养殖设施设备升级改造规范化，改善海上养殖的安全性，有效保护养殖户合法利益。

2. 养殖网箱密度过大

养殖网箱密度过大，影响水流交换，带来水域污染，引起较多的病害，尤其是寄生虫病。病害加重势必增加药物防治。水库湖泊养殖网箱过密，鱼类粪便和残饵对水体造成污染，影响水产品质量安全。

3. 深水网箱养殖风险

深水网箱是指设置水深在 15 米以上、沿海开放性水域的大型网箱。深水网箱具有抗风浪强、可在半开放海区养殖鱼类等特点，因此，与传统小网箱相比，集约化程度高、养殖密度大，网箱养殖鱼的食物来源更加丰富，鱼类生长速度快，肉质好，品质天然。同时，海水具有一定的流速，鱼类的排泄物也会很快被海水带走，因而，与传统网箱相比，深水网箱养殖鱼类病害较少。诸多优势使得深水网箱的养殖产品质量上乘，养殖经济效益显著。

我国是全球网箱养殖最多的国家，由于近几年海域污染加剧，网箱养殖业正期待向深海及新型高效的网箱养殖模式发展，通过几年的海外养殖试验效果来看，全金属抗流、抗风浪大网箱养殖是非常适合在中国发展的一种高效新型的网箱养殖模式。

尽管深水网箱技术有了很大突破，但在实际操作中依然面临巨大风险。2011 年 9 月，“纳沙”“尼格”两大台风相继登陆海南，海南省临高县深水养殖网箱几乎全军覆没，仅其中三家金鲳鱼养殖企业就有 1800 多口深水网箱遭到破坏，损失金额高达 8 亿元。深水网箱养殖过程中还应特别注意以下环节和要点：一是根据海况条件和养殖种类选择适宜的网箱型式；二是定期检查网箱设施的安全性，及时消除风险隐患，防止逃鱼；三是在半开阔或开阔海域条件下，建议采用绳索框架缓冲式锚泊固定方式，切勿将深水网箱连片固定；四是加强日常管理，包括监测水环境变化、注意天气变化、防止海上漂浮物、及时清除网衣附着物等；五是严控病害发生，及时清除病死鱼。

（五）管理风险

渔业生产的管理风险产生的原因主要有：我国渔业生产经营的规模比较小，渔业生产者往往同时又是管理者和技术人员，他们中绝大多数是根据养殖经验和个人判断来进行经营决策的，管理者对未来的市场判断不准，选择了不适当的养殖方式、养殖品种和养殖规模，决定了在生产经营过程中进行新品种培育、新的生产经营方式、新技术的运用都具有相对更大的风险。基本建设计划、生产计划、技术计划、物资采购计划和销售计划编制不适当或执行出现偏差。组织内部饲养分工不明、责任不清，生产混乱、技术标准和技术规程不合理；生产者技术不熟练，方法不当，操作失误；停电，停水；盗窃，毒鱼。对生产过程中关键环节出现的问题未采取适时和适度的措施等。管理工作中任何疏漏，都有可能导致生产的中断，使渔业生产者蒙受损失。

（六）渔业船舶风险

在海洋的各个领域中，海洋捕捞由于本身职业的特殊性，较之海上其他职业又具有更大的风险，是世界公认的高风险行业。渔业船舶航行生产的区域常常远离陆地，渔船吨位小，抗风浪能力差，导航通信设备落后，船舶空间窄小，船员素质偏低，劳动强度较大，机械故障维修困难，再加之我国渔船救助体系、渔港避风设施、安全设备改造投入不足等原因，使得我国渔船的安全风险十分严峻。归纳起来大致有九个方面：

1. 碰撞

渔船碰撞事故占航行事故的50%以上，是航行事故主要类型。有渔船与商船的碰撞、渔船与渔船的碰撞，对渔船的碰撞，主要原因是不遵守避碰规则忽视瞭望，不按规定显示航行信号和作业信号或号灯失灵，不按规定执行雾天航行操作规程，大风浪中绑靠、走锚、机器失灵等。

2. 触礁和搁浅

这类事故占航行事故的第二位。主要是没有海图，定位不准，近岸水域情况复杂，雾中或夜间航行看不到参照物，没有开雷达或雷达影像分析失误造成的，机械故障和大风天走锚也是重要的原因。

3. 风灾

风灾往往一次可以造成几十艘船沉没，几十人死亡失踪。一个是台风，另一个是突发性阵风。主要是渔船吨位小、抗风能力差、操纵经验不足等原因造成的。遇有八级以上大风，航行风险会陡然增加，若没有良好的抗风经验和船艺，处境将变得十分危险。

4. 机损事故

渔船和汽车一样，都会常常发生机械事故导致部分功能丧失或根本不能航行。遇上好的天气，就地修理或可返航，遇上大风天气，将有可能船体吹横而翻沉，由于达到报废年限的船在增多，再加上柴油涨价、产量不稳定、生产成本上升，渔船保养、维护不及时，此类事故有上升趋势。一般而言，渔业船舶的机械事故、舵机失灵、推进器损坏的事故要占总事故的15%—25%。

5. 火灾

火灾事故是指船舶因非自然因素失火或爆炸，造成船舶损坏、沉没或人员伤亡、失踪。在渔船上，通常容易引起火灾的部位是机舱、厨房、船员居住舱室、电气线路老化、电气焊作业等。据统计，在渔船火灾事故中，由于电器设备起火所导致的火灾事故占全部火灾事故的43.4%，位居第一，而机舱失火占 18.1%，排在第二位。

6. 自沉

自沉是指船舶因超载、装载不当、船体漏水等原因或不明原因，造成船舶沉没，人员伤亡、失踪。据统计，每年 9 月份后，北方沿海天气逐渐变冷，大风寒潮增多，海水温度降低，加之小型渔船、木质渔船占比较大，渔船自沉事故有增多的趋势。

7. 生产作业风险

渔船在海上常常是个激烈晃动的生产场所，绳索、网具多，空间窄小，露天作业时间长，天气情况复杂，伴有机械与手工并举的作业，极易造成人身伤害事故。

（1）用各种捕捞工具下网、起网时在船舷和甲板的落水死亡与伤残。

（2）起网机绞人或网绠断裂致人死亡与伤残。

（3）带缆作业的脚下不清，手上不利落的死亡与伤残。

（4）吊机断裂、重物坠落等事故。

（5）渔汛期间的超载造成的沉船或装载不合理破坏稳性的沉船。

（6）机舱漏油或配电盘起火等引起的火灾。

（7）添加伪劣柴油引起的火灾和爆炸。

（8）海底阀忘记关闭引发的沉船事故。

（9）大风浪天气的落水或摔倒引发的事故。

（10）不按规定显示捕捞作业的号灯、号型引发的事故。

（11）海上给养或驳船的挤压事故。

（12）在海上对渔船进行局部维修引发的事故。

8. 船员生活风险

渔船船员生活的空间窄小，出海时间长，生理和心理都会发生一些变态，性情烦躁；生活空间小，各种生活也多有不便。其风险主要表现在：

（1）厨房用火和吸烟引起的火灾。

（2）上厕所或在船边滞留因猛烈晃动的落水失踪。

（3）心情烦躁、酗酒后的斗殴或失踪。

（4）风吹日晒所引发的关节病、皮肤病等。

（5）在码头、锚地停泊，潮差等原因，登船时船舶晃动的落水死亡。

（6）食河豚等海物中毒的死亡。

（7）煤气中毒或鱼舱有毒气体导致的死亡。

9. 其他风险

渔船的停泊、避风、救援、给养、防灾等，需要国家和社会的力量给予提供和改善，单靠企业和船东无法自行解决，属于公共产品领域。由于历史欠账太多，在这方面也存在很多问题。

（1）渔船停泊避风条件差，渔港数量不足，一些渔港和避风锚地功能局限，不能避台风或某些风向的大风。

（2）航标数量不足或功能局限。一些渔港的进出口、航道暗礁等处没有设定界标或浮标。

（3）渔港、港池、航道、渔场的沉船大多没有打捞，没有强制的打捞法规，也没有这方面的经费和保险。

（4）中长期气象服务满足不了航行生产需要，海洋中的突发阵风时有漏报。

（5）海上救助体系和技术装备缺乏对渔船的针对性。

（6）渔船的通信能力不够，定位水平不高，尤其是机械事故后漂移快，海上救援时往往难以发现目标，失去最佳的救助机会。

（七）渔用投入品风险

1. 渔用投入品概述

渔用投入品包括渔用化学药品、渔用中草药、渔用饲料和非药物等。其中渔用化学药品（以下简称渔药）是指用来预防、治疗、诊断疾病和协助机体恢复正常功能的物质。顾名思义，渔药是指专门用于渔业方面为确保水产动植物机体健康成长的药物。渔药是人类与水产动植物病、虫、害做斗争的重要武器，也是增进水产动植物机体健康、促进生长发育的重要手段。应用渔药的目的是为了确保和提高鱼产量。养殖渔业的主要特点是所有养殖品种必须生活在水中，而各类水体通常又是微生物、寄生虫以及种类繁多的水生生物栖居或孳生地，水又是化学物质的优良溶剂和有机物、尘埃的悬浮剂。现代养殖渔业分为鱼、虾、贝、龟、鳖等各种水产动物增养殖和以紫菜、海带等藻类为主的水产植物种养殖两大部分。因此，渔药同样区分为水产植物药和水产动物药两种，也可称为水产药。水产动物药和兽药有比较密切的关系，而水产植物药则与农药关系比较密切。应当指出的是，当前国际上对渔药的研究、开发和应用，主要集中于水产动物药，故常常将渔药狭义地局限为水产动物药。

按照渔药的功能分类，一般可将渔药分为水体消毒剂、内服抗菌剂、寄生虫驱杀剂、中草药、生物制品、水质改良剂等。

2. 渔药对水产品质量的危害

药物的广泛运用，带来的不仅是渔业的增产，同时也带来了药物的残留问题。水产动物产品中药物残留主要是由于不合理使用药物防治水产动物疾病和作为饲料药物添加剂长时间使用而引起的。由于药物的超剂量长时间使用或使用禁用药导致药物在水产动物中残留，已成为国际社会对我国水产品设置的主要贸易壁垒之一，药物残留现已成为影响我国水产品进入国际市场的关键。鳗鲡养殖和加工是 20 世纪 90 年代以来在我国沿海地区如广东、福建等地区发展起来的具有高附加值的“三高”农业产业。我国的鳗鲡及其制品主要出口日本，但在1995—2000年间，日本市场多次退回并销毁抗生素超标的我国鳗鲡及其制品，给我国造成了巨大的经济损失，极大地损害了我国水产品在世界贸易中的形象。渔药对水产品质量的危害主要表现在以下几个方面：一是危害水产品的安全，渔药中的一些物质会阻碍淀粉酶分泌，破坏鱼类身体组织，并影响鱼类的生长，使用不当也会引起水生动物中毒，发生水产养殖药害事件。二是“三致”作用，部分渔药进入人体后其代谢产物具有高残留和致癌、致畸、致突变等毒性。如防治水霉病的孔雀石绿、调节生长的己烯雌酚等。三是毒性作用，有些渔药残留在人体内蓄积到一定浓度时，会产生毒性作用。如防治鱼虾鳖等细菌性疾病的氯霉素残留，容易引起再生障碍性贫血病即白血病，磺胺类药物残留可引起肾脏损害。四是导致耐药性增强，水产养殖中的病原微生物长期接触某些药物尤其是抗生素后会产生耐性，这种耐药性可经食用后传递给人体。耐药性的产生和增强不仅会影响水产养殖病害防治效果，也会给临床上治疗感染性疾病带来一定的困难。五是引起过敏反应，有些渔药或其代谢产物具有抗原性，能刺激人的机体产生过敏反应。如防治鱼虾鳖等细菌性疾病的青霉素、四环素、磺胺类、呋喃类等药物残留，轻者可能引起皮炎、荨麻疹、发热等，严重的可导致休克，甚至危及生命。六是引起菌群失调，水产品上残留的药物可能会抑制或杀死人体肠胃内某些敏感菌群，从而影响、破坏肠胃内菌群平衡，导致内源性感染，从而导致长期腹泻，损害人体健康。七是污染严重，水产品的污染主要为废水排放，生活废水与工业废水占据污染源的首位，影响了渔业的正常运作。水产品的良好养殖环境是渔业发展的前提条件，在贴近海港的水域往往是受污染最严重的地区，极易被重金属影响渔业的发展，比如我国居民经常食用的海带、紫菜等水产品，在经过沿岸污染后无法排出其存于产品本身的化学物质，使消费者无法放心购买。除废水的污染外，水产品养殖过程中由自身产生的污染也相对严重，随着我国水产品的养殖规模呈现扩大化趋势，养殖过程中的污染现象越来越严重。通常养殖水产品的饲料使用效率很低，只有20%左右的养分被吸收，其他养分随着鱼类的消化再次流失于水中，因此污染所在水域的整体环境，再加上养殖人员没有及时更换用水，将会对水中动物造成严重危害。

3. 提升我国水产品质量安全措施

根据水产养殖病害发生危害的特点和预防控制的实际，农业农村部渔业渔政管理局会同全国水产技术推广总站制定了《2019 年全国水产养殖用药减量行动方案》，正式启动 2019 年全国水产养殖用药减量行动。行动方案提出了五条技术路线：

一是使用优质苗种减少用药。严格控制苗种质量，对于采购外来苗种，养殖企业要采购具有生产许可证且信誉好的单位的苗种，优先选用国家审定水产新品种且经当地验证具备优良性状的水产苗种，并经水产苗种产地检疫合格。对于自繁自育的苗种，养殖企业要严格按照育苗相关操作规范生产，做好亲本选育和病害防控等技术措施，保障苗种质量优质安全健康。

二是控制病害发生减少用药。开展水产养殖病害监测，掌握病原分布、流行趋势和病情动态，科学研判防控形势，及时发布病害预警；强化疫病净化和突发疫情处置，避免药物滥用；推广应用疫苗免疫等预防技术，减少养殖户“乱用药”问题；强化苗种产地检疫，创建无规定疫病水产苗种场，从源头控制病害发生，降低滥用药风险。

三是依法精准用药减少用药。建立规范用药制度。严格遵守《动物防疫法》《兽药管理条例》《兽用处方药和非处方药管理办法》等法律法规规章等，由执业兽医出具处方笺，并在其指导下使用，依照处方剂量和次数施药，避免盲目加大施用剂量、增加使用次数。开展水产养殖动物病原菌耐药性监测，编制适合当地的水产养殖用药抗菌谱，对症开方，依方用药。加大依法、科学用药技术的宣传与指导，把法律和技术送到养殖者手里，深入基层、深入池塘进行现场指导。

四是推广生态养殖减少用药。以生态循环、质量安全、集约高效、节能减排为导向，集成和示范推广一批用药量少、质量可控、操作简便、适宜推广的用药减量技术模式。大力推广使用配合饲料替代幼杂鱼、尾水生态治理、以渔净水等生态减药关键技术。示范推广尾水处理、水体清洁过滤等养殖装备。因地制宜示范推广稻渔综合种养、集装箱养殖、池塘工程化循环水养殖、多营养层次养殖、深水抗风浪网箱养殖等先进养殖模式，提升水产养殖业的提质增效、防病减药水平。

五是加强日常管理减少用药。指导养殖企业自身加强养殖管理，健全内部管理等各项制度，建立从苗种质量、养殖环境、水质监测、密度控制、病害防治、兽药使用、产品检测等贯穿生产全过程的质量安全监控体系，完善水产养殖生产和用药记录制度。地方各级渔业行政以及渔政监督管理机构要加大养殖生产的监管力度，监督投入品规范使用，依法开展监督检查，严肃查处违法用药行为。

第三节　渔业自然风险灾害分析

海洋灾害是指海洋自然环境发生异常或激烈变化，导致在海上或海岸带发生的严重危害社会、经济、环境和生命财产的事件。近年来我国对包括海洋灾害在内的自然灾害防灾减灾工作高度重视，自然灾害造成的生命财产损失有一定程度的下降，但其对海洋渔业乃至经济社会的影响仍不容忽视，对个体行业从业者的影响甚至是毁灭性的，因此海洋渔业具有巨大的自然风险。

2019 年，我国海洋灾害以风暴潮、海浪和赤潮等灾害为主，海冰、绿潮等灾害也有不同程度发生。各类海洋灾害给我国沿海经济社会发展和海洋生态带来了诸多不利影响，共造成直接经济损失 117.03 亿元。其中，风暴潮灾害造成直接经济损失 116.38 亿元；海浪灾害造成直接经济损失 0.34 亿元；赤潮灾害造成直接经济损失 0.31 亿元。与近十年（2010—2019 年）平均状况相比，2019 年海洋灾害直接经济损失高于平均值。

我国渔业船舶水上安全事故发生与我国沿海的气候特征和春节期间停船、伏季休渔的特点相吻合。近年来我国渔业船舶水上安全事故有所下降，但是，全国渔业安全基础薄弱、安全监管和安全责任落实未到位的现象仍然存在，渔业安全隐患、影响和制约渔船安全的因素仍未解决，加之极端和灾害天气的突发性、不可预知性，这些都增加了渔业安全事故发生的不确定性。我国渔业因灾情造成的经济损失见表 3–1。

表 3–1 全国渔业灾情造成的经济损失（水产品损失） 单位：万元

年份	台风、洪涝	病害	干旱	污染	其他
2009	450388.8	344751.6	176848.9	99559.0	195955.6
2010	1111144.6	322044.8	122067.2	132957.8	364202.0
2011	594281.8	367884.6	984669.1	525436.5	108950.0
2012	961064.3	361449.4	270895.9	184688.5	164738.6
2013	1199803.6	407468.0	555424.1	132154.7	279308.6
2014	827276.7	279224.6	327854.1	80570.6	177649.1
2015	811034.6	300159.2	415452.8	90468.9	67528.1
2016	1548229.8	274002.1	149173.7	66702.6	108033.7
2017	847800.5	340508.6	78413.6	59202.2	140331.2
2018	475108.3	261259.4	193329.9	82211.5	351456.8

注：数据来自中国渔业年鉴（2010—2019）。

一、风暴潮灾害

风暴潮是由热带气旋、温带气旋、海上飑线等风暴过境所伴随的强风和气压骤变而引起叠加在天文潮位之上的海面震荡或非周期性异常升高（降低）现象。分为台风风暴潮和温带风暴潮两种。

我国是世界上遭受海洋灾害影响最严重的国家之一，随着海洋经济的快速发展，沿海地区海洋灾害风险日益突出，海洋防灾减灾形势十分严峻。全球每年约有 80 个热带气旋产生，北半球发生最多，占全球总数的 73%，北太平洋又占全球的 53% 以上。每年在我国登陆的台风平均有 8 个，最多时达 12 个。台风往往伴有大浪和风暴潮，严重威胁船舶航行安全。

2019 年，我国沿海共发生风暴潮过程 11 次，直接经济损失 116.38 亿元，为近十年平均值（86.59 亿元）的 1.34 倍。其中，台风风暴潮过程 9 次，5 次造成灾害，直接经济损失 116.38 亿元，未造成人员死亡（含失踪）；温带风暴潮过程 2 次，未造成灾害。风暴潮灾害最严重的省（自治区、直辖市）是浙江省，直接经济损失 87.26 亿元，占风暴潮灾害总直接经济损失的 75%。

二、海浪灾害

2019 年，我国近海共发生有效波高 4.0 米（含）以上的灾害性海浪过程 39 次，其中台风浪 15 次，冷空气浪和气旋浪 24 次。因灾直接经济损失 0.34 亿元，死亡（含失踪）22 人。海浪灾害造成的直接经济损失为近十年平均值（2.09 亿元）的 16%，死亡（含失踪）人数为近十年平均值（59 人）的 37%。

2018/2019 年冬季，我国渤海和黄海北部海域受海冰影响，未造成直接经济损失。2018/2019 年冬季，渤海及黄海北部的冰情较常年明显偏轻（1.5 级），海冰最大分布面积 15519 平方千米，出现在 2019 年 2 月 13 日。辽东湾海冰最大分布面积 12058 平方千米，出现在 2 月 13 日；浮冰外缘线离岸最大距离 52 海里，出现在 2 月 14 日。渤海湾海冰最大分布面积 1420 平方千米，出现在 1 月 3 日；浮冰外缘线离岸最大距离 6 海里，出现在 1 月 16 日。莱州湾海冰最大分布面积 446 平方千米，出现在 1 月 2 日；浮冰外缘线离岸最大距离 6 海里，出现在 1 月 16 日。黄海北部海冰最大分布面积 3635 平方千米，出现在 2 月 11 日；浮冰外缘线离岸最大距离 12 海里，出现在 2 月 11 日。

三、海啸灾害

2019 年，我国未发生海啸灾害。自然资源部海啸预警中心（南中国海区域海啸预警中心）对发生在全球海域的 41 次海底地震共发布了 77 期海啸信息。监测数据分析结果显示，上述地震均未引发灾害性海啸过程，3 次海底地震引发了轻微的局地海啸，均未对我国产生影响。

四、赤潮灾害

2019 年，我国海域共发现赤潮 38 次，累计面积 1991 平方千米，共造成直接经济损失 0.31 亿元（为福建省两次赤潮过程所导致）。2010 —2019 年我国海域赤潮发现次数和累计面积见表 3–2。

表 3–2　2010 —2019 年我国海域赤潮发现次数和累计面积

年份	赤潮发现次数	赤潮累计面积（平方千米）
2010	69	10892
2011	55	6076
2012	73	7971
2013	46	4070
2014	56	7290
2015	35	2809
2016	68	7484
2017	68	3679
2018	36	1406
2019	38	1991

注：数据引自 2019 年中国海洋灾害公报。

五、绿潮灾害

2019 年 4—9 月，绿潮灾害影响我国黄海海域，分布面积于 6 月 17 日达到最大值，约 55699 平方千米，覆盖面积于 6 月 27 日达到最大值，约 508 平方千米。引发大面积绿潮的主要藻类为浒苔。

第四章　渔业保险的主要险种

第一节　渔业船舶保险

渔业船舶保险是指由保险人为捕捞渔业从业人员在进行捕捞生产作业或驾驶渔船航行等生产经营活动中，遭受自然灾害或者意外事故所造成的财产损失和人员伤亡提供经济补偿的一种保险保障制度。捕捞渔业保险主要包括渔船保险、渔船船东雇主责任保险、渔民人身意外伤害保险、渔业安全生产责任保险等险种。

一、渔船保险

1. 参保条件

投保船舶需合法登记注册并具备有效的检验证书和捕捞许可证等证书，被保险人须为船舶所有人、经营人或管理人。

2. 保险标的

渔船保险的标的通常指渔船船体及其附属设备（机械设备和通信导航设备等），而子船、艇和渔网渔具等需在保险合同中约定承保。

渔船上所装载的货物、燃料、零星工具、用具、备用机件、渔获物、给养品、渔需物资及船上人员的私人财物等不属于保险标的范围。

3. 保险责任

渔船保险的保险责任分为全损险和一切险两种。

（1）全损险责任范围

下列原因造成保险船舶的全部损失属于全损险责任范围：

①风灾、洪水、地震、海啸、雷击、崖崩、滑坡、泥石流、冰灾；

②火灾、爆炸；

③碰撞、触碰、搁浅、触礁；

④航行或生产过程中失踪。

（2）一切险

一切险在全损险基础上增加了部分损失、碰撞责任、救助费用和施救费用等保险责任，具体责任范围如下：

①由于全损险列明原因造成保险船舶全损或部分损失；

②保险船舶因发生碰撞事故导致其他船舶触碰船坞、码头、航标、港口设备及其他固定建筑物，致使上述物体发生的直接损失和费用，包括被碰船舶上所载货物的直接损失，依法应当由被保险人承担的赔偿责任；

渔船保险对每次碰撞、触碰责任仅负责赔偿金额的四分之三，但在保险期间内一次或累计最高赔偿额以不超过船舶保险金额为限；

③保险船舶发生保险事故时，被保险人为防止或减少损失而采取施救及救助措施所支付的必要的、合理的施救或救助费用、救助报酬。

4. 除外责任

渔船保险通常不承保以下责任：①船舶不适航；②被保险人及其代表或其船员的故意行为或重大过失行为；③擅自改变保险渔船作业性质或利用保险渔船从事走私、偷渡、抢劫、盗窃等犯罪行为；④战争、军事行动、政府征用或扣押、没收；⑤违反禁渔或休渔规定等违法违规行为；⑥保险责任中未列明的其他原因。

此外保险渔船的下列损失、责任和费用，保险人也不予以赔偿：①正常维修、保养费用以及自然磨损、易耗易损部位损坏、锈蚀、油漆剥落；②清理航道（含强制打捞）、清除或防止污染；③船期损失、渔汛损失等间接损失；④机器、设备、仪器自身故障导致的损坏；⑤油污责任；⑥燃料、渔获物、生活给养及船上所有人员的私人财产。

5. 保险金额

保险金额可以按照投保时渔船的保险价值（即市场的实际价值）确定，也可以由投保人和保险人在保险渔船的实际价值之内协商确定，但不得高于保险价值。

为降低道德风险，防止船东低值高保后人为损毁、灭失渔船获得高于渔船价值的保险赔偿，以及鼓励船东在发生保险事故后积极进行施救及救助，减少船舶损失，渔船保险一般实行不足额方式承保，保险金额与船舶价值的比例为承保比例。

6. 费率

渔船保险费率采取“从船为主、从人为辅”的原则确定。“从船”的主要是影响抗风险能力的船质、船龄和主机功率（或吨位）等因素，“从人”的主要体现船员配备情况、从事渔业生产的年限、历年发生保险事故情况等因素。由于渔船自身特点及其面临风险的特殊性，渔船保险的费率一般要高于商业船舶的费率，尤其是数量较多的小型木质渔船更是如此。

7. 保险期限

除另有约定外，渔船保险的保险期间通常为一年。

近年来，随着休渔期延长、保险竞争加剧等因素影响，承保不足一年的短期险的船东逐步增加，以避开休渔期间的保费支出。

8. 免赔

为避免小额索赔的发生，节省保险人理赔成本，同时督促船东增强安全生产意识，对于船东投保渔船保险一切险的，保险人通常会在保险合同中约定免赔额（率）。免赔额（率）约定一般不适用于保险渔船全损、碰撞责任、救助及施救费用的索赔。

二、渔业公务船保险

1. 保险标的

渔业公务船保险的保险标的是指从事渔业公务及科考活动的渔政船、海监船、海警船（艇）及科考船等，标的范围包括船体及相关仪器、设备。

2. 保险责任

渔业公务船保险的保险责任与捕捞渔船保险基本相同。

近几年随着我国政府部门、渔业事业单位财务资金使用越发规范、严格，针对大中型渔业公务船通常采用公开招投标的方式确定保险承保机构，并会根据船舶建造、作业、执法等具体工作实际投保船舶建造保险、航次保险、油污责任保险、残骸清除责任保险等险种。

三、渔船建造保险

1. 保险标的

渔船建造保险的保险标的是指经合法登记注册的船舶建造单位建造的渔业船舶（包括船体，安装于该船上的机器、设备、仪器以及存放于厂区内的用于建造该船的材料设备）及可移式平台。

2. 保险责任

（1）由于下列原因造成保险标的的损失，保险人负责赔偿：

①八级及以上大风、洪水、海啸、雷击、崖崩、泥石流、突发性滑坡；

②火灾、爆炸；

③船台、支架塌陷、空中运行物体坠落；

④在厂区内运输、移动、吊装过程中发生碰撞、坠落事故。

（2）保险标的在下水、进出船坞过程中发生意外事故造成的损失和由此引起重新下水发生的费用。

（3）保险标的在可航水域试航过程中发生碰撞、搁浅、触礁，还包括水上自然灾害、水上事故引起的倾覆、沉没所造成的损失。

（4）保险标的在可航水域试航时碰撞其他船舶或触碰码头、港口设施、航标，致使上述物体发生的直接损失和费用，包括被碰撞船舶上所载货物的直接损失，依法应当由被保险人承担的赔偿责任。保险人对每次碰撞、触碰责任仅负责损失金额的四分之三，以不超过保险金额为限。

（5）保险标的在可航水域试航时发生保险事故，被保险人为防止或减少损失而采取施救及救助措施所支付的必要的、合理的施救或救助费用、救助报酬，由保险人负责赔偿。

3. 除外责任

渔船建造保险人不承保以下责任：

①被保险人及其代表的故意行为或违法行为；②罚款和任何间接损失；③一切人员的死亡、伤亡或疾病所应承担的责任和费用；④任何设计、施工错误引起的建造材料、设备报废损失以及返工费用；⑤船厂自身的机器设备、加工工具及辅助材料的损坏；⑥清理航道、防止或清除污染、水产养殖及设施、捕捞设施、水下设施、桥的损失和费用；⑦船舶建造所需任何材料或产品保证合同内应负的责任；⑧建造合同中约定应由船舶建造委托人承担的责任；⑨核辐射、战争、军事行动、扣押、骚乱、罢工、哄抢和政府征用、没收；⑩保险合同载明的免赔额。

4. 承保区域范围

船舶建造期间：限于造船厂范围内。

试航期间，一类航区的船舶限航行 300 海里以内；二类航区的船舶限航行 150 海里以内；三类航区的船舶限航行 100 海里以内；内河船舶视同三类航区。超过上述区域的须经保险人书面同意。

5. 保险期间

除另有约定，保险期间的起止日期以建造合同载明的建造周期为准，交船后保险合同即行终止。

第二节　人身保险

一、渔民人身意外伤害保险

1. 承保对象

渔民人身意外伤害保险的承保对象为内陆、沿海从事渔业生产或为渔业生产服务的人员，年龄应在 16（含）—70（含）周岁之间，身体健康，有正常的工作及生活能力。

2. 保险责任

渔民人身意外伤害保险的保险责任为在保险期间内，被保险人因遭受意外事故导致身故或伤残，保险人按保险合同的约定给付保险金。

意外身故是指被保险人因遭受意外伤害，并自该意外伤害事故发生之日起 180 日内因同一原因身故的，保险人按照保险合同约定的保险金额给付意外身故保险金。

意外伤残是指被保险人因遭受意外伤害事故，并自事故发生之日起 180 日内造成《人身保险伤残评定标准》（以下简称《标准》）中伤残项目，保险人按保险合同约定的保险金额及该项伤残所对应的给付比例给付意外伤残保险金。除上述《标准》外，部分保险机构还根据捕捞渔业行业生产特点，将 20 余项渔业行业多发但未达到《标准》的轻微伤残项目纳入到保险赔付范围。

3. 除外责任

渔民人身意外伤害保险通常不承保以下责任：

①投保人对被保险人的故意杀害、故意伤害；②被保险人的故意自伤或自杀；③被保险人违法、犯罪或者抗拒依法采取的刑事强制措施导致的伤害；④被保险人挑衅或故意行为导致的打斗、被袭击或被谋杀；⑤被保险人因疾病导致的伤害；⑥猝死；⑦因妊娠、流产、分娩导致的伤害；⑧因醉酒、毒品或管制药物、精神失常导致的伤害；⑨因药物过敏、整容手术、内外科手术或其他医疗行为导致的伤害；⑩从事高风险运动或参加任何职业或半职业体育运动。

4. 保险金额

渔民人身意外伤害保险每位被保险人的保险金额由投保人与保险人协商确定并在保险合同中载明。

二、渔业系统行政、事业、执法及科研人员团体意外伤害保险

1. 承保对象

渔业系统行政、事业、执法及科研人员团体意外伤害保险（以下称“团体险”），承保的对象是全国渔业系统行政、事业、执法单位及科研机构在职人员及其配偶、子女和父母以及农业及海洋系统行政、事业、执法单位及科研机构以及大型农业、渔业企业的从事非生产经营活动的管理人员，及其配偶、子女和父母。

被保险人员及连带被保险人员（以下统称“被保险人”）需身体健康，能正常工作、生活。被保险人员的投保年龄在16—69周岁之间，连带被保险人员中配偶及父母的投保年龄为20—69周岁之间，子女的投保年龄为18—69周岁之间。

2. 保险责任

团体险保险责任为保险期间内被保险人因遭受意外伤害事故导致死亡、伤残和支出医疗救治费用，保险人按照保险合同的约定给付保险金。

3. 保险金额

团体险保险金额包括意外伤害保额和附加意外医疗保额两项，由被保险人与保险人协商确定并在保险合同中载明。

第三节　责任保险

一、渔船船东雇主责任保险

1. 参保条件

雇用工人从事捕捞渔业生产的渔船所有人、经营人或管理人，可以投保

渔船船东雇主责任保险（以下简称“雇主责任保险”），参保雇工须满足16周岁（含）至70周岁（含）、身体健康、具有正常的工作能力。

2. 保险责任

雇主责任保险的保险责任是指保险合同期间内，凡被保险人雇用的雇工，在其雇用期间因从事保险单所载明的工作而遭受意外事故或罹患与工作有关的职业病（如减压病）所致伤、残或死亡，对被保险人根据劳动合同和法律、法规，须承担的雇工的死亡、伤残责任、医疗费用、误工费用及相关法律费用等，保险人按照保险合同的约定负责赔偿。

雇主责任保险通常采用列明保险责任形式，保险责任范围一般参照《工伤保险条例》认定的工伤情形确定，具体如下：

①在工作时间和工作场所内，因工作原因受到事故伤害的；②工作时间前后在工作场所内，从事与工作有关的预备性或者收尾性工作受到事故伤害的；③在工作时间和工作场所内，因履行工作职责受到暴力等意外伤害的；④被诊断、鉴定为职业病（仅限减压病）的；⑤因工外出期间，由于工作原因受到伤害的；⑥在上下班途中，受到非本人主要责任的交通事故或者城市轨道交通、客运轮渡、火车事故伤害的；⑦在工作时间和工作岗位，突发疾病死亡或者在48小时之内经抢救无效死亡的；⑧在抢险救灾等维护国家利益、公共利益活动中受到伤害的；⑨在本条①②⑤所列时间和场所，发生事故失踪的。

保险事故发生后，为确定雇工伤残程度，被保险人支付的必要的、合理的伤残鉴定费用、职业病鉴定费用，保险人按照保险合同的约定负责赔偿。

3. 除外责任

雇主责任保险通常不承保以下责任：

①被保险人或其雇工违法、犯罪或故意、重大过失行为；②被保险人或其雇工违反禁渔、休渔规定等违法违规行为；③雇工自伤、自杀；④雇工因挑衅或故意行为而导致的打斗、被袭击或被谋杀；⑤雇工醉酒或服用、吸食、注射毒品；⑥雇工酒后或服用国家管制的精神药品、麻醉药品后驾驶机动车；⑦雇工无驾驶证，驾驶证失效或者被依法扣留、暂扣、吊销期间驾驶

机动车，驾驶与驾驶证载明的准驾车型不相符合的机动车；⑧行政行为或司法行为；⑨核辐射、核爆炸、核污染及其他放射性污染；⑩战争、敌对行动、军事行为、武装冲突、罢工、暴动、民众骚乱、恐怖活动。

通常情况下，下列损失、费用和责任，保险人也不负责赔偿：

①罚款、罚金及惩罚性赔款；②精神损害赔偿；③医疗保险（指职工基本医疗保险、城镇居民基本医疗保险、新型农村合作医疗，下同）和工伤保险诊疗项目目录、药品目录、医疗服务设施范围和支付标准之外的医疗费用；④其他保险（包括医疗保险、工伤保险、任何商业保险等）已支付的医疗费用；⑤合同中约定的免赔额。

4. 赔偿限额与保险费

一般来说，雇主责任保险赔偿限额包括每人伤亡责任限额、每人医疗费用责任限额、每人误工费用责任限额及累计责任限额。

保险人以各项赔偿限额或雇工年度工资总额为基础计算保险费。因捕捞渔业行业实际，即船东和船员之间通常不存在明确的劳动合同，工资总额难以确定，保险机构通常采取以各项赔偿为基础计算保费。通常每位雇工的保费等于其死亡赔偿限额乘以保险费率，船东应交的保费总额等于全部雇工保费之和。

随着近年来我国经济增长和人均收入水平提高，雇主责任保险每人赔偿限额呈逐年上升的趋势，如浙江、福建等东部沿海经济发达地区，雇主责任保险死亡赔偿限额已超过 100 万元。

二、渔业安全生产责任保险

2016 年 12 月 18 日，《中共中央 国务院关于推进安全生产领域改革发展的意见》（以下简称《意见》）印发。《意见》提出，取消安全生产风险抵押金制度，建立健全安全生产责任保险制度，在矿山、危险化学品、烟花爆竹、交通运输、建筑施工、民用爆炸物品、金属冶炼、渔业生产等高危行业领域强制实施，切实发挥保险机构参与风险评估管控和事故预防功能。

2017 年 12 月，国家安监总局、保监会、财政部印发《安全生产责任保险实施办法》并于 2018 年 1 月 1 日起正式施行，随后，各省份根据本省实际相继出台文件推行安全生产责任保险制度。

安全生产责任保险简称安责险，是指参保企业单位因生产安全事故及相关事故导致人员伤亡，以其依法应承担的经济赔偿责任为保险标的的责任保险，赔偿范围包括：人员死亡赔偿金、伤残赔偿金、事故救援费、医疗费、第三者财产损失赔偿金及法律费用等。

1. 投保条件

具有合法有效的渔业船舶检验证书、捕捞许可证书的船舶所有人或经营人，均可作为渔业安责险的被保险人，参保雇工需为与被保险人存在劳动关系（包括事实劳动关系）、劳务关系或雇佣关系的劳动者。

2. 保险责任

渔业安责险主要承保以下保险责任：

（1）在保险期间内，雇工在从事渔业生产、经营等活动过程中因发生生产安全事故导致自身伤亡，依照中华人民共和国法律法规（不包括港、澳、台地区）应由被保险人承担的经济赔偿责任，保险人按照保险合同约定负责赔偿。

（2）在保险期间内，雇工因下列情形导致自身伤亡，根据中华人民共和国法律法规（不包括港、澳、台地区）应由被保险人承担的经济赔偿责任，保险人按保险合同约定予以赔偿。

①在工作时间和工作场所内，因履行工作职责受到暴力伤害的；

②被诊断、鉴定为职业病（仅限减压病）的；

③因工外出期间，由于工作原因受到伤害或者发生事故失踪的；

④在上下班途中，受到非本人主要责任的交通事故或者城市轨道交通、客运轮渡、火车事故伤害的；

⑤在工作时间和工作岗位，突发疾病死亡或者在 48 小时之内经抢救无效死亡的；

⑥在抢险救灾等维护国家利益、公共利益活动中受到伤害的。

（3）在保险期间内，被保险人在从事渔业生产、经营等活动过程中因发生安全生产事故导致雇工伤亡，应由被保险人承担的因采取紧急抢险救援措施而支出的下列必要、合理的救援费用，保险人按照保险合同约定负责赔偿。

①抢险救援人员的劳务费用；

②救援器材、设备的租赁、使用费用；

③救援工具购置费用；

④生产安全事故现场发生的医疗抢救费用；

⑤事故鉴定和善后处理而产生的应当由被保险人承担的直接费用。

（4）在保险期间内发生可能引发保险合同项下赔偿的情形时，被保险人被提起诉讼或仲裁，事先经保险人书面同意支付的合理、必要的仲裁、诉讼、鉴定、取证、案件受理、评估、公证等相关费用，保险人按照保险合同约定负责赔偿。

3. 除外责任

安责险不承保以下责任：

①被保险人在主管部门责令停产整顿期间擅自从事生产发生的事故；

②被保险人从事与保险单载明的经营范围不符的活动，或者被保险人违法违规经营的。

其他不承保责任与雇主责任保险除外责任部分基本相同，这里不再重复介绍。

4. 赔偿限额

安责险赔偿限额通常包括每人死亡赔偿限额、每人伤残赔偿限额、每人医疗费用赔偿限额、每人救援费用赔偿限额、每人法律费用赔偿限额。各项赔偿限额由被保险人和保险人协商确定，并在保险单中载明。

5. 保险期间

除另有约定外，保险期间为一年，以保险合同载明的起讫时间为准。

6. 安责险与其他保险区别

安责险与工伤保险是并行补充关系。安责险的保障对象包括企业员工和第三方人员，工伤保险只保障企业员工。企业员工在工作期间因生产安全事故及相关事故导致人员死亡或伤残，在获得工伤保险补偿后，还能获得安责险的赔偿金。

安责险与雇主责任保险、公众责任保险、意外伤害保险是替代关系，投保了安责险可以不用再重复投保涉及人身赔偿责任的商业险种。安责险保险费率低，保障范围广，保险责任宽，与一般商业险种比较有以下优点：

（1）保险保障范围宽。将一般商业险种列为除外责任的“投保企业或个人雇主的重大过失责任”等列入保险责任范围。

（2）抢险救援费用作为一项保险责任，保险机构可以单独赔付。

（3）参保企业无法进行事故善后赔付时，保险机构可直接向事故伤亡人员进行赔付。

（4）建立与参保企业安全标准化评级、企业安全信用评级以及历史安全事故等要素相关的费率浮动调整系数。企业安全状况好，保险费下浮；事故多发，保险费上浮。

（5）服务质量有保证。安责险制度配套的保险承保、理赔和事故预防服务，制定了保险机构详细的服务标准和服务承诺，由政府部门和专业机构进行监督。

（6）企业投保安责险后，保险机构免费提供风险调查、安全隐患排查等事故预防服务，并按照保险费的一定比例向参保企业投入专项费用，用于开展事故预防活动。

三、油污责任保险

1. 相关背景

国际海事组织于 2001 年 3 月通过了《2001 年国际燃油污染损害民事责任公约》，我国于 2008 年 11 月批准加入该公约，并于 2009 年 3 月对我国生效。该公约要求 1000 总吨（含 1000 总吨）以上的国际航行船舶和沿海运输船舶须购买油污责任保险或取得金融机构财务担保，并据此向缔约国主管部门申请核发《油污责任保险或其他财务保证证书》（以下简称《油污证书》）。

2. 保险责任

由于被保险船舶上的油或其他有害物质的排放或泄漏，或由于存在这种威胁，而产生的下列责任、损失、损害或费用：

（1）损失、损害或污染的责任；

（2）船东作为《油轮所有人自愿承担油污责任协议（TOVALOP）》及其补充规定或认可的其他协议的参加者，根据上述协议所应承担的损失、损害或费用，包括船东为执行上述协议规定的义务而产生的费用；

（3）为避免或减轻污染及其结果造成的损失或损害而采取合理措施产生的费用，以及因采取这种措施而造成财产的损失或损害应负的责任；

（4）为防止被保险船舶面临排放或泄漏油或其他可能造成污染的物质将出现危险局面而采取合理措施产生的费用；

（5）服从任何政府或有关当局为防止或减轻污染或污染风险发出的命令或指示而产生的费用或责任，但这种费用或责任以不能从被保险船舶的船舶险保险单得到赔偿为限；

（6）因油和其他危险物质的排放或泄漏所造成的污染所导致的任何法院、法庭或有关当局根据所在国法律或有关规定对被保险船舶或船员的罚款（对船员的罚款仅限于被保险人根据法律对船员应承担的部分）。

3. 赔偿限额

油污责任保险赔偿限额根据《2001 年国际燃油污染损害民事责任公约》计算。

四、残骸清除责任保险

1. 相关背景

国际海事组织于 2015 年 4 月通过了《2007 年内罗毕国际船舶残骸清除公约》，我国于 2016 年 11 月批准加入该公约，并于 2017 年 2 月对我国生效。该公约要求 300 总吨以上的国际航行船舶须购买残骸清除责任保险或取得金融机构经济担保，并据此向缔约国主管部门申请核发《残骸清除责任保险或其他财产保证证书》(以下简称《残骸证书》)。

2. 保险责任

被保险船舶在承保期间因发生海上事故（不包括船舶战争险所规定的责任范围内的事故）成为残骸，并且该船的船舶险保险人宣布不接受船舶残骸的委付，保险人对被保险人为处理该残骸而产生的下列责任或费用负责：

（1）根据法律或规定，对残骸及对其装载货物和财产进行强制起浮、移动、清除、拆毁及设置照明、标记等发生的费用，以及为此而产生的被保险人应负的责任；

（2）由于残骸（或其装载的货物和财产）的存在或被强制移走，或由于被保险人未能起浮、移动、清除、拆毁该残骸或对其设置照明及标记而产生的责任，包括因该残骸的油或其他有害物质的排放或泄漏所产生的责任。

3. 赔偿限额

残骸清除责任保险赔偿限额根据《海商法》规定的海事赔偿责任限制计算。

第四节　其他险种

一、渔业基础设施保险

1. 保险标的

渔业基础设施保险的保险标的为渔业基础设施的主体建筑物和栈桥。非经特别约定，通常不包括供电、供水设施，机械设备及仓库等其他附属设施。

2. 保险责任

渔业基础设施保险的保险责任包括以下范围：

（1）由于火灾、爆炸、雷击、暴雨、洪水、热带气旋、龙卷风、雪灾、雹灾、冰凌、泥石流、崖崩、突发性滑坡、地面下陷下沉，飞行物体及其他空中运行物体坠落所造成的渔业基础设施的损坏；

（2）在发生保险事故后，为抢救保险标的或防止灾害蔓延，被保险人采取合理而必要的措施所造成保险标的的损失；

（3）被保险人为防止或减少保险标的的损失所支付的必要的、合理的费用。

二、船用产品保险

渔船船用产品种类较多，当前主要开展的船用产品保险有救生筏产品质量保证保险和救生筏产品责任保险。

1. 救生筏产品质量保证保险

（1）保险标的

救生筏产品质量保证保险的标的为经渔业船舶检验机构检验合格，被允许批量生产，在国内市场（不含港、澳、台地区）销售的救生筏产品。

（2）保险责任

在保险合同中列明的追溯期起始日之后，由被保险人生产或销售的产品，由于下列原因之一，导致权利人在保险期间内首次向被保险人提出索赔，依法应由被保险人承担修理、更换或退货责任，对于其中产品本身的质量赔偿责任，保险人在保险合同中约定的赔偿限额内予以赔偿：

①不具备产品应当具备的使用性能而事先未作说明的；

②不符合在产品或者其包装上注明采用的产品标准的；

③不符合以产品说明、实物样品等方式表明的质量状况的。

由于保险产品的修理、更换或退货引起的应由被保险人承担的必要的、合理的鉴定费用、运输费用和交通费用，保险人也负责赔偿。

2. 救生筏产品责任保险

（1）保险标的

救生筏产品质量保证保险的标的为经渔业船舶检验机构检验合格，被允许批量生产，在国内市场（不含港、澳、台地区）销售的救生筏产品。

（2）保险责任

在保险有效期内，由于被保险人所生产、出售的产品在承保区域内发生事故，造成使用、消费或操作该产品的人或其他任何人的人身伤害和财产损失，依法应由被保险人承担的经济赔偿责任，保险人在保险合同约定的责任限额内赔偿。

三、特定水域渔业保险

特定水域渔业保险是专门为赴特定水域从事渔业生产活动的船舶及人员提供风险保障的保险，该险种开办目的是为提升渔民赴特定水域生产作业的积极性，宣示我国领土主权与海洋权益。目前开办的险种包括特定水域渔船保险和特定水域雇主责任保险。

1. 特定水域渔船保险

（1）投保条件

投保船舶需合法登记注册并具有渔业船舶主管机关签发的检验证书和特定水域捕捞许可证书，被保险人须为船舶的所有人、经营人或管理人。

（2）保险标的

特定水域渔船保险标的包括船体、网具及检验证书上载明的机器、设备和仪器。

（3）保险责任

特定水域渔船保险承保以下风险；

①风灾、洪水、地震、海啸、雷击、崖崩、滑坡、泥石流；②火灾、爆炸；③碰撞、触碰、搁浅、触礁；④航行或生产过程中失踪两个月以上；⑤遭到外国军警枪击、炮击；⑥被外国军警抓扣。

保险渔船由于上述列明的原因造成被保险人的下列损失、费用或责任，保险人按保险合同约定负责赔偿。

①保险渔船全损或部分损失；②保险渔船因发生碰撞事故导致其他船舶（不含外国军警舰船）的船体和证书上载明的机器、设备和仪器的损失，依

法应由被保险人承担的经济赔偿责任；③保险渔船为避免外国军警抓扣而采取弃网行为而造成的渔网损失；④保险渔船因发生触碰事故导致码头、航标损坏，依法应当由被保险人承担的经济赔偿责任；⑤被保险人为防止或减少损失而采取施救或救助措施所支付的必要的、合理的施救或救助费用。

（4）除外责任

特定水域渔船保险不承保以下责任：

①在特定水域专项捕捞许可证载明的作业时限外私自前往特定水域作业；

②在特定水域以外区域及往返渔港和特定水域航行期间作业。

其他不承保责任与渔船保险除外责任部分基本相同，这里不再重复介绍。

（5）保险价值及保险金额

渔船保险价值按照投保时渔船船体、机器、设备、仪器和渔网的实际价值确定。保险金额由投保人和保险人在保险价值范围内协商确定。保险金额占保险价值的比例称为承保比例。

（6）保险期间

保险期间由投保人与保险人协商约定，涵盖在特定水域生产作业、航行期间以及往返渔港和特定水域航行期间，以保险合同载明的起讫时间为准。保险期间届满时，如果保险渔船尚在作业，或遇险，或在避难港、中途港，经被保险人事先通知保险人，保险人同意并加收保险费后，保险期间可以延长。

2. 特定水域雇主责任保险

（1）参保条件

被保险人须为渔船所有人、经营人或管理人，赴特定水域生产渔船须具有合法有效的检验证书、特定水域捕捞许可证书，参保雇工须满足16周岁（含）至70周岁（含）、身体健康、具有正常的工作能力。

（2）保险责任

在保险期间内，雇工因下列原因导致死亡或伤残，根据中华人民共和国法律法规（不含港、澳、台地区），应由被保险人承担的经济赔偿责任，保险人按照保险合同约定负责赔偿：

①在工作时间和工作场所内，因工作原因受到事故伤害的；

②工作时间前后在工作场所内，从事与工作有关的预备性或者收尾性工作受到事故伤害的；

③在工作时间和工作场所内，因履行工作职责受到暴力等意外伤害的；

④被诊断、鉴定为职业病（仅限减压病）的；

⑤因工外出期间，由于工作原因受到伤害的；

⑥在上下班途中，受到非本人主要责任的交通事故或者城市轨道交通、客运轮渡、火车事故伤害的；

⑦在工作时间和工作岗位，突发疾病死亡或者在72小时之内经抢救无效死亡的；

⑧在抢险救灾等维护国家利益、公共利益活动中受到伤害的；

⑨在第1、2、5项所列时间和场所，发生事故失踪的；

⑩在工作时间和工作场所内，遭到外国军警枪（炮）击等暴力行为伤害或失踪的；

⑪ 在工作时间和工作场所内，被外国军警抓扣。

保险事故发生后，为确定雇工伤残程度，被保险人支付的必要的、合理的伤残鉴定费用、职业病鉴定费用，保险人按照保险合同的约定负责赔偿。

（3）除外责任

特定水域雇主责任保险不承保以下责任：

①在特定水域捕捞许可证载明的作业时限外私自前往特定水域作业；

②在特定水域以外区域及往返渔港和特定水域航行期间作业。

其他不承保责任与雇主责任保险除外责任部分基本相同，这里不再重复介绍。

（4）赔偿限额

保险合同的赔偿限额分为每人死亡赔偿限额、每人伤残赔偿限额、每人医疗费用赔偿限额、每人误工费用赔偿限额和累计赔偿限额五项。各项赔偿限额由投保人和保险人协商确定，并在保险合同中载明。除特别约定外，每位雇工的伤残赔偿限额与其对应死亡赔偿限额相等。

（5）保险期间

保险期间由投保人与保险人协商约定，涵盖在特定水域生产作业、航行期间以及往返渔港和特定水域航行期间，以保险合同载明的起讫时间为准。保险期间届满时，如果保险渔船尚在作业，或遇险，或在避难港、中途港，经被保险人事先通知保险人，保险人同意并加收保险费后，保险期间可以延长。

四、港澳流动渔民保险

港澳流动渔民是具有香港、澳门及广东省（主要分布在珠海、深圳、惠州、汕尾、阳江、台山等地区）双重户籍的渔民，他们自由往返港澳和广东、海南等沿海地区进行生产和生活。目前国内保险机构针对港澳流动渔民开展的保险业务有渔船保险、渔船船东雇主责任保险、渔民人身意外伤害保险和第三者风险责任保险。

针对港澳流动渔民开展的渔船保险、渔船船东雇主责任保险、渔民人身意外伤害保险与本书渔捞渔业保险章节中介绍的相应险种基本相同，这里不再重复介绍。下面主要介绍第三者风险责任保险。

1. 保险责任

第三者风险责任保险承保保险单内指明的人或指明类别的人由于使用被保险船舶在海上发生或引起的任何人死亡或身体受伤而招致被保险人应负的法律赔偿责任，以及因上述原因而支付的诉讼费用和事先经保险人书面同意而支付的其他费用。

2. 除外责任

第三者风险责任保险对下述风险不提供保障：

①被保险渔船上任何人因事故致被保险人的赔偿责任；

②任何合约上的法律责任；

③任何惩罚性赔偿或者惩戒性赔偿；

④同一事件引起的一个事故或者一系列事故的赔偿责任超过保单中规定的保险责任限额的部分。

3. 保险水域范围

投保人可以根据自身的需要选择以下水域作为保险水域范围：

①中华人民共和国水域（含香港特别行政区水域）；

②香港特别行政区水域。

4. 保险责任限额及免赔额

每艘渔船每次事故的保险责任限额为 500 万港币。

每艘渔船每次事故的绝对免赔额为 1 万港币。

5. 保险期限

保险期限为一年。

6. 赔偿适用的法律

①事故发生在香港特别行政区水域，适用香港特别行政区法律；

②事故发生在香港特别行政区水域以外的中华人民共和国其他水域，适用中华人民共和国法律。

第五节　水产养殖保险

一、水产养殖基础知识

（一）水产养殖对环境条件的要求

1. 淡水养殖对环境条件的要求

池塘精养要求面积较大，池水较深，光照充分，水源畅通，水质肥沃，交通方便，以利于水产生物的生长和产量的提高，并便于生产管理。

（1）面积和水深。养殖池塘的面积以 5—10 亩为宜，水深最好是 2—3

米，特殊生物及品类（如鱼种）池塘的面积最好在5亩以下。

（2）土质和底质。池塘的土质，以黑色的壤土最好，黏土次之，砂土最差，底质有厚约20厘米的淤泥，以利于保水保肥，肥沃水质。

（3）水质水源。水源充足，排灌方便，水质良好，溶氧充足，酸碱度适中（pH7—8.5），水质较肥，远离污染。

（4）形状和方向。池塘形状以长方形为好，长宽之比为3∶1至2∶1，宽边长度为30—50米，方向以东西向（东西边长，南北边宽）为宜，可相对延长日照时间，增加光合作用和水体溶氧。

（5）布局和配套。连片鱼塘必须合理布局和重视建设各种养殖配套设施，如电力、排灌系统、饲料存储、水质检测等。

2. 海上养殖对环境条件的要求

海水养殖应选择水质良好无污染的水域，避开可能产生“赤潮”的海区。选择避风条件好的海区，选择避开台风、海浪袭击的海区，或要具备一定的挡风条件，养殖区域海水流速要适中。

海上养殖分为好多种方式，具体条件要求也不尽相同，如海上网箱和浮筏养殖对养殖区域水深有要求，紫菜养殖还要利用潮汐规律等。

3. 水产养殖对管理的基本要求

（1）苗种要求

苗种要求种类齐全，数量充足，规格适宜，体质健壮，无病无伤。

（2）水质要求

池塘精养要求水质保持“肥、活、嫩、爽”。“肥”指水中溶解营养盐丰富，浮游生物种类多，数量适当，水色较浓，就是说浮游植物生物量很大，形成强烈的水华。一般20mg/L大致是肥水的浮游植物生物量起点。浮游植物量20—100mg/L，水体透明度在25—35厘米之间；“活”指水中营养物质循环快，水色和透明度有规律地变化，一般是“早青晚绿”“早红晚绿”，甲藻等鞭毛藻类较多，有明显的昼夜垂直移动现象；“嫩”指水肥而不老，形成水华的藻类细胞未老化即藻类种群处于增长期，并且蓝藻含量不多；“爽”指水质清爽，水色不太浓，浮游生物以外的其他悬浮物不过多。

（3）投饲要求

要求做到“匀、足、好”。“匀”指根据放养鱼类摄食的需要，每天均匀投喂饲料，不要时多时少；“足”指投喂的饲料能满足各种养殖生物生长的需要[日投饲率（相当鱼体重百分比）为2%—3%，饵料系数 = 总投饵量/鱼总增重量]；“好”指投喂饲料要新鲜、适口和营养丰富、全面。投饵机应定期维护，保证喷洒饲料均匀，正常工作。

（4）建立水产养殖日志

水产养殖日志是有关养殖各项措施和生产养殖变动情况的简明记录，包括放苗、收获、投饲、投药、疾病防治与水质管理日志，转池与死亡数量日志。水产养殖日志是保险承保理赔的重要参考原始资料。

（5）巡逻观察

水产品静养要求每天清晨、午间、黄昏巡池（网箱），主要观察水产生物的生长活动情况、吃食情况、有无残剩饲料、有无浮头预兆。

（6）经常除草去污

随时捞去水中污物、饲料残渣，割去池塘杂草，清除网箱上的附着生物，以免污染水质，消耗溶氧。

（7）防治疾病

对鱼种、饲料、渔具进行消毒，投喂药物饲料，注射疫苗预防，对发病池塘施药治疗。

二、水产养殖面临的主要风险及规律

（一）水产养殖的主要风险

1. 死亡

根据水产养殖标的死亡原因可分为：

（1）缺氧死亡

在高温低气压的恶劣天气下或赤潮使水中溶解氧低于鱼类生存的最低限度，标的窒息而死，常发生在零点过后至黎明前这段时间之内。特征：为急性、暴发性死亡；具明显浮头缺氧症状，鱼在水面吞咽空气，沿池塘壁游动；大个体的鱼类先死亡。

（2）水体中毒死亡

主要是水源污染、有毒水流入、他人投毒或饵料含有毒物质导致生物死亡。特征：中毒鱼呈冲撞、跳跃等行为；一般在体表及鳃部常有污染附着物；其他生物也伴随死亡，水草可能变色。

（3）疾病死亡

养殖产品在生长过程中因患疾病或传染病而引起死亡。特征：病鱼游动异常，鱼体有相应病症体现，厌食。

（4）低温或高温死亡

如喜温性鱼类在自然条件下越冬冷冻或冷水鱼类在自然条件下遭遇连续高温导致死亡。特征：休克（以鱼体腹部朝上或不能自由游动为标志），死亡（鳃呼吸停止或对刺激无反应）。

（5）其他原因

如触电、雷击、外力袭击、用药不当等意外原因致死。

2. 流失

主要指因自然灾害和意外事故，例如洪水、暴雨、海啸、潮水引起池塘堤坝溃决或漫堤逃逸、串塘导致鱼类的损失，或台风、海浪损坏网箱造成养殖生物流失。

3. 市场风险

由于市场行情的变化，供大于求会造成水产品滞销、价格下跌，导致水产养殖者的经营亏损。

4. 水产品质量风险

由于养殖环节中的药物残留、非法添加物、重金属、细菌、病毒等原因，通过网络媒体的报道，引发公众对某种水产品的不认可，导致某种水产品严重滞销引发的损失，如曾经发生过的大菱鲆养殖孔雀石绿药物残留以及20世纪90年代由于生食被污水污染的毛蚶，导致上海大规模暴发甲型肝炎事件。

（二）水产养殖的风险规律

1. 灾害发生时间规律

自然灾害对水产养殖的灾害主要发生在夏、秋季节。由于我国所处的地理位置和季风气候的影响，决定了水产养殖的气象灾害具有明显的季节性。如沿海台风、暴雨，内陆地区江河流域的洪涝灾害等容易造成养殖对象发生流失的危险因素，主要集中在夏秋季节；容易造成养殖对象发生缺氧死亡的赤潮、高温等灾害也主要发生在夏秋季节。

2. 养殖对象的自然淘汰率比较高

养殖对象在自然水体中生长，深受适者生存的自然环境选择规律控制。一般传统养殖自然淘汰率较高，在 30%—80% 之间，精养殖自然淘汰率相对较低。养殖对象品种之间的自然淘汰率也存在较大的差异。

3. 风险递增规律

养殖风险的大小与养殖时间的长短和养殖管理水平有密切的关系。养殖对象的价值随着养殖时间的延长、成本费用的逐渐投入与转化而增值。因此养殖时间越长，灾害发生的概率越大，发生灾害的损失也越大。

4. 养殖对象死亡风险的大小与养殖管理中的防范措施密切相关

如病害的发生大都是由于水质不佳、饲养管理不当或鱼体防御能力弱而引起的。因此，养殖对象疾病预防要加强饲养管理、增强机体抗病力、消灭病原敌害、改善养殖对象生活条件等。

三、水产养殖保险定义和分类

水产养殖保险是指利用水环境（海洋水域、滩涂和内陆水域）进行人工养殖的水生动植物在遭受自然灾害和意外事故而造成经济损失时，保险机构对被保险人提供经济补偿的一种养殖保险。

根据水产养殖水域环境、方式和养殖品种有以下几种分类方式：

1. 按水产养殖的水域环境条件来分主要有淡水养殖保险和海水养殖保险，需要特别说明的是一些养殖生物是广盐性的，淡水与海水均可以养殖

（如南美白对虾养殖），另外还需要指出的是海水养殖不一定非在海上，一些沿海的工厂化养殖，甚至是内陆地区的工厂化养殖有的也是利用了人工海水。

2. 按养殖模式分主要有池塘养殖保险、工厂化养殖保险、网箱养殖保险、浮筏式养殖保险、底播模式和滩涂模式养殖保险。

3. 按养殖生物种类分主要有鱼类、虾蟹类、贝类、藻类、特种水产品养殖保险。

4. 按照养殖生物成长阶段主要分为育苗保险和养成保险。近年来，在我国不断完善农业保险制度、把农业保险作为支农惠农的重要手段的大背景下，水产养殖保险的内容也有了发展和创新，还扩充了气象指数型水产养殖保险和水产养殖收入保险等。

四、水产养殖保险的参保对象

水产养殖的参保对象很多，目前作为水产养殖保险对象的主要有设施精养殖和集约化养殖的鱼类、甲壳类（虾蟹类）以及少数贝壳类。对于在大面积自然水域中粗养的模式一般不予承保，育苗阶段一般不保。主要的参保对象包括淡水鱼类、小龙虾、南美白对虾、鳌虾、甲鱼、海水鱼类、虾蟹、贻贝、牡蛎、紫菜等。

五、水产养殖保险承保条件

水产养殖的风险大小与选址、建造和管理技术密切相关，抵抗自然灾害能力的强弱取决于人工养殖设施的优劣。因此，开展水产养殖保险要有一定的选择性，要有参保条件的规定。常见的条件有：

（一）淡水养殖的承保条件

1. 养殖水面 15 亩以上的养成池，账务健全的养殖场。

2. 养殖池塘应处于当地警戒水位以上，选址与建造符合技术质量要求，堤基牢固完好，排灌设施良好，有防损抗灾设施（如抽水机、增氧机等），并能正常工作。低洼地段及经常水淹的养殖池塘不能承保。在行洪区、泄洪区养殖的不能承保。

3. 水源充足，水质良好并符合养殖要求，附近没有污染源，如化工厂、农药厂等。

4. 养殖的品种符合农业部门的规定，且必须在当地饲养 2 年以上，投保人必须有饲养该品种的条件和技术。特别强调的是不符合农业部门规定的品种不能承保，如美国红鱼。

5. 投保水产品必须是无伤残疾病，并处于常规养殖状态，放养密度适宜。

6. 养殖地点要求有《水域涂滩养殖许可证》或真实有效的养殖承包合同。特别强调的是享受财政保费补贴的政策性水产养殖保险，应有《水域涂滩养殖许可证》。

7. 归属于同一养殖者（一个村或一个养殖场）的成片水面必须全部投保，避免选择性投保。

（二）海水养殖的承保条件

1. 养殖区水质良好无污染，最近 2—3 年没有发生赤潮，避风条件好，海水流速缓慢，养殖管理正常。

2. 远离船舶航道。

3. 投保人应具有投保水产品所在海域的《海域使用证》。

（三）深水网箱养殖的承保条件

网箱养殖要在水面开阔、水流畅通、水质良好无污染的水域，水深 4 米以上，网箱设计、材料符合养殖要求，固定及连接要牢靠，养殖管理正常。

六、保险责任

水产养殖的风险因素很多，保险责任的选择应该根据保险人自己的保险技术水平、业务经营水平以及承受风险的经济能力等条件来具体确定可保风险的种类。一般有：

1. 自然灾害责任。目前水产养殖保险条款主要承担因自然灾害造成保险标的的流失或群体死亡损失。一般是指限于人力不可抗拒的特大风险，如暴风、台风、龙卷风、暴雨、洪水、雷击、泥石流等灾害造成保险标的流失或死亡。若因极端自然灾害造成供电设施设备损坏停电或增氧机、水泵、保温设施损坏，致使无法增氧、换水或保温而导致保险标的死亡也属于保险责任。

2. 意外事故责任。可承保雷击、触电、爆炸、污染等原因造成的保险标的群体死亡损失。

3. 疾病责任。疾病责任是养殖户最为关心的保险责任，一般作为附加险承保，只有参保了自然灾害和意外事故责任后方可投标疾病责任。之前，不少地区开展的水产养殖保险都保过疾病死亡责任，赔付率都很高，出现经营严重亏损。水产生物是否发病，与被保险人的管理技术等人为因素密切相关，在承保疾病责任中，通常要设定保险标的健康观察期。

健康观察期长短根据水产生物种类制定，一般为 7—15 天。如在南美白对虾养殖保险中约定，被保险养殖虾类观察期自虾苗投放之日起计算，具体时间在保险凭证中载明。若本合同生效之日起养殖虾类已经投放至本保险合同生产计划表中载明的养殖池塘的，观察期自本合同生效之日起不应少于 7 天；尚未投放的，观察期自投放之日起计算，时长不少于 15 天。健康观察期内一旦发生疾病，导致虾类死亡的损失无论发生在观察期内或期满后，协会均不承担保险赔偿责任。

从保险责任对水产养殖生物造成的后果来看，主要有两种情况，一种是水产生物死亡，另外一种是流失。对于流失来讲，只需要根据自然灾害和养殖实际综合判定保险事故责任，评估损失程度；对于死亡责任来讲，情况较为复杂，通常需要根据水产生物尸体的表观症状来判定死亡原因。1. 缺氧死亡，在高温低气压的恶劣天气下或赤潮使水中溶解氧低于鱼类生存的最低限度，标的窒息而死，常发生在零点过后至黎明前这段时间之内。特征：为急性、暴发性死亡；具明显浮头缺氧症状，鱼在水面吞咽空气，沿池塘壁游动；大个体的鱼类先死亡。2. 水体中毒死亡，主要是水源污染、有毒水流入、他人投毒或饵料含有毒物质导致生物死亡。特征：中毒鱼呈现冲撞、跳跃等行为；一般在体表及鳃部常有污染附着物；其他生物也伴随死亡，水草可能变色。3. 饲料中毒死亡，主要是饲料变质，或混入有毒物质。特征：养殖鱼不喜食，生长缓慢。4. 疾病死亡，养殖对象在生长过程中因患疾病或传染病而引起死亡。特征：病鱼游动异常，鱼体有相应病症体现，厌食。5. 冷冻死亡，如喜温性鱼类在自然条件下越冬冷冻导致死亡。特征：休克（以鱼体腹部朝上或不能自由游动为标志），死亡（鳃呼吸停止或对刺激无反应）。6. 其他原因，如触电、雷击等。

七、除外责任

水产养殖保险的除外责任，一般包括几类：

1. 人为因素。如投保人及其家庭成员、被保险人及其家庭成员、投保人或被保险人雇用人员的故意或重大过失行为、违法行为；他人恶意破坏、哄抢、窃捞、投毒或其他恶意行为及其造成的后果。

2. 经营管理不当。包括但不限于投苗密度异常、用药不当、投食不当、饵料中毒、养殖设备存在缺陷或不正确使用养殖设备、采用不成熟的新技术进行养殖实验；未按照养殖规范要求配备增氧机、水泵的精养池塘，任何原因造成保险成鱼泛塘死亡的。

3. 政府行为。如属于政府蓄洪、泄洪、土地开发等行为，政府强制捕杀命令等。

4. 明确不属于保险责任的。如保险责任列明的原因但未投保相应附加险，或未在列明原因内的灾害，或健康观察期内因保险责任事故造成的损失。

八、保险期限

我国水产养殖范围分布广泛，气候差异较大，而且养殖的品种很多。因此，水产养殖保险期限一般根据不同保险标的养殖周期和不同的地域气候条件分别确定。一般如下：

1. 养殖生物周期不满 1 年的，按实际养殖天数确定保险期限，如对虾的养殖周围约为 100 天，所以在制定保险方案中，对虾的保险期限一般为 90 天。

在南方，通常对虾养殖一年可以养 2—3 茬，每茬的养殖收益及风险是不同的，应该根据实际情况制定保险方案，按照每茬独立承保。

2. 养殖周期在 1 年以上的可以按 1 年为保险期限，如池塘养殖淡水鱼的保险期限为 1 年；对于集约化养殖轮捕轮养的方式，保险期限也可以制定为一年。

海水养殖承保台风责任的保险期限制定一定要注意，不宜跨两个风险高发季，避免造成收取一个灾害期的保费却要承担两个灾害期责任的情况。

九、保险金额

由于各地受不同的自然条件、经济条件、饲养管理方式与水平的影响，在养殖成本投入的多少、产量的高低、经济效益的好坏等方面都有差异。因此，水产养殖保险金额的确定要结合当地实际，深入掌握当地拟保养殖品种的成本投入情况，以及产品市场销售价格，坚持保成本的原则，一般不保产品的预期产值，最好让被保险人自保一部分，增强防范意识。池塘养殖保险一般按照单位养殖水面确定保险金额，采取约定单位面积产量和产值的方式；集约化养殖一般按照养殖总水体预期产量乘以单位重量养殖成本确定保险金额，成本构成主要参考苗种成本、饲料费用和饲养管理投入成本。

十、费率厘定

水产养殖保险费率的厘定方法与其他养殖险大同小异，主要是根据所保风险发生概率的大小、一次最大的损失程度以及保险责任时间的长短等因素来考虑。由于现阶段我国水产养殖保险的密度非常低，养殖方式、品种较多，损失率资料缺乏，要全面科学地测定标的的损失率比较困难。因此，费率难以准确厘定，更不能搞全国统一费率，要从当地实际情况出发，在损失率资料不全和不可靠的情况下，应多方参考以往本地或其他地区开办类似险种的承保经验来制定本地的试行费率，不能照抄照搬外地的责任范围和费率。对于新办的险种，可根据历史损失数据和水产专家给予的经验损失来制定试行费率。同一试行费率要体现差异，对于养殖地点在不同风险条件、不同管理水平的被保险人要制定不同的费率调整系数。值得指出的是，水产养殖保险的费率是一个养殖周期或一个灾害期的费率，不能简单地理解为年费率。如对虾养殖保险的费率是保一茬的费率，海上网箱养殖主要是保障7—10月份台风灾害的费率，投保人不能在过了台风灾害后就要求按照短期费率退保。因此为了避免这种情况发生，应合理设置短期费率系数，或在保单中特约注明不能退保。

十一、水产养殖保险的起赔条件

为了剔除不属于保险责任范围的损失以及为了避免轻微事故引发的频繁理赔小额赔付，发生理赔费用成本很高，养殖保险通常要设立一定的起赔条件，在合同中以免赔额或免赔率的形式表示。免赔额和免赔率有两种：一种是相对免赔额或相对免赔率，是指损失超过了一定的损失金额或损失率后，方可启动赔付，但赔付标准可以是全部的损失，如开展水产养殖全损保险；另外一种是绝对免赔额和绝对免赔率，是指绝对免赔额和绝对免赔率以内的损失由被保险人自行承担，保险人负责赔付损失超过的部分。

在我国目前的养殖保险中，免赔额的范围在10%—30%。保险机构处理了大量小额赔付，发生的理赔费用很高，长此以往，实际上会提高费率，对投保人不利。

十二、鉴别保险责任的方法

1. 自然灾害责任的鉴定。对列为保险责任的自然灾害要有质和量的具体规定，如台风责任规定为：标的所在县（区）的国家定点气象站台记录到的每 10 分钟平均最大风速≥ 17.2 米 / 秒以上的热带风暴袭击所致的直接损失。在这些灾害发生的前提下，还必须是直接造成了保险标的的损失，才能构成赔偿责任。灾害发生后，保险人要及时到有关部门查对核实。对灾害的确定必须有真实可靠的依据，以当地县以上气象部门实测的数据为准，不能用可能、估计、据了解或分析得出来的数据。

2. 意外事故责任的鉴定。对保险标的因缺氧浮头、中毒、触电和污染等造成的死亡，在参考有关部门证明的基础上，要注意与疾病死亡相区别，因目前很多水产养殖保险条款没有承担疾病责任，所以可以从三个方面来区别和控制：

（1）从出险持续的时间来区别。鱼病的发生一般有潜伏期，发病死亡的高峰期一般有 2—4 天，而意外事故导致鱼的死亡，一般是突发性的，死亡的高峰期比较短，多为 1—2 天。

（2）检验死鱼是否患病。对死鱼进行解剖诊断，确定是否因疾病死亡。

（3）从赔偿处理上加以控制。在条款中约定保险人只负责意外事故造成保险标的从出险开始至 24 小时内（或 48 小时内）的死亡损失；发生意外事故的同时发现鱼病的，保险人不负责赔偿责任，以防范道德风险。

十三、核定损失程度的原则和方法

水产养殖保险的标的由于生活在水中，不易观察，自然淘汰率较高，其查勘定损是水产养殖保险承保、理赔工作中至关重要的一个环节，也是基层养殖户最为关心的问题之一，在整体业务中发挥着承上启下的重要作用，这一环节也是长期制约水产养殖保险发展的重要原因之一。

（一）查勘定损的原则

1. 通过选择保险生物品种来提高查勘定损准确性

水产养殖生物种类繁多，养殖模式千差万别，按养殖生物种类可分为鱼类、甲壳类、贝类、藻等，按养殖模式大体可分为池塘养殖、网箱养殖、筏式养殖、工厂化养殖和底播养殖等。各养殖生物种类和养殖模式间在生物学特征、饲养管理、风险管控等方面都有不同程度的差异，因此，在开展保险中的定损理赔方法、难度及准确性也不相同。池塘养殖和工厂化养殖模式由于水域环境小、便于操作，查勘定损准确性较高；鱼类、贝类等生物因在遭受某些特定损失类型时，损失痕迹明显，程度容易判定，查勘定损也相对容易。因此，合理选择开展保险的生物种类和养殖模式，可以有效降低查勘定损中的难度和道德风险，提高定损的准确性。

2.充分依托基层水产技术推广部门的力量

水产灾害的认定需要很强的专业技术或多年从事养殖生产的经验，保险机构往往为水下的东西“看不到，摸不着”而疑惑。实际上在标准化养殖生产中，养殖户对水下的生物状况是非常清楚的，水产专业人士如要摸清水中生物的状况，也是有据可循的，正所谓“外行看热闹，内行看门道”。举个例子讲，为了达到科学喂养、节约成本的目的，需做到每天投喂的饵料量恰到好处。养殖户通过设置饲养观察台，观测养殖生物的摄食状况，可以间接地推算出生物存量和健康状况。如将这些方法应用到水产养殖保险查勘定损中，都将提高水产养殖保险查勘定损的可操作性。

目前，我国已经建立了水产技术推广、水产科研院所、水产高校、水域环境监测等渔业技术服务体系，在各生物品种养殖人才中，还有一些具有实践经验的“民间行家”。以现有的水产技术水平，由水产专业人士通过表现症状和相关检测来判别损失原因，这在部分养殖品种上是完全可以做到的。同时，随着我国标准化水产养殖场改造工程的推进和水产养殖信息管理平台的搭建，部分地区的养殖场已经可以做到厂区环境和水域环境的全天候监控，这也为水产养殖保险的承保理赔业务操作，提供了更大的空间。

3. 查勘定损要与保险中的多个环节紧密结合

水产生物相对于一般的农作物和大牲畜，数量不易核定、保险操作复杂、存量变化大的特点更为突出。水产养殖保险的查勘定损是一个体系，它涉及保前（核保工作）、保中（风险管理）和出险后（勘验定损）等多种因素，是保险机构综合管理水平的体现，不能孤立地来对待。因此，一方面要求经营水产养殖保险的机构在展业实务中具有一定的专业技术水平，另一方面还要强化参保养殖户生产操作的规范性，按照技术要求记录养殖日志，最终达到养殖规范的企业方可参保，参保后的企业越来越规范的目标，实现以保险促生产的良性循环。更为重要的是要建立起适合开展水产养殖保险的一套组织模式，将渔业行政管理部门、水产技术人员、养殖户及保险机构有效组织起来，通过制定统一的、标准化的、可推广的查勘定损方式，破解查勘定损的难题。

4. 建立养殖户之间的相互监督机制，提高勘验定损的准确性

我国水产养殖业正向规模化、产业化的发展方向迈进，势必提高水产养殖生产的组织化程度。养殖户在长期的生产实践中积累了丰富的经验，客观上形成了一种自发的风险辨别、损失评估机制，评估结果也往往更接近实际损失。通过保险方案设计，使同一标准的养殖户与养殖户之间，养殖户与保险机构之间，建立一种利益共享、互相监督的机制，一方面有利于提高勘验定损的准确性，另一方面也可以降低因水产养殖业生产信息不对称，养殖户提供虚假信息误导保险理赔人员而做出的大于实际损失的评估，减少道德风险发生的概率，间接提高理赔定损的准确程度。例如制定区域理赔优惠政策（指在特定范围内，将区域整体赔付情况与每名养殖户的无赔款优惠条件挂钩）和区域封顶赔付政策（指在特定范围内，每名养殖户的赔款金额随着区域总体赔款总额的增多而减少），通过这些方法，将养殖户之间的利益捆绑在一起，以此调动养殖户之间相互监督的主动性和积极性。

5. 抽样查勘与复核查勘相结合

在水产养殖保险查勘定损中，标的物分散、受灾涉及面广的特点尤为突出，一旦出险，难以像一般财产保险查勘定损一样实现受损标的逐一清点，

需要采取抽样盘点的方式确认损失程度。为了使抽样查勘结果更能反映标的物的真实存量和实际损失数目，一般对抽样查勘标准有以下几点要求：一是抽样的类型应按损失程度分为轻、中、重区别对待；二是抽样的选点要尊重水生生物的分布特性和不同灾害对水生生物的影响规律，一般采取等距、梅花、随机等选点方法；三是抽样的数目要合理，既要反映实际受损情况，又要具有便于操作的特性；四是抽样的方法要因地制宜，须根据水产生物的养殖模式、生物类型、灾害类别和损失情况等特性综合考虑确定抽样方法。

水产生物的损失是一个延续的过程，损失程度随查勘定损时效的变化而不同。这样一方面要求查勘定损要做到及时、高效，另一方面还需要对一些特定的损失类型和生物种类采取二次或多次复核查勘的处理方式。复核查勘既是对抽样查勘结果的检验，又是对抽样查勘的补充，对水产养殖保险查勘定损方法的摸索与改进，以及防范道德风险都有着十分重要的作用。

（二）常用的查勘定损方法

1. 鱼类养殖保险常用称重定损方法

根据养殖鱼类死亡后尸体一般上浮于水面、容易打捞的特点，保险机构对于死亡原因属于保险责任的保险事故，采取打捞鱼尸体，进行称重，然后根据鱼尸重量和约定保险产量的方法来判定损失程度，或是按照每斤鱼的约定单价，直接进行赔付的处理方法。如目前四川省、安徽省和山东省开展的池塘养鱼保险都是采用的此种定损方法。经过几年的实践，此方法能够较为准确地核定鱼类损失，而且能够较大程度地规避道德风险，定损结果也得到了各方的认同。

2. 池塘虾类养殖保险常用定损方法

（1）三角网塘底抽样法：根据虾类死亡后沉底，并且很快腐烂的生物特性，保险机构摸索出了利用自制的三角网（底边长为 1 米的三角形），在池塘中随机选点进行塘底捞取死虾的方法。该方法具有及时、简便、准确、对养殖生物影响小的特点，经过三年多的实际验证及不断改进，此方法已得到了养殖户的普遍认可。如渔业互保机构在宁波地区开展的南美白对虾保险就是采用的此种定损方法。

（2）撒网捕活虾存量判定法：撒网是一种用于浅水地区的小型圆锥形网具，一般是用手撒出去，其网口向下，以与网缘相连的绳索收回来。经过多次测定，撒网后网口的面积为经验数值，然后利用清点撒网捕获的活虾数量和正常情况下池塘内对虾的养殖密度，对照三角网核定的死虾数量，综合判定池塘中对虾的损失程度。

（3）投饵观测法：在养殖生产中，为了提高养殖效益，通常要求投喂的饵料既要被对虾吃净，又要饱食。在对虾生产中的一般操作是在每个池塘底部设置一个固定面积的白色投饵观测台，投饵量是否合理通常用对虾在投饵后 2 个小时内是否将饵料吃完来判定。在查勘定损中，我们可以通过投饵后，观测投饵台上对虾存量以及固定时间后投饵台上所剩的饵料量，来辅助判定养殖池塘中对虾的存量。

3. 贝类养殖常用定损方法

（1）比例法

根据贝类死亡或损失后，贝壳可长期留存，辅助养殖设施受损情况明显的特性，保险机构摸索出了在固定区域内，抽样清点存活贝类和死亡贝类数量，或是抽样盘点贝类遗失比例，从而推定损失程度的方法。此法可部分用于底播、浮筏、池塘和滩涂养殖的贝类查勘定损，该方法具有工作量小、道德风险低等特点。如渔业互保机构在 2011 年两次勘验的大连獐子岛渔业集团荣成养殖基地，因台风造成鲍鱼损失的事故就是利用了此方法。定损方式和最终定损结果均得到了被保险人、国际再保公司和国际专业公估公司的一致认可。

（2）分类盘点法

针对贝壳规格与生物价值成正比的特性，保险机构通过约定相应规格贝类的保险价值，在查勘定损时，通过分类盘点对应贝壳数量，最终确认损失金额。此方法适用于经济价值较高，且受损贝壳容易获得的养殖模式。例如，渔业互保机构与国际保险集团在福建省漳浦县合作开展的工厂化鲍鱼养殖保险，就是采用了此种定损方法。

4. 其他定损方法

（1）差量法

根据出险前养殖生物存量和出险后生物存量相差的数额来确定损失程度的方法。此方法对养殖户养殖管理水平要求较高，适用于残体不易保存，但存量容易清点的水产生物品种保险。在实际操作中，保险机构往往利用生物学上的抽样盘点方式，如能配合一些高科技手段（如水下观测设备），存量盘点的准确性将大幅提高。例如，渔业互保机构在山东省东营市和辽宁省大连市开展的池塘海参养殖保险，在浙江省和福建省开展的筏式紫菜养殖保险等都采用类似的定损方法。此方法经过近几年多次改进实践，也逐步得到各方认可。

（2）约定比例法（流失情况常用的定损方法）

针对一些损失后可能无法获得生物尸体的保险事故（如洪水、台风、泥石流等），保险机构通常采取在保险方案中，根据生物养殖周期、养殖成本投入规律、生物生长特性和损失发生的程度等因素，事先约定出险时间对应赔付比例的方法。根据此方法，还衍生出递增法（采取全额赔偿苗种价值、饲料费用按时间递增的损失赔偿法）和公式法（根据养殖周期内投入成本分布规律制定赔付比例）等。如目前保险机构开展的涉及流失责任的水产养殖保险试点都是采用了此类方法。

十四、控制水产养殖保险风险的主要措施

（一）加强调查研究及风险评估

1. 掌握承保标的的技术资料。详细了解承保标的的养殖历史、生物学特性、养殖成本、养殖周期、主要风险、死亡率、自然淘汰率、经济价值及发展前景等情况。

2. 重视风险评估。了解被保险人的饲养管理技术、防范风险的措施及防病治病措施，保险从业人员有无经营管理该险种的技术和条件，写出试办险种的可行性报告及风险评估报告。可行性报告的主要内容应包括：

（1）开办理由和背景情况：拟保项目在当地农业经济中的地位，政府部门对水产养殖保险及项目的支持程度，保户交费能力，当地主要灾害种类及灾害发生规律。

（2）承保标的的技术资料，如养殖历史、近年养殖量、养殖成本、养殖周期、养殖中的死亡原因及死亡率、养殖中自然死亡率及淘汰率、主要风险、经济价值及发展前景。

（3）拟开办险种简介：保险责任、保额、费率、预计保费数额、预计赔付情况等。

（4）技术难点及解决办法：包括费率厘定依据及计算过程、防灾措施、定损方法及赔偿处理方式等。

（5）风险控制措施、防范风险的措施及预期效果。

（6）预期经营成果。

（7）开办建议及计划等。

（二）提高条款及设计水平

1. 保险责任范围要根据养殖品种及模式制定，对于承保疾病责任的险种，保险责任范围不宜过窄，因为某些疾病不易区分，对于承保自然灾害责任的险种，保险责任表述一定要准确明晰，要易于鉴别，分项列明。

2. 实行基本保障。以保成本、保障恢复再生产为主，最高保额不得超过标的实际价值的 80%，并根据市场变化调整保额，让被保险人自保一部分。订立应对市场风险的条款，发生保险事故时，如果保险赔偿单价高于当时市场价时，按市场价计赔，如果保险赔偿单价低于当时市场价时，则按保险赔偿单价计赔。

3. 足额投保。应要求投保人将同一区位的保险标的全部投保，避免不足额投保的情况。如在理赔过程中发现被保险人存在不足额投保的情况，要进行比例赔付。

4. 制定费率浮动政策。费率厘定要从当地的实际情况出发，根据经营情况 2—3 年调整一次。同时要制定费率浮动政策，对上年或连续多年无赔款的被保险人要给予优惠，鼓励其进一步加强风险管理，对于多次出险的被保险人要进行费率上浮，并可以从风险管理的角度给予防灾减灾建议。

5. 设立承保观察期。死亡责任（特别是疾病责任）要设立承保观察期，防止带病投保。

6. 坚持相对较高的免赔率。特别是一些成活率浮动比较大的水产生物，免赔率一定要设置得高一些。承保流失责任要根据标的不同时期的经验存活率和灾后存量因素制定相应保险方案。

7. 阶段性采用递增法和递减法计算赔款。在养殖周期初期，要根据成本投入规律，坚持用递增法计算赔款的原则，避免发生致死图赔获益的事件。在养殖周期后期，要根据收获捕捞出塘规律，要采取递减法计算赔款，引导被保险人尽快出塘，降低风险。

8. 增加特定义务约定。投保人与被保险人义务，除了履行常规合同的一般义务之外，还必须履行下列义务：

（1）必须遵守有关部门加强水产品饲养管理的规定，搞好饲养管理，维护堤坝牢固完好，保持排灌功能良好。

（2）必须建立养殖日志，做好养殖生产记录，内容包括：投苗数量、日常正常与非正常死亡数量、移入移出数量记录和凭证，并定期或在风险事件发生前（如收到台风预告）报送给保险人，以便随时查验，避免出险时出险损失数量的弄虚作假。

（三）提高承保及理赔质量

1. 做好承保前、承保中和承保后的各项工作。承保前要考察承保条件，承保时要实行标的查验，承保后要求保户建立原始记录档案，并每月报送给保险人，以便随时查验，避免出险时出险损失数量的弄虚作假。保险期限内要经常检查标的生长情况和防灾防损措施的落实情况。

2. 及时做好现场查勘定损工作。出险后要尽快到达现场，避免因查勘时间的延误造成事故现场变化，影响灾情的客观反映，给准确核损造成困难。未定损的养殖池有条件的要安排专人看管，或者利用目前网络科技手段进行实施监管，防止被保险人转移池塘存量标的。定损后标的的尸体要进行无害化处理，现场毁灭或做标记，防止重复计赔。

3.严格执行承保理赔的规章制度，张榜公布赔案，发动群众互相监督。水产养殖保险是农业保险的重要组成部分，近年来在我国推进农业保险“提标扩面”深入发展的背景下，水产养殖保险在内容和形式上得到了发展、丰富和创新。气象指数型水产养殖保险便是创新产品中最具特色的产品之一。

气象指数型水产养殖保险，就是基于气象指数来设计水产养殖保险方案，是把一个或若干个气象条件变化对水产养殖物的生产所造成的损害程度指数化，构建单一指数值或多元指数模型值与水产养殖物产量的对应关系，当单一指数值或多元指数模型值达到保险合同约定的赔付触发水平时，即认为气象条件的变化对水产养殖生产造成了实际损失，保险人就要根据保险合同约定的赔付方案对被保险人进行赔付。相较于传统的农业保险产品及一般意义上的水产养殖保险产品，气象指数型水产养殖保险具有独特的功能特点。一是保险设计更加优化。保险人不必区别单个投保人的风险情况并进行风险分类，费率厘定和风险区域规划涉及的信息相对简明。二是市场运行更加高效。指数型水产养殖保险“过点即赔”的运行准则省去了一般农业保险产品烦琐的查勘定损工作，降低了成本，缩短了理赔周期，提高了保险服务能力。而且，有效规避了道德风险和逆向选择问题。三是标准化程度高，风险分散更加便利。气象指数型水产养殖保险作为与水产养殖产量高度相关但又不依赖于实际产量的金融产品，其较好的客观性和透明性决定了较高的标准化程度，更易于被再保方接受，易于进行再保险安排。

第六节　休闲渔业保险

根据休闲渔业的构成要素和风险特点，休闲渔业产业中的保险可大致分为财产保险（休闲渔业设施保险、休闲渔船保险、水生观赏动物保险）、责任保险（休闲渔船人员责任保险、公众责任险）和人身意外伤害保险等。

一、财产保险

（一）休闲渔业设施保险

1. 保险标的

渔村房屋、水族馆以及渔业主题文化场馆、博物馆、展览馆等可投保该险种。通常下列财产可作为保险标的：

（1）属于被保险人所有或与他人共有而由被保险人负责的财产；

（2）由被保险人经营管理或替他人保管的财产；

（3）其他具有法律上承认的与被保险人有经济利害关系的财产。

但下列财产未经保险合同双方特别约定并在保险合同中载明保险价值的，不属于保险合同的保险标的：

①金银、珠宝、钻石、玉器、首饰、古币、古玩、古书、古画、邮票、字画、艺术品、稀有金属等珍贵财物；②堤堰、水闸、铁路、道路、涵洞、隧道、桥梁、码头；③矿井（坑）内的设备和物资；④便携式通信装置、便携式计算机设备、便携式照相摄像器材以及其他便携式装置、设备；⑤尚未交付使用或验收的工程。

另外，下列财产也不属于保险合同的保险标的：

①土地、矿藏、水资源及其他自然资源；②矿井、矿坑；③货币、票证、有价证券以及有现金价值的磁卡、集成电路（IC）卡等卡类；④文件、账册、图表、技术资料、计算机软件、计算机数据资料等无法鉴定价值的财产；⑤枪支弹药；⑥违章建筑、危险建筑、非法占用的财产；⑦领取公共行驶执照的机动车辆；⑧动物、植物、农作物。

2. 保险责任

在保险期间内，由于下列原因造成保险标的的损失，属于休闲渔业设施保险责任范围：

①火灾、爆炸；②雷击、暴雨、洪水、暴风、龙卷风、冰雹、台风、飓风、暴雪、冰凌、突发性滑坡、崩塌、泥石流、地面突然下陷下沉；③飞行

物体及其他空中运行物体坠落。

另外，在发生保险事故时，为抢救保险标的或防止灾害蔓延，采取必要的、合理的措施而造成保险标的的损失也属于保险人责任范围。被保险人拥有财产所有权的自用的供电、供水、供气设备因保险事故遭受损坏，引起停电、停水、停气以致造成保险标的直接损失，保险人按照保险合同的约定负责赔偿。保险事故发生后，被保险人为防止或减少保险标的的损失所支付的必要的、合理的费用，保险人按照保险合同的约定也负责赔偿。

3. 除外责任

休闲渔业设施保险通常不承保以下责任：

①投保人、被保险人及其代表的故意或重大过失行为；②行政行为或司法行为；③战争、类似战争行为、敌对行动、军事行动、武装冲突、罢工、骚乱、暴动、政变、谋反、恐怖活动；④地震、海啸及其次生灾害；⑤核辐射、核裂变、核聚变、核污染及其他放射性污染；⑥大气污染、土地污染、水污染及其他非放射性污染，但因保险事故造成的非放射性污染不在此限；⑦保险标的的内在或潜在缺陷、自然磨损、自然损耗，大气（气候或气温）变化、正常水位变化或其他渐变原因，物质本身变化、霉烂、受潮、鼠咬、虫蛀、鸟啄、氧化、锈蚀、渗漏、自燃、烘焙；⑧水箱、水管爆裂；⑨盗窃、抢劫。

下列损失、费用，保险人也不负责赔偿：

①保险标的遭受保险事故引起的各种间接损失；

②广告牌、天线、霓虹灯、太阳能装置等建筑物外部附属设施，存放于露天或简易建筑物内部的保险标的以及简易建筑本身，由于雷击、暴雨、洪水、暴风、龙卷风、冰雹、台风、飓风、暴雪、冰凌、沙尘暴造成的损失；

③锅炉及压力容器爆炸造成其本身的损失；

④保险合同中载明的免赔额或按保险合同中载明的免赔率计算的免赔额。

4. 保险价值和保险金额

保险标的的保险价值可以为出险时的重置价值、出险时的账面余额、出险时的市场价值或其他价值，由投保人与保险人协商确定，并在保险合同中载明。保险金额由投保人参照保险价值自行确定，并在保险合同中载明。保险金额不得超过保险价值。超过保险价值的，超过部分无效，保险人应当退还相应的保险费。

5. 保险费率

休闲渔业设施保险费率主要参考设施的使用年限、地理位置、材料等因素确定。

6. 保险期限

除另有约定外，休闲渔业设施保险的保险期间通常为一年。

（二）休闲渔船保险

1. 保险标的

该保险所指的休闲渔船是指主要从事水上垂钓、体验式捕捞等休闲渔业活动，在渔业主管部门登记并取得休闲渔业捕捞许可证的机动渔业船舶。其船舶所有人、经营人或管理人，均可购买保险。休闲渔船的船体及检验证书上载明的机器、设备和仪器可作为保险标的。

2. 保险责任

休闲渔船保险的保险责任分为全损险和一切险两种。

下列原因造成保险船舶的全部损失属于全损险责任范围：

①风灾、洪水、地震、海啸、雷击、崖崩、滑坡、泥石流、冰灾；②火灾、爆炸；③碰撞、触碰、搁浅、触礁；④航行或生产过程中失踪。

一切险是在全损险基础上增加了部分损失、碰撞责任、救助费用和施救费用等保险责任，具体如下：

①由于全损险列明原因造成保险船舶全损或部分损失；

②保险船舶因发生碰撞事故导致其他船舶或触碰船坞、码头、航标、港口设备及其他固定建筑物，致使上述物体发生的直接损失和费用，包括被碰船舶上所载货物的直接损失，依法应当由被保险人承担的赔偿责任；

渔船保险对每次碰撞、触碰责任仅负责赔偿金额的四分之三，但在保险期间内一次或累计最高赔偿额以不超过船舶保险金额为限；

③保险船舶在发生保险事故时，被保险人为防止或减少损失而采取施救

及救助措施所支付的必要的、合理的施救或救助费用、救助报酬。

3. 除外责任

休闲渔船保险的除外责任与渔船保险相同，不再重复介绍。

4. 保险金额

保险金额可以按照投保时渔船的保险价值（即市场的实际价值）确定，也可以由投保人和保险人在保险渔船的实际价值之内协商确定，但不得高于保险价值。

5. 保险费率

保险人根据船质、功率、船龄等因素确定保险渔船的保险费率，保险费等于保险费率乘以保险金额。

6. 保险期限

除另有约定外，休闲渔船保险的保险期间通常为一年。一些船东为节约成本，选择在旅游季短期投保。

（三）水族馆水生观赏动物保险

1. 保险标的

同时符合下列条件的水族馆可作为被保险人：

①具有合法有效的动物养殖和经营许可手续；

②投保动物必须在保险单明细表中列明的动物园内，动物品种必须在当地饲养 1 年以上（含），哺乳类动物畜龄达到 3 个月以上（含）；

③投保动物经畜牧兽医部门验明无伤残，动物营养良好，体格健壮，饲养管理正常，能按所在地县级以上畜牧防疫部门审定的免疫程序接种并有记录，投保珍稀动物和大型群养动物具有能识别身份的编号标识或电子版照片；

④水族馆内部布局及圈舍环境符合畜牧兽医部门的要求，管理制度健全、饲养圈舍卫生、能够保证饲养质量；

⑤水族馆的水质必须达到饲养所需的标准，池、罐的材料及涂层符合相关动物养殖规范要求，排水、净化、增氧、调温设备齐全并确保运转正常。

2. 保险金额

一般情况下，水生观赏动物保险实行不足额定值承保，保险金额由被保险人和保险人在保险价值范围内协商确定，保险金额不得超过保险价值。水生观赏动物保险的保险价值根据《水生野生动物及其制品价值评估办法》（中华人民共和国农业农村部令 2019 年第 5 号），按照对应物种的基准价值（详见表 4-1《水生野生动物基准价值标准目录》）乘以保护级别系数计算，其中国家一级重点保护水生野生动物的保护级别系数为 10，国家二级重点保护水生野生动物的保护级别系数为 5，《濒危野生动植物种国际贸易公约》附录所列水生物种，已被农业农村部核准为国家重点保护野生动物的，按照对应保护级别系数核算价值；未被农业农村部核准为国家重点保护野生动物的，保护级别系数为 1。以国家一级保护动物中华白海豚为例，保险价值 = 基准价值 × 保护级别系数 =200000 元 ×10=2000000 元。

表 4-1　水生野生动物基准价值标准目录（节选）

物种名称	学名	单位	基准价值（元）
海象	Odobenus rosmarus	头	3000
斑海豹	Phoca largha	头	10000
僧海豹属所有种	Monachus spp.	头	10000
南象海豹	Mirounga leonina	头	5000
露脊鲸科所有种	Balaenidae spp.	头	150000
须鲸科所有种	Balaenopteridae spp.	头	120000
中华白海豚	Sousa chinensis	头	200000
白鱀豚	Lipotes vexillifer	头	600000
抹香鲸科所有种	Physeteridae spp.	头	150000
儒艮	Dugong dugon	头	250000
海牛科所有种	Trichechidae spp.	头	150000
姥鲨	Cetorhinus maximus	尾	50000
噬人鲨	Carcharodon carcharias	尾	20000
鲸鲨	Rhincodon typus	尾	40000
锯鳐科所有种	Pristidae spp.	尾	5000
中华鲟	Acipenser sinensis	尾	50000
白鲟（成体）	Psephurus gladius	尾	500000

3. 保险责任

因疾病、火灾、爆炸、洪水、山体滑坡、泥石流、突发断电等原因引起的水生观赏动物死亡。

4. 除外责任

水族馆水生观赏动物保险通常不承保以下责任：

①工作人员的故意或重大过失行为、管理不善，他人的恶意破坏行为；②行政行为或司法行为；③污水、污物的排放污染；④被保险人采用不成熟的新技术或管理措施失误（含误用药品）；⑤饲料、药品等质量问题或违反技术要求应用；⑥盗窃、投毒；⑦动物猎食造成损失的；⑧水生观赏动物的自然死亡；⑨按保险合同中载明的免赔率计算的免赔额。

5. 保险费率

保险人根据水生观赏动物的不同种类、生活习性、场馆的配套设施和饲养方案等因素与被保险人充分协商制定费率。

6. 保险期限

除另有约定外，水族馆水生观赏动物保险的保险期间通常为一年。

二、责任保险

（一）休闲渔船人员责任保险

1. 参保条件

在中华人民共和国注册登记的休闲渔业船舶所有人、经营人或管理人可作为被保险人，被保险人可为其本人及休闲渔船上服务人员、观光垂钓人员（统称“乘船人员”）办理本保险。

2. 保险责任

在保险期间内，乘船人员自踏上休闲渔船跳板时起至离开休闲渔船时止因遭受意外事故导致死亡或伤残，根据相关法律法规应由被保险人承担的经济赔偿责任，按保险合同约定予以赔偿。保险事故发生后，为确定乘船人员伤残程度所支付的必要的、合理的伤残鉴定费用，按照保险合同的约定也负责赔偿。

3. 除外责任

休闲渔船人员责任保险通常不承保以下责任：

①陆上事故；②地震及其次生灾害，雷电、暴雨、洪水、暴风、龙卷风、风暴潮、冰雹、台风、飓风、海啸、沙尘暴、暴雪、冰凌、突发性滑坡、崩塌、泥石流；③被保险人无适航证书、船员证书等有效证件或船舶开航时不适航，包括人员配备不当、装备或装载不妥等；④超航区；⑤事故船舶存在超载情况且是造成保险事故的主要原因或直接原因的；⑥若发生保险事故时，事故船舶存在超过核定人数的情况，但超载不是造成损害事故的主要原因或直接原因的，保险人按照该事故船舶的核定人数与实际人数的比例进行赔偿；⑦被保险人因疾病（包括因乘坐休闲船舶感染的传染病）、分娩、酗酒、食用毒品、自残、自杀、殴斗及犯罪行为导致的人身伤亡；⑧从事与休闲渔业无关的活动；⑨核辐射、核爆炸、核污染及其他放射性污染；⑩战争、敌对行动、军事行为、武装冲突、罢工、暴动、民众骚乱、恐怖活动；⑪被保险人随身携带物品或托运行李为危险品、违规品，或其本身的自然属性、质量或缺陷造成的损失。

另外，对于下列损失、费用和责任，保险人也不负责赔偿：

①罚款、罚金及惩罚性赔款；②精神损害赔偿；③医疗保险（指职工基本医疗保险、城镇居民基本医疗保险、新型农村合作医疗，下同）已支付的医疗费用；④医疗保险和工伤保险诊疗项目目录、药品目录、医疗服务设施范围和支付标准之外的医疗费用；⑤其他保险（包括工伤保险、任何商业保险等）已支付的费用；⑥被保险人支付的诉讼费、律师费、仲裁费、执行费、保全费；⑦保险合同中约定的免赔额。

4. 赔偿限额和保险费

保险期间，保险人对每起事故每人的赔偿以保险凭证中约定的每人赔偿限额为限。无论发生一次或多次赔偿，保险人对被保险人的最高赔偿金额以保险凭证中约定的累计赔偿限额为限。每位被保险人的保险费等于其每人赔偿限额乘以保险费率，保险费总额等于全部被保险人保险费之和。

（二）公众责任险

1. 保险标的

凡依法设立并登记注册的休闲渔业旅游景点、餐饮场所、娱乐场所、酒店等场所的管理或经营机构，均可作为被保险人。

2. 保险责任

在保险期间内，被保险人在本保单明细表中列明的投保场所内，因疏忽或过失造成被保险人接待的境内外旅游者遭受人身伤亡和财产损失，依照中华人民共和国法律应由被保险人承担的经济赔偿责任，保险人按照保险合同约定负责赔偿。

保险事故发生后，被保险人因保险事故而被提起仲裁或者诉讼的，应由被保险人支付的仲裁或诉讼费用以及事先经保险人书面同意支付的其他必要的、合理的费用，保险人按照保险合同约定也负责赔偿。

3. 除外责任

公众责任险通常不承保以下责任：

①被保险人及其代表的故意行为；②战争、敌对行为、军事行为、武装冲突；③行政行为或司法行为；④核反应、核辐射和放射性污染；⑤地震及其次生灾害；⑥烟熏、大气、土地、水污染及其他污染；⑦被保险人的服务质量未达到国家、行业规定的标准。

下列损失、费用和责任，保险人也不负责赔偿：

①被保险人或其代表、雇用人员人身伤亡的赔偿责任，以及上述人员所有的或由其保管或控制的财产的损失；②发生未经公安部门认定或无外来明显痕迹的盗窃、抢劫所导致财产的损失；③任何间接损失；④罚款、罚金及惩罚性赔偿；⑤保险合同载明的免赔额。

另外，金银、首饰、珠宝、文物、软件、数据、现金、信用卡、票据、单证、有价证券、文件、账册、技术资料及其他不易鉴定价值的财产损失，保险人不负责赔偿。因投保场所周围建筑物发生火灾、爆炸波及保险固定场所，再经投保场所波及他处的火灾责任，保险人也不负责赔偿。

4. 责任限额

责任限额包括每次事故责任限额、每次事故每人责任限额、每次事故每人财产损失责任限额、每次事故每人医疗费用责任限额和累计责任限额，由投保人自行确定。其中每次事故每人财产损失责任限额为每次事故每人责任限额的 5%，每次事故每人医疗费用责任限额为每次事故每人责任限额的 10%，均包含在每次事故每人责任限额内。

三、游客人身意外伤害保险

1. 保险标的

凡持旅游观光景点或娱乐场所门票等有效票证在旅游观光景点内或者娱乐场所内游览、休闲娱乐的人员，以及在旅游观光景点或娱乐场所内的工作人员可作为保险合同的被保险人。

2. 保险责任

在保险期间内，保险人按照下列约定承担保险责任：

（1）意外伤害保险责任

被保险人因遭受意外伤害事故导致身故、伤残的，保险人依照下列约定给付保险金。

①意外伤害身故。被保险人自遭受意外事故之日起 180 日内因该事故身故的，保险人按保险金额给付身故保险金。被保险人因遭受意外伤害事故且自该事故发生日起下落不明，后经法院宣告死亡的，保险人按保险金额给付身故保险金。

②意外伤害伤残。被保险人自遭受意外伤害事故之日起 180 日内因该事故造成本合同所附《人身保险伤残评定标准》（标准编号为 JR/T 0083 — 2013，以下简称“《评定标准》”）所列伤残之一的，保险人按该《评定标准》所列给付比例乘以保险金额给付伤残保险金。如第 180 日治疗仍未结束的，按当日的身体情况进行伤残鉴定，并据此给付伤残保险金。

（2）意外伤害医疗保险责任

投保人在投保了意外伤害保险责任基础上，方可选择投保本保险责任。被保险人遭受意外伤害事故，并因该意外事故所致伤害而经认可的医院进行必要治疗，保险人就其事故发生之日起 180 日内实际支出的、符合本保险单签发地社会医疗保险主管部门规定可报销的医疗费用，保险人扣除约定的免赔额后，按照约定的比例在意外伤害保险金额范围内给付医疗保险金。

3. 除外责任

游客人身意外伤害保险的除外责任基本与渔民人身意外伤害保险相同，不再重复介绍。

4. 保险金额

保险金额由投保人、保险人双方约定。保险金额是保险人承担给付保险金责任的最高限额。

5. 保险期间

保险期间自保险人同意承保、收取保险费并签发保险凭证，被保险人持旅游观光景点、娱乐场所门票等有效票证进入旅游观光景点或娱乐场所起，至离开该旅游观光景点或娱乐场所界定的范围时止。

第五章　渔业保险

渔业是指捕捞和养殖鱼类和其他水生动物及海藻类等水生植物以取得水产品的生产活动。一般分为海洋渔业和淡水渔业。我国对渔业生产实行以养殖为主，养殖、捕捞、加工并举，因地制宜、各有侧重的方针。现代渔业包括五个领域：养殖业、捕捞业、增养殖业、加工流通业和休闲渔业。

渔业具有区域性、季节性特征，初级产品具鲜活、易腐和商品性特点。渔业产品蛋白质含量丰富，为世界提供蛋白质总消费量的6%，动物性蛋白质消费量的24%，为农业提供优质肥料，为畜牧业提供精饲料，为食品、医药、轻工业提供重要原料。渔业是粮食安全的重要补充，为人类提高生活品质贡献巨大。

渔业是国民经济的重要产业，是农业的组成部分。《农业法》第二条称：农业是指种植业、林业、畜牧业和渔业，包括与其直接相关的产前、产中、产后服务。

渔业保险是农业保险的组成部分，《农业保险条例》第二条明确：本条例所称农业保险，是指保险机构根据农业保险合同，对被保险人在种植业、林业、畜牧业和渔业生产中因保险标的遭受约定的自然灾害、意外事故、疾病等保险事故所造成的财产损失，承担赔偿保险责任的保险活动。

渔业是高投入、高风险行业。在渔业可持续发展中渔业保险显得尤为重要。渔业保险和农业保险联系紧密，其水产养殖产品保险是中央政策性农业保险涵盖的范畴，而渔船保险、水产养殖设施保险是涉农保险范畴，渔民人身保险又是国家安全责任强制保险的范畴。因而阐述渔业保险首先要阐述农业保险。

第一节　农业保险概述

一、农业的基础地位

党中央始终把“三农”问题作为全党全国工作的重中之重来抓，从战略高度保障民生，筹划国家粮食安全。提出农业农村农民问题是关系到国计民生的根本性问题，没有农业农村的现代化，就没有国家的现代化。党的十八大以来，党中央确立“以我为主、立足国内、确保产能、适度进口、科技支撑”的口粮安全战略，确定“谷物基本自给，口粮绝对安全”的粮食安全原则。正是基于粮食对于国家生存命脉的极端重要性，农业才变得极端重要。为保证农民的种粮积极性，稳定农业生产，农业保险才成为国家政策支持的特殊领域。

（一）农业产业的基础性作用

农业在国民经济中的基础地位主要是从农业对民生的不可替代作用和对其他产业的支撑作用来体现的。

第一，农业发展是解决民生问题的首要前提。农业为所有人口提供食物及基本生存物质，支撑着人类的生存和繁衍。在所有的民生问题中具有显著的基础性作用，是解决其他民生问题的基础。温饱问题解决了，人们才能从事更能促进个体自由发展的行业和活动，这些行业和活动反过来又会促进教育、科学等民生问题的发展。就是说，降低人们的基本生存成本能够有效促进他们在其他领域的发展机会和创造能力，为国民经济总量扩张奠定基础。

第二，农业发展为其他行业提供了原料或初级产品。农业具有高度的关联性，农业为纺织、造纸、制糖等行业提供基础性原材料或初级产品，是实现工业生产的重要物质基础。

第三，农业为国民经济其他行业提供战略回旋和缓冲条件。农业是弹性较大的一个产业，在解决就业方面存在较大的弹性和回旋余地。在城市就业出现紧张或者失业率提高时，一些劳动力可以回到农村从事农业生产，从而实现就业压力的缓冲，农村富余劳动力是其他产业的重要劳动力来源。在2020年我国约有3亿农民工，为城镇建设提供劳动力来源。2020年突发的新冠病毒疫情，我国庞大的农业人口对失业的缓冲能力得到充分发挥。

第四，农业是国民经济中的薄弱产业。在经济发展过程中，农业产值的比例在逐年降低，农产品价格等出现较大风险时需要政府扶持，农业在经济发展中的弱化效应既是产业结构演化的趋势，也是城市化和工业化的必然结果。但是，不管在什么情况下，城市不能取代农村，工业也不能取代农业，农业的继续存在就需要政府的扶持，这也是基本的经济规律，也是世界各个国家的通行做法。

（二）农业产业要确保粮食安全

我国的粮食安全问题不仅是国内经济与政治的重要议题，也是国际社会热议的话题。因为我国人口数量庞大，我国的粮食供需问题与国际粮食安全体系息息相关，14亿人口的粮食稍稍短缺都会引起国际粮食市场的巨大波动。

我国用占世界7%的耕地养活了占世界22%的人口，这是个了不起的奇迹，关系到党的执政能力。在2005年，我国农业的供应已经实现由长期短缺到总量基本平衡、丰年有余的历史性转变。2019年我国粮食播种面积17.41亿亩，总产量13277亿斤，创历史新高。但是我国粮食每年进口的数量也在逐年增加，数量巨大，从2012年起我国主要农产品几乎都要进口，到2014年大豆进口达到了7000吨，到2019年突破8000吨，主要用于饲料和榨油，作为口粮占比很小。国际市场上大豆价格便宜，我国节省下的土地用来种谷物。

联合国粮农组织对粮食安全做出表述，即“只有当所有人在任何时候能够通过实际的、经济的方式获得足够、安全、富有营养的食物来满足其积极健康的膳食需要及食物喜好时，才实现了粮食安全”。我国有关部门曾提出粮食安全五个指标：第一，粮食自给率不低于95%；第二，粮食储备率不低于 18%；第三，人均占有粮食不低于 400 千克；第四，粮食产区人均储粮不低于 3 个月，粮食购销区人均储粮不低于 6 个月；第五，全国基本农田不低于 16 亿亩。

国际上普遍认为粮食自给率低于 95% 是粮食安全问题的一个临界状态。中国 2019 年发布的《中国的粮食安全》白皮书显示：中国的谷物自给率一直保持在 95% 以上，基本实现谷物供应自给，进口一些大米主要是调剂和改善品质，我国还有高于国际警戒线的粮食储备。

粮食安全问题产生的原因主要是：由于粮食的产量及价格波动等因素导致粮食供给不足等问题，粮食安全就是能够确保所有人在任何时候既能买到又能买得起他们所需要的基本食品。

我国是一个有 14 亿人口的大国，这个国情注定世界上没有任何一个国家可以供给我国足够的粮食，国际市场也不会有源源不绝的低价粮食供应给我国，我国的粮食问题只能靠自己来解决。一旦严重依赖国际市场的供应，必将受制于人，国家发展陷入战略被动。

二、农业的保险难题

正因为粮食关系到人类生存和国家安全的极端重要性，生产粮食的农业产业又面临着各种自然的和社会的风险，面对这种错综复杂的局面，各国政府和保险市场都积极地运用保险机制来管理风险、控制风险和转移风险，力求保障农业生产的健康可持续发展，确保粮食安全。然而，事与愿违，农业保险的早期尝试，无论是发达国家美国，还是发展中国家中国，都以商业保险公司的巨额亏损而宣告失败。农业保险在全世界都遭遇到了市场失灵的重创，成为全球保险界的最大难题。

我国处在全球季风气候显著、自然灾害发生频繁的区域，地理环境复杂，多种气候交替出现，甚至交织出现，是世界上遭受自然灾害最为严重的国家之一。加之我国的农业组织化程度低，人均种植面积小，基础差，底子薄，农业保险的难度系数更高。归纳起来困难主要有五个方面：

（一）承保成本高，保险机构网点难以抵达千家万户

我国农业的基本生产制度是以家庭个体单元为主的生产经营方式，组织化程度低，自给自足型。据统计，2015 年全国有 2.1 亿户农业家庭，平均每户 8 亩土地，农业人口约占全国总人数的 30%。而全美国 240 万个农场，每个农场平均 2535 亩土地，人均管理 1748 亩，农业劳动力不足全国总劳动力的 2%，耕、种、收 99.5% 实现机械化，农业保险的运营服务体系相对集中。个体分散经营是我国农业的最大特色。我国商业保险机构主要开设在大中城市，一些小的县城网点都不多。而农业保险的业务和客户都分散在广袤的农业乡村，有的还十分偏僻，路程远、人分散，开展业务的工作量和工作难度非常大，靠保险机构自身的力量是根本无法实现的，人力资源成本和运营成本都会非常高。一般情况下农业保险的管理费是一般财产保险的一倍以上。

（二）理赔成本高，保险机构的理赔手段难以完成任务

理赔现场的位置普遍偏远，农业种养殖业的灾害往往是各种风险因素和技术问题交织叠加，前因后果错综复杂，既有技术专业原因，又关系到每个农户的切身利益，常常是矛盾四起，纠纷不断。既有赔付多少的问题，又有社会稳定的问题，还有政治需要的问题，更有人情世故的问题，赔付标准很难量化到各方都能愉快接受的程度。理赔工作时常会陷入泥潭难以自拔，成本高、效率低、纠纷多、难度大。

（三）保费定价高，按精算理论厘定的费率农民买不起

农业生产周期长，灾害范围广，系统灾害大，道德风险多，业务成本高，所以保险费率按精算理论的厘定自然就会很高，一般要高出财产保险费率的 3—10 倍。而农业又是弱质产业，投入效益低，农民收入少，按实际测定的保险费率农民根本就买不起，低收入农民的保险意愿会受到严重的制约。

（四）巨灾风险概率大，国内国外再保险渠道通路不畅

在农业生产较长的成长周期中，具有诸如洪涝、干旱、蝗灾、病害等系统性巨额灾害损失风险，一旦发生大面积、长时间的自然灾害和社会动荡，损失将十分巨大，保险公司将遭遇财务动摇，甚至破产。2000 年美国的一位学者定义了一个测量农作物生产巨灾风险的方法，将巨灾风险定义为一个

比率，其结论是：农作物保险的这一比率比汽车和房产的比率高10倍，证明了农业保险的巨灾风险远远大于其他保险领域。我国农业保险的平均赔付率一般在100%左右。因此，如果没有再保险支持，商业保险公司只能小心承保优质业务，选择性开展业务。

（五）道德风险和逆向选择加剧经营风险

逆向选择是指信息不对称所造成的市场资源配置扭曲现象。就是指市场交易的一方如果能够利用多于另一方的信息使自己受益而对方受损时，信息劣势的一方便难以顺利地做出买卖决策，于是价格便随之扭曲，并失去了平衡供求、促成交易的作用，进而导致市场效率的降低。在农业保险市场其逆向选择往往是双方的，但是相对于农民，保险公司的信息劣势更加突出，农民的选择投保更有利于自己用较小的成本博取较大的收益。道德风险是指人们享有自己行为的收益，而将成本转嫁给别人，从而造成他人损失的可能性。通常是指交易双方在交易协定签订后，其中一方利用多于一方的信息，有目的地损害另一方的利益而增加自己利益的行为。如农户投保之后，防灾减灾的主动行为降低，成灾后的救助不力，坐等保险机构的赔偿行为。

正是这些难题的存在，财产保险中成熟的费率精算手段、展业促销经验和理赔技术流程等，用于农业保险领域都失去良好的效果，最终形成供需失衡、市场失灵的尴尬局面。而农业生产过程受到自然灾害的影响最大，农业所面临的自然风险比其他产业更复杂、更困难，明知有风险，明知风险的概率大，面对风险又没有办法准确预测和有效防范，还必须从事农业生产，这就是民生产业的现实。破解农业保险的难题，稳定农业生产发展，一直是各国政府和保险机构不懈追求的目标。

第二节　农业保险的发展实践

2019年中国保险业保费收入4.3万亿元，同比增长12.2%，其中农业保险保费收入672.48亿元，同比增长17.4%，发展势头很好，是全球仅次于美国的第二大农业保险市场。但我国在保险业和农业保险业方面都不是保险强国，保险密度和深度都低于世界平均水平 30% 左右。

我国从 20 世纪 30 年代起就有农业保险零星的试办，但是旧中国的农村经济发展水平落后，农民收入水平低，农业风险管理和转移的物质基础和体制基础均不具备，再加上日本帝国主义的入侵和国内的战争，一个动荡的社会不可能营造出一个发展农业保险的环境来，小规模的经营很快消失了。

中华人民共和国成立后，中国人民保险公司（以下简称“中国人保”）开始主导农业保险运营，1958 年随着公私合营的完成和政社合一的人民公社的建立，中央认为商业性保险使命已经完成，没有存在的必要，包括农业保险在内的一切保险业务很快停办，而且一停就是 20 多年，直到 1982 年才逐渐恢复。这以后的农业保险可以划分为三个发展阶段：

一、1982 年到 1992 年准政策性农业保险发展阶段

1978 年党的十一届三中全会之后，改革开放的局面快速形成，农业生产出现活力，农民和地方政府对开办农业保险有所期盼。1982 年国务院决定恢复农业保险业务，提出：“为了适应农村经济发展的新形势，保险工作如何为八亿农民服务，是必须予以重视的一个新课题，要在调查研究的基础上，按照落实农村经济政策的需要，从各地的实际出发，积极创造条件，抓紧做好准备，逐步试办农村财产保险、畜牧保险等业务。”至此农业保险漫长的停办正式恢复。由于农业保险灾害多，风险大，承保技术复杂，赔付率高，自 1982 年恢复试办后一直由中国人保独家经营。1986 年新疆兵团保险公司成立农牧保险公司，只在所辖划定区域内开办小规模的种、养两业的保险业务，没有形成竞争局面。

1984 年 11 月，国务院提出：“为适应农民富裕起来以后对安全保障的需要，支持农民科学种田，促进农村商品生产，农村保险业务将成为发展我国保险事业的重点之一。要在总结以往试办经验的基础上，逐步扩大办理养殖业保险。至于种植业保险，由于情况比较复杂，需要不断摸索经验，因地

制宜地逐步扩大试办范围。在农村保险机构不够普及和工作人员不足的情况下，有些地区出现了农民自办的农村保险合作社，这是自助性质的组织，国家保险公司应当在业务上积极给予支持、指导和监督。”国家发展农业保险的意图是清晰的，就是要依托唯一的保险国企中国人保，积极研究试办养殖业和种植业保险业务，并尊重支持规范农业保险合作组织，保障农民富裕。

1985 年到 1987 年连续三年，中央文件对农业保险的要求是一致的，提出“应积极兴办农村保险事业”和“发展农村社会保障事业，有条件的可试办合作保险”，指出了试办合作保险的发展方向。这个阶段中国人保农业保险经营目标是“组织补偿、稳定经济、发展生产”，经营原则是“收支平衡、以丰补歉、略有结余，以备大灾之年”。方向明确，思想统一，很快中国人保的 43 家省级和计划单列城市分公司都加入到了试点经营的行列中，除牲畜保险之外，种植业、养殖业全面开花，粮、棉、油、菜、烟，牛、马、猪、禽、虾都可投保。1982 年到 1992 年这十年，农险的保费收入快速增长，1982 年保费为 23 万元，到 1987 年保费为 10028 万元，首次破亿，平均年增长高达 237%。1992 年保费收入 8.17 亿元，达到历史的新高。

作为国有企业的中国人保，事实上对农业保险承担着政策性扶持任务，计划经济的考核目标对农业保险的高赔付给予财政的隐性补贴，利用类似政策性的财政扶持，采取内部结算“以险养险”的办法，扶持各地农业保险的大发展。在 1989 年到 1992 年，中国人保农村业务部对农业保险业务进行改革创新。主要是体制上把农村业务统筹与商业保险业务分开，紧紧依靠地方政府，人员独立、单独立账、独立核算，资金结余留在地方公司，积累风险基金，支持长期发展和弥补亏损，改革方案经财政部批准试点。具体做法是：政府组织推动，农民合作共济，中国人保经办，结余积累基金，以备大灾之年。很快农险品种达 400 多个，“低成本、广覆盖、高效率”的局面初步形成，国务院 1992 年表彰的保险先进县达 590 多个，农业保险的繁荣到达历史高峰。

其实这个阶段中国人保经营农险展业和理赔的难度一点也没有减少，快速发展的原因是各省的分公司充分利用各自的优势，紧紧地依靠地方政府的支持和联动，进行着制度创新和机制改革，为顺利开展农险业务积极设计工作关系和联动体系。湖南省实行中国人保和政府的联合共保体模式；云南省实行中国人保为政府代办农业保险业务的模式；河南省实行农村互助会统筹农业保险业务，中国人保提供分保的再保模式；新疆实行在中国人保分公司内部将农业保险单独立账、单独核算，在政府支持下，采用“一司两制”的模式；上海实行中国人保内部单独立账、分开核算，分公司和政府农业技术部门的共保模式。这些经营模式由于缺少国家政策和资金的扶持，在农业灾害一直较重的经营过程中，都没有创造出农业保险的奇迹。但是这些宝贵的创新却成为中国农业保险发展的种子，在日后的发展历史中又有了新的成长。

1982 年到 1992 年，这一阶段因为国家实行社会主义计划经济制度，中国人保有国家财政风险兜底，对农业保险的亏损给予核算认可，有准政策性补贴的性质。这之后，财政部开始对中国人保实行上缴利税为主要目标的新的财务核算制度体系，一切经营与经济效益挂钩，没有了财政暗补的农业保险必将带来业务的萎缩。

二、1993 年到 2004 年市场经济背景下农业保险的萎缩阶段

1993 年党的十四届三中全会上，中央决定建立社会主义市场经济体制，建立“产权清晰、权责明确、政企分开、科学管理”的现代企业制度。市场经济的全面启动对金融保险业影响深远，对长期以来由中国人保独家主导的农业保险市场和经营模式影响巨大。

一是政企分开，中国人保重视考核利润和经济效益，而农业保险的政策性特征与其商业化经营宗旨相冲突，被迫调整减少高风险业务。二是分散化的小农经济导致保险公司经营农业保险的成本高昂，没有政府补贴，又无法实施过去的暗补办法，所以农险业务难以支撑，保费逐年下降。1993 年保费下降到 5.61 亿元。到了 2003 年保费收入为 4.66 亿元，仅占全国财产险保费收入的 0.5%，相对农业大国和保险大国的地位是极不正常的经济现象。

到了 2004 年农险保费降为 3.77 亿元，达到历史上的低点。

随着保险经营体制转轨的深入，农业保险逐渐被边缘化，1996 年中国人保实行产、寿险分业经营后，确定以利润最大化为经营目标。同年 12 月党中央做出了不得以任何形式下达保险指标、强行要求农民投保的指示。随即中国人保在全国向下调整业务区域和品种，改变过度依赖政府行政手段展业的方式，全国农险业务快速萎缩。如 2004 年在江西只有中国人保开展少量森林保险，种养两业基本停保，保费收入仅 94.7 万元，不到 1992 年的二十六分之一。

政府降低了对农业保险的重视程度，任由市场机制支配农业保险的运行，由于农业保险的特性，市场失灵导致农业保险的资源配置难以达到优化。政府缺位、市场失灵导致农险发展陷入停顿，出现倒退。

这个阶段我国商业保险机构对农业风险灾害的补偿没能形成有效的供给。自 20 世纪 90 年代中国人保逐步转化为规范的商业性保险公司以来，我国的农业保险市场性质就由原来的准政策性农业保险转化为纯商业性农业保险。这个阶段呈现出一个特点：农业保险保费额逐年递减。在 1992 年以前，农业保险保费增长速度高于国民经济 GDP 和农业 GDP 增长速度，自 1992 年到达高峰以后，农业保险保费开始出现负增长。这与中国保险保费收入年均 30% 的增长形成强烈反差，和保险业的普遍规律——随着国民经济的发展保险业在国民经济所占比重越来越大，并略高于国民经济的发展水平相悖。同时农民的保障水平很低，在 2003 年农民人均获得的保险灾害赔付只有 0.96 元，这个领域几乎就是一个空白。

三、2004 年至今政策性农业保险发展阶段

2002 年党中央提出“工业反哺农业，城市反哺农村”的方针，农业保险再次进入政府关心的领域。

2004 年党中央国务院一号文件首次提出：建立政策性农业保险制度。但这之后的两年农业保险并没有出现市场预期的快速发展，仍然陷入观望徘

徊之中，到2006年农险的保险收入提升到8.46亿元。其原因就是高赔付率风险让商业保险慎重选择业务，尽管党中央提出要建立政策性农业保险制度，但没有实质性的支持举措，仍然不敢放开手脚地大量展业。

但是中央提出建立农业保险的政策性制度，释放出明确的政策信号，地方政府和保险机构的积极性得到有效调动，才慢慢形成了农险的试点活跃。农业保险具有准公共产品属性，需要政府的政策支持和引导，对农业保险给予财政保费补贴是全球通用的做法。我国从2004年首次提出进行政策性农业保险建设，到2007年启动中央财政对种植业和养殖业农业保险保费补贴政策试点，终于迎来农业保险发展的新阶段。

2007年根据党中央建立政策性农业保险的战略部署，中央财政在四川、湖南、江苏、山东、新疆和内蒙古六省区的粮食主产区率先开展种植业保费补贴试点，补贴的品种有小麦、水稻、棉花、玉米和大豆等种植面积广、关系国计民生、影响粮食安全、对农业和农村经济社会发展有重要意义的五种农作物。具体操作是先由省级财政承担25%的保费补贴后，再由中央财政承担25%的保费补贴。补贴开展农业保险的基本原则是“自主自愿、市场运作、共同负担、稳步推进”。同年，财政部提出在中西部地区22个省份和新疆生产建设兵团以及中央直属农垦区开展能繁母猪保险保费补贴试点，计划补贴11.5亿元。至此，我国政策性农业保险保费补贴试点工作正式启动。2007年农业保险保费收入达到53.33亿元，是2006年的五倍多，实现了跳跃式发展。

2008年，中央财政补贴的农业保险试点范围进一步扩大，种植业扩大到13个省份的粮食主产区，补贴品种覆盖到花生和油菜，中央财政的补贴比例提高到35%，养殖业试点扩展到奶牛保险。当年中央财政支出的保费补贴达到66.54亿元，农业保险保费收入达到110.7亿元，历史上首次突破100亿元关口，试点工作进展稳定。

2009年，森林保险保费补贴试点在湖南、江西、福建三省展开，由省级财政承担至少25%以上保费补贴，中央财政承担25%的保费补贴。至此农业保险保费补贴涵盖了种植业、畜牧业和林业，只有渔业保险没有被中央财政政策扶持。

2010年，享受补贴的险种产品种植业新增马铃薯和青稞，养殖业扩大到牦牛和藏系羊，并在海南省启动天然橡胶保险保费补贴试点。

2011年，在总结几年来农业保险试点经验的基础上，在四川、江苏、安徽和内蒙古开始农业保险绩效评价工作，显示出国家政策不仅关心政策的落实，更关心落实的效果。

到2012年，中央财政补贴的品种达到15种，农业保险保费补贴的区域扩大到全国，标志着我国政策性农业保险制度初步形成，农业保险保费收入达到240.1亿元。

2013年，补贴政策的支持力度在不断优化升级，对育肥猪保险在地方财政至少补贴30%的基础上，中央财政补贴比例由10%提高至中西部地区50%，东部地区40%。又选择10个省（区）开展保费补贴绩效评价试点工作，加强农业保险效率管理，农业保险保费收入达到306.7亿元，实现新的飞跃。全国有24家财产公司开展涉农保险业务。

2014年，实施“联动补贴”机制，需各地方财政保费补贴到位之后，中央财政才承担相应补贴，财政部和保监会加大了对农险保费补贴的监督管理力度，国家免征农业保险营业税，所得税优惠政策继续顺延。监管部门免收农业保险业务监管费，提高了补贴质量。当年中央财政保费补贴130亿元，为“三农”提供风险保障1.66万亿元，农险保费收入达到325.7亿元。

2015年党中央要求“中央财政补贴险种的保险金额应覆盖物化成本”，这样相较以往农业保险产品实现全面升级，提升农业保险保障范围，保险责任大幅扩大，保障水平提高了10%—15%，理赔手续大幅简化。农业部、财政部和保监会三部委发文，要求种植保险主险的保险责任加入旱灾、地震、泥石流、病虫草鼠害等重大灾害。要求农业保险提供机构对种植业保险及能繁母猪、生猪、奶牛等按头（只）保仔的大牲畜保险条款中不得设置绝对免赔额，体现了更多地让利于农民的政策思路。

2017年农险保费收入478.9亿元，当年赔付333.4亿元，分别比上一年增长14.65%和11.4%，简单赔付率约为70%。到2018年扩大到种植业、养殖业等16个品种。补贴比例逐年提高，地方政府自主确定的险种达200多个。2018年中央财政农业保险补贴资金达到199.34亿元，比上年增长11.3%。全国涉农保险主体达到了32家。

2018年有35家财险公司进入农险市场提供服务，保费收入达573亿元，竞争更加激烈。四大财险保险公司占全部农险保费的73.32%。其中人保财险264.6亿元，中华联合78.08亿元，太保财险41.12亿元，国寿财险35.3亿元。其他6家专业农业保险保费规模占全国农险总保费的22%，最多的阳光农险28.38亿元，最少的安信农险7.86亿元，国元农险25.79亿元，安华农险25.21亿元，中航安盟14.81亿元，中原农险13.32亿元。其他4.7%的市场份额由北部湾财险、大地财险、锦泰财险、紫金财险等24家财险公司承保。

2019年9月财政部发布我国农业保险行业未来三年发展目标，农业保险在国家政策的支持引导下持续发展，保险规模取得新突破。银保监会数据显示，2007年以来已经累计支付赔款2400亿元，我国各级财政对农业保险的保费补贴已经接近80%，在世界范围处于较高水平。我国农业保险保费收入从2007年的53.4亿元，到2019年的672.5亿元，已经成为亚洲第一、世界第二的农业保险大国。但保险密度和保险深度与美国、日本等相比，还有很大的差距，保障水平和能力还有很大的提高潜力和空间。

2019年10月，财政部、农业农村部、银保监会、林草局四部门联合印发的《关于加快农业保险高质量发展的指导意见》提出发展目标：到2022年我国农业保险保费收入将达到840亿元，要年均增长10%以上。提出按照“扩面增品提标”的要求，完善农业保险政策，推动稻谷、小麦、玉米完成成本保险和收入保险试点，扩大农业保险大灾保险试点和“保险+期货”试点，探索对地方优势特色农产品保险实施以奖代补试点。

目前我国大宗作物农业保险主要还是“成本保险”，保险金额只覆盖了直接物化成本，大概占其收入的40%，保障水平远远低于经济发达国家的农险水平。由于保障程度低，风险分散有限，不利于调动农民的投保积极性。所以在推动农业保险转型升级、保障农民种粮积极性方面不断探索。收入保险的保额体现农产品价格和产量，不仅包含传统农作物种植保险的相关保险责任，同时还增加了因市场波动因素导致价格下降的补偿机制。这对农户的风险保障无疑是全面的进步。

《中国农业保险保障研究报告（2019）》分析显示，从保障广度看，我国主要农产品特别是种植业主要农作物保障广度达到较高水平，保险覆盖面基本都达到相应作物种植面积的60%甚至70%以上。

从保障深度看，种植业和养殖业主要产品的单位保额已经能较好地覆盖相应作物生产的物化成本和生产成本，全成本的覆盖程度也在不断提升，农业保险“提标”成效初显。

第三节　农业保险的经营模式

在世界范围内农业保险的经营模式都是在政府、保险机构和农户之间反复磨合、博弈中形成并走向成熟的。

一、国内外农业保险发展模式形成的经验教训

国外农业保险模式的启示：第一，农业保险离不开政府的财政补贴政策支持；第二，农业保险走单纯的商业化之路行不通；第三，农业保险的发展必须以法律的规范为基础；第四，农业保险的发展过程要有一定的强制性，没有农户普遍的参与就会失去意义。由此形成了美国的“政府支持下的私营保险公司经营”模式，日本的“政府支持下的互助共济经营”模式，法国的“政府支持下的相互制经营”模式等。

我国农业保险实践也进一步证明：市场经济条件下的商业保险公司运营农业保险，普遍遇到市场失灵的严重打击而导致失败，而政府支持是农业保险发展成功的决定性因素。我国在对农业保险的探索中也取得一些共识：

第一，农业保险实施必须有政府主导的顶层设计。政府财政补贴保费、管理费给予农民拉动和保险机构扶持，利用基层政府的行政力量高效地推广

普及保险业务。

第二，农业保险实施必须是立法保障。运营农业保险的政治风险、社会风险和经济风险都非常大，涉及社会稳定和巨额风险准备金的支持，一旦出现巨大灾害而导致赔偿不起，必将引起社会矛盾，引起政治动荡。若没有法律保障，极容易造成农民利益得不到保护而导致事业夭折，前功尽弃。

第三，农业保险实施必须解决好巨灾风险补偿机制。这是农业保险难题中的核心，取决于中央政府和地方政府的财力和决心。所以高效成功的农业保险模式必然出现在经济发达的国家，贫穷的土地发育不出农业保险健康的种子。一旦安排好巨灾补偿机制或国家风险兜底的政策，农业保险的业务才会有做大做强的基础。所以从这个意义上说，成功的农业保险模式一定是经济发展的阶段性产物。

第四，农业保险实施必须有广大农民的拥护。各级政府为农民开办的农业保险事业，并不是总能得到农民的拥戴，有时还反对。为什么？商业保险公司以赢利为目标开展农业保险，与农民投保想获得更多的灾害赔偿相矛盾。保障水平不高，服务跟不上，理赔时认定标准不一致等都会加重矛盾和冲突。农业保险的产品、险种、保费、条款的开发与设计必须从服务农业的立场出发，真正替农民着想，才能得到农民的信任和支持。没有农民的真心拥护、积极参加的农业保险就不是真正的成功。

世界农业保险的发展实践证明，能最后解决这些问题的只有本国政府。关键的是政府认为值不值得解决，愿意付多少成本来解决。面对农民的种粮积极性关系着国家粮食安全的现实，国家有帮助农业、稳定粮食安全的动机和要求，关键是选择什么样的模式和提供多少财政支持，预期目标实现的时间和效果等。

二、中国农业保险经营模式的选择背景

（一）党中央、国务院鼓励开展农业保险制度试点

鼓励农业保险试点的政策 2003 年以来就表达出丰富的内涵。一是选择

部分地区、部分产品率先试点；二是有条件的地方可以对参加种养业保险的农户给予一定的保费补贴；三是扩大试点范围；四是鼓励商业保险机构开展农业保险业务；五是加快发展多种形式、多种渠道的农业保险；六是完善农业保险巨灾风险转移分摊机制，探索建立中央、地方财政支持的农业再保险体系；七是扩大农业保险保险补贴的品种和区域覆盖范围；八是鼓励各地对特色农业等保险保费补贴；九是鼓励在农村发展互助合作保险和商业保险业务；十是完善政策性农业保险经营机制和发展模式。这些方针政策几乎是全方位地鼓励号召地方政府和保险机构在农业保险领域的大胆创新，提倡有条件的地方大力支持农业保险的快速发展。

（二）《农业保险条例》明确地方政府主导运营模式

2012 年国务院颁布《农业保险条例》进一步明确基本原则：一是国家支持发展多种形式的农业保险，健全政策性农业保险制度。二是对符合规定的农业保险由财政部门给予保险费补贴，并建立财政支持的农业保险大灾风险分散机制。三是农业保险实行政府引导、市场运作、自主自愿和协同推进的原则。四是省、自治区、直辖市人民政府可以确定适合本地区实际的农业保险经营模式。五是县级以上人民政府统一领导、组织、协调本行政区域的农业保险工作，建立健全推进农业保险发展工作机制。六是农民投保的品种属于财政给予保险费补贴范围的，由财政部门按照规定给予保费补贴。国家鼓励地方人民政府采取由地方财政给予保险费补贴等措施，支持发展农业保险。七是国家建立财政支持的农业保险大灾风险分散机制。国家鼓励地方人民政府建立地方财政支持的农业保险大灾风险分散机制。八是保险机构经营农业保险业务依法享受税收优惠。九是国家支持鼓励保险机构建立适应业务发展需要的基层服务体系。十是保险机构可以委托基层农业技术推广等机构协助办理农业保险业务。

（三）各省（区、市）探索符合实际的农业保险模式

在国家农业保险政策的指导下，全国各省（区、市）都结合本地区实际开展了农业保险的经营试点，各省农业保险的模式正是在不断的总结调整中完善的。符合地区情况，充分调动辖区保险公司主体的积极性，如阳光保险

在黑龙江省、安华农险在吉林省、国元农险在安徽省、中原农险在河南省和安盟财险在四川省贡献较多。经济基础好的上海市、浙江省、江苏省等农业保险模式比较稳定成熟。

三、我国农业保险的主要经营模式

2003年中国保监会曾总结提出，未来我国农业保险经营的五种模式：一是与地方政府签订协议，由商业保险公司代办农业险；二是在经营农业险基础较好的地区如上海、黑龙江等，设立专业性农业保险公司；三是设立农业相互保险公司；四是在地方财力允许的情况下，尝试设立由地方财政兜底的政策性农业保险公司；五是继续引进像法国安盟保险等具有农业险经营的先进技术及管理经验的外资或合资保险公司。

当时国内农业保险市场只有中国人保和中华联合财产保险两家开办农业险，由于常年亏损，这项业务已急剧萎缩。农业保险体现出的“三低三高”——低保额、低收费、低保障和高风险、高成本、高赔付的特点，大多保险机构视为经营禁区。

2004年中央1号文件鼓励农业保险试点，2007年中央财政给予农业保险保费补贴推动农业保险试点，随即大规模的农业保险试点在我国全面展开，具有各省（区、市）特点的经营模式逐步形成。纵观我国农业保险发展试点，其本质是政府决定模式构成的主角，保险机构是制度设计中的配角，在政府的主导下发挥市场的专业作用。专家学者们对中国农业保险发展模式的研究很多，而较有代表性的是农业保险专家龙文军博士，他把中国特色的“政府支持下的保险机构经营农业保险业务”经营模式分为七种：

（一）政策支持、多家公司参与的北京市模式

把政策性农业保险制度建设作为保障都市型现代农业健康发展的长效强农惠农富农政策机制来抓，市区两级分别给予参保农民保费补贴，给予经营政策性农险业务的保险公司经营费用补贴，探索建立了农业巨灾风险转移分散机制。用市场方式选定经营政策性农业保险业务的公司。市农委每年对企

业的经营状况进行评估，根据评估结果提供相关管理费。

（二）多家商业保险公司组成共保体经营的浙江省模式

浙江省于2006年3月建立“浙江省农业保险共保体”，探索建立符合浙江实际需要的农业保险经营模式。成立农业保险试点办公室，设在各省发展与改革委员会，统一协调农业保险的各项方针政策等工作。中国人保浙江分公司作为“首席承保人”具体承办农业保险业务，其余几家财产险公司为“共保人”，不直接经营业务，首席承保人和共保人一起组成“共保体”，经营全省的农业保险项目。实行“单独建账、独立核算、盈利共享、风险共担”的管理核算制度。按照章程约定的比例，“共保体”成员根据共保的份额来共同分摊保费、承担风险。经过实践，“共保体”成员有进有出。

（三）政府和保险企业联办共保的江苏省模式

江苏省于2008年成立了推进政策性农业保险工作领导小组，部门和企业共同在全省范围内推行“联办共保”的农业保险发展模式，按照“政府推动、商业运作、结余滚存、风险共担”的原则，由政府和保险公司按照一定比例进行联办共保，农业保险业务由保险公司专业化管理和运作，政府有关部门协同参与。保险公司设立农业保险专门账户，接受上级和同级财政、审计和保险监管部门的检查和监督。地方财政也设立农业保险专门账户。发生保险责任赔付后，双方按比例分摊赔款。

（四）农经部门参与，保险企业经营辽吉黑模式

黑龙江、吉林、辽宁三省的农业保险经营主要依托基层农经部门开展农业保险业务。以吉林为例，安华农险吉林分公司、中航安盟财险吉林分公司等依托吉林省各级农经部门在全省开展农业保险业务，明确双方的权利和义务。安华农业保险、中航安盟财险等作为保险人，各县（市、区）农经站依托组织体系健全、与农民熟悉、拥有专业技术人员的优势，协助两个保险公司开展农业保险业务，宣传组织农民参加政策性农业保险，协助收取保险费。根据规定，保险公司从保费中提取一定比例作为农经部门的工作经费，既发挥了地方农经管理部门的组织和专业人员优势，又降低了保险公司的展业成本，有效解决了保费收取难等问题，实现了双赢。黑龙江和辽宁均采取

这种模式推进农业保险业务。

（五）独家专业农业保险公司经营的上海市模式

专业性公司作为新兴的农业保险经营实体，在一定程度上缓解了农业保险网点不足和农民理赔难的问题。上海市 2004 年 3 月 1 日成立了我国第一家专业性股份制农业保险公司——安信农业保险股份有限公司，采取“政府扶持推动、市场化运作”的专业公司经营模式，将种植业和养殖业保险划为政策性业务，享受相关政策支持。公司还经营批准财产保险、责任保险、短期人身意外伤害保险和健康保险等，通过这些险种的收益来弥补种、养两业保险可能产生的亏损，实行“以险养险”。在遇到特大灾害时，公司通过再保险分保，如果仍然有困难，政府通过特殊救灾政策给予支持。由于有财政的大力支持，安信农险以专业的精神经营农业保险业务，得到上海市农民的高度好评。

（六）中外合资保险企业经营农险的安盟模式

作为法国第三大综合保险公司，法国安盟保险集团从 19 世纪的农业互助会开始，有 100 多年的农业保险经营经验。2003 年中国保监会批准了第一家外资公司——法国安盟保险集团在中国开展农业保险业务。2004 年，安盟保险成都分公司成立，并在四川省范围内开展农业保险等相关险种的业务。2011 年中国航空工业集团与法国安盟合资共同组建的“中航安盟财产保险有限公司”成立，开展农业保险业务，并成立吉林省分公司，迅速在吉林省开展农险业务。这种模式是借鉴国外先进农业保险管理经验应用到国内农业保险发展的有益尝试。

（七）互助合作保险组织经营模式

中国渔业互保协会是国内第一家开展互助保险业务的行业协会。协会依托地方渔业执法机构开展渔船保险，建立了健全的服务网络。在全国 30 多个省（区、市）组织广大渔民开展了渔民人身意外伤害和渔船财产等互助保险工作。又先后开发了养殖渔船全损险、南沙涉外险，海水深水网箱养殖险，海水、淡水养殖险，渔业码头财产险，港澳流动渔船渔民险，渔业执法人员综合保障计划、涉韩渔船违规罚款担保服务计划等保险服务。

从目前各省农业保险经营模式来看，政府对农业保险的需求既表现为搭建平台，创建运作机制，又体现在深度地参与。而且政府承担的责任和义务的边界比较模糊，即政府决定财政补贴预算，并依法律法规进行监管，还参与农业保险的经营操作，或干预农业保险的实际理赔业务，存在“政府寻租”问题。

我国要在实践中探索解决如何把政府和市场、公司和投保农户各自的责任义务边界界定明确，在政府的需求和供给之间建立“防火墙”，斩断政府及其部门或者官员从农业保险中逐利的渠道和链条。

四、农业保险经营模式的特点

第一，基本遵循《农业保险条例》提出的实行“政府引导、市场运作、自主自愿、协同推进”的原则，所不同的是政府力量介入的强和弱。有的政府主要提出规划、原则，而有的政府深度参与，和商业保险一起进入市场，按比例分保。

第二，所有模式都选择商业保险公司的市场化运营，大多组成由首席承保人领衔的共保体，多的有 15 家公司参加，共保体的好处是可以共担农业保险的巨灾风险，减少市场无序竞争。

第三，都是大比例的财政保费补贴拉动市场。

第四，基层农民承保的组织体系有些不同，大多是基层政府和村委会利用行政手段推动，也有的注重组织农民互助保险合作社自我服务开展承保业务。

第五，总部所在地的农业专业保险公司发挥核心作用。如黑龙江阳光相互农业保险公司、吉林安华农业保险公司、安徽国元农业保险公司、河南中原农业保险公司以及四川的中航安盟财险公司，都在所在地省份政策性农业保险运作上承担着主导性，释放出强大推动力。

第六，对巨灾风险的分散机制不尽一致，但大多省份还是商业保险公司独立承担，一些财政能力较强的省份已经有政府财政参加分担巨灾风险超赔部分的制度安排，并设计出巨灾赔付封顶的赔偿保护制度。

第四节　农业保险的财政补贴和特色

2020年6月底，光明网讯的《金融光明论》以“农业保险”为主题，邀请中国农业科学院农业风险管理研究中心主任张峭、河北经贸大学农业保险研究所所长冯文丽进行独家解读，将农业保险的财政补贴政策和运作的独特性等，讲得深入浅出。现将有关农业保险财政补贴的内容综述如下。

一、农业政策性保险运作的原则

四句话：“政府引导、市场运作、自主自愿、协同推进。”一是政府引导，就是政府通过一系列的政策或者保费的补贴来支持引导、扶持农业保险；二是市场运作，政府不直接操作，需要通过商业性的保险公司具体来运作；三是自主自愿，就是各保险的提供方，保险公司和保险的需求方、生产经营者，还包括中央政府、地方政府，都要自主自愿，不能强迫；四是协同推进，因为涉及好多政府相关部门，财政部、农业农村部、银保监会、国家林业和草原局、中国气象局等，跟农业保险相关的部门要共同推进。国内从中央政府到省市县，包括乡镇政府，都来协同推进农业保险。

二、农业政策性保险发展情况

从2007年到2019年，我国的农业保险发展速度非常快，不论是保费收入、保险赔款，还是保障金额，都逐年大幅上升，跃居为全球第二大农业保险市场。从2007年到2019年，农业保险保费收入从53.33亿元增长到了672.48亿元，保险赔款从29.75亿元增长到了527.87亿元，提供的风险保障从1720.22亿元增长到3.81万亿元。农业保险已经覆盖了全国的所有省份，玉米、水稻、小麦这三大口粮的农业保险的覆盖率已经超过了70%。现在参与农业保险运营的有30多家保险机构，保险的种类也增加很多。2007年只有6个产品，5个农作物产品，1种是能繁母猪保险，现在中央财政补贴的险种已经达到16个产品（即玉米、水稻、小麦、棉花、马铃薯、油料作物、糖料作物、能繁母猪、奶牛、育肥猪、公益林和商品林、青稞、牦牛、藏系羊、天然橡胶及三大粮食作物制种等），加上地方支持的产品，总共达到270多个保险产品。

三、财政补贴政策的演进

农业保险财政补贴，以时间顺序，最早是在2007年，财政部发布了《中央财政农业保险保费补贴试点管理办法》，在6个省区对5种农作物保险进行了试点。2007年7月，财政部又发布《能繁母猪保险保费补贴管理暂行办法》，把“能繁母猪”这个养殖保险险种也纳入保费补贴试点，这两个都是补贴试点的暂行管理办法。到2008年又发布了两个文件，一个是《中央财政种植业保险保费补贴管理办法》，另外一个是《中央财政养殖业保险保费补贴管理办法》，这两个管理办法比较正式地开始了农业保险的保费补贴。2009年到2018年的10年中，财政部又发布了很多的文件，这些文件主要内容是扩大试点区域，从刚开始的6个省区向全国扩展。

除此之外，保费补贴的险种由最初的6种向16大类来扩展。2013年有一个标志性的事件，就是《农业保险条例》正式实施。这是我国农业保险发展史上第一次以专门的农业保险法律法规的形式出现的一部法律，是一个步入法制化、正规化的历程。2013年财政部发布了《农业保险大灾风险准备金管理办法》，其中规定：保险机构计提大灾准备金，按照税收法律及有关的规定可以享受税前扣除的政策。2016年12月出台的标志性文件《中央财政农业保险保费补贴管理办法》，现在各个地方还有各家公司主要依据的就是这个管理办法。2017年，财政部发布了《关于在粮食主产省开展农业大灾保险试点的通知》，这个主要是在13个粮食主产省的200个产粮大县，面向适度规模经营大户，发展农业大灾保险试点。农业大灾保险的主要特点就是提高了保障水平，它的保障水平是在直接物化成本的基础上，还加了地租，主要就是提高了保险金额。2018 年 8 月，财政部、农业农村部、银保监会联合发布了《关于开展三大粮食作物完全成本保险和收入保险试点工作的通知》，在 6 个省份，每个省份选择 4 个县试点完全成本保险和收入保险，保障水平又进一步提高了。2019 年颁布了《关于开展中央财政对地方优势特色农产品奖补试点的通知》，主要有内蒙古、山东、湖南、湖北等 10 个省区，试点中央财政对地方优势特色农产品进行奖补。就是地方政府先进行补贴，在地方政府补贴 35% 以上的基础上，中央政府对东部地区奖补 25%，对中西部地区奖补 30%，进一步加大了对地方特色农产品的支持力度。2019 年，中央全面深化改革委员会第八次会议审议通过了《关于加快农业保险高质量发展的指导意见》，这个文件的规格也是非常高的，规定了到 2030 年我国农业保险的发展目标和主要的发展方式。

四、我国农业保险的主要特色

第一，保险制度和保险运营模式是比较独特的。我国的保险制度是一种政府和市场合作的模式，实际上我国推进农业保险在 2004 年以前是完全市场化的，但是从 2004 年开始，尤其是 2007 年以后，政府参与整个农业保险的推动，所以它是政府和市场合作的一种模式。这种模式在中国非常有效，发展速度非常快。

第二，独特的发展策略。我国农业保险，原来定的发展原则就是“低保障、广覆盖”。就是先把面做起来，整个覆盖更广，但是保障比较低，最初是物化成本的保障，实际保障占到整个产值的 30% 左右，所以这是物化成本的保险。后来逐步提高农业保险的保障水平，但是总的原则是对重要的农产品、大宗农产品，是先覆盖、广覆盖、面上覆盖，再有现在全国的普及，但是整体来说，保障程度、保障水平还是比较低。

第三，独特的政府支持方式。我国政府支持力度是非常大的，从中央政府到地方政府，实际上都在支持我国农业保险发展，从中央政府到省、市、县、乡政府都参与支持农业保险。另外政府的管理部门也非常多，有财政部、农业农村部、银保监会、发改委、林草局等。保费补贴基本上达到整个政府保费补贴占到农业保险保费收入的平均 77%。

第四，不同的地方运营的模式不太一样。最初是 2007 年以试点方式开始运营，是由省里面先开始，后来中央推进，所以各个地方根据自己的特点有不同的运营模式。也创新了很多保险和其他方面的合作模式，“保险 + 期货”是中国特色的模式，市场价格风险分散了，把价格风险承担起来以后，再通过购买期货转移到期货市场，这个其他国家没有。比如生猪、奶牛这种保险和无害化处理相结合，这些方面都具有中国特色。

中国要发展现代农业，要发展新型经营主体，规模化经营主体。但是大部分还是小农户、散户，所以中国还是兼顾式发展，既要服务现代农业的新型经营主体，同时也要兼顾服务小农户，这样有机结合，都非常具有中国特色。

第五节 渔业情况综述

整个地球表面被 71% 的水覆盖着，江河湖海蕴藏着丰富的鱼类资源，人类从事捕捞业，开发养殖业，提供大量的动物蛋白质，改善人们的生活质量。然而临水生产作业是十分危险的，许多产品是用生命的代价换来的。在现代社会，政府和劳动者都越来越重视工作环境的安全和生命的价值，而通过保险手段来管理风险的作用成效显著。

一、世界渔业概况

人类社会面临食品安全的巨大挑战，到 21 世纪中叶，人口将达到 90 亿，养活日益增加的人口，提高生产质量，就要求农业和粮食可持续发展，也与渔业和水产品产量直接相关。渔业和水产养殖对亿万民众的食物营养和就业至关重要。

据联合国粮农组织《2018年世界渔业和水产养殖状况》数据，2018年世界渔业总产量达到1.79亿吨，首次销售总价值约4010亿美元。捕捞产量相对稳定，水产养殖规模持续增长。食用鱼消费人均20.5千克。鱼类约占全球人口动物蛋白消费量的17%，鱼类提供了32亿人口人均动物蛋白摄入量的20%。鱼类和渔业产品是全球最健康的食品，是对自然环境影响较小的食物种类，渔业对于实现无饥饿和无营养不良世界的目标贡献巨大，突显了在全球粮食和营养安全中的关键作用。

2016年世界渔船从小型无甲板非机动船到大型先进工业化船，总数约460万艘。亚洲渔船数量最多，共计350万艘，占全球总量约76%。仅有2%的渔船长达或超过24米，基本大于100吨。2016年全球养殖和捕捞比例为46.8 ：53.2，有37个国家养殖超过野生捕捞量。中国是1993年养殖食用鱼产量首次超过野生鱼捕捞产量，以后养殖产量逐年攀升，比重达到中国渔业总产量的73.1%，占我国优质动物蛋白食物的三分之一。

粮农组织对所评估海洋鱼类种群开展的监测显示，全球海洋渔业资源状况持续恶化，有33%的鱼类种群为过度捕捞，重建种群，恢复生态的周期要很长。

二、中国渔业概况

中国是全球第一渔业大国，渔业总产量、产值、渔船数量、养殖规模和就业人数世界第一。在全球渔业发展进程中有举足轻重的地位，对世界粮食安全和人类动物蛋白质的提供贡献巨大。

（一）2019年渔业经济基本情况

1. 经济总产值

按当年价格计算，全社会渔业经济总产值26406.50亿元，其中渔业产值12934.49亿元，渔业工业和建筑业产值5899.17亿元，渔业流通和服务业产值7572.83亿元，三个产业产值的比例为49.0 ：22.3 ：28.7。渔业流通和服务业产值中，休闲渔业产值963.68亿元，同比增长6.81%。2018年全国各地区渔业经济总产值前10名见表5-1。

表5-1　2018年全国各地区渔业经济总产值前10名统计表　　单位：万元

序号	地区	总计	第一产业	第二产业	第三产业
			渔业产值	渔业工业和建筑业	渔业流通和服务业
	全国	258644732.15	128154129.31	56750934.70	73739668.14
1	广东	34525370.80	14153875.76	3632467.62	16739027.42
2	江苏	33859874.97	17863162.97	4395626.98	11601085.02
3	福建	31001114.45	13645754.25	11802094.85	5553265.35
4	湖北	25893157.00	12052032.00	5417887.00	8423238.00
5	浙江	21814592.00	10640899.00	5513282.00	5660411.00
6	辽宁	13053650.00	6374872.00	3266834.00	3411944.00
7	江西	10300750.73	5119006.20	2937848.23	2243896.30
8	安徽	8545982.81	5273937.89	1309789.78	1962255.14
9	广西	6581159.62	5323650.37	608672.67	648836.58

注：本表根据《2019中国渔业统计年鉴》整理。

渔业产值中，海洋捕捞产值2116.02亿元，海水养殖产值3575.29亿元，淡水捕捞产值398.09亿元，淡水养殖产值6186.60亿元，水产苗种产值658.49亿元。

渔业产值中（不含苗种），海水产品与淡水产品的产值比例为46.4 ∶ 53.6，养殖产品与捕捞产品的产值比例为79.5 ∶ 20.5。

2. 全国水产品总产量

总产量6480.36万吨，比上年增长0.35%。其中，养殖产量5079.07万吨，同比增长1.76%，捕捞产量1401.29万吨，同比下降4.45%，养殖产品与捕捞产品的产量比例为78.4 ∶ 21.6；海水产品产量3282.50万吨，同比下降0.57%，淡水产品产量3197.87万吨，同比增长1.32%，海水产品与淡水产品的产量比例为50.7 ∶ 49.3。

全国水产品人均占有量46.45千克（全国人口139538万人），比上年增加0.17千克、增长0.37%。

3. 水产养殖面积

全国水产养殖面积 7108.50 千公顷，同比下降 1.13%。其中，海水养殖面积 1992.18 千公顷，同比下降 2.49%；淡水养殖面积 5116.32 千公顷，同比下降 0.59%；海水养殖与淡水养殖的面积比例为 28.0 ： 72.0。

4. 渔船年末拥有量

年末渔船总数 73.12 万艘，总吨位 1040.24 万吨。其中，机动渔船 46.83 万艘，总吨位 1004.84 万吨，总功率 1990.53 万千瓦；非机动渔船 26.29 万艘，总吨位 35.39 万吨。

机动渔船中，生产渔船 45.15 万艘，总吨位 898.82 万吨，总功率 1765.20 万千瓦；辅助渔船 1.68 万艘，总吨位 106.03 万吨，总功率 225.34 万千瓦。

（以上数据根据 2020 年农业农村部渔业渔政监督管理局信息整理）

（二）中国渔业灾害

中国渔业地域辽阔，种类齐全，是自然灾害较多，发生频繁，灾害损失程度严重的国家之一。

1959 年 4 月 10 日，中国江苏吕泗洋渔场遭受 9—10 级大风袭击，集中在吕泗洋渔场生产作业的来自福建、浙江、江苏、辽宁和上海五省（市）的 5246 艘渔船来不及避风，损失严重，共沉没、严重损坏渔船 286 艘，死亡渔民 1477 人。这是至今为止中国历史上最严重的一次渔船和渔民生产作业死亡事故，也是其他生产行业无法想象的。据现有的数据，此次事故的海上死亡人数除了战争之外，仅次于 1912 年 4 月 14 日的泰坦尼克号邮轮死亡 1502 人的世界第一海难。

1. 中国渔业年鉴的渔业灾害统计

据农业农村部渔业渔政管理局发布，2019 年由于渔业灾情造成水产品产量损失 84.22 万吨，受灾养殖面积 741.83 千公顷，直接经济损失 156.37 亿元。主要损失情况见表 5-2。

表 5-2　2018 年全国前 10 省渔业灾害造成的经济损失统计表 单位：万元

序号	地区	总计	水产品损失	损毁渔业损失
	全国	1576062.96	1363365.93	212697.03

续表

序号	地区	总计	水产品损失	损毁渔业损失
1	广东	244915.17	173285.35	71629.82
2	辽宁	236806.60	235568.60	1238.00
3	江苏	153535.00	145306.00	8229.00
4	山东	150325.00	143737.00	6588.00
5	江西	134655.16	127302.35	7352.81
6	河北	126512.10	126336.10	176.00
7	湖南	97501.00	82423.00	15078.00
8	福建	92053.00	56438.00	35615.00
9	安徽	72926.23	64571.18	8355.05
10	浙江	65690.00	48976.00	16714.00

注：本表根据《2019 中国渔业统计年鉴》整理。

2. 中国渔业互保协会研究分析

2004 年协会首次用 8 年积累的承保和理赔数据分析披露，我国渔民的死亡率为每 10 万人死亡 216 人，要远远高于煤炭、化工等行业，可以称为我国最具风险的行业。

2009 年协会出版《中国渔船安全分析报告（1999—2008）》，统计显示我国渔民的死亡率为每 10 万人死亡 162 人，死亡率大幅下降，但仍是高死亡率职业。

2009 年协会出版的《中国渔船船员死亡事故分析报告（2006—2007）》中披露，每 10 万人死亡 152 人，每 10 万人死亡率较高的省份依次为辽宁 232 人，河北 194 人，山东 160 人，浙江 147 人，广西 112 人，江苏 94 人，海南 75 人。

2018 年协会出版的《中国渔业船舶安全分析报告（1994—2015）》的最新统计，二十年来中国渔船事故造成的渔民死亡呈明显的下降趋势，渔民生产和航行的平均死亡率为每 10 万人死亡 93 人，仍然大大高于世界平均水平，是我国职业安全生产领域的高危行业。

第六节　渔业保险的实践

中国渔业保险的实践从市场主体上可以划分为两个阶段：一是1982年到1994年商业保险主导下的市场运营阶段；二是1994年至今渔业互助保险为主体的运营阶段。

一、1982年到1994年商业保险运营阶段

中国的渔业保险作为农业保险的一部分，其发展历程与农业保险高度一致。新中国成立之后，中国人保在1952年就开始试办水产养殖保险和渔船保险，但是规模较小，又很快随着农业保险一起停止了业务。

1982年中国人保重新恢复农业保险业务，也随即恢复了渔业保险业务，再次试办水产养殖保险和渔船保险。

1983年12月30日，原农牧渔业部和中国人民保险公司联合发文《关于开展国内渔船保险工作的通知》，同时颁布《国内渔船保险条款（试行）》，在各地试点渔船保险业务，充分利用农牧渔业部渔港监督行政执法队伍的力量推动业务。辽宁省丹东市是我国最早试点渔船保险的地区，1983年起步，最多的一年赔付率高达300%，所以只能收缩业务，选择风险较低的大些的钢质渔船承保。截至1986年底，全国渔船承保数量已经达到2.6万艘，占全国海洋渔船23.9万艘的10.9%，得到较快的发展。

1987年5月12日—15日，原农牧渔业部渔政渔港监督管理局与中国人民保险公司农村业务部在山东省青岛市联合召开首次“全国渔船保险工作会议”，进一步推动渔船保险业务的开展。会议回顾了渔船保险事业恢复和发展的历程，认为近几年我国渔船保险事业在沿海地区迅速地开展起来，特别是山东、辽宁、河北、江苏、天津等省（市）发展较快。会议一致认为，渔船保险工作对于促进渔业经济的不断发展、保障渔业生产安全、巩固渔业经济体制改革成果，都具有重要作用。会议要求各有关部门，特别是保险公司

与渔港监督部门应该更加紧密合作，争取我国渔船保险事业有一个更大的发展。会后，两个部门于 8 月 10 日联合印发了“会议纪要”。会议之后渔港监督部门代理渔船保险业务在系统得到贯彻落实，开展渔船保险成为沿海渔监系统的一项重要工作受到重视。

1991 年 7 月 10 日，原农业部和中国人民保险公司联合发出《关于进一步开展渔船保险工作的通知》，重申“中国人民保险公司将渔船保险工作委托给各级渔港监督机构代理”，强调“继续坚持渔业船舶登记时应该参加渔船保险的原则”，加大中国人保和渔港监督部门在渔船保险业务上的合作力度。但是由于渔船生产航行的高风险导致的赔付率高，加之较高的费率水平，一方面限制了渔民的投保积极性，一方面制约着人保公司的大规模展业，一度出现“大干大赔、小干小赔、不干不赔”的尴尬局面。

1992 年是我国农业保险保费收入最多的一年，而全国水产养殖承保比重也才只有 2.5%。始终坚持承保水产养殖保险业务的中国人保上海分公司的赔付率一直处于 90% 以上的高位运转，呈现亏损状态。

在 1993 年辽宁省人保还有部分水产养殖保险业务。锦州市人保分公司承保当地 43 户渔民的养虾保险，风险标的为 1000 万元，交保费 61 万元，6 月份所有池塘的虾都浮头死亡，投保人索赔 380 万元，但保险公司认为虾病是除外责任而拒赔。死亡原因是因病还是气温高所致无法达成一致，定损难，成本高，经多次审判最后在 2001 年法院判决保险胜诉，但渔民不服始终上访，还是给予一定补偿才化解了事。也是在 1993 年，中国人保大连分公司承保的养殖对虾保险出现了巨额亏损，赔付率达到 500% 以上。在这之后商业保险公司基本上全面退出了水产养殖保险业务。

上海是我国唯一连续开展渔业保险的地区，得益于市政府的支持和中国人保上海分公司的机制创新。据统计，中国人保上海分公司和上海市水产办公室合作的水产养殖保险业务，1982—2002 年共承保面积 44859 亩，保费收入约 1.4 亿元，赔付约 1.9 亿元，简单赔付率高达 135%，即使上海市政府对渔业保险保费给予补贴，中国人保仍然处在亏损状态。

二、1994 年至今渔业互助保险为主导的运营阶段

1994 年 7 月，在商业保险机构基本退出渔业保险市场的情况下，中国渔船船东互保协会（2007 年更名为“中国渔业互保协会”）成立，立即在全国沿海地区开展渔船保险业务。因为此前有近 10 年为中国人保代理渔船保险业务的经验，掌握所有条款，熟悉全部流程，了解所有客户，所要做的就是注册协会、搭建平台、成立基层组织、确定工作经费比例、印制保单和培训队伍。

协会能够顺利成立和开展业务取决于四个环节：一是政策允许不允许；二是渔业主管部门支持不支持；三是商业保险公司反对不反对；四是渔船船东欢迎不欢迎。

一是政策比较宽松。1994 年正是我国市场经济建设的初期，思想解放，市场主体创新强劲，这个阶段也是一批股份制保险注册成立的时期，有平安财险公司、泰康财险公司、新华人险公司、华泰财险公司等。

二是从国家渔业主管部门到沿海各省渔业主管部门都十分支持这项有利于中小渔船船东风险管理的体制创新。保险是渔业安全管理的重要手段，为政府分忧，为渔民解难，商业保险退出了，支持协会为渔业保险提供服务顺理成章。

三是商业保险公司正从计划经济的环境中解放出来，面对巨大的保险市场，对高风险的渔业保险市场没有多少兴趣，又对渔业保险市场难以驾驭，当时几乎没有反对的声音，乐见其变。

四是渔船风险大，有些船东一直购买保险，商业保险退出之后，船东们投保无门，协会成立服务上门，所以十分欢迎。

协会成立之后，依托全国沿海的渔港监督机构迅速成立基层互保机构，省级设办事处，市级设分理处，县级设代办点。省厅（局）渔业主管领导任常务理事，协会理事会主要领导均是来自原农业部渔政渔港监督局的领导，局长任理事长，副局长任副理事长兼法人代表，局渔港监督处长兼任秘书

长。各省级的办事处主任均由渔港监督处长兼任，各市分理处主任由市渔港监督的监督长兼任，县里的监督站长直接领导基层人员在辖区开展业务。协会成立初期就是全国的渔港监督行政执法队伍在兼职这项工作。之所以这样做，是出于十年为保险代理的习惯性做法和服务渔业安全的职责。

展业伊始非常顺利，率先在以前保险基础比较好的辽宁省、河北省、山东省、江苏省、浙江省出具保单。保险业务主要是渔船保险和渔民保险。从2004年开始试点局部的深水网箱保险、渔港码头保险。从2008年起开展较大规模的海水养殖保险。渔船和渔民保险的险种增加，保障水平不断扩大。

渔业互助保险有政府财政对保费补贴政策，最早是1996年从宁波市渔业互保协会开始，之后是浙江省协会，陆续在海南省、江苏省、福建省、河北省、广东省、广西壮族自治区、安徽省都有了保费补贴等，加快了事业的发展。

协会成立以来，由于农业保险、渔业保险和相互保险的法律法规建设滞后，对协会经营渔业保险业务的合法性存在争议，来自方方面面的检查和阻力始终存在。1984年，经国务院批准，中国石油化工总公司试行开展“安全生产保证基金”，类似集团内部的互助共济保险，用各风险子公司的费用组成基金，用于安全生产事故损失的经济补偿。全国总工会发起“中国职工保险互助会”。1984年交通部成立“中国船东互保协会”。中华全国供销合作社开展系统内的“安全统筹业务”，也是针对经济风险的互助保险业务。连同中国渔船船东互保协会这些不同于商业保险公司的社会保险组织，在1996年被中国人民银行定性为社会保险机构。1999年又被国务院整顿保险业工作小组分别定性为“工会合作保险”和“行业自保组织”，在两次大的整顿中都顺利过关，给予保留。

协会开展业务之后的几年里，出于保险市场竞争的原因，遇到质疑合法性的举报，一些基层机构遭到来自审计、工商、物价、税务、纪检等部门的调查，虽然这些查处最终都得到了妥善的处理，但是给基层的展业工作带来不小的影响，也大大增加了协会领导奔赴各地协调工作的难度，协会是否能合法地经营渔业保险业务始终是头顶上飘浮的一块乌云。

1998年《社会团体登记管理条例》颁布之后，协会的分支机构资质出现财务账号注册困难、开展业务有所限制的问题，协调工作耗费大量精力。2007年中央财政开始补贴农业保险试点，协会能否成为承担政策性渔业保险的主体又在政策制定者层面出现分歧，协会体制不受国务院保险监督管理体制监督已经成为健康发展和承载政策性保险的巨大障碍。正是在这样的大背景下，协会才开始了艰难的改制之路。

政策性农业保险离不开政府的支持政策。对我国农业保险来说，中央有中央的政策，地方还要有地方的政策。这是由我国农业保险制度的顶层设计所决定的，也符合我们这个幅员辽阔地区差异很大的国家的实际。目前，中央财政补贴的农业保险品种包括主要粮食作物和棉花油料糖料生猪奶牛等，但中央支持其他的有地方特色的重要农牧渔产品，例如，水果、蔬菜、茶叶、药材、水产养殖、农房、农机、渔船等标的的保险，可以由地方政府自行确定支持目标和种类、补贴的力度，所以地方政府需要制定地方的政策，出台相应的实施方案。

因为地方政府是经营农业保险的主体，中央给各地方的政策都留有余地，就是要充分考虑到各地开展农业保险的特殊性和灵活性，要发挥地方的积极性。地方政府的支持政策，主要就是四大政策：财政政策（包括保险费补贴和管理费补贴政策，大灾风险分散制度的财政支持等）；税收政策，税收减免优惠；市场组织政策，选择保险机构运营本省农险业务；协同推进政策（即横向各部门，如财政、税务、农林水牧渔、气象、发改、民政等部门，与纵向各级政府，即省、市、县、乡、村的协调和配合，共同推进）。

我国东南沿海地区，如福建、广东、浙江、江苏、海南、山东、安徽等省，根据本省实际，很早出台了支持政策，发展了本地的渔船保险和水产养殖保险。

渔业互保运营的渔船保险和渔民人身保险市场始终在稳定发展，险种逐年丰富，有较强的针对性，人身伤亡的保障水平大幅提高，已经普遍从初始的1万元增长到了100万元，保险覆盖率达到30%左右，较大型渔船和船员的参保率达90%以上。

商业保险公司近年来在渔业保险市场也十分活跃，根据《中国农业保险发展报告2015》和《中国农业保险市场报告（2016年）》统计，两年的水产养殖保险保费收入共计4.5亿元，从2014年的14个省有水产养殖险业务，签单保费15990.93万元，到2015年推广到了23个省，保费增长到29057.1万元，体现出迅猛的增长势头。增长最快的是江苏省，最稳定的上海安信的经营保费在6600万元左右，大连市因为人保财险大连分公司承保獐子岛集团公司的海水底播气象指数保险的几千万元大单，而保费收入排名靠前，之后因天气异常产生巨额亏损而放弃续保。内陆水产养殖保险四川省一枝独秀，因为安盟财产保险公司是此险的专家，市场开拓得比较成功。安徽省在2015年水产养殖保险保费收入达到1200万元，是国元农业保险公司和协会合作开发水产养殖保险的结果。2015年各地商业保险机构具体业务情况详见表5–3。

表5–3　2015年各省、市、区水产养殖保险统计表

序号	种类／地区	承保数量（公顷）	参保农户（户次）	保险金额（万元）	签单保费（万元）
1	北京	628	10	2051.5	100.04
2	天津	12600	1	30	2.22
3	湖北	19181	139	–165.88	–3.24
4	内蒙古	12600	1	30	2.22
5	辽宁	189	1500	45	3.33
6	广东	5902	109	8388.03	539.14
7	大连	13720	6	63453.27	4581.57
8	吉林	198438.6	56	11604.31	586.65
9	广西	11812.6	555	6271.75	439.6
10	海南	184.1	7	319.26	24.28
11	黑龙江	650	2	213.57	1.27
12	重庆	32727.02	183	11067.92	671.63
13	上海	155595.13	338	43872.35	6583.14
14	四川	57363.66	2258	76851.9	3729.07
15	江苏	899596.61	8463.41	162984.42	9094.89
16	浙江	17378680.72	842.2	74859.07	299.05

续表

序号	种类 地区	承保数量（公顷）	参保农户（户次）	保险金额（万元）	签单保费（万元）
17	宁波	23374.9	33.3	1873.86	63.83
18	安徽	181177.3	646	20316.57	1357.73
19	福建	156311	7	1351.87	63.51
20	青海	20000	1	330	19.8
21	山东	55816	22	17553.43	889.92
22	宁夏	145	5	74.5	7.45
合计		19236692.64	15184.91	503376.7	29057.1

注：信息来源《中国农业保险市场报告 2016 年》。

水产养殖保险市场潜力巨大，按《2019 中国渔业统计年鉴》数据，2018 年海水养殖总产值 3572 亿元，淡水养殖总产值 5884 亿元，水产苗种总产值 665 亿元，共计 10021 亿元，保守估计承保 30% 的海水和淡水养殖总产值，费率按 4%，保费可达 120 亿元。但巨灾风险也难以控制，每年因自然灾害直接损失的水产养殖产品可达 200 亿元。

第七节　商业保险机构和协会合作养殖保险情况

一、中航安盟财险在四川省开展水产养殖保险

水产养殖业是成都市农业十大优秀产业之一，具有投资大、见效快、效益好的特点，但因其风险较大，一直限制着产业的发展。安盟公司自 2010 年在成都市开展水产养殖保险以来，经过近十年的发展，保费收入从 2010 年的 160 万元增长到 2019 年的 3669 万元，试点范围从成都市扩大到了乐山、内江、广元、宜宾、资阳等地，参保覆盖面积逐步提高，年简单赔付率从 2010 年的 90% 降至 2019 年的 51%。同时，安盟公司根据养殖户的实际

需求，认真调研试点过程中的问题，完善水产养殖保险政策，调整单位保险金额，适当调低了成灾率（起赔条件）和免赔率，降低了理赔门槛，根据不同的事故类型，成灾率下调了 5% 或 10%，免赔率下调了 5%。另外，政策性农业保险文件的下发对水产养殖保险起到了指导性的作用，顺利推动了该地区试点工作。

1. 开办模式

安盟公司开展水产养殖保险，采取的是有政府补贴的商业保险运营模式，政府保费补贴比例为 77%（成都市 60%，区县配套 17%）、75%（乐山市 18.75%，区县配套 56.25%）、70%（内江市 30%，区县配套 40%）、75%（广元市、宜宾市相关区县配套 75%）、75%（资阳市 35%，区县配套 40%），养殖户承担比例分别为 23%、25%、30%、25%、25%。此外，省财政为鼓励各地开办特色农业保险，对开展地区分别给予各地自担财政补贴 20% 至 35% 不等的奖励补贴，这在一定程度上减轻了地方财政补贴的压力，有利于推动水产养殖保险的发展。

这种运营模式的成功关键在于各级地方政府的大力支持，解决了养殖保险的高成本与养殖户低收入之间的矛盾及保险机构的巨灾风险问题。同时，从 2018 年开始，安盟公司又与协会开展共保合作，合作范围涵盖宣传培训、组织投保、保费收取、查勘定损和防灾防损等关键环节，双方优势互保，做到了紧密联系，使得在渔业部门的政策支持以及技术支撑方面又得到了更为有力的保障。

2. 业务政策

安盟公司开展水产养殖保险采取的基本原则是“自主自愿、市场运作、共同负担、稳步推进”，经营理念是“低保障、广覆盖，有限风险与责任分层相结合”，已形成了一套相对成熟完善的业务政策及操作流程，开展的保险险种为池塘养鱼保险，生物种类包括冷水鱼、亚冷水鱼、名特优品种鱼、常规品种鱼种以及成鱼；保险责任包括鱼类重大疾病（鲤春病毒血症、白斑综合征、草鱼出血病等）、自然灾害（暴雨、风灾、冰雹等）、意外事故（火灾、爆炸、建筑物倒塌等）、水域污染和鱼类浮头等，同时根据不同的养殖品种，每亩保险金额设置在2000—16000元不等，保险费率均为5%，每亩保费为100—800元。

3.承保理赔情况

2010年在成都市都江堰、彭州、崇州、双流和新都五个区（市）县开展政策性水产养殖保险试点工作，至2019年试点范围扩大到了成都、乐山、内江、广元、宜宾、资阳等地。2019年全年共承保养殖面积49873.17亩，保费收入3669万元，为养殖户提供风险保障近8亿元。

自开展保险以来，按照保险条款约定，为受灾养殖户及时支付赔款，让受灾养殖户切身享受到了保险的实惠，得到了养殖户的认可和支持，工作取得了明显的成效，2019年，全年承保养殖户（企业）1600户次，累计支付理赔款达1856万元。通过十年的摸索，已经形成了一定的承保规模，年赔付率也可以有效地控制在可承受的范围内。

4.试点地区地方财政补贴资金充足

试点主要集中在成都市和乐山市，而成都市的业务量占了全省的三分之二。成都市作为西南要塞，经济状况和金融产业非常发达，有大财政、小农业的特点，这就为该地区开展水产养殖提供了财政保障，有利于水产养殖保险试点工作的开展。

5.方案简单、责任明确

开展的水产养殖保险选择淡水鱼类为保险标的，针对养殖品种的成本进行承保，保险责任为重大病害、自然灾害和意外事故所导致的投保个体直接死亡，基本涉及养殖环节可能出现的风险问题。在理赔时，以死亡鱼类的重量为定损理赔的依据。此种方案设计具有操作简便、损失较为容易核定的优势，基本解决了水产养殖保险定损理赔的难题，简单易行，针对池塘鱼类养殖保险具有极强的操作性。

6.渔业部门参与查勘定损

在查勘定损工作上，与各级渔业部门签订合作协议，依托渔业系统丰富的经验、技术优势和密集的基层网络体系。渔业部门参与查勘定损工作，一是给予工作上的协调和指导，二是对查勘定损过程进行监督和检查，提高理赔的真实性、合理性。这种查勘定损方式得到了广大养殖户的认可和支持，在试点地区取得了成功。

7. 产品开发创新

作为国内唯一专业性的外资农业保险公司，借助法国先进的农业保险模式、经营理念、保险产品和管理经验，经过近十年的发展，除开展传统农作物保险外，还积极开展地方特色农业保险的产品开发，成功开发了具有地方特色的食用菌和水产养殖保险，还参与副食品、药业、茶和速食品等行业的风险测评，开展涉农财产保险新产品设计。目前，农业保险产品开发已得到各地方政府、财政局和农委等相关部门的肯定，并得到了当地农户的积极响应。

二、国元农业保险在安徽省开展水产养殖保险情况

安徽地处华东腹地，跨长江、淮河、新安江三大水系，水面资源丰富，适宜开展淡水养殖。受地理环境及气候条件影响，自然灾害频发、重发，加之渔业生产缺乏有效风险防范机制予以保障，渔业生产因自然灾害遭受损失巨大，开展水产养殖保险势在必行。2013 年，安徽省将水产养殖保险列入省级财政补贴的范围，为在全省启动水产养殖保险工作提供了政策和财政支撑。在此背景下，2013 年 9 月 11 日，国元农险公司和协会签署合作协议，以共保体的形式共同开展安徽省水产养殖保险，双方各按 50% 的比例承担每一养殖标的的保险合同责任，共同拟订水产养殖保险条款、费率，共同负责较大案件的处理工作。国元农险负责争取地方政府对水产养殖保险的政策支持和财政补贴，与投保人（被保险人）签订保险合同并出具相关保险凭证，处理理赔权限以内的案件处理工作。协会负责争取国务院有关部门对安徽省开展水产养殖保险的政策支持和财政补贴，协调与各级渔业主管部门的关系，争取水产技术机构的支持，牵头组织养殖业主参加水产养殖保险。合作以来，全省水产养殖保险试点工作稳步推进，快速发展，保费收入从 2013 年的 128 万元增长到 2019 年的 8374 万元，试点范围覆盖到了合肥、芜

湖、蚌埠、淮南、马鞍山、铜陵、安庆、黄山、滁州、阜阳、六安、亳州、池州、宣城 14 个地市，经营险种有淡水鱼、小龙虾、黄鳝、泉水鱼养殖保险等，养殖户选择品种多，保险服务地域广，对促进安徽省渔业产业稳定发展发挥了重要作用。

1. 开办模式

开展水产养殖保险，采取的是有政府补贴的商业保险运营模式。根据《安徽省特色农产品保险财政补助实施办法》规定，试点地区市县财政给予 50% 的保费补贴，省财政给予 25% 的保费补贴，养殖户自付 25% 保费。保费补贴由市县先行垫付，省级补贴按照“以奖代补”的方式给予补偿（不高于保费 25%），这在一定程度上减轻了市县财政补贴的压力，有利于推动全省水产养殖保险的发展。

2. 业务政策

开展水产养殖保险采取的基本原则是“政府引导、市场运作、自主自愿、协同推进”，同时与协会签订共保合作协议，依托各级渔业主管部门和水产技术推广部门，积极推进全省水产养殖保险试点工作，开展的保险险种为淡水鱼养殖和泉水鱼养殖保险、黄鳝养殖保险、小龙虾养殖保险，保险责任涵盖条款列明的自然灾害、意外事故、疾病以及中毒事件造成的损失。主险费率 4%—6%，附加险费率在 1%—2.5%。

3. 承保理赔情况介绍

国元农险和协会 2013 年在马鞍山市率先开展业务，2019 年双方在巩固业务的基础上，积极配合产业需要，推广稻田小龙虾养殖保险，使得水产养殖保险业务规模得到大幅度提升，全年在安徽省 14 个地市共承保养殖面积 59.67 万亩，承保养殖户（企业）3722 户次，保费收入 8374 万元，为养殖户提供风险保障 13 亿元，支付理赔款达 4156 万元。特别是 2016 年 6 月下旬至 7 月，淮河以南、大别山区、江淮之间南部及沿江江南出现 5 次集中强降水过程，导致合肥、六安、池州、黄山、安庆、宣城市发生洪涝，鱼塘受灾严重，2016 年水产养殖保险保费收入 2859 万元，赔款 5965 万元，赔付率 209%，社会成效显著。“理赔是最好的保险宣传”，2016 年各地也召开了理赔现场会，极大推动了安徽省水产养殖保险工作，为后期展业打下良好的基础，2017 年水产保险保费收入近 4400 万元，较 2016 年增长约 75%。

4. 健全共保机制，实现优势互补

安徽省水产养殖保险试点坚持各级农业、财政部门统一领导，依托水产技术推广部门的技术支撑与合作，由国元农险和协会具体运作。合作共保过程中，双方注重加强共保体系建设，充分发挥各自优势共同推进水产养殖保险业务。根据共保合作协议，协会负责牵头组织水产养殖户参加水产养殖保险，争取各级渔业主管部门和水产技术机构的支持；国元农险主要负责与投保人签订保险合同和权限内查勘理赔的案件处理，争取地方政府对水产保险的政策支持和财政补贴。这种合作模式，有效整合了渔业互保协会的行业、技术优势以及保险公司的保险服务网络、服务人员队伍优势，实现了优势互补、合作共赢、社会效益与经济效益并重的好局面。在推进试点实践具体过程中，国元农险加强与全省各渔业互保机构密切合作，逐级落实任务，明确协调责任人，建立定期会商制度，共同组织开展培训和宣传，构建协调沟通机制，确保了双方责任内工作和年度目标任务落实到位。

5. 积极争取政策支持，保障试点工作顺利开展

试点初期，国元农险与协会各级机构积极利用多种方式和途径，开展试点工作推动与宣传，争取当地渔业主管部门和地方财政的支持。注重研究并落实部、省领导讲话精神和省政府及省财政、农业部门有关文件精神，通过共同召开业务启动会议、联合开展业务调研等方式，强化工作宣传与推动。积极向财政、农业部门建言献策，大力争取财政保费补贴。在双方共同努力下，2013 年省财政厅特色农产品保险奖补产品目录将水产养殖保险列入其中，县市区财政出台补贴政策，省财政以奖代补对市县补贴总额进行 50% 的奖励，最高可达总保费的 25%。2013 年下半年，省领导到国元农险调研时指出，农业保险要在“提标扩面”上下功夫，用足用好中央财政补贴政策，逐步扩大淡水养殖等试点品种。按照有关要求，水产保险得以顺利试点并推广。2014 年，安徽省水产养殖互助保险试点示范项目获农业部农业科技项目资助，项目安排资金 500 万元，省农委于 2015 年和 2016 年两次分拨

到水产试点大县，有力地带动了水产养殖保险规模的增长。目前各地各级都对水产保险进行一定比例的财政补贴，大部分地区市级补贴20%—30%，县级补贴22.5%—80%，农户自交20%—40%。地方政府重视，财政支持，保证了水产保险试点工作快速发展。

6. 渔业部门参与，促进业务稳定发展

水产养殖保险专业性强，技术要求高，在业务实操中离不开渔业部门的支持。为了确保水产养殖保险试点顺利运行，国元农险和协会联合各级渔业部门共同开展了相关工作：一是在展业前期，积极向当地政府、财政部门宣传，争取当地财政支持；二是认真研究符合当地实际情况的展业计划，在征得农委、财政及政府同意后，明确承保计划和保费财政补贴额度，根据相关要求，在当地县渔业部门的帮助下，选择符合保险条件的水产养殖大户开展保险试点；三是在省、市、县渔业部门召开的相关工作会议和培训会议上，宣传和培训水产养殖保险流程，推进展业工作；四是深入养殖大户、规模养殖区等一线水产养殖基地，宣传推进水产养殖保险；五是准确测量投保主体面积，提高保险试点服务水平，积极准确提供保险服务；六是联合组织召开安徽省水产养殖保险理赔现场会，邀请新闻媒体对部分水产养殖大户进行现场采访，扩大影响力。

7. 建立激励机制，防赔结合

为促进基层水产部门防灾减损积极性，贯彻农业保险“预防为主，防赔结合”的方针，通过不同形式开展水产养殖保险服务宣传，多途径向养殖户宣传灾前防范、灾后自救技术与方法，使养殖户能将受灾损失降到最低。另外，国元农险和协会根据各地保费收入和赔付情况，对防灾减损得力的地区按实收保费一定比例给予奖酬，充分调动地方开展防灾减损的积极性。

三、上海安信农业保险在上海市开展水产养殖保险情况

上海市开办水产养殖保险业务算起来已有30年的历史，早在20世纪80年代初，我国恢复农业保险事业时，上海市便于1982年开始试办了包括

水产养殖保险在内的农业保险业务，由当时的中国人民保险公司经营，一度发展了较大的规模。但到了 90 年代中期，随着水产养殖保险在开办的几年中一直存在着赔付率居高不下、保险操作难，以及中国人保面临体制改革的原因，到 1996 年，全国性的水产养殖保险业务逐渐停办，仅剩上海市等个别地区仍存在小范围的经营。

从 1996 年到 2004 年间，上海市水产养殖保险业务规模虽然发展较慢，但却从未停止过，直到 2004 年 9 月，上海市农业保险工作迎来了重大的改革，上海市组建了上海安信农业保险股份有限公司，开始探索用专业化的风险管理手段来运作农业保险业务。安信农保作为我国第一家专业性股份制农业保险公司，经营的险种包括水稻、小麦、大棚蔬菜、家禽、淡水养殖、围湖养蟹等。保险责任包括台风、暴雨、洪水等自然灾害或人为原因造成的流失责任，因池塘缺氧、疾病、污染等造成的死亡责任。资金政策上享受市、区两级财政 30% 的保费补贴。2005 年，水产养殖保险保费收入 318.76 万元，赔款 757.58 万元，近 238% 的赔付率让广大养殖户看到了参加保险的益处，参保积极性大幅提高。从 2005 年起，水产养殖保险业务规模都保持了平均 25% 的年增长率，到 2013 年，已经成为全国开展水产养殖保险业务保费规模最大的保险机构。

1. 险种设置

在渔业部门的指导、配合下，安信农保按照“政府引导、市场运作、自主自愿、协同推进”的思路，多年来一直扎实地推进水产养殖保险工作，目前经营的淡水养殖保险险种有三类。

（1）经济鱼类养殖保险

保险标的主要为淡水池塘养殖的鲤鱼、鲫鱼和“四大家鱼”等，保险责任约定为遭受极端自然灾害（主要指暴风、台风、龙卷风、暴雨、雷击）和意外事故（主要指空中运行物体坠落）造成的增氧机和水泵设备无法开启而发生的“泛塘”和“溃塘、漫塘”，保险费率为 2%，保险金额为 2000 元 / 亩。

（2）南美白对虾养殖保险

保险标的为淡水池塘养殖的白对虾，保险责任约定为遭受极端自然灾害和意外事故，以及因发生“桃拉病”与“白斑病”造成的养殖对虾损失，保险费率为 18%，基本保险金额为 2500 元 / 亩。目前南美白对虾保险主要有两种开展模式，一种为传统农险模式，另一种为互助制保险模式，互助模式主要集中在上海青浦、金山、奉贤等地区。

（3）淡水蟹类养殖保险

保险标的为通过池塘养殖和围网养殖的河蟹，保险责任约定为遭受极端自然灾害和意外事故，以及因发生溃疡病、水肿病和纤毛虫病等造成的养殖螃蟹损失，保险金额为 2500 元 / 亩，保险费率为 2%（自然风险）与 10%（疾病风险）。

2. 承保、理赔情况

安信农保自 2004 年成立以来，淡水养殖保险保费规模逐年增长，特别是 2013 年，由于上海市加大了对淡水养殖保险的扶持力度，将保费补贴比例由 40% 提高到了 60%，更加刺激了养殖户对淡水养殖保险的需求，极大地推动了展业工作。2013 年，安信农保全年共承保淡水养殖保险面积 17.32 万亩（其中南美白对虾 13.08 万亩，经济鱼虾、围网养蟹、池塘养蟹 4.24 万亩），保费规模达到 6145.83 万元（其中南美白对虾 5887.01 万元，经济鱼虾、围网养蟹、池塘养蟹 258.82 万元），共计支付赔款 3760.3 万元（其中南美白对虾保险赔款 3571.6 万元，池塘养鱼保险赔款 188.7 万元）。南美白对虾养殖保险简单赔付率为 60.7%（其中互助模式为 52.8%，传统模式为 63.9%），经济鱼虾养殖保险赔付率为 72.9%，整体简单赔付率为 61.2%。同时，经过不断实践探索，安信农保摸索出了一套科学、可行的保险模式和查勘定损办法，既提高了承保、理赔效率，也较好地控制了赔付率，防控了不必要的风险。

3. 多元化经营，以险养险

安信农保作为全国第一家农业保险公司，一直致力于“服务三农、保障民生”的保险项目，淡水养殖业作为上海市农业的重要组成部分，对其保险的探索也是一项必要的责任与义务。此外，安信农保采取的是“政府扶持推动，市场化运作”的经营模式，除经营传统的种植业和养殖业保险外，还经营保险监管部门批准的商业保险，特别是政府将一些如公务车保险、责任保险及短期人身意外保险等险种交给其经营，通过这些业务的收益来弥补农业保险可能产生的亏损，实行“以险养险”的策略，确保了公司的正常运行。

4. 政府支持，多方面合作

上海市作为全国的经济、金融中心，大财政、小农业的特点突出，无论是对农业的政策支持还是资金扶持力度都比较大，给开展农业保险提供了良好的政策环境。上海市、区两级财政对水产养殖保险从启动开始便给予保费补贴，且补贴比例逐渐增加，从 1999 年开始时的 30%，提高至 2013 年的 60%，极大地促进了养殖户对淡水养殖保险的有效需求。而且，水产养殖保险作为上海市农业保险险种之一，参与主体有市县（区）两级政府、上海水产办公室、安信农保、水产科技推广站等，通过合作社将分散的养殖户集中起来，这种各方联合推动的机制，大大地提高了水产养殖保险的操作性，成为水产养殖保险平稳发展的关键因素之一。

5. 契合养殖户实际需求，积极探索新模式

安信农保推出的水产养殖保险，一方面涵盖了自然灾害风险，另一方面也包含了养殖户最为关心的疾病灾害风险，从保险责任设置上能够契合养殖户的需求，具有吸引力。另外，经过摸索，还在局部地区推行了互助保险模式。这种模式一方面可帮助社员提高南美白对虾养殖技术，做好防灾防损工作，降低养殖中的风险，另一方面也促进了合作社与合作社之间、合作社与社员之间、社员与社员之间的信息与技术交流，一起参与理赔查勘定损工作，使得理赔定损结果更贴近实际，道德风险得到有效控制。从互助模式中学习到的经验，也可以用于传统模式保险方案的改进，从而促进保险技术水平的提高，保障了保险业务的顺利开展。

第八节　日本、韩国的渔船保险制度

一、日本、韩国渔船保险制度的基本情况

日本渔船保险制度。日本渔船保险业是根据《渔船损害等补偿法》设立的一种义务保险制度。日本政府从政策上直接或间接地参与以促进中小型渔船稳定经营为目的而实施的政策性保险，日本机动渔船基本都参加了这种行业互助保险。其保险业务由渔船保险中央会承担，基层组织有 50 个渔船保险组合和遍布全国的 2344 个渔业协同组合，开展渔船的普通保险和渔船船东责任保险等 8 个主要险种。

日本早在 1937 年就开始创建由国会立法保障、国家财政提供补贴、政府设立机构监督指导、渔船保险协会组织实施的渔船保险制度。1949 年成立了渔船保险协会。1952 年根据《渔船损害补偿法》设立渔船保险中央会。其保险费率每 3 年调整一次，2000 年收入保费 250.9 亿日元（约合 17.56 亿元人民币），赔付 221.95 亿日元（约合 15.54 亿元人民币），综合赔付率达 88.46%。风险储备金累计达到 806 亿日元（约合 56.42 亿元人民币），成为日本社会健全可靠的渔船风险保障体系。

韩国渔船保险制度。韩国渔船保险事业也是根据国会立法、水产部长官令开展的强制性政策保险，国库给予入保渔船保费补贴，主要目的是为渔业人员的生活安定和为正常的渔业活动提供风险保险。其具体工作由韩国水协中央会共济保险部主持，全国分设 9 个共济保险事业所和 97 个地区水协或业种水协。此外，99 个水协银行支店和 427 个会员水协银行支店也代理共济保险业务。韩国水协共济保险事业开始于 20 世纪 30 年代，目前符合法律规定的机动渔船几乎全部入保，开展船体共济和船东赔偿责任共济等 9 种主要共济保险业务，准备金积累充足，偿付能力增强。

二、日本、韩国渔船保险制度的共同特点

日本、韩国的渔船保险制度虽有经营管理和体制方面的差异，但也有其共同点。归纳其共同的基本特点有 6 条，这是确保两国渔船保险顺利开展的基本经验，也是我国应该主要学习借鉴的地方。

（一）国会立法保障，船东义务投保

日本国会于 1937 年通过并颁布了《渔船保险法》，1952 年制定《渔船损害补偿法》，代替了《渔船保险法》。引入义务加入制，即加入区内的渔船所有者如有 2/3 以上同意加入时，则该区域内全部渔船都有必须加入渔船保险的义务。1981 年《渔船损害补偿法》修改为《渔船损害等补偿法》，扩大了业务范围，将渔船船东责任保险调整为渔船保险组合受理的体制，并于 1983 年开始实施渔船装载保险。这样，渔船保险由以承保渔船船体损害为对象的专业性保险制度变为承保渔船营运中发生的所有危险的综合性保险制度。此后渔船船东责任保险迅速扩大：1985 年突破 20 万艘；1987 年承保船数达到巅峰，为 25.5 万艘；1999 年承保船数为 24.33 万艘；2001 年承保船数为 22.47 万艘。1999 年日本国会又对《渔船损害等补偿法》进行了修改。一是把过去一直由政府实施的对渔船保险组合的再保险移交给渔船保险中央会；二是准许渔船保险中央会实施游览船责任保险等，业务范围扩大到渔业领域之外。

韩国国会于 1962 年颁布《水协法》，该法排除了《保险业法》对渔船保险的适用权，渔船保险不受其制约，从而排除了商业保险公司在渔业系统的竞争，为韩国渔船保险制度实施提供了政策的保证。韩国政府海洋水产部长官颁布《水产业协同组合共济规则》，对开展渔船保险业务进行全面规范和强制推行，要求对于非营利性的险种如“渔民保险”和“渔船保险”都采取义务加入制。这些法律法规确保了全国范围机动渔船的全部入保。

（二）政府出资主导，国库负担补贴

日本、韩国的渔船保险事业都是由政府出资补贴事业运营经费、提供

再保险支持主导发起的，并且对“义务加入制”的渔民的保费由国库予以补贴，如在日本100总吨以下的渔船的所有者义务加入渔船保险（普通损害保险、油船船东责任保险）时，政府对这些义务加入的渔船船东采取由国库负担部分保险费的措施，最高补贴额达保费的30%。而在韩国20总吨以下的渔船的所有者义务加入渔船保险或渔民保险两个险种时，由国库负担部分保险费，最高补贴额达保费的50%。

（三）财税政策优惠，减免各种税收

渔船保险是日本、韩国水产产业政策中一个重要组成部分，两国政府对渔船保险事业十分重视，除立法强制、国库补贴外，就是充分给予免税优惠，为发展渔船保险事业提供更宽松的空间。日本渔船保险中央会、韩国水协共济保险业务都减免各种税收。主要有所得税、法人税、事业税、固定资产税、印纸税等税种，从而降低管理经营成本，促进风险准备金的积累。

（四）国家信用担保，再保最终风险

日本、韩国的渔船保险事业都由国家给予再保险支持，以国家信用为经营渔船保险的团体进行担保，由国家承担超额赔付部分的再保险责任，提高了经营渔船保险团体的信用等级和可信程度，使渔民可以放心地参保，有力地促进了渔船保险事业的发展壮大。

（五）政府强化职能，专设处室指导

日本水产厅从1948年7月开始就在渔政部设置渔船保险课，1963年1月改名为渔业保险课，表明保险业务范围的扩大，从海洋捕捞向养殖、加工扩展。1997年10月在政府改组中，又在渔业保险课内增设保险业务室，加强具体业务的研究指导。

韩国政府在海洋水产部渔业政策局设置技术人力课，该课承担对韩国水协的共济保险事业进行指导、监督和管理的行政职能，其作用和日本渔业保险课相类似。

（六）民间组织完善，服务体系健全

日本渔船保险中央会下设50个渔船保险组合，并且各地区都成立了渔业协同组合，民间组织非常健全。渔业协同组合的业务范围十分广泛，生产、经营、交易、融资、资源分配等都有权参与，真正代表广大渔业者的利益，是活跃在政府与市场之间的主要民间力量。

韩国水协中央会下设 9 个共济保险事务所，并在各地区都成立了水产业协同组合会，同时还根据业务种类不同建立不同的水产业协同组合会以及加工业水产业协同组合会，民间组织也十分健全。

第六章　渔业互助保险

中国渔业互助保险的基因是人类的“互助共济”行为和由此率先在欧洲形成的“相互保险制度”，因此，阐述渔业互助保险首先要了解其理论背景，要了解相互保险。

第一节　相互保险概述

一、相互保险基本概念

（一）相互保险定义

相互保险起源于欧洲。中世纪初部分商业和手工业团体里出现“行会”“友谊会”等，形成互助协会，以职业为纽带对其成员的疾病、死亡及火灾等风险进行相互担保。1666 年，伦敦发生历史上最大的火灾，催生了第一家火灾保险合作社诞生，成为现代相互保险的雏形。1756 年，英国公平相互保险公司成立，1820 年德国科达生命相互保险公司成立，标志着世界上第一批现代相互保险公司诞生。

相互保险是世界保险市场最主要的形式之一。它是指有着相互合作共保风险的性质、不以营利为目的、秉持着互相帮助的原则，由需要某类同质风险保障的个体或组织联合起来采取相互合作的方式进行缴纳保费形成基金、发生灾害时用来弥补灾害损失的经济活动，也是成员提供自我保险服务的一种制度安排，实行“共享收益，共担风险”原则。

相互保险是一种组织体原则，强调的是由会员（社员）拥有，为会员利益服务，而非以商业利润为目的的团体组织运作原则。

相互保险被描述为“我为人人、人人为我”。体现的是保险机理、组织治理、商业运作模式的三位一体。它既是一种保险业态，在群体成员之间分散风险与共担风险，也是一种团体组织原则，所有成员平等互信、集体参与、共同决策，同时还是一种商业运作模式，收入取之于成员，用之于成员，可形成一个完美的现金流闭环。其中，“相互”作为一种组织体原则，强调的是成员的共有、共治、共享，而非传统商业组织的“资本决定权力”的逻辑。它可以适用于各类行业，如农业互助（合作）社、住房互助（合作）社、供销合作社等。只不过该原则蕴含的“互助共济”理念，与保险这种“集腋成裘、分担风险”的制度安排及商业模式最为契合，因此，实践中基于相互原则组织起来的团体或者经营实体在保险领域获得了最大范围的应用。

根据中国保监会《相互保险组织监管试行办法》(以下简称《试行办法》的定义，相互保险是指“具有同质风险保障需求的单位或个人，通过订立合同成为会员，并缴纳保费形成互助基金，由该基金对合同约定的事故发生所造成的损失承担赔偿责任，或者当被保险人死亡、伤残、疾病或者达到合同约定的年龄、期限等条件时承担给付保险金责任的保险活动”。从定义中可以看出相互保险应当满足以下几个条件：

1. 相互保险的参保会员具有同质风险保障需求。这就意味着参保会员的共同目的并不是营利，而是为某种可能产生的风险提供保障，最终使风险发生时自行承担的损失降到最低。

2. 相互保险本质上是一种保险活动。虽然相互保险与普通的保险有很多不同之处，从本质上看，相互保险与普通保险的功能是基本一致的，只不过相互保险具有独特的优势与特点。

3. 相互保险的赔偿金来自于会员缴纳的保费。众多会员共同签订合同缴纳的保费形成了相互保险的赔偿金，会员可以在合同约定的事由发生时从这笔资金中获得赔偿，而合同约定的事由未发生时，相互保险组织的经营者可利用这笔资金进行投资活动。

相互保险是一种特色十分鲜明的保险组织形式，其最本质的特点是会员所有、会员管理和会员共享。会员既是相互保险组织的所有者、管理者，又是保险消费者，同时享有参与组织管理、分配经营盈余、接受保险服务的多重权利，在相互保险组织中处于核心地位。

（二）相互保险的优势

1. 由于投保人就是股东，相互保险组织天然地消除了投保人与保险公司之间的利益冲突。

2. 投保人和保险人利益一致，通过参保会员的自主管理和相互监督，可以有效地避免不当经营和被保险人欺诈导致的道德风险。

3. 相互保险不以营利为目的，会员自己办自己的事，经营费用较低，核灾定损准确度较高，可以显著降低经营成本。

4. 由于没有盈利压力，相互保险可以在不追求商业利润的情况下发展有利于被保险人长期利益的险种，更好地维护被保险人的利益。

5. 对外部融资依赖程度低，经营风格更加稳健，在发生金融危机时受到的外部冲击小，有更强的风险抵御能力。

6. 可以根据会员群体的风险保障需求灵活地设计条款并核定价格，具有较强的灵活性和适应性，尤其在商业保险作用较小的低收入人群和高风险领域能够发挥积极作用。

（三）相互保险的劣势

1. 融资渠道相对狭窄。无法发行股票，也没有股东增加资本，主要靠积累盈余。

2. 管理层激励手段有限。缺乏股权激励等激励手段。

3. 内部人控制问题。缺乏股权监督；没有外部并购压力。

（四）相互保险的发展

相互保险与社会保险、商业保险并列为当今世界保险市场的三种主要形式。由于长期以来缺乏相关政策，相互保险在我国长期被边缘化。

国际上，相互制是成熟的、主流的保险组织形式，起源早于股份公司，在全球保险市场占据重要地位。2016年，全球相互保险保费收入达1.3万亿美元，占全球保险市场的26.8%，覆盖人群9.9亿人。在美、欧、日等发达保险市场，相互保险的市场份额分别约为35%、30%和40%。很多历史悠久、实力雄厚的全球知名保险机构都采取了相互保险形式，如美国纽约人寿、法国安盟保险集团、日本生命人寿等。

国际上也存在数量众多的中小型、专业型相互保险组织，专为农业、渔业和中低收入职工提供风险保障，以法国最为盛行。受制于各国不同的历史文化与社会经济发展背景，相互保险组织的具体形式除主流的相互保险公司之外，还有互助社、交互社、友谊社、互惠社、保险合作社、自保公司、风险自留团体等。

二、相互保险组织概念

相互保险组织是保险业中历史悠久、具有代表性的企业组织形态，是具有同质风险保障需求的人群按照平等互助原则组织起来，为会员提供自我保险服务的一种制度安排，主要围绕着满足会员的保险需求而不是获得投资上的回报来开展业务。主要特点是会员自发形成，投保人保险人的合一性，非营利性，纯风险保障型。只有会员没有股东是相互保险组织的最大特点。

投保人本身作为保险组织的所有者，降低了保险中的道德风险。因此，在商业保险因收益与成本权衡而不愿进入或覆盖的领域，相互保险可以发挥最大的功能。

根据《试行办法》的定义，相互保险组织是指在平等自愿、民主管理的基础上，由全体会员持有并以互助合作的方式为会员提供保险服务的组织。相互保险组织可分为三大类：

1. 一般相互保险组织。这类相互保险组织相对于其他两类相互保险组织来说，没有特殊限制，但其设立要求要严于其他两类相互保险组织。

2. 专业性相互保险组织。这类相互保险组织的设立，原中国保监会对其经营范围做了限定，仅能针对特定风险开展专门业务，但其设立门槛要低于一般相互保险组织。

3. 区域性相互保险组织。这类相互保险组织的设立，原中国保监会限定了其经营区域，仅能在地市级以下行政区划开展经营活动，但其设立门槛要低于一般相互保险组织。

三、相互保险组织的特点

1. 投保人与被保险人目标一致，有“互助共济”的本质。相互保险组织没有外部股东，由全体投保人共同所有，不存在投保人与保险人之间的利益冲突。

2. 逆向选择和道德风险较低。相互保险作为一个互助性组织，专注于某个特定群体，这个群体对自身的风险有更清楚的认识和评价，能很好地克服信息不对称的问题，从而更好地防止逆向选择。另外，成员之间相互了解，且利益相关，有较强的道德氛围，产生道德风险的可能性比较低，从而规避骗保等风险。

3. 产品价格低廉，保障范围较大，会员有接受和购买能力。相互保险往往能拥有更低廉的产品定价。首先，相互保险公司是非营利性的，投保人不必像股份保险公司一样，为了股东要求的利润而额外付出过多保费；其次，由于信息较对称，很多相互保险公司可省去一部分核保和核赔的费用；最后，由于逆向选择和道德风险相对较低，相互保险公司不必在定价中过多体现这方面的风险。在美国，相互保险公司在业务竞争中曾经大幅度降价，一直降至股份保险公司无法与之竞争的水平。

4. 获客优势明显。相互保险能够有效地控制获客成本，并获得更多的长期优质客户。首先，由于非营利的特性使得客户更容易信任相互保险公司，从而降低了获客难度；其次，相互保险专注于职业群体等特定的客户群体，往往有着特殊的销售渠道，比如与相关的专业协会合作等，能快速直达客户，从而有利于降低销售成本；最后，由于客户的“主人翁”意识，客户有更强烈的意愿去推荐公司和产品给其他客户，从而实现一个更强大的“口口相传”的效应。

5. 客户满意度和忠诚度较高。首先，由于没有股东营利的压力，减轻了后顾之忧，相互保险公司往往能够开发符合投保人长期利益但无法马上获益的险种，从而使得产品真正适合客户；其次，由于客户即为股东，客户与公司的关系比较紧密，因此误导销售、理赔难等乱象将得到有效的改善，相互保险公司会更注重提升客户的服务质量；最后，“股东”身份的参与感也将进一步加强这种忠诚度。综上所述，相互保险公司的客户满意度和忠诚度会相对较高。

6. 管理未来的能力较强。股份保险公司在制定保险费率时，假设若在未来发生负面的变化（例如长寿风险增加、投资收益率下降等），则可能直接影响到保险公司的偿付能力，严重时可能导致保险公司破产。然而，相互保险公司在保险定价上则有较大的回旋余地，可以调整保险费以保持足够的准备金：当情况更悲观时，可以最终通过投保人分摊（如增加保费、减少保额等）的方式加以解决；当情况更乐观时，则可清理过多的准备金，返还给投保人。

相互保险公司具有自我管理、共同决策、互助共济的特点。但是国际上大型相互保险公司随着会员人数的增多，会员很难参与到公司事务的决定中。相互保险公司的经营管理主要落在董事会及管理层身上，其内部组织与治理结构与股份保险公司已经没有太多区别，“经营者支配”的色彩越来越浓，投保人对于相互保险公司会员身份的认知也越来越淡。

这说明相互保险更适合于规模较小的保险公司，这样其更能专注于特定群体的投保人或特定条件下的风险，投保人对于自己作为相互保险公司的会员身份才有更强的意识和参与决策的热情，使得相互保险公司能够保持相互制的传统优势。

相比股份保险公司，相互保险组织更多是“小而美”“小而精”“小而优”。相互保险产品的作用是进一步扩大保险覆盖面、渗透度和普惠性，在保险行业中起到“补传统商业保险机构的短板、填主流商业保险产品的空白”的作用。

与股份保险公司相比相互保险组织具有三个主要特征：

一是会员共有，相互保险组织没有外部股东，由全体会员共同所有，保单持有人兼具组织所有人和投保人的双重身份，能够避免保险人和投保人之间的利益冲突，有效防范道德风险。

二是会员共治，相互保险组织实行会员自主管理和相互监督，最高权力机构会员大会一般实行一人一票的表决方式，社员可以平等参与公司管理。

三是会员共享，相互保险不追求营利，经营盈余由全体会员共享，在运营上更加重视被保险人的利益，可以为会员提供最经济有效的保险服务。

四、相互保险组织的国家政策和法律法规

我国相互保险组织的发展起步晚，相关的法律法规仍不健全，所适用的法律经历了一个立法过程。

2006 年，国务院下发《关于保险业改革发展的若干意见》提出，探索发展相互制、合作制等多种形式的农业保险组织。

2009 年，新修订的《中华人民共和国保险法》允许存在多种保险组织形式，规定除保险公司以外的其他依法设立的保险组织经营的商业保险业务，适用保险法的规定。修改后的《保险法》赋予了相互保险组织一定的法律地位，为相互保险的发展留下了空间。

2014 年，《国务院关于加快发展现代保险服务业的若干意见》颁布，提出“鼓励开展多种形式的互助合作保险”，正式将相互保险的发展提上议程。

2015 年 1 月 23 日，中国保监会制定《相互保险组织监管试行办法》，作为第一个有关相互保险的部门规章，第一次对相互保险和相互保险组织进行了界定，第一次确立了相互保险发展和监管的基本理念和核心原则。

2015 年 12 月，中国保监会发布的《专属自保组织和相互保险组织设立、合并、分立、变更和解散审批事项服务指南》，进一步细化了相互保险组织设立的要求及内容。

2016 年 4 月，国务院正式批准同意开展相互保险社试点并确定要进行工商登记注册。6 月 22 日，中国保监会正式批准首批三家相互保险社的筹建，标志着相互保险这一国际传统、主流的保险组织形式在我国开启新一轮实践探索，我国多层次保险市场体系建设迈出了全新步伐。

2017 年 3 月 28 日，中国保监会发布《关于加强相互保险组织信息披露有关事项的通知》（保监发〔2017〕26 号），从相互保险组织的治理、经营管理、董事、监事及高级管理人员、关联交易、重大事项、监管措施等方面明确了相互保险组织的信息披露义务。

自 2006 年第一个指导性文件下发，到 2015 年具体试行办法的发布，历时近十年。而从 2014 年起，有关相互保险的制度性探索明显加快了步伐。

第二节　相互保险在中国的实践

我国的相互保险组织发展比较晚，也比较慢，这与缺乏明确的法律保障有关。1984 年经国务院同意，在民政部门登记注册，成立我国第一个正式的、全国性的民间相互保险组织——中国船东互保协会，这在相互保险组织发展历史上是一个标志性事件，影响着以后相互保险组织的发展。1995 年实施的《保险法》规定：“农业保险和保险公司以外的其他性质的保险组织，由法律、行政法规另行规定。”长期以来，我国的渔业相互保险组织就是利用这个“另行规定”来捍卫其生存和发展的。据此提出相互保险组织在我国有隐性的合法地位。

一、三家相互保险社

（一）信美人寿相互保险社

2017 年 5 月 5 日正式获得保监会开业批复，取得工商营业执照，是国内首家相互人寿保险组织。经保监会许可的业务范围为普通型保险，包括人寿保险和年金保险、健康保险、意外伤害保险，上述业务的再保险业务，法律、法规允许的保险资金运用业务，经批准的其他业务。其中，会员产品保费收入占全部保费收入的比例不得低于80%。

秉承会员利益至上的宗旨，以会员共同所有、会员参与管理、会员共享盈余为最大特色，主要聚焦于同质风险保障需求的单位或个人，着力发展长期养老和健康保障业务，积极开展普惠金融和共享经济的实践探索。

注册地在北京，初始运营资金10亿元，主要发起会员为蚂蚁金服、天弘基金、国金鼎兴、成都佳辰、汤臣倍健等九家企业，并在中央财经大学教育基金会、真爱梦想公益基金会及千余位一般发起会员的大力支持下发起设立。截至2018年底，保费收入5.39亿元，会员达35642人。坚持聚焦特定人群的保险保障需求，着力发展长期养老和健康保障业务，保费收入居前五的保险产品均属于这两大领域。2019年，保费收入20.11亿元。

（二）众惠财产相互保险社

成立于2017年2月14日，是中国首家经保监会批准设立的全国性相互保险组织。总部位于深圳，初始运营资金10亿元，业务包括信用保险、保证保险、短期健康和意外伤害保险等。

是由永泰能源股份有限公司等12家企业及自然人提供初始运营资金，由天云融创数据科技（北京）有限公司等546名中小微企业及自然人共同发起设立，发起会员涵盖金融、投资、科技企业以及金融领域专家学者，并与北京大学金融法中心、普华永道等专业机构建立了长期战略合作关系。

以“会员共有、会员共治、会员共享”为核心理念，在经营管理中更加强调会员利益、聚焦会员需求、注重会员服务，并致力于运用互联网前沿科技和大数据风控技术打造平台型相互保险组织，为中小微企业和个人提供全周期风险管理服务，助力解决其“融资难、融资贵”问题。2018年，保费收入384亿元，共有会员87583名，其中企业会员82名。

深耕健康险，尤其是慢病领域，先后推出多款具有相互特色的健康险产品，2019年底，健康险收入占比已超一半，且同比增长4倍，占主导地位。2019年，众惠相互累计实现保费收入7.41亿元。

（三）汇友财产相互保险社

汇友财产相互保险社是中国首家专业服务住建及工程领域的相互保险企业。2017 年 6 月 22 日经保监会批准开业，总部位于北京，专注于住建及工程领域，主营业务包括住建及工程领域的责任保险、信用保证保险、财产险、工程险、意健险等，覆盖投标、履约、建筑工人工资、预付款支付、质量保修等工程项目全过程。汇友相互认为工程保险市场在我国是一个有待开发的大市场。

汇友相互是由全体会员持有，并以互助合作方式为会员提供保险服务的组织，具有同质风险保障需求，投保并缴纳保费的单位或个人即可成为会员。会员缴纳保费形成互助基金，对保险合同约定的事故所造成的损失承担赔偿责任。会员不仅是保险消费者，更是相互保险的所有者，除了可以享受保险及相关服务外，还享有参与民主管理和分享企业盈余的权利，拥有建议监督权和查阅知情权。专注于发展在住房及建设工程领域有风险保障需求的单位或个人成为会员，以建设工程项目投标保证、合同履约保证、工程款项支付保证、农民工工资支付保证、融资保证等信用保证保险以及工程质量、相关企业和从业人员责任保险为拳头产品。围绕上下游产业链提供特色产品和创新服务，提供价格最低、服务最优、定制化的“一揽子”保险及相关金融服务。截至 2018 年底，服务的企业达 3000 多家。2019 年保费收入 9472.64 万元。

二、中国主要互保协会

（一）中国船东互保协会

中国船东互保协会是经国务院批准，于 1984 年 1 月 1 日在北京市成立的船东互助非营利组织。其宗旨是根据国际公约、国际惯例和法律法规，维护与保障会员利益和信誉。协会接受交通部业务指导，在民政部注册登记的社团法人。2017 年总部迁到上海市。

协会向会员提供保赔险、互助船舶险、抗辩险、租船人险、战争险等多险种一站式海上互助保障和专业服务。经过 36 年的发展，业务规模不断壮大，其信誉为国内外广为认可。目前，协会已发展成为拥有 188 家会员、保赔险入会总吨逾 6500 万吨的国际保赔协会。

会员主要包括中国远洋海运集团、招商局集团、山东海运、福建国航、新加坡诚信、中波轮船、上海东渡、香港东方海外等境内外大型知名航运企业。协会成为我国最大的保赔险保险人，居全球同业第 10 位，成为我国主要远洋船舶险承保人之一。

协会总部设有承保、投资等 10 个部和中船保商务管理有限公司，形成了上海总部、北京中心、大连办事处、香港专属服务机构和英国伦敦专属服务机构的综合运营布局，在 140 多个国家和地区委有 430 多家通信代理，搭建起一个高效、快捷的全球性通信代理服务网络，随时为会员提供检验、案件处理、防损及咨询等专业服务。吸收和培养高素质专业人才，建立了成熟的专家型管理和服务团队。

协会在立足服务本国船东的同时，积极开拓国际市场，海外承保吨位比例逐年上升。按照“专业化、市场化、国际化”发展战略，从管理体制到市场化服务不断与国际接轨，努力为全球航运企业提供专业、高效、优质、可靠的保障和服务。

协会经理部在董事会授权范围和金额内，可对协会的部分资金进行投资，2007 年就成为民生银行的投资发起人，资金收益率良好，回馈给会员，降低其保险成本，形成良性循环。

（二）中国职工保险互助会

该会成立于 1993 年，是由全国总工会创办，经国家劳动部批准，国家民政部注册的具有法人资格、财政和税务部门认定的具有免税资格的非营利的全国性社团互助保险组织。

它的主要任务是在职工自筹资金、自愿参加的基础上，在全国范围内开展与职工生、老、病、伤、残或意外灾害、伤害等有关的互助保险业务。

该会是职工自筹资金、自我管理、自我服务的群众性社会互助互济合作保险组织，是按照党和国家对“送温暖工程”的指示，通过工会组织职工依靠自己和集体的力量，用互助合作的办法，解决职工生活中的困难问题，作为国家基本保险的补充。其业务接受国家有关主管部门的指导。根据党中央国务院文件中关于建立多层次社会保障体系、提倡社会互助，实行基本养老保险、企业补充养老保险、工会互助保险、个人储蓄性养老保险相结合的精神。

目前，全国已经有29个省区市开展职工互助保障活动，各级工会建立职工互助保障组织100多家，近两年坚持公益性、互助性、专业性发展方向，着力完善体制、机制和制度。着力优化丰富互助保障活动内容，着力提升服务能力和水平，互助会会费收入年均增长15.9%，参保职工人次年均增长15.64%，受益职工人次年均增长16.16%，支付互助金年均增长15.15%。累计会费收入16.9亿元，参保职工2649.2人次，受益职工90多万人次，支付互助金9.92亿元。

（三）其他互助组织

近年来，我国积极地推进农业保险发展，探索符合国情的农业保险制度，部分地区进行了农村互助保险实践。这些互助保险组织有：中国渔业互保协会、宁波慈溪市伏龙农村保险互助社、黑龙江垦区农村互助保险、北京养鸡互助保险和农作物互助保险、吉林伊通养鹿互助保险社、农机互助保险协会。本书将在本章对中国渔业互保协会做专门介绍。

限于篇幅，本节仅对宁波慈溪市伏龙农村保险互助社做简单介绍。2011年9月经保监会批准，我国首家农村保险互助社伏龙农村保险互助社在慈溪市龙山镇西门外村成立。2013年7月，慈溪市扩大了试点范围，在龙山镇金岙村等地成立了8家村级互助社，并设立镇级互助联社，负责对新成立的8家村级互助社的管理、指导与协调。截至2014年底，各家互助社累计实现保费收入1020.2万元，其中家庭财产保险保费收入64.7万元，意外伤害保险保费收入42.2万元，补充医疗保险保费收入13.2万元，累计已赔付85笔，赔付金额6.1万元。互助社共为试点地区4541户农户以及8664位居民提供风险保额5.7亿元，对农户的保险覆盖面超过了50%。其中，首家试点的伏龙农村保险互助社对户籍村民保险覆盖面达到100%。

三、英国相互制医生责任保险制度的启示

由于医疗行为的专业性和复杂性，法律对医疗行为受损者的宽容，加剧了保险公司与被保险人医师双方的信息不对称以及医疗责任风险的不确定性。在英国医生与医院是雇佣关系，若因该医生的诊疗行为导致病人损害，医生则必须承担法律责任，也就是说，英国医生要随时面对被起诉的风险和高额赔偿。医疗过失索赔案件数量和索赔金额迅猛增加，医疗责任险保费剧增，所以股份制商业保险公司往往不敢保、不愿保，导致许多医生因“买不起”或“买不到”保险而回避高难度的医疗服务，甚至退出医疗服务市场，造成严重社会问题。为了维护医生合法权益，营造安全行医的良好环境，同时让患者得到合理赔偿，互助自保的医疗责任保险机构应运而生。

英国相互制医生责任险主要由医生维权联合会、医生保护协会和国民医疗服务诉讼委员会三家相互保险机构提供。创立于1892年的英国医生保护协会是全球最大的医生互助责任保险组织之一，有超过27万名会员，几乎涵盖了临床医学全部专业。其主要做法和特点如下：

1. 非商业化运营，降低运营成本

相互制医生责任险归属加入机构的医生会员所有，没有股东盈利压力，所收取的会费完全用于风险保障和运营管理。

2. 经营成果主要用于会员福利和保障

投保的医生会员可通过其民主管理权利参与保障计划的开发设计和风险管控。在英国，相关保费不会因医生出现医疗过失而提高，更不会以此拒绝该医生加入。对于会员因医疗过失引发的损害赔偿责任，无论金额大小和索赔时间，即使医生现在退休或死亡，都会承担赔偿责任。

3. 积极提供法律服务支持

相互制医生责任险兼具保险、法律帮助、风险防范和医学伦理培训等多种功能，不但提供全面的法律伦理咨询服务，还代表医方与病人及其家属对医疗纠纷进行协商和解甚至诉讼，直至纠纷解决。对于医疗纠纷案件，相互

保险组织将收集整理相关信息交由相应专业的案件分析委员会，从事实和法律两方面综合评估，形成评估报告和律师建议书，从而判定是否对医生提供法律辩护、是否承担法律费用和赔偿责任、是否选择同患者和解等。同时，也将保护病人权益放在同等重要位置，不袒护医生，不搞“医医相护”。

4. 多措并举，加强医疗风险控制

相互保险组织通过对医疗纠纷案例的统计、分类和编辑，编撰各种医疗过失防范教材，推行前置性的医疗行为损害风险管理措施，对会员开展风险防范和医学伦理等方面培训。如美国加州医生公司发行了一本风险管理手册，将病历书写、医患沟通等事前医疗行为损害预防体系引入保障计划。英国 MPS 积极参与医生再教育，打击伪劣医疗和揭露庸医，不断淘汰总是让组织“赔钱”的会员，从而提升整个组织的医疗和法律总体水平。

由于组织形式和治理规则上的差异，与传统的股份制保险公司相比，在医疗责任险领域，相互保险组织有三个独特优势：

1. 权益一致优势

相互保险没有外部股东和股东盈利压力，由全体投保人即会员共建共治共享，投保人和保险人利益一致，不存在根本性的利益冲突。因此，相互保险可以在不追求短期商业利润情况下，积极发展有利于被保险人长期利益的险种，将资产和盈余都用于被保险人的福利和保障。

2. 信息和风险控制优势

相互保险组织不仅可以参与医疗纠纷的善后处理，还可以在防范医疗事故方面发挥重要作用。作为行业内的互助合作机制，相互保险组织可以更加方便地整合行业资源，构建安全信息平台，提供医疗风险防范方案，促进医疗安全管理技术和经验的推广。通过参保会员的自主管理和相互监督，有效避免保险人不当经营和被保险人欺诈所导致的道德风险。

3. 行业权益维护优势

相互制医疗责任保险使医疗行业通过经济利益带来更紧密的联系，对恶意索赔、干扰医疗秩序以及媒体歪曲报道等行为采取更有力的维权措施。在英美，相互制医疗责任保险组织作为医疗行业整体利益的代表，合理选择与患者和解还是将诉讼进行到底，以更好地维护医疗行业整体利益。同时，还对诽谤和不公正报道等有损行业形象的行为，主动提起法律诉讼，维护行业利益。

第三节　中国渔业互保协会成立背景

1994年中国渔船船东互保协会（2007年更名为中国渔业互保协会，以下简称为“协会”）成立，顺应中国改革开放政策、建立市场经济体制、创新管理机制的大势，分析其诞生成立的背景主要有五个方面。

一、建立社会主义市场经济大环境激活保险市场

1978年党的十一届三中全会明确工作重心转移到“以经济建设为中心”，生产力得到释放，中国经济渐渐恢复活力。1992年邓小平同志南方谈话，坚定支持改革开放，推动发展市场经济，1993年党的十四届三中全会通过《中共中央关于建立社会主义市场经济体制若干问题的决定》，提出建立社会主义市场经济制度，转变国有企业经营机制，建立适应市场经济要求的“产权清晰、权责明确、政企分开、管理科学”的现代企业制度。进一步激活金融保险市场，一批股份制保险公司注册成立，快速打破中国人保长期垄断国内保险市场的格局，充满竞争与活力的保险市场开始形成，而商业保险机构追求利润最大化的经济规律也开始体现，给互助保险创造了一定的生存空间。

二、渔业保险市场失灵后面对渔民需求的主动探索

伴随着新中国成立的中国人保，始终是农业保险和渔业保险的主力军，而且一直是垄断经营。但是在1993年前后由于国家经济政策从计划经济快

速向市场经济调整，建立现代企业制度，对国有企业的中国人保加大了利润指标考核力度，经济效益的考核与企业和员工的奖金挂钩，与领导的责任和能力挂钩。经营目标的调整带来业务结构的调整，对长期处于亏损状态的高风险农业保险、渔业保险业务进行战略收缩。对渔船业保险很快形成“保钢不保木、保大不保小、保远不保近”的风险规避选择性原则，即保钢质、大型、远洋渔船，不保木质、小型、近岸渔船。当时的中国人保和太平洋保险基本内定 250 马力以下渔船不保，并且提高了保险费率，以规避高赔率的经营风险和潜在的巨灾风险。如此这般，渔业产业中风险更高的中小渔船就失去了保险的供给者，渔业船舶保险市场处于失灵状态。正是在广大的中小渔船船东投保无门，强烈呼吁政府和社会提供保险服务的背景下，中国渔船船东互保协会才应运而生。

三、国内、国外互助保险实践的学习借鉴

1984 年中国船东互保协会成立，主要是学习借鉴英国的船舶保赔协会的实践经验，组织船东会员互助自保，开展商业保险公司不能覆盖的船舶保险业务，管理航行运营中的企业风险，为渔船船东互保协会成立提供了借鉴。

1993 年，在广东省水产主管部门的支持下，中国船东互保协会渔船分会广东经理部成立，由省渔港监督机构主导其业务，将船东互保业务向渔船领域延伸。这项重要的制度创新和服务平台的搭建，引起了长年代理渔船保险业务的国家渔港监督机构的关注和重视，学习和借鉴其基本做法，在民政部注册成立中国渔船船东互保协会就变得顺理成章了。

同时中国渔业与近邻日本、韩国交往频繁，大陆与台湾地区渔船保险合作社也互动较多，民间协会常年有业务合作。日本和韩国的渔船保险事业，都是经国会立法保障，国家财政给渔民保费补贴并承担巨灾再保险保证的，主要都是由民间协会来运营的，而不是商业保险经营的。日本是渔船保险中央会具体运营，韩国是水协中央会保险共济部负责。这种保险制度和运营机

制，在日本和韩国都很成功，渔业风险得到很好的管理和转移，经过几十年的经营已经形成良性循环。

中国台湾地区的渔船保险是由台湾省渔船保险合作社运营的，也是通过立法保障有财政补贴扶持，形成可持续的支持政策的运作机制。

日本、韩国和我国台湾地区的渔船生产模式与我国大陆最为接近，渔船保险体制机制对协会的成立提供了重要的借鉴和启示。

四、渔业行政主管部门的风险管理需要

过去没开展渔船保险业务时，两艘渔船在海上发生碰撞等事故，经常要双方自行处理，要签字明确责任，或者要求现场赔付。由于责任不清，双方情绪激动，经常发生械斗，扣押船舶、拆卸导航设备抵押的过激行为，带来海上纠纷的事故隐患。利用保险机制管理渔船海上碰撞纠纷的优势通过几十年的业务已经得到充分显现，如果碰撞渔船双方都参加了保险，就不必强行扣押物品或船舶，回港后保险机构上船调查处理赔偿，问题能够得到妥善解决。尤其是海上渔民的死亡事故，往往船东也发生伤亡，事故后的经济赔偿纠纷不断，给渔区政府带来巨大的压力，处理不好就是经常性的上访，甚至酿成刑事案件，威胁社会稳定。特别船毁人亡事故发生之后，没有参加保险将给善后工作带来难以预期的后果，经常上访不断。然而渔船保险服务停止了，渔区地方政府和行政主管部门的监督管理、发展生产和服务渔区的压力突然加大，迫切需要恢复对渔船的保险服务。所以在商业保险公司退出渔船保险市场之后，建立中国渔船船东互保协会得到渔业行政主管部门和渔区政府的普遍欢迎和支持，保险机制对稳定渔区生产和生活的作用是不可替代的。

五、渔港监督机构十年代理的成熟经验

1982 年中国人保恢复农业保险后也随之恢复渔业保险，试办水产养殖保险和渔船保险。1983 年 12 月农牧渔业部和中国人民保险公司联合发文

《关于开展国内渔船保险工作的通知》，全部依托全国渔港监督行政执法队伍的力量推动业务，在沿海各地试点渔船保险，到 1986 年底，全国渔船承保数量已经达到 2.6 万艘。

1987 年 5 月，农牧渔业部渔政渔港监督管理局与中国人民保险公司农村业务部在山东省青岛市联合召开“全国渔船保险工作会议”，进一步推动渔船保险业务的开展。会议要求保险公司与渔港监督部门更加紧密合作。会后渔港监督部门代理渔船保险业务在系统得到贯彻落实，开展渔船保险成为沿海渔监系统的一项重要工作纳入考核内容。

1991 年 7 月，农业部和中国人民保险公司印发《关于进一步开展渔船保险工作的通知》，重申“中国人民保险公司将渔船保险工作委托给各级渔港监督机构代理”，强调“继续坚持渔业船舶登记时应该参加渔船保险的原则”，加大两机构在渔船保险业务上的合作力度。

中国人保开展的渔船和渔民保险业务，始终由设在沿海渔港的渔港监督机构代理，利用签证、登记、培训、考试、海事调解处理等工作便利，开展保险和理赔业务，效果较好。但是，整个经济效益和渔港监督机构没有任何关系，营利和亏损都是保险公司的。这种合作机构加之渔船的高风险，使得渔业保险业务的赔付率始终很高，在 1993 年中国人保改制后就淡出了主要渔业保险领域。

代理十年的过程中渔港监督机构已经熟练地掌握了全部保险的承保理赔业务，掌控了渔船渔民的保险市场，更为重要的是培养了一支保险代理队伍。这一切为成立其主导的互助保险组织，顺利开展保险业务奠定了现成的组织队伍和技术基础。

以 20 世纪 80 年代的社会背景，发展渔业保险可以有两种思路。

一种是策划、筹备、组织、建立中国渔业保险股份有限公司。农业部渔业行政主管部门策划，找有实力的投资人和有实力的渔业企业共同出资建立，专营渔业保险市场，争取政策支持，同时“以险养险”。这将是完全不同的发展格局，中国保险的黄金三十年，几乎同期成立的平安保险等已经是金融保险界的巨人了，而受制于体制和法律法规的约束，协会的发展一直没能放开手脚，释放出应有的能量来。

另一种是历史选择协会体制来为渔业保险服务。当时的门槛对发起者不算高，主要是四个条件：一是由主管部门审查批准；二是有规范的名称、相应的机构和固定办公场所、专职人员和经费来源；三是符合分级登记规定，国家协会在民政部；四是符合非竞争性原则，在同一行政区域内不得成立业务范围相同或相似的民间组织。在此背景之下，原农业部渔政渔港监督管理局发起成立中国渔船船东互保协会，而渔港监督机构给商业保险代理转变为给协会代理名正言顺。

第四节　中国渔业互保协会发展历程

协会自1994年成立以来，就紧紧围绕建立会员风险损失经济补偿保障制度、成为国家政策性渔业保险运营主体的目标开展工作，持续的体制建设、业务建设、组织建设、队伍建设、文化建设工作贯穿发展历程。

一、协会体制发展概述

协会第一届理事会从1994年开始运行七年，主要任务是成立协会、组建分支机构、建立规章制度、颁布条款费率、培训兼职队伍、推动开展业务、实施灾后赔付和巨灾风险管理等工作。

协会成立时全国主要是自上而下的渔港监督（大多和渔船检验合署办公）机构代理渔船、渔民保险业务，延续过去为中国人保代理渔船保险的做法，利用船员培训考试发证、港口审证签证、海事处理和安全检查等工作机会开展保险动员和承保业务。

开始时推动顺利，到1996年保费就达到4430万元。但很快遇到业务发展的瓶颈，以后6年保费收入持续在7000万元上下徘徊。

分析原因：一是保险工作都是兼职，各省无法投入更多的精力推动业务，有难度的展业不愿去动员，业务难以突破；二是行政执法队伍代理保险业务的合法性一直存在争议，个别地区还有工商、物价、税务、纪检部门的查处，导致一些省份小心从事，不能放手展业；三是保险盈利没有与各省办事处经济效益挂钩，展业和理赔多少的积极性不高；四是面对协会的展业形势向好，一些渔船集中地区的商业保险公司用更低的费率吸引优质船东资源展开市场竞争。

同时，国家对社团体制的改革也在进行，政府和社团职责分开，行政和社团人员脱离是大的方向。1998 年国务院颁布《社会团体登记管理条例》中规定“分支机构不得再设立分支机构”。而协会这时已经在全国沿海地区批设分支机构 360 多个，具体的保险业务都要靠这些密切接触渔民的分支机构来开展。互保协会的业务性质与商业保险公司十分相似，与纯学术性、研究性、行业服务性的社会团体有本质的区别，新规定给协会工作带来巨大的障碍和束缚。基层机构的合法性受到质疑，基层机构的银行账号不能延续使用，给快速发展的渔业互保事业踩了急刹车。

2001 年 2 月，驻农业部监察局和渔业局、渔船检验局共同印发《对中国渔船船东互保协会整改工作的指导性意见》，要求协会改革管理体制，建章立制，以推进管理工作的规范化、制度化为重点，全面提高管理水平。随后农业部印发了《关于理顺渔业主管部门和渔船船东互保协会工作关系的通知》（农发〔2001〕9 号），要求各级渔业主管部门理顺渔业行政执法机构与互保机构的关系，不能利用行政权力强制开展保险业务。整顿工作给协会发展带来较大冲击，有人提出“红旗还能打多久”，对发展前途表示出担心和怀疑，一些基层机构思想出现动摇，业务滑坡，协会业务如何依托渔港监督机构代办保险业务成为新课题，发展了七年的协会面临进退两难的尴尬局面。

面对困难的局面，2002 年 1 月，改组成立的第二届理事会提出协会新的发展目标：将渔业互助保险事业建设成“人大立法保障、农业部颁文规范、国家财政适度补贴、协会具体组织实施，渔民群众广泛参与的政策性渔业互助保险体系”。理事会分析指出：渔业互保业务是渔业安全管理的重要组成部分，在市场经济条件下，能起到灾害面前“为政府分忧、为渔民解难”的事故管理和处理效果，这是其他任何组织和手段无法实现、无法替代的，所以互保业务和渔港监督机构要“脱钩不脱离”，渔业保险业务还是要紧紧依托渔港监督机构开展工作，但必须坚持自愿原则，不能用行政手段强制开展保险业务。并提出根据《保险法》“农业保险由法律、行政法规另行规定”的原则，协会有隐性法律地位的观念，要求全系统“不争论、求发展”，强调在发展中解决问题。当时原农业部渔业局杨坚局长要求协会做好四个结合：“将解决渔民的保障需求和为渔民服务结合起来；将争取渔业行政主管部门的支持和为政府排忧解难结合起来；将海洋渔业安全监督管理和海损事故抢险救助的保险服务结合起来；将创建渔业系统保障体制和促进我国渔业经济可持续发展结合起来。”这“四个结合”为协会在困难时期如何处理好与主管部门的关系指明了方向，也为渔业主管部门继续支持渔业互保工作提供了理论和政策基础。至此，这方面的争议和整顿告一段落，渔业互保事业出现新的生机。

2006 年 3 月，第三次全国会员代表大会做出了三项重大决策：一是更改协会名称为“中国渔业互保协会”，把业务范围扩展到渔业全行业；二是完善治理结构，恢复设立秘书处；三是推进省级机构体制创新。形成了借鉴现代企业管理体制的格局，即理事会是决策机构，监事会是监督机构，秘书处是执行机构的治理结构，三权分立，既密切合作又相互制衡，避免权力的过度集中而产生失误或滋生腐败。协会的这一内部治理结构经过不断完善，一直沿用至今，效果良好。

然而社团登记管理条例带来分支机构开展业务的障碍始终无法突破，尽管民政部很理解协会的处境，给予很多支持，但是无法就协会保险业务的特例而修改法规。而突围之路就是在全国一盘棋的原则下，成立省级独立法人的地方协会。2004 年 12 月，我国渔业互保发展最好的浙江省，在省委省政府的支持下，在省海洋与渔业局的主导下，率先成立“浙江省渔业互保协会”。成立之后，责、权、利明确，体制顺畅，积极性空前高涨，业务发展十分顺利，并迅速获得省财政的保费补贴，为全国渔业互保发展起到了良好的示范效果。

2006 年协会二届四次理事长会议对体制改革方向进行了深入研究，提出目前大的政策环境和外界、内部情况发生很大变化，必须进行战略性调整，进行体制改革，但是“为渔业服务”的宗旨不能变。改革的前提是：坚持农业部的主导和协会全国一盘棋的整体布局。改革的基本原则：一是尊重历史，即尊重历史形成的国家协会主导的体制格局；二是抓住机遇，珍惜改革开放环境下允许社团从事金融保险事业；三是总体设计，即国家协会牵头推动政策、争取地位，地方协会面向会员开展业务；四是稳步推进，即不搞一哄而上，成熟一个成立一个。改革的思路着眼于三个积极性：一是充分调动各省（市、区）的积极性；二是充分调动各市（县、区）的积极性；三是充分发挥协会总部的积极性。鼓励具有较好基础的渔业互保重点省份成立互保协会，并以团体会员身份加入到全国协会中来。

为积极推动地方协会的组织建设，2006 年 3 月 2 日会员代表大会通过的《章程》，增加了“第五章 地方渔业互助保险协会”，规范国家协会和地方协会的关系，推动渔业互保事业进入快速发展的新阶段。

2006 年 5 月，渔业互保第二大省山东省渔业互保协会成立，业务发展很快进入快车道，展现出体制的生机和活力。

2008 年 12 月，江苏省渔业互保协会成立，很快江苏省政府发布《关于印发江苏省渔业保险试点工作方案》，明确省协会是承担渔业保险的主体，省财政给予 25% 的保费补贴，业务得到快速发展。

2009 年河北省渔业互保协会成立，2011 年辽宁省渔业互保协会成立，同年 12 月福建省渔业互保协会成立，2012 年海南省渔业互保协会成立。至此形成了国家协会和九个地方协会的渔业互助保险体制格局，国家协会有三个海区渔政局办事处，广西、上海、天津等沿海省级办事处和湖北、安徽、重庆等内陆省级办事处，共同形成覆盖全国渔业系统的互助保险网络。截止到 2014 年全国共有 9 个地方协会，22 个办事处，基层互保机构 800 多个，专兼职工作人员 4000 多人，业务范围覆盖沿海地区和内陆主要省份和香港、澳门特别行政区，形成了“全国一盘棋”的渔业保险业务格局。

2019 年在全国渔业互助保险事业发展 25 年座谈会上，李健华理事长提出渔业互助保险发展主要取得了四方面的成就和经验：一是渔业互助保险走出了一条符合实际的渔业风险保障之路，促进了有关各方的保险理念更新，提高了渔民的保险意识，培育了渔业保险市场。二是渔业互助保险已经成为渔业安全生产和防灾减灾工作的重要抓手，对降低事故发生概率、减轻渔民生命财产损失、有效化解渔区社会矛盾发挥了重要作用。三是渔业互助保险成为政策性渔业保险的重要平台和依托，在全国范围内基本确立了以渔业互助保险为主体的政策性渔业保险格局。四是渔业互助保险建立了相对完善的服务制度体系和“全国一盘棋”发展模式，确保了事业持续健康发展，从未发生偿付危机。

渔业互助保险事业发展 26 年来取得的成绩来之不易，主要有“两个离不开”：一是离不开各级渔业主管部门的关心和支持，二是离不开广大渔民会员的参与和拥护。

二、推动政策性渔业保险制度建设

（一）推动《农业保险条例》中明确互助保险组织法律地位

农业保险立法工作启动以来，协会就被邀请参加保监会召集的农业保险条例立法座谈会，阐述在条例中对农（渔）业互助保险组织模式给予认可的诉求，积极沟通与会的农业保险专家学者，宣传渔业互助保险的特殊性，形成共同支持渔业互助保险发展的大环境。

协会积极争取农业部协调在立法中将渔业互助保险的经营主体资格给予确定。2012 年农业保险立法工作进入最后阶段，协会通过中央媒体、政府内参等渠道，与有关专家学者、地方协会一起，积极向国务院法制办等部门反映行业诉求。法制办到协会专题调研形成报告。在各方的共同努力下，国务院审议通过的《农业保险条例》，明确了互助保险组织的法律地位和涉农保险（渔船财产保险、涉及农民的生命和身体等方面的短期意外伤害保险）的主要业务范围，取得历史性突破。

《农业保险条例》在明确互助保险组织法律地位时，也将协会主要业务纳入了涉农保险的范围。但是，按照《农业保险条例》第七条的规定，渔业互助保险组织要依法经营农业保险业务，必须经保监会依法批准。保监会对渔业互助保险组织和保险公司一样承担政府财政补贴的性质，一直未有明确的态度。为此，协会做了大量的工作，积极建议推动互助保险组织合法参与农业保险业务，此建议在农业部印发的《贯彻落实〈农业保险条例〉的分工意见》中被采纳。在农业部政法司、渔业局等部门就贯彻落实《农业保险条例》，推动协会申请农险经营资格与保监会相关负责同志进行沟通商谈时，协会予以配合。同时还向保监会相关部门报送了汇报资料，代表全国渔业互助保险系统提出合理诉求。在各方的协同努力下，保监会于 2013 年底同意在制定相互保险类组织监管办法时将渔业互助保险组织纳入其中；在该办法起草研讨期间，协会通过多种渠道积极反映渔业互助保险行业诉求，以求在基本保持现有渔业互助保险体制、机制、格局不变的基础上纳入业务监管、取得经营资质。2014 年 5 月，在中国保监会就《相互保险组织监管暂行办法（征求意见稿）》公开征求意见时，协会召集各省级机构负责人共同研讨并据此形成行业书面意见报送保监会，并直接与起草组成员沟通，代表渔业互助保险系统阐述了业界的主要意见诉求。

（二）争取党中央、国务院文件中鼓励支持渔业互助保险事业

协会持续组织研究、总结、汇报渔业互保事业的情况，引起有关部门的重视，使得《国务院办公厅关于加强渔业安全生产工作的通知》（国办发〔2008〕113 号）中要求："完善渔业安全风险保障机制。要充分发挥保险对分散和降低渔业安全生产风险的作用。鼓励渔船雇主购买船东责任保险，引导和鼓励渔民积极参加保险。"

2009 年中共中央、国务院 1 号文件提出"加快发展政策性农业保险，扩大试点范围、增加险种，鼓励在农村发展互助合作保险"。这一条款与协会的努力工作、积极争取有关。

2012 年中共中央、国务院 1 号文件提出"扶持发展渔业互助保险"。这是中央财办、农办和农业部，社会有关专家学者多年了解、支持渔业互保的

结果，也是协会多年积极争取的结果，得到中共中央、国务院政策上的肯定和对渔业互保事业的政策支持。

《国务院关于促进海洋渔业持续健康发展的若干意见》（国办发〔2013〕11号）中提出“研究完善渔业保险支持政策，积极开展海水养殖保险”的要求。推动国务院领导对渔业互助保险工作做出重要批示的落实，协会配合农业部渔业渔政管理局邀请了国务院政策研究室来协会调研，全面汇报了渔业互助保险工作情况和面临的主要问题。在此基础上，国务院政研室形成了《渔业互助保险是农业保险发展的成功范例，应予大力支持》和《关于将水产养殖保险纳入中央财政农业保险保费补贴范围的建议》两份专报，均得到时任国务院副总理汪洋重要批示，为协会的体制改革工作打下坚实的基础。

（三）促进中央财政对渔业互保的保费补贴

2006年11月，保监会和农业部共同向财政部印发《关于征求对〈政策性农业保险试点方案〉意见的函》明确：由中国渔船船东互保协会为国家代办渔业政策性保险业务，纳入财政补贴范围。

2008年中央财政渔业互助保险保费补贴试点项目迈出关键一步，农业部首次启动政策性渔业保险试点工作，并被列为2008年农业部为农民办实事之一。补贴险种为渔船全损互保和渔民人身平安互保，中央财政补贴比例为25%，补贴总额度为1000万元。到年底，各试点地区累计承保渔船12700艘、渔民21221人，共收取互保费5868万元，为渔民船东提供风险保障48亿元，落实补贴资金1117.83万元，辽宁、山东、江苏、浙江、福建和海南均超额完成下达补贴资金，总计超额165.15万元。

为推动渔业互助保险纳入中央财政农业保险补贴，协会积极向财政部金融司、保监会财险部沟通汇报，争取纳入保监会业务监管和纳入财政部中央财政农业保险保费补贴范围一揽子解决；同时在未纳入农业保险保费补贴范围之前，争取保持农业部现有1000万元补贴资金规模，并适当增加部分资金进行水产养殖保险试点。2012年4月，财政部副部长调研浙江省农业保险情况时，专门听取了浙江省渔业互助保险情况的汇报。协会协助农业部渔业局组织召开了渔业政策性保险试点工作会议，会后渔业局就试点的相关问题向部领导做专题汇报，部领导要求财务司和渔业局在加强农业部试点工作的基础上，积极推进将渔业纳入中央财政保费补贴范围。争取到农业部金融创新专项资金1000万元用于浙江、河北两省开展水产养殖互助保险保费补贴试点，充分发挥国家协会指导职能，以方案设计、条款制定和大案处理为重点，全程参与指导全系统水产养殖保险工作。

（四）配合国家农业主管部门的政策协调和支持

2002年，农业部、国家安全生产监督管理局联合印发《关于加强渔业安全生产的紧急通知》（农渔发〔2002〕27号）中要求：渔业船舶所有人必须履行为所有出海船员购买人身保险的义务。

2007年12月29日，印发《农业部关于进一步做好渔业互助保险工作的通知》（农渔发〔2007〕41号），是指导我国渔业互助保险工作的纲领性文件。农业部第一次把渔业互保工作提升到各级渔业主管部门的重要工作之一，提出具体要求，从政策层面、领导层面推进了全国的渔业互保工作。文件要求："在党中央、国务院高度重视政策性农业保险的大背景下，提高全行业对渔业互助保险工作的认识，加强领导、健全体系，做大做强渔业互助保险事业，并使之与政策性渔业保险试点工作有机结合，推进建立政策性渔业保险制度，促进渔区和谐社会建设，为渔业保持又好又快发展服务。"

2008年10月30日，《农业部关于贯彻落实〈国务院办公厅关于加强渔业安全生产工作的通知〉的通知》（农渔发〔2008〕35号）中要求：积极争取地方财政的支持，推动政策性保险工作开展，注重加强资金监管，发挥好保险对分散和降低渔业安全生产风险的作用。

2011年10月17日，《全国渔业发展第十二个五年规划（2011—2015年）》中要求：建立政策性渔业互助保险制度。加强渔业互助保险体系和队伍建设，拓宽渔业互助保险服务范围和覆盖面。继续做好渔业互助保险中央财政保费补贴试点，启动水产养殖互助保险保费试点，力争将渔业纳入国家政策性农业保险范围，推动建立政策性渔业互助保险制度。探索构建渔业保险巨灾风险防范体系，提升渔业全行业风险保障能力。

2013年7月10日，《农业部关于贯彻落实〈国务院关于促进海洋渔业持续健康发展的若干意见〉的实施意见》（农渔发〔2013〕23号）中要求：巩固渔业互助保险，鼓励发展多形式、多险种的渔业保险，积极争取将渔业纳入各级财政农业保险保费补贴范畴，扩大渔船财产和渔民人身保险，突破发展水产养殖保险，逐步建立覆盖渔业全行业风险保障体系。

2016年农业部提出“建立健全渔业风险防控机制，完善渔业互助保险，推动水产养殖纳入农业政策性保险范围，破解水产养殖保险难题”。为落实农业部部长韩长赋做出的“畜牧水产养殖保险应更快发展”的批示，协会与部政策法规司、渔业局组成调研组，赴福建、湖北两省开展了水产养殖保险调研并形成调研报告。协会还起草了《关于申请开展水产养殖互助保险中央财政保费补贴试点工作的请示》，得到了农业部领导的批示同意。

协会第五届理事会把工作的重点放在全国渔业互助保险体制改革事项上，这是协会工作的首要大事，是不断推动而没有突破的难事，关系到协会发展的生死存亡和长治久安。在国务院领导的关心下，农业农村部和中国银保监会高度重视，各省渔业主管部门积极配合，在2018年取得了实质性进展，2019年底得到李克强总理肯定性批示，2020年5月农业农村部和银保监会下发文件，明确了改革的路线图和时间表，一举解决了协会长年存在的体制困扰，把中国渔业互助保险事业送上了发展新阶段。

三、加强理论研究推动制度创新

（一）组织编写理论书籍、推动理论创新

2004年由部农村经济研究中心和协会联合编写的我国第一部渔业保险制度理论专著《中国渔业保险制度论纲》经中国农业出版社出版发行，为协会的制度创新奠定了理论基础。

在党中央、国务院高度重视农业保险工作的环境下，理论界和实业界均对农业保险给予了极大关注，各类研究文献很多。协会集中精力对多年来的涉及农业保险的论文进行研读，从中梳理出政策性农业保险在中国研究的脉络，了解到农业保险经营中的难点和政策支持的方向。2006年由协会秘书

长孙颖士主编出版《中国政策性农业保险论文选》，农业保险专家刘京生博士、农业保险专家庹国柱教授作序推荐。

继2004年编辑出版《中国渔船安全分析报告（1999—2003）》白皮书，引起业内外广泛关注后，2006年协会又对2004年、2005年的承保和理赔数据进行了汇总、整理，对渔船事故、渔民作业风险进行了更加全面深入的科学性、专业性和权威性的研究分析，由中国农业出版社印发《中国渔船安全分析报告（1999—2005）》白皮书，用翔实的统计数据，正式向社会披露渔船捕捞业是中国最危险的职业，职业死亡率高达每10万人死亡216人，是煤矿的4倍。

2008年协会秘书长孙颖士著《渔业保险和渔业安全论文集》由中国农业出版社印发，是我国第一部此领域的个人专著，阐述了大量关于渔业保险和渔业安全领域的理论问题，具有重要的现实意义。

2009年出版《中国渔船船员死亡事故分析报告（2006—2007）》，填补该领域研究的空白，对渔业船舶船员的防灾减灾有着重要的指导意义。同年协会组织编写出版《中国渔船安全分析报告（1999—2008）》白皮书，是对2006年版的扩充和升华，更具权威性。2015年出版发行《中国渔船事故报告》，提出新的分析数据，更具价值。

2009年协会印发王朝华、孙颖士主编的《探索的足迹——中国渔业互助保险十五年理论与实践》，汇集了全国广大互保工作者对渔业互保理论和实践的研究和探索的论文，是一个时代的回顾和总结。

2014年协会出版陈剑峰主编《航程——中国渔业互助保险二十年》一书，从理论到实践进一步研究分析渔业互助协会的发展之路。

2018年协会编辑出版《中国渔业船舶安全分析报告（1994—2015）》，用更完整的数据得出更有信服力的渔民死亡率。

这些专著一是研究提出渔船是我国最危险的生产工具，渔民是我国最危险的职业，从而引出渔业保险最需要国家财政政策扶持的观点，二是根据渔业风险的特点和渔船保险的实践基础，提出“农业保险、渔业先行”的理念，三是这些研究引起了理论界和决策层面的关注，渔业互助保险的制度建设在农业保险理论界成为热点，推动了社会对渔业保险领域的研究和关注。

（二）组织承担委托课题、提高研究能力

2007 年受农业部渔业局和渔政指挥中心委托，分别承担了“中国渔业互助保险发展方向”和“渔业船舶水上安全事故分类标准和报告统计制度”课题研究工作。“中国渔业互助保险发展方向”课题组经过近一年的调研和论证，取得了丰硕成果。

2008 年完成中国渔政指挥中心委托的《渔业船舶水上生产安全事故与自然灾害事故的区分标准研究》和中国水产科学研究院委托的《渔区和谐社会建设中的渔业保险问题研究》课题研究报告，为管理部门决策提供重要依据。

协会开展对重大理论和热点问题的研究，撰写了《对当前渔业保险有关问题的认识》《对业务建设的认识和思考》《对农业保险的再认识》和《2013 年渔业保险发展报告》等材料，并邀请专家学者启动“中国渔业互助保险发展战略”研究课题。

协会 2006 年委托江苏省洪泽湖渔业管理委员会开展《洪泽湖渔业资源、环境及风险保障评价》课题，为开展内陆淡水水产养殖保险进行前期准备。

2008 年委托山东省渔业互保协会开展《山东省政策性养殖渔业互助保险可行性研究课题》，为在山东省展开海水养殖保险做好前期准备。

2009 年委托辽宁省海洋与渔业厅渔业处和辽宁省办事处开展《辽宁省海水增养殖业保险可行性研究课题》，为在辽宁省全面开展养殖保险提供理论支持。

2010 年协会委托中国农科院农业经济和发展研究所开展“渔业互助保险组织制度研究课题”，为体制创新提供理论支持。

2011 年由协会牵头海南省渔船共保体，受海南省农业保险试验点领导小组委托开展《海南省水产养殖保险调研课题》，对海南省水产养殖业进行全面调研了解，形成高质量的报告。

2011 年集中人力、财力、物力，联合大连水产学院、首都经济贸易大学共同开展《中国渔业互保协会 10 年发展规划课题》，规范发展目标，提出制度建设、队伍建设、业务建设、文化建设和信息建设的五大任务，为协会未来十年的发展规划出了蓝图。

协会组织专家完成渔业互保“十二五”发展规划，科学分析了协会发展面临的有利条件和制约因素，提出了“十二五”期间渔业互保的指导思想、基本原则、发展目标、主要任务、重点工作。

（三）团结社会各界争取扶持政策

协会积极推动渔业互助保险的立法进程，协助支持人大代表、政协委员提交议案、提案。2002 年保监会对全国政协委员孔庆源的提案答复函说：“目前我国对保险活动进行规范的法律仅有《保险法》一部，尚无行政法规，也没有专门对农业或渔业保险活动进行规范的部门规章。在《保险法》立法之时，正是考虑到包括渔业保险在内的农业保险具有高风险的特点，需要国家在各方面给予政策扶持，同时对组织形式、经营方式等也有一定的特殊要求，所以在法条中专设了一条农业保险的除外规定。”这是保监会第一次用书面材料对渔业互保的体制机制给予具体明确，显示在研究并考虑给予政策性的扶持。

全国人大代表提案对协会争取政策性渔业保险工作起到了积极的促进作用。以辽渔集团董事长张毅为首的 30 名全国人大代表联名提出《关于在渔业行业率先进行政策性农业保险试点的议案》，引起了中国保险监督管理委员会和农业部的高度重视，对提案人的答复，充分肯定了协会在建立政策性保险工作上不可替代的作用。并建议由保监会牵头，财政部、国家税务总局和农业部共同开展“建立和完善政策性渔业保险制度”专题研究，尽快提出政策性渔业保险试点方案。农业部办公厅发函保监会，提出共同开展渔业保险政策调研的建议。

2004 年，受农业部软科学委员会委托和农业部渔业局的要求，由农业部农村经济研究中心和协会承担的《中国渔业保险制度研究》课题报告，在 2 月召开的专家论证会上得到了以全国政协经济委员会副主任委员段应碧为组长的专家们的一致好评，并形成了“农业保险，渔业先行”的共识和专家建议。

2005年农业部政法司与渔业局有关领导与保监会财险监管部、发展改革部和法规部商谈在渔业试点政策保险制度。会后农业部与保监会先后组织赴辽宁、浙江对渔业保险进行调研。之后部渔业局组织了建立政策性渔业保险制度项目可行性专家论证会和筹建中国渔业保险合作社可行性研讨会。

2006年农业部政法司、财务司、渔业局多次研究推动渔业保险工作，形成《开展政策性渔业保险试点可行性报告》，被财务司列为2007年新增项目，通过了专家组评审。10月10日，农业部范小建副部长与保监会副主席周延礼专门就协会改革发展工作进行会谈，双方达成三项共识：将协会纳入农业保险改革试点，争取财政支持；抓紧进行改制工作调研；创造条件逐步纳入保险监管。

2006年举办首届中国渔业保险和渔船安全论坛。论坛由农业部渔业局、渔政指挥中心、渔业船舶检验局和协会共同主办，有农业部渔业局、日本渔船保险中央会、大连水产学院、韩国水产协同组合中央会共济保险部、农业部渔业船舶检验局、中国渔船船东互保协会的6位嘉宾发表演讲，从不同的角度阐述了渔业保险和渔船安全的现状和相互关系，提出了当前渔船安全管理上存在的薄弱环节和如何推进建立渔业风险保障体系等问题。特别是日本渔船保险中央会和韩国水产业协同组合中央会关于本国渔业保险制度的演讲，使与会者深受启发。

2008年9月由广东省海洋与渔业局主办、广东省渔船船东互保协会承办的广东省渔业保险研讨会，为广东省开展渔业互助保险工作提供了许多高质量的意见和建议。

2011年11月农业部和浙江省政府共同主办的政策性渔业互助保险座谈会，国务院相关部委、全国沿海省级渔业行政主管部门负责人及有关专家学者出席会议，会议对中国渔业互助保险实践的历史进行回顾，对其成绩给予总结。会议指出："我国将以渔业互助保险组织为主体，逐步建立政策性渔业互助保险制度。"对争取渔业纳入中央财政农业保险保费补贴范围起到了推动作用。

四、协会系统运营渔业互助保险的主要运营模式

协会系统渔业保险的运作模式是建立在历史发展的基础和现实业务的情况之下的。有早于国家协会就开始运营渔业保险的广东省渔业互保协会业务的合作，有独立于国家协会运营的宁波市渔业互保协会业务的合作，有始终与商业保险机构密切合作的上海市和福建省渔业保险市场的重新分配，有享受省财政补贴之后的浙江省渔业互保协会、江苏省渔业互保协会的业务合作，有财政部门主导下农业保险共保体推动渔业保险的海南省业务的合作。面对各省出现的渔业保险新政策、新情况，不能一刀切用一个模式进行合作，必须根据各省情况逐一洽谈，实现各方都能够接受的共赢方案。其基本原则是“尊重历史传承、承认发展现状、符合未来规划、实现合作共赢”，由此形成了五种模式。

（一）国家协会办事处承保直营模式

目前主要地区是辽宁、海南、广西、天津和内陆渔业保险。协会出保单，分级理赔，统一分保防范巨灾的模式。具体业务由设在各省（市、区）的协会办事处运作，人、财、物统一由协会监管。

（二）国家协会和商业保险机构共保模式

主要是上海市，国家协会和上海安信农业保险对辖区的渔业保险按五五分成共保，保单和理赔付款由安信农险负责，具体的承保和理赔业务以协会上海办事处为主，渔民享受较高的保费补贴，是渔业政策性保险开展最早的地区。

（三）商业保险机构和国家协会、地方协会共保模式

主要是福建省和广东省。福建省渔业互保协会成立之前由人保财险福建分公司和国家协会共保，国家协会出具保单。地方协会成立后由三家为主共保，占 65% 的份额，还有其他多家参与分保 35% 的份额。保单由福建省协会出具，理赔由福建省协会主导。广东省是由人保财险广东分公司和国家协会、广东协会三家共保，保单由广东省协会出具，并负责理赔业务。两省均

有较高的省财政保费补贴，实行渔业政策性保险。

（四）地方协会与国家协会的共保模式

主要是浙江省、江苏省、山东省、河北省和宁波市，地方协会出保单，负责承保和理赔业务，全部保险业务分保一定比例给国家协会。浙江省、江苏省和宁波市均有省市财政较高的保费补贴，实行渔业政策性保险制度。山东省和河北省也有不同渠道的保费补贴政策，让利给渔民。

（五）国家协会和“共保体”共保模式

主要是在海南省。海南省由省财政厅牵头组织成立由人保财险海南分公司、平安财险海南分公司、国寿财险海南分公司等六家商业保险公司组成的农业保险共保体运营渔业保险市场，国家协会与其达成共保协议，几家一起按比例分保。由国家协会出具保单和负责承保和理赔，具体业务由国家协会海南办事处负责。海南省农业共保体是较早享受省财政保费补贴政策的省份，实行渔业政策性保险制度。

五、主要业务情况

（一）承保、理赔情况

截至2019年，累计承保渔民1296.56万人次，承保渔船94万多艘，养殖网箱64828口。累计实现保险收入约169.6亿元，赔款约68亿元。保费从2012年突破10亿元之后，到2019年达到19亿元，即将实现向20亿元的跨越。26年来协会系统积累了比较雄厚的赔偿准备金，具备了较强的风险偿付能力，为体制改革奠定了牢固的资金基础。具体业务情况见表6-1。

表6-1 协会（1995—2019）业务情况统计

年份	保费收入（万元）	理赔支付（万元）	承保渔民（万人次）	承保渔船（艘）	养殖险规模		养殖险保额（亿元）
					（万亩）	（口）	
1995	1942.18	256.23	10.00	2130	—	—	—
1996	4430.02	1508.97	18.50	5738	—	—	—
1997	4518.92	1746.79	19.80	5840	—	—	—
1998	4522.98	3128.41	21.32	6391	—	—	—

续表

年份	保费收入（万元）	理赔支付（万元）	承保渔民（万人次）	承保渔船（艘）	养殖险规模		养殖险保额（亿元）
					（万亩）	（口）	
1999	5959.04	2150.59	22.25	8277	/	/	/
2000	7005.57	3621.10	24.49	9562	/	/	/
2001	7127.52	3553.39	22.42	10035	/	/	/
2002	7687.08	4132.36	23.88	10206	/	/	/
2003	10012.37	4109.23	28.95	12905	/	/	/
2004	12485.65	4925.52	30.97	16911	/	18	0.01
2005	16898.67	6334.24	33.87	22313	/	18	0.01
2006	19686.59	8351.08	39.35	25374	/	18	0.01
2007	32718.55	10845.27	50.22	38044	/	36	0.01
2008	45346.40	15941.75	57.98	51223	/	13	3.72
2009	56951.47	19742.96	63.30	56533	/	14	4.72
2010	73543.2	26009.77	74.47	61584	/	13	4.17
2011	99016.69	33859.03	82.32	62671	/	16	1.01
2012	115409.4	37241.71	93.61	71285	/	12	0.01
2013	143200.7	46725.24	101.08	73300	7.80	429	2.84
2014	156447.67	51184.02	93.04	75120	25.95	1951	4.69
2015	160731.63	62824.58	90.88	72041	25.72	2590	5.55
2016	166931.63	75719.82	80.95	67750	36.70	3214	10.4
2017	175661.78	78670.70	75.74	62669	63.73	684	12.23
2018	177458.88	87640.65	71.11	57862	46.64	/	11.32
2019	190231.59	89295.24	66.06	55196	76.09	64828	19.68

注：1. 保费收入和赔款支出不包含水产养殖保险业务；

2. 养殖险业务从 2004 年开始，其中 2004—2012 年水产养殖保险标的为工厂化和大水面海域养殖，无法统一承保规模数据；

3. 2018 年水产养殖保险承保网箱养殖鱼类 584.51 万斤，当年未按网箱数量统计。

（二）业务发展概述

2003 年协会系统互保费总收入达到 1 亿元。2006 年突破 2 亿元，由此进入发展的快车道，2008 年渔业互助保险事业呈现出了快速健康发展的良好态势。全系统保费收入超过 8 亿元，浙江省超过 1.9 亿元，山东省超过 8000 万元，辽宁省、福建省近 5000 万元，宁波市超过 4000 万元。2012 年突破

10亿元关口，2019年达到19亿元。

为做好2008年中央财政保费补贴试点工作总结，部署2009年试点各项工作，协会于3月召开了试点工作会议，会后形成了试点总结报告。印发《关于进一步做好2009年中央财政渔业互助保险保费补贴工作的通知》，要求试点承担单位贯彻落实中央1号文件精神，进一步规范运作试点工作。截至2009年底，各试点地区累计承保渔船17247艘、渔民22253人，共收取互保费7270.15万元，落实补贴资金1356.49万元。

2009年，全国各级地方财政共落实渔业互助保险补贴资金11653万元，同比增加2973万元。其中浙江省互保费收入达到2.2亿元，山东省超过1亿元，辽宁省超过5000万元。2010年是开展中央财政渔业互助保险保费补贴的第三年，中央财政保费补贴试点地区累计承保渔船19720艘、渔民21707人，共收取互保费20034万元，落实中央财政保费补贴资金1548万元。

2009年在中央财政保费补贴试点工作的有力推动下，经过江苏省海洋与渔业局的不断争取和协调，江苏省政府金融工作办公室和江苏省财政厅联合下发《关于印发江苏省渔业保险试点工作方案的通知》，省财政给予投保渔民25%的保费补贴。试点工作由江苏省渔业互助保险协会承担，标志着江苏省政策性渔业互助保险工作正式启动。

协会与上海安信农业保险公司共同承担上海市政策性渔业保险试点，渔民保费享受财政30%补贴。

海南政策性渔业保险共保体和福建省渔业保险共保业务顺利开展。协会不断加强与海南省农业保险试点领导小组有关政府组成部门、共保体各成员单位的沟通联络工作，巩固协会主承保人的地位。修订共保体操作规程，完善共保体业务流程，形成中央财政保费补贴资金缺口分摊机制。为保证福建共保业务的顺利开展，修订福建共保合作协议，召开共保合作业务会议，完善共保合作机制和程序。积极争取海南省财政厅支持，将财政补贴的渔民人身保险金额从40万元提高至50万元。

协会着重加强了对内陆地区工作的指导和督促。协调各地成立专门机构、确定工作人员、开展业务培训、明确目标任务、迅速开展业务，建立以省办事处为核心的内陆渔业互保管理体制。部分省级渔业行政主管部门已陆续出台了推进渔业互保发展的指导性文件。协会也已对吉林、湖南、安徽、湖北、重庆、江西、新疆、内蒙古、四川等地开展了业务培训，并同时召开工作动员和部署会议，促进了内陆互保业务工作的开展。设立黑龙江省、河南省、云南省、湖南省、重庆市和新疆维吾尔自治区共6家省（自治区、直辖市）办事处，促进了内陆地区渔业互保业务数量和质量的整体提升。

2013年河北、广西两地首次争取到省级财政补贴支持，大大推动了渔业互助保险业务的发展，其中河北省互保费突破1500万元、广西突破2000万元。湖北2013年全省已实行机动渔船全覆盖，超额完成450万元年度目标，继续保持全国内陆省份第一。

协会将统筹推动全国远洋渔业保险纳入重点工作，联合中国远洋渔业协会积极向部渔业局汇报，落实农业部办公厅《关于进一步做好远洋渔船和船员保险工作的通知》要求。以远洋渔船和船员保险业务较为集中的福建、浙江、辽宁等省为重点，要求渔业互保机构按照属地化原则做好承保理赔和服务工作。

2012年为巩固全国一盘棋的格局，树立国家协会和地方协会一体化品牌形象，协会努力推动全系统使用统一的会标标识和业务软件系统。加大核心业务系统的升级开发力度，继能够满足全行业业务需求的协会核心业务系统承保模块在各地得到推广应用之后，协会将2014年的业务系统工作重点确定为对理赔模块的升级改造，克服了理赔流程相对复杂、涉及环节较多，并且各地方差异性需求较大等困难，经过努力攻关，协会直属地区和山东、辽宁的理赔模块上线使用。

科学掌握协会偿付能力，为风险管控和再保险安排提供数据支持。协会根据业务实际建立了偿付能力计算模型，测算出了各项偿付能力指标，并以此为依据，重点开展协会内控制度的研究。

我国内陆渔业保险潜力大、空间广。内陆的渔船和渔民的风险相对沿海风险小，保险需求较低，所以协会早期针对渔船渔民的保险业务对内陆吸引力不大，业务发展缓慢。但内陆淡水养殖规模大、风险高，保险需求也大。

所以内陆保险的重点是淡水养殖保险，目前在安徽、湖北已经形成一定的保险规模。

六、理赔业务

理赔业务是保险的核心业务之一，其专业性、复杂性、时效性、公正性都是对保险组织的考验。协会26年的运营实践证明，理赔能力是过硬的，和商业保险机构曾经的高赔付率相比，协会的赔付率控制在合理的水平，诉讼案件不多。其主要做法：一是建立健全规章制度，规范处理流程，制定赔付标准；二是及时勘验事故现场，掌握第一手资料，控制损失范围；三是成立理赔委员会，依靠专业技术工作者和专家团队，解决技术性难题，积累理赔经验；四是经常性地总结交流理赔案例，分析要点、共享成果，汇编理赔案例有助于理赔工作人员学习借鉴，提高赔案处理水平。

（一）加强制度建设

制定《小额船险赔案快速理赔方案》《协会理赔工作规则》，印发《关于简化渔民、渔船理赔材料的通知》，推行理赔单证电子化，合并索赔单证，减少理赔材料。制定了渔民人身平安互助保险小额快速理赔方案，编制了《理赔调查报告模板》，梳理理赔调查报告的填写内容，提高理赔时效，规范理赔流程。明确了全系统理赔案件异地委托代理的形式。印发《理赔业务操作指南》，进一步规范理赔工作。加强理赔资金的管理，要求各级机构加强赔案审核力度和诈保骗赔案件查处力度，进一步规范赔款领取程序，将采取银行卡支付方式，保证赔付资金全额落到渔民船东手中。做好重特大案件勘验赔付工作。

制定《关于解决雇主责任互保期限重叠问题的通知》等文件解决了理赔工作中存在的问题。还分别为天津市、海南省、广西壮族自治区和内陆地区拟定了理赔服务指南。

（二）坚持重大灾害现场勘验

协会依据《中华人民共和国突发事件应对法》《渔业船舶水上安全突发

事件应急预案》制定《渔业互保海洋灾害紧急预案》，以指导各级互保机构参与的大范围互保标的遭受风暴潮、台风、海啸等海洋灾害致损事故的应急处置工作。这样的事件太多，仅举几例。

台风“云娜”对浙江台州渔船造成了重创，协会在第一时间派出了工作组赴灾区一线调查勘验，快速赔付，得到了当地政府、船东、渔民的高度称赞，电视台专访表扬。

台风“桑美”造成的损失理赔中，协会和浙江省协会成立工作组，两次赶赴灾区共同开展定损勘验，在苍南县受灾最严重的两个镇采取大范围现场理赔的方式，现场提前支付渔民家属经济补偿款 400 万元，其中渔民死亡（失踪）25 人，伤残 1 人，赔付 192 万元；渔船受损 206 艘，赔付 208 万元。玉环市坎门渔港是唯一参加渔港财产互助保险试点的渔港，实际经济损失 1700 万元，互保承保金额 740 万元，获得赔偿，得到省委省政府的好评。协会理赔情况专稿被农业部内刊登载并报告给国务院领导。

台风“黑格比”在广东茂名市电白区陈村镇沿海登陆，重创广东、海南、广西三地，互保渔船受损沉没 257 艘，涉及金额 1100 万元，死亡渔民 5 人，失踪 1 人，涉及金额 1200 万元。协会立即启动灾害理赔紧急预案，与省级互保机构联合组成理赔调查小组，前往重点受灾地区进行勘验调查、配合救助、现场理赔，受到当地政府和渔民群众的一致好评。

2013 年台风“天兔”“蝴蝶”“菲特”先后给广东、海南、福建和浙江等省渔业造成严重经济损失和重特大人员伤亡。协会“特事特办、快速理赔”。特别是在“9·29”西沙海难事件的理赔过程中，9 月 30 日成立了理赔工作组，启动“突发重大事件理赔应急预案”，迅速开通理赔绿色通道。仅 10 天就将预付理赔款 860 万元汇给会员，同时还向 19 名未参保死亡（失踪）渔民家属发放了慰问金，极大缓解了当地政府和渔业行政主管部门的善后处理压力。

（三）重视理赔委员会群策群力

2003 年成立的理赔工作委员会，通过研讨进一步完善了理赔条款，严格了理赔程序，并对重点案例进行了剖析研究，提出对策。这些举措分析了问题，统一了认识，提高了理赔管理水平，使全国互保赔付率出现了大幅下降的局面。理赔委员会做了大量的理论研究和理赔实务的研讨工作，群策群力作用明显。2009 年 8 月，召开了年度理赔委员会会议，委员们均提交了研究论文，会上围绕防灾减损和提高理赔服务质量的主题进行了研讨，对《理赔案例编写大纲》进行了梳理和任务分解，对《协会重大海洋灾害事故处理规定》进行了集中研究和审议。

加强理赔数据分析和规范化管理。完成了 2011 年全国渔业互助保险理赔业务分析报告，理顺并健全了团体险理赔流程和拒赔案件处理流程，进一步完善了大案通报制度和报案登记制度，并在此基础上编写制定了《理赔网上操作办法（试行）》《理赔索赔指南》和《互保综合业务系统理赔工作流程》。

（四）完善理赔工作机构

为全面提高理赔服务质量，提高会员满意度，协会在直属机构开展了“理赔服务年”活动，以维护会员权益为出发点和落脚点，坚持制度化、标准化、信息化和透明化原则，以稳步提高理赔服务质量为重点的总体思路，开展系列活动。一是开展理赔服务问卷调查，重点调查了理赔过程中群众最不满意、最需要改进的做法。二是加强理赔制度建设，修订了《理赔工作规则》，向会员印发了《索赔指南》，指导会员在出险后办理索赔事宜。三是加强对理赔服务的监督和考核，设立了 24 小时报案（投诉、举报）电话，并制定了《理赔投诉处理工作办法》，把理赔投诉率、理赔服务满意度等指标纳入直属机构理赔工作考核指标。

2015 年协会在广西北海市成立“广西壮族自治区沿海理赔服务中心”，并派员以挂职锻炼的形式参与中心的业务管理，确保中心稳健独立运营；制定《海南省渔民渔船保险理赔工作规则》，完善海南省办事处理赔业务工作；给予内陆省理赔权限，提高内陆办事机构的工作积极性和主动性；为给渔民会员提供更优质的服务，贯彻“主动、迅速、准确、合理”的理赔八字方针，协会对原有理赔材料要求进行酌情简化。

2018 年 5 月全系统九家协会携手共同签署了《渔业互助保险理赔业务合作备忘录》。明确为适应渔业互助保险事业的发展需要，各协会将在行业联动、工作协调、信息共享和培训合作四个方面加强协作，进一步增强渔业互保机构间的沟通与交流。

七、把会员服务建设成协会的核心竞争力

中国的渔业互助保险事业发源于会员、发展于会员、服务于会员、依靠于会员，这是协会生存的根本、发展的基石。对于会员的服务整个渔业互保系统都十分重视，各省都出台了很多好政策、好方法，渔民会员享受到了一些超值服务。但过去也有协会对会员服务的认识还不高，地区差异性还很大，缺乏顶层设计和战略规划。第五届理事会敏锐地认识到这个核心问题，迅速地以新理念、新作风、新方法，研究推动全系统的会员服务工作。

2016 年 10 月 27 日，全国渔业互助保险服务渔民会员经验交流暨荣誉会员表彰大会上，李健华理事长在讲话中强调：渔业互助保险事业要想长远发展，必须始终保持“互助保险”的初心不变，不断强化服务渔民会员的宗旨意识，充分展示渔业互助保险的本质和特色，把渔业互保协会办成真正意义上的“会员之家”“渔民之家”，这才是渔业互助保险存在的意义所在。

协会在加强和改进会员服务工作上主要做了三方面的工作：一是主动下调费率、扩大保障范围，在风险可控的前提下逐步让利渔民会员。渔船互保费率平均下降了 25%，最高下调幅度超过 50%。二是设立会员服务部，会员服务支出纳入财务预算管理，相继出台了身故和残疾会员子女教育资助、困难会员临时救助、受伤会员探视慰问等制度措施，加强人文关怀。2016 年已对第一批 91 名身故（高残）会员子女给予教育补助金共 27.5 万元。三是增补渔民会员代表进入理事会，完善会员制，提高民主办会水平。渔民会员代表在协会理事会中所占的比例已经提高至 27%，更多的渔民会员代表正在参与协会的决策、管理和监督。

综观协会 26 年的发展历程，凡是工作比较顺利的时期都是重视会员服务，会员服务做得有声有色的时期。在会员服务上主要开展的金融信贷服务、安全生产服务、涉韩担保服务、防灾减灾服务、扶贫助教服务、培训科

普服务等，增强了协会的凝聚力，培育了协会的品牌文化。

（一）小额信贷金融服务

对船东会员的小额贷款服务，是协会服务会员体系中的金融服务创新，意义重大。最早是宁波协会和浙江协会率先在辖区开始的，是规模不大的试验性探索。协会组织人员在七个省对小额贷款服务进行调查研究，总结认为这项服务是会员所需且综合效益显著。

调研认为：现代金融是现代渔业的重要支柱，没有足够的金融支持产业可持续发展不可能实现。协会在会员服务中发现渔船船东普遍缺乏发展资金。在对多省的专项调研中显示，有93%的船东资金短缺，需要资金借贷。但是在商业银行获得贷款的难度大，门槛高，普遍采取民间借贷，利息在10%到15%之间，还有更高的。协会经分析，如果能提供6%左右的利息，为船东会员提供10万—30万元的小额贷款，既能解决会员的资金需求，又能让协会资金保值增值，是个一举多得的好项目。

那么这种会员的贷款服务是否合法合规呢？协会经研究认为：法无禁止皆可为。一是协会服务会员的资金是协会积累的风险准备金，符合取之于渔、用之于渔的资金使用原则；二是用于贷款的资金不高于总准备金的10%，确保理赔时的资金充足；三是贷款利息高于银行同期利息的4倍是高压线，而协会的利息不高于6%，比银行还优惠；四是协会贷款的宗旨是不以营利为目的，以服务会员为目标。

同时协会认为更有意义的是通过这种模式，利用协会的“保险+贷款”平台，可以吸引拉动商业银行的资金，共同支持服务渔业经济。银行业资金雄厚，但面对船东的需求和高风险的产业，担心资金安全不敢贷。有了协会的平台和协会运作，银行参与其中就将会消除顾虑，提供服务。

为此协会根据《准备金使用管理办法补充规定》，启动会员小额贷款服务，试点取得经验，并制定了业务操作规则。2009年下半年，协会会同有关地方协会在相关金融机构的支持下，拨付专项资金分别在山东、广西、海南启动小额贷款服务试点，得到了渔区当地政府的认可和广大渔民船东的欢迎。

2010年针对中小型渔船船东贷款难的问题，在启动小额贷款服务的基础上，会同有关银行在广西、福建、山东、浙江、河北等地累计发放贷款3200万元（获得银行配套资金2000万元）。并与山东省海洋与渔业厅、农行山东省分行共同签署了《委托贷款合作协议》，成为完善渔业互保服务体系、构建银保联动机制的重大举措。

2011年10月18日，国家协会、江苏省渔业互助保险协会、江苏银行股份有限公司共同签署了《船东小额贷款业务合作协议书》，国家协会和江苏省协会共同出资2000万元，委托江苏银行股份有限公司开展会员小额贷款服务，开启了渔业互助保险服务于江苏渔民船东的新渠道。2011年在福建省惠安县实施参保渔船抵押小额借贷试点，52名参保船东共获得由中国渔业互保协会提供的400万元小额贷款。

2011年应各地要求，协会继续扩大贷款试点到七个省，发放贷款9200万元，年净收益率为5%，三年来没有坏账，说明渔民很讲信誉，也说明小额贷款金融风险很低。

到2012年因协会认识的原因此项服务业务停止了，但是一些地方协会一直没有停止。2013年福建的贷款总量达到5500万元，而会员采取渔船加保单方式共计获得抵押贷款48.5亿元。宁波协会在小额贷款的基础上发展成立了担保公司，2019年业务量达到了6亿元，成为渔业经济发展中的重要金融力量。

如果全国协会系统能提供1亿元贷款资金，和渔业主管部门一起拉动银行系统配套9亿元资金，形成10亿元的资金池，可以为中国现代渔业发展真正提供金融的强力支持，显示中国渔业互助保险的组织威力，相比存在银行不动，其社会影响和经济效益都是不一样的。

（二）涉韩担保金交付服务

2011年6月《中韩渔业协定》实施，对双方作业渔船活动水域等做出限制和规定，我国渔民一时还不适应新的变化，每年因到韩方一侧水域作业被韩方抓扣的渔船很多，因为要等待法院调查后的审判，往往时间很长。这样为了减少损失，要提交担保金后才能先放船。但没有正规的交付担保金渠道和窗口，多由私人代理，费用高和被骗取担保金的情况时有发生。协会关注到船东经常有经济损失的情况，从服务会员、保护会员的角度出发，向农业部渔业主管部门提出申请，作为中方指定的交纳担保金的窗口为渔民提供正规服务。农业部《关于 2003 年实施〈中韩渔业协定〉有关问题的通知》中规定："决定由中国渔船船东互保协会开展涉韩渔业案件的代理交付担保工作，发生涉韩渔业案件的当事人，可以按协会章程加入有关险种后获得相应的权利。"之后协会与韩国水产业协同组合中央会作为双方政府指定窗口签署了《中韩关于扣留渔船担保金交付合作协议书》，于 2004 年 1 月 1 日生效。

但由于韩方代理机构遇到节假日休息不能及时快速交付担保金问题，工作开展很不理想。为迅速打开局面，协会在部渔业局和渔政指挥中心的大力支持下，在中国驻韩国光州领事馆的帮助下，取得韩国沿海各警察署的理解和支持。于 2007 年 11 月在抓扣渔船比较集中的韩国木浦设立办事机构开始试点运作，并和韩国地方海上警察厅等部门组织了多次互访，密切关系，至 2008 年底累计已为 136 艘我国被扣渔船交付了担保金，同比增长 202%，2008 年 12 月 29 日，协会设立"驻韩代表处"的申请得到韩方正式批复，开创了农业部系统社团在境外设立办事机构的先河。2008 年当年服务渔船 154 艘。

协会涉韩担保业务"服务为主、效益为辅"的会员服务原则，就降低手续费事宜与韩国水协进行了多次协商，并两次接待水协代表团商谈此事，要让利给会员，与韩方达成一致意见，签署了协议。由于协会开展此项服务，使得私人担保收取的手续费从 50% 以上下降到 8%，而协会只收 3%，发挥了稳定代理价格、维护政府形象、提供多种服务的作用，深受会员好评和驻韩领事馆的欢迎。因兑换韩币不方便等原因此项服务于 2011 年 7 月停止。

（三）防灾减灾专业技术服务

防灾减灾专业技术服务主要有三个方面：

1. 利用大数据总结事故原因，有针对性地防范

通过分析协会明确渔民海上死亡伤残事故主要是落水过冷而死或溺水而

亡，因此免费为渔民发放保暖救生衣、保暖工作服，配备应急药箱、安全帽和救生筏；而主要伤残是因为起网机事故造成的，就投入资金组织专业技术力量配合生产工厂修改设计图纸，研发符合安全生产标准的新产品。

2. 奖励见义勇为，倡导海上自救互救

实践中总结出渔船海上事故主要有三种救助力量：一是渔民编队生产的互相救助，信息准确，距离较近，救助有效；二是政府搜救中心组织的救援，动员各方，尤其是直升机速度快；三是过往船只的救助，效率不高。针对这种情况协会对救助成功的渔民尤其是会员实施现金奖励，在全系统倡导救助行为，建设互救文化。

3. 编写教材录制短片，向会员培训和普及安全知识

协会组织专家编写《渔船船长职业安全手册》《网机猛于虎》和《渔船船员培训教程知识》等书籍供会员学习。拨付专项资金配合农业部渔业局印制了《渔业安全宣传录像片》3 万套，免费发放给渔船船东学习培训。

（四）扶贫助学，促进渔区和谐

协会提升会员服务质量。为确保服务渔民会员工作的系统化、规范化和常态化，践行服务渔民会员宗旨：一是构建会员服务体系。在秘书处增设了会员服务部，并在费用支出预算中增加了“会员服务”项目。二是建立会员服务制度。建立《会员名录》，划分了团体会员、单位会员和个人会员；出台《身故及高残会员子女教育资助暂行办法》《困难会员临时救助暂行办法》《受伤会员（船员）探视暂行办法》等制度。2016 年给予 91 名会员（船员）子女教育资助款 27.55 万元，给予 14 名困难会员救助款 4.6 万元。将“服务渔民会员”确定为今后协会工作的主线，在全国范围内表彰 100 名荣誉会员并给予现金奖励。

2017 年，为加强和改进会员服务工作，面向全系统开展了“关爱渔民会员渔业互保在身边”主题系列活动，共分为“送安全进渔区”“感恩常伴资深会员礼遇”和“渔业互保在行动”三个专题活动，收效良好。同时联合各省开展“渔业互保扬帆助学行动”，对 85 名渔区贫困家庭大学生进行教育资助，每年提供助学金 42.5 万元，还为 30 余名身故或高残会员的未成年子

女提供了近10万元的助学金，彰显渔业互保的社会责任。

八、制度、组织、文化建设

（一）制度建设

2004年根据民政部、财政部联合下发的《关于调整社会团体会费政策等有关问题的通知》，社会团体会费标准由会员大会或会员代表大会决定，协会依据业务范围、工作成本等，制定了会费标准，经全国会员代表大会表决通过，并写入了协会章程，为互保费收入的合法合规奠定基础。

2012年7月，农业部办公厅印发《全国渔业互助保险发展“十二五”规划（2011—2015年）》，确立协会工作纳入监管争取补贴、建立政策性渔业互助保险制度的工作任务，明确“统一互保标识、统一示范条款、统一业务系统、统一会计核算”的“全国一盘棋”基本内涵，成为未来指导全国渔业互助保险发展和制度建设的纲领性文件。

为加强及规范协会和分支机构的财务管理行为，制定颁布《准备金使用管理办法》《财务管理制度》《分支机构财务管理细则》等涉及资金和财务的管理制度。出台《财务支出管理规定》，严格财务支出手续；根据《民间非营利组织会计制度》及《保险会计制度》，积极研究制定适用于协会的会计制度；进一步规范了协会和各级机构的财务行为，使财务行为更加透明，财务监督更加有效。对协会成立以来的各项规章制度进行了清理，保留原制度19项，新增秘书处工作制度、人员招聘、干部选拔任用等制度6项。

加强理事会、秘书处、监事会的沟通和协调，着力形成决策权、执行权、监督权既相互制约又相互协调的权力结构和运行机制。根据《理事会工作规则》和《监事会工作规则》，秘书处修订《秘书处工作规则》，以使秘书处工作制度化、规范化、科学化，提高工作质量和效率。加强财务制度建设，新出台了《办事机构会计核算办法》和《协会办事机构财务报账管理规定》，不断提升各级机构财务管理水平。建立由理事长、副理事长、监事会主席、秘书长和各地方分管领导、主要负责人参加的联席会议制度，修订和新制定了《理赔工作规则》《财务支出管理规定》《理赔投诉处理工作办法》等多项制度，实现了业务操作、财务支出、风险防控、信息宣传、公章管理、公文处理、出差管理和人力资源等多方面的规范运作和科学管理。加强经费使用管理。下调了理事会管理费、奖励基金和防灾宣传费的计提比例，同时对三项经费的使用范围重新进行了科学划分。

修订《理事长会议和理事长办公会工作规则》《监事会工作规则》，秘书处在规章制度的基础上，修订出各项管理制度，主要包括决策、财务、人力资源、文秘档案、业务开展、后勤保障和会议制度等几个方面。加强制度建设。积极采取切实有效的措施打造国家级协会。

（二）组织建设

1. 办公室条件良好

1997 年 11 月 14 日，协会从租用的办公室搬入位于北京市丰台区骆驼湾乙 11 号的新办公楼。2009 年 12 月初又因开发征地而搬入北京市西城区富力摩根 8 号新购置的办公室。办公室面积 3633 平方米，地址优越，环境一流，自有产权。

2. 资本实力雄厚

2007 年 7 月，经民政部批准，中国渔船船东互保协会更名为中国渔业互保协会，扩大了事业发展空间。协会注册资金从 20 万元注资为 1500 万元，体现了协会的形象和整体实力。

3. 充实会员进入决策层

为使协会真正符合民间性质和宗旨的要求，增补船东会员进入理事会和监事会，船东理事和监事比例分别为 13% 和 33%，这是协会队伍建设上的创新，真正体现协会的民主自治的理念。

4. 加强党组织建设

制定《党支部工作制度》《党小组工作指南》和《党小组工作绩效评价办法》；制定领导班子理论中心组学习制度，以切实加强领导班子的思想政治建设，不断提高领导班子的理论水平和业务能力；出台《推进建设学习型组织实施方案》。

5. 加强信息化建设

2003 年到 2004 年，协会将信息化管理提到议事日程，面对海量的大数据，协会与联想智软计算机科技有限公司经过两年时间联合开发的《渔保业务管理软件系统》，6 月份开始已在辽宁、山东和浙江安装试用。该系统的正常运行，大大提高了协会的业务管理水平、工作效率，使分析能力和决策能力更加快捷、准确。

现代保险的发展离不开 IT 科技，协会改造升级了人船险系统，解决全国直属地区的日常承保、理赔业务需求问题，全国直属地区基本实现了网上承保开单及理赔；跟进养殖险系统项目，完成了协会内系统的试运行及验收工作；加强统计结算工作，基本做到能及时地按月统计和结算，并在全国直属地区推行电子化单证管理，做到单证二级管理；加大互保人员的业务软件实务操作培训。

6. 重视全员培训

为做好渔业互保专门人才的培养，2009 年到 2012 年，协会联合大连海洋大学共同开办“船舶（渔业）保险”大专班，全国沿海主要渔业大省共选派 37 名学员入学，为此设立奖学基金，调动学习积极性，现在许多同志已经成为互保机构的领导和骨干。

为加强全系统队伍建设，协会非常重视对系统队伍的业务培训，2010 年以来先后在大连和烟台设立培训基地，并在烟台连续举办三期业务工作培训班，共有全国各级机构的近 400 名学员参加培训，课程设置有组织文化、承保理赔、沟通协调、领导艺术等。

2016 年协会与上海海洋大学签约合作共建协议，并为“中国渔业互保协会会员培训基地（上海）”揭牌，双方签署了《（长训班项目）培训合作协议书》和《（会员培训基地项目）合作协议书》，充分发挥双方优势和行业影响力，着力在深化渔业互保系统专业人才培养和协会会员单位渔业职务船员培训等方面加强合作。至今已经在上海基地举办每期 3—4 个月的四期长训班，累计培训 100 多人，系统地接受渔业、保险、海事、灾害防范等专业知识培训。

2018年7月初，协会组织全国渔业互保系统中高级管理人员培训，来自地方渔业互保协会、重点沿海省区办事处主要负责人和业务骨干及协会秘书处成员、各部门负责人等近50人参加培训。在渔业互保系统正处在非常关键的转型期，渔业互保的市场化改革是事业发展的必由之路，历史正在推动协会从“渔业人”向“保险人”转变的背景下，培训内容主要侧重保险合规运营理念和市场化管理思维的培养。邀请国务院发展研究中心、北京大学保险与社会保障研究中心、美国领导力中心、华农财产保险等专家，从保险业发展前景、保险公司管理实务、相互保险与渔业互保管理体制转型及管理者领导力提升等方面进行了系统讲解和指导。

协会在2019年10月底举办全国渔业互保系统中高级管理人员培训班，各省（市）渔业互保机构主要负责人、业务骨干及协会秘书处中层以上管理人员近50人参加培训，邀请了国内农业保险知名专家庹国柱教授、奥美集团培训总监、领越领导力发展认证讲师，从解读《关于加快农业保险高质量发展的指导意见》、企业转型与变革创新八步法、大数据时代品牌危机管理及媒体应对技巧、如何将领导力转化为商业价值等方面进行了系统讲解和指导。

为提升业务骨干的工作和管理素质，协会与农业部管理干部学院联合举办了全国渔业互助保险管理干部培训班，邀请渔业行政主管部门有关领导，中央党校、中央财经大学和对外经贸大学的知名教授，就经济金融形势、突发事件应对、农业保险政策、海洋渔业及热点问题、领导执行能力等方面的知识进行了专题讲解。

2010年选送18名同志参加中国人民大学工商管理MBA班学习，几年来陆续有34名员工接受研究生班教育，目前协会总部52名员工，本科以上学历者44人，硕士学位者14人，学历结构显著提升；同时积极开展职称评定工作，有2名同志评上中级职称，6名同志评上初级职称。出台政策鼓励员工参加在职学历教育，已有7人取得在职研究生学历，另有6人正在参加在职研究生课程学习。2011年，秘书处有15人取得中国人民大学工商管理硕士（MBA）研究生课程研修班的结业证书。

7. 编写培训教材

协会先后组织编写《渔业互保知识问答 2009 年》《政策法规汇编 2009 年》《课题报告汇编 2009 年》《渔业互助保险理赔案例选编 2010 年》《渔业互助保险法律法规政策汇编 2014 年》《全国渔业互助保险培训示范教材》《渔业互保工作手册》《理赔案件评析》《渔业互保文件汇编》，形成业务培训的系统教材，讲述理论、总结实践、面对现实、通俗易懂，成为工作人员的手头必备。2010 年先后出版了介绍起网机安全操作的宣传画册《网机猛于虎》和侧重于船长生产安全要领的《船长职业安全手册》。协会在全国报送的近 200 个案例中选择了 80 个典型案例编印了《渔业互助保险理赔案例选编》。

（三）文化建设

协会自成立以来，就十分重视组织的文化建设。协会起源于渔民间的互助共济，其组织最本质的基因就是“合作”和“互助”；协会成立的基础是渔港监督机构最专业的保险代理，这个“专业”的基因正是协会服务渔业保险的优势；协会的成立是保险制度的创新，也是渔业系统管理机制的创新，“创新”是协会组织最鲜明的特色；协会生存的基础是为渔民服务、为渔业服务，没有了对主体的服务，也就失去了生存的意义，所以“服务”是协会组织的灵魂。一个组织文化建设的重要基础，就是创建者和组织体系的基因，而协会的基因组合正是“合作、互助、专业、创新、服务”等元素，建设高标准、高素质的国家级协会是农业部给互保协会设定的目标，而优秀的文化建设才是实现这个宏伟目标的前提。

协会经过 26 年的发展实践，各届理事会的薪火相传，初步形成了组织愿景、使命、价值观，形成了组织气质、组织形象和组织品牌。组织文化还需要总结提炼，以下是简要分析。

1. 愿景：把协会建设成中国渔业政策性保险制度的最佳载体

协会创立之时渔业保险市场失灵，挺身而出为渔民提供低成本的保险服务。此后党中央、国务院高度重视农业政策性保险制度建设，通过积极探讨，2002 年协会首次提出组织愿景：要把协会建设成“人大立法保障的、国家财政补贴的、农业主管部门指导的、渔民广泛参加的、协会市场运作的”政策性渔业保险组织。2004 年在协会形成“农业保险、渔业先行”的共识。以后协会以此为己任，为实现这一目标进行着不懈努力。想出各种办法、通过各种渠道，研究问题、沟通各界、宣传业绩、反映诉求、争取政策，为广大渔民争取国家财政的保费补贴，全力推动中国渔业政策性保险的进程。这个愿景是发展实践中逐渐清晰、逐渐完善的，是宏大而艰巨的，是具有挑战性的体制创新和制度突破。

2. 使命：互助共济、服务渔业

协会章程规定：本会的宗旨是“互助共济、服务渔业”。这是协会成立的初衷，是全体会员的共识，是组织的神圣使命。协会组织不以营利为目的，服务全体渔民会员组织起来互相帮助、同舟共济，用自己的力量共同抵御生产的各种风险，一个人是渺小的，面对市场经济的汪洋大海，个人的力量太弱小，难以争取到公平正义的利益，而组织起来、团结起来就有力量。协会旗帜下的渔民会员，可以共同追求合理的渔业风险保障制度，发出强大的诉求之声。分散的、个体的、弱势的渔民群体需要组织起来，发展起来，而服务渔业、服务渔民正是协会的伟大使命。

3. 价值观：崇尚服务、倡导学习、追求专业、坚守诚信、推动创新

组织文化以价值观为核心，价值观是把所有员工联系到一起的精神纽带，是组织生存、发展的内在动力，是组织行为规范制度的基础。

价值观是组织精神的灵感，保证员工向统一目标前进。组织价值观的发展与完善是一个永无止境的工作，组织的各级管理人员要认真考虑究竟什么是组织最实际、最有效的价值观，然后不断地检讨和讨论，使这些价值观永葆活力。

无数例子证明，组织价值观建设的成败，决定着组织的生死存亡。成功的组织都很注重价值观的建设，并要求员工自觉推崇与传播本组织的价值观。

价值观对动机有导向的作用，人们行为的动机受价值观的支配和制约，价值观对动机模式有重要影响，在同样的客观条件下，具有不同价值观的

人，其动机模式不同，产生的行为也不相同，动机的目的方向受价值观的支配，只有那些经过价值判断被认为是可取的，才能转换为行为的动机，并以此为目标引导人们的行为。

协会的价值观也在经历不断地更新、进步、调整的过程。在2008年逐步形成建立“学习型、研究型、服务型、创新型”协会发展的价值取向。协会的各项活动基本是围绕这样的价值导向开展的。

崇尚服务：协会组织和商业保险的最大区别之一就是会员服务。协会所面对的、所服务的是一个特殊的同质风险渔民群体，而商业保险公司所服务的是不同风险的大众群体。商业保险追求利润最大化，在客户服务上预算有限；协会不以营利为目的，有防灾减灾服务会员的专项预算。从这个意义上说，协会的会员服务是管理的灵魂。协会是渔业互助的组织者和服务者，服务的核心是全体渔民，组织的对象是全体渔民，没有了渔民的根本需求就没有协会这个组织，而能使组织可持续发展、让渔民群众拥护的就只有真情、真心、真诚的优质服务。既要有服务的热忱心愿，又要有服务的过硬本领。而坚持做好服务的价值观和全体员工的共识最为重要。价值观是协会人员工作取舍、生活好恶，赞成什么反对什么、认同什么抵制什么的标准。当把思想和行动都统一到为会员服务的目标上，就能释放出组织的智慧和能量，服务会员、服务渔业就能有的放矢，效果突出。

倡导学习：提出向书本学、向实践学、向基层学。

向书本学。一是每年世界读书日的4月份，是协会的读书月。由团支部组织，全体青年都要登台演讲自己读过的一本或多本好书，请评委打分评选优秀者给予物质和精神奖励。这是一种重要的价值和行为导向，明确地告诉全体员工，协会提倡把有限的时间和精力用在学习上，用在充实知识上，而且树立学习的榜样，并且有丰厚的奖励。长期坚持的学习活动，中层干部带头的学习行动，使得协会的学习氛围蔚然成风。为方便员工学习，协会建立了小型图书馆，配置各种经济学、社会学、政治学、文学等书籍，营造出独特的学习气氛。二是推动学历教育，选送多名员工到中国人民大学进修经济学专业研究生，考试通过协会报销学费，就是要通过学习提高协会员工的整体素质，满足保险事业的人才服务需求。三是鼓励员工自己主动学习保险专业知识和技术，提倡参加社会保险代理、经纪、公估等资格考试，考试通过取得证书者协会报销费用，并发放奖金。明确表示协会倡导学习，鼓励上进，尊重知识。四是和大学合作办大专学历的保险专业班，为协会各省的基层组织培养专业人才。

向实践学。协会每年都有一些调研、课题、编书、培训、会议等活动，有针对性地让一些员工参与进来，在实际工作中提高锻炼，培养书面写作、口头表达、规划统筹、项目主持、专课调研等综合工作能力。为培养青年优秀党员的领导能力，协会党支部成立了四个党小组，选派了四名青年硕士担任党小组组长，工作充满着朝气，现在都已经成长为协会骨干中坚力量。

向基层学。一直以来协会形成了新员工到基层互保机构实习锻炼的制度。把新员工分成组派到从广西到辽宁的各渔港所在地的渔船集中、互保业务多的基层机构，跟着师傅学习，采取师傅带徒弟的办法学习专业技术。锻炼时间一个月到三个月不等，使得新员工了解业务第一线的具体工作流程，体会基层工作的辛苦，感受渔民会员对投保和理赔的真实需求，接地气的学习实践让员工成长进步很快。

追求专业：协会从事渔业互助保险的技术优势就是渔船风险管理和水产养殖风险处理的专业水平和能力，商业保险当年退出渔业保险市场的主要原因就是专业人才短缺，对诈保骗保无法识别，赔付率居高不下。协会追求专业一方面是用专业水平处理好承保和理赔，保证公平公正，另一方面更为关键的是用专业能力帮助广大渔民防灾减灾，减少各种经济损失和人员伤亡，让协会的专业水平给渔业带来利益、带来实惠、带来信任，让协会的专业成为保险组织的品牌，成为核心竞争力，一提起渔业保险人们首先要想到渔业互保协会，想到协会令人放心的专业技术能力和提供的全套渔业保险解决方案。

坚守诚信：互助共济的本质是互相帮助、相互救济、共渡难关，而能实现这个目标的基础就是诚信原则。互助保险组织没有行政命令，没有投资约束，没有强制手段，靠什么把会员凝聚在一起，追求共同的事业，就是靠组织的诚信，签订了的合同就要遵守，承诺了的赔付就要兑现，约定了的资助就要履行。协会总部曾经许诺不做一个假案，在26年的经营活动中没有出现任何诚信方面的瑕疵，在各种利益的诱惑面前经受住了考验。对会员讲诚信，守合约重服务；对合作伙伴讲诚信，守协议重合作；对员工讲诚信，守合同重情谊；对政府讲诚信，守规矩重奉献。协会是事实上的准金融保险机构，全系统有近千家基层机构从事与金钱密切相关的工作，26年来从没有出现过重大金融案件，应该说是个奇迹，诚信文化已经在全系统深深扎根。

推动创新：创新是协会与生俱来的基因和气质。在市场经济大潮涌动初期，渔业互保就大胆探索、横空出世，具有创新的勇气和魄力，创新的思想和行动。改革永远在路上，协会机制体制的创新艰巨而困难，但创新是永恒主题。改革走向深水区，创新的难度会更大，对此必须要有充分的准备，具备创新能力、动力和活力，用清晰的顶层设计主导和推动全系统的体制和机制创新，尽快闯出一条前无古人的渔业互助保险的康庄大道。

经过长期的发展，协会的价值观在思想认识上的统一成为了人际关系的基石，在利益上的互动和协调成为人际关系的核心，在信息上的沟通成为健康人际关系形成的关键，在实践上的一致成为人际关系的保证。

价值观对人们自身行为的定向和调节起着非常重要的作用，决定人的自我认识，直接影响和决定一个人的理想、信念、生活目标和追求方向。

心理学理论认为，我们生活的重要价值观可以被定义为“不容易动摇的支配生活的重要原则或目标”。也就是说，不管现在处于什么样的环境，价值观是能让自己过得最像自己的工作和生活原则。从琐碎的具体行动到重要的决定，价值观都发挥着广泛的影响作用，扮演着调整我们工作生活方向的角色。

对于任何一个组织而言，只有当绝大部分员工的个人价值观趋同时，整个组织的价值观才可能形成。与个人价值观主导人的行为一样，组织所信奉与推崇的价值观，是组织日常经营与管理行为的内在依据。

组织的价值观，是指组织在追求经营成功过程中所推崇的基本信念和奉行的目标。而组织价值观是全体或多数员工一致赞同的关于组织意义的终极判断。

一个组织的价值观可称为“服务价值观”“诚信价值观”“专业价值观”，也可以形成“冒险价值观”“享乐价值观”“等级价值观”，这取决于组织的使命和追求。组织的价值观就是决策者对组织性质、目标、经营方式的取向所做出的选择，是为员工所接受的共同观念。价值观形成了组织判断善恶的标准，更重要的是也形成一种共同的思想境界的工作气氛，就是组织文化。

价值观决定了组织的基本特性，在不同时期的社会环境中，会存在一种被人们认为是最根本、最重要的价值，并以此作为价值判断的基础。协会作为独立的经济实体和文化共同体，在内部必然会形成具有本组织特点的价值观。这种价值观决定着协会的个性，左右着协会的发展方向。一个把服务作为价值观的组织，当服务和利润、创新、研发发生矛盾和冲突时，会很自然地选择服务好会员，使利润、创新和研发服从会员服务的需要。

组织价值观对员工行为起到导向和规范作用。企业价值观是组织中占主导地位的管理意识，能够规范组织领导者及员工的行为，使员工很容易在具体问题上达成共识，从而大大节省了运营成本，提高了经营效率。

4. 事件、仪式、形象和故事

文化内化于心，外化于行，在组织里无处不在。而协会的文化形象也是由一桩桩事件、一位位员工、一个个故事所展现出来的，工作和生活的点点滴滴都契合着使命，彰显着价值，都透露着文化信息。

品牌活动。“大美渔村，平安渔业”摄影展。协会与中国文联摄影艺术中心共同主办的“大美渔村、平安渔业”中国渔业摄影展活动，连续三届近万人参加，收到来自全国渔业系统及广大摄影爱好者的摄影作品 9 万多幅（组），获得“2018 年度全球华人十佳影展”的殊荣，扩大了渔业的社会影响力，打造了渔业领域第一文化品牌，扩大渔业互助保险和协会的知名度和影响力。活动弘扬渔业文化，展示渔业风采，彰显互保理念和实力。这一品牌会更好地发挥宣传渔业、宣传互助保险的功能，为服务现代渔业、平安渔业、绿色渔业建设发挥更加积极的作用。协会的这一标志性品牌文化活动目前两年举行一次，集中体现着协会的学习、专业、创新等价值观和与时俱进的时代格局。

互保宣传日。协会将召开成立大会的 9 月 26 日定为互保宣传日，拟定宣传口号，提出宣传提纲，全国渔业互保系统利用各种方法和形式，在渔区、渔村、渔港集中宣传渔业互保事业，展示成果、展现形象、培育品牌、建设文化。每逢五逢十的协会成立日，协会都要举行盛大的座谈会，纪念渔业互保事业的发展和实践，邀请长期支持关注渔业互保事业的政府领导、社会各界出席会议，发表演说，这些活动都是重大业绩发布和政策导向的风向标，形成协会具有传统的重大庆典仪式。

青年读书论坛。每年的世界读书日期间，是协会的读书月活动，领导带头读书，带头讲。重头戏则是协会团支部组织的青年读书论坛，协会的每位青年员工都要精心准备题目和课件，登台汇报读书体会，向全体员工分享读书心得，接受全体员工的评分，最后评出优秀者，协会给予精神和现金奖励。组织全员读书活动是协会长期坚持的品牌活动，为方便员工学习，协会建有小型图书室，精心选配政治、经济、社会、文化、艺术和专业书籍，成为协会员工的精神家园。

挂职锻炼汇报会。协会对新员工到基层机构实习锻炼已经形成制度，在三个月的第一线实习结束后，协会秘书处要组织全体员工听取实习者的专题汇报，对报告者是一次认真总结、提炼的机会，对全体员工也是一次学习交流的机会。每位员工实习后的正式汇报具有仪式感，庄重的会议，严肃的现场，体现出协会对培养人才的重视，也成为协会重要的文化符号。

重大灾害现场定损减损。每年因为台风等造成各地的自然灾害次数很多，协会都在第一时间启动应急预案，派出专家组赶赴灾难现场，一方面现场勘验灾情，确定损失情况，启动快速理赔，一方面对会员标的物损失给予现场的专业指导，帮助减少损失，防止损失的扩大。协会的理赔专家在关键时刻到达灾情现场对会员是极大的安慰和依靠，也是政府灾后组织救助的生力军，显示出渔业互保处理灾害事件的专业能力、经济实力和技术水平，精准传播协会的专业品牌。

大额理赔案件现场给付。随着渔业经济活动规模扩大，渔业保险的保障水平越来越高，几百万、上千万的理赔案例也开始出现。协会深知每一次大额事故赔案，都是一次协会诚实守信、重合同、快兑现做法的宣传，都是一次与会员交流情况、公开标准、接受监督和服务会员的机会。所以对大额理赔案件的给付，协会经常要举办现场会，庄严、隆重、公开地赔付，理赔现场真实感受巨额赔付的震撼，影响渔民的内心和行动，是有效的展业和品牌文化建设。

救援有功会员奖励。协会基于海上风险的专业认识，海损事故之后渔民之间的互相救助是最有效的方式，挽救渔民生命最多，因此协会长期以来一直倡导鼓励渔民的海上救助行为，并定期对抢险救助有效的会员给予现金奖励。利用各种大型渔业互保年会等机会，把奖励抢险救助会员作为一项重要内容，大张旗鼓地进行重奖，以在全系统弘扬互救精神，建设共济文化。

编撰中国渔船事故分析白皮书。渔业互保的保险大数据十分珍贵，连续的投保和事故调查理赔数据，比较真实地记录了各种事故前因后果，挖掘分析这些数据从中找出渔船和渔民的事故规律，对指导渔民防灾减灾意义重大。为此协会从 2003 年开始组织专业人员对理赔数据进行系统的录入和分析，先后完成四本《中国渔船事故分析报告》，提出协会每 10 万人的死亡、伤残率，分析出渔民死亡和伤残的原因，提出渔船事故率和全损率，分析出渔船事故的原因，得出并向社会发布中国渔业是最具风险的行业，渔民是最危险的职业，体现了协会在渔业安全生产事故研究领域的权威性，确立了白皮书的品牌价值。

渔业保险和渔业安全论坛。渔业安全和渔业保险是协会事业的两大基础，没有渔业生产的风险安全问题，渔业保险就失去了目标，没有了意义。深入研究渔业安全和分析渔业风险，是渔业保险的理论基础和技术基础。而渔业保险在大农业保险中是一个小领域，在保险界也缺乏深入、系统、有价值的研究，而对协会来说这些研究对争取保险政策、取得各界理解和支持是具有现实意义的。同时这也是协会追求专业、倡导学习的文化建设。

渔业安全培训和普及。协会服务会员除了经济赔付责任之外，还要经常性做的是对会员的安全教育，安全知识普及和技能培训。在这方面协会做了大量的工作，组织专业人士编写教材、撰写书籍、绘制漫画、制作录像片，免费提供给会员学习，体现出协会用心、用力地从根本上对会员提供服务，关爱生命，关心成长。

扶贫解困助教。协会多年来本着“取之于渔、用之于渔”的原则，深入进行渔区范围的资助贫困渔民、帮助困难学子活动，尤其是对在事故中死亡渔民孩子的教育资助，体现出协会对会员的人文关怀，也体现出互助保险对“会员之家”的感情和行动。长期坚持的扶贫善举和助学行动已经形成协会的良好品牌和鲜明文化。

办公室的格调和色彩。协会办公楼是协会文化和品牌物化的体现。整体厚重、庄严、内敛、低调。海蓝色基调象征大海的博大而深邃，宽阔的走廊、精致的船模彰显协会的实力和专业，整体和保险事业的气质契合，稳重而现代。

文体活动。协会注重员工德智体的全面发展，工会、妇联、共青团组织健全，群众性活动十分活跃。尤其是唱歌、篮球、乒乓球等爱好者多，在系统比赛中屡有好的成绩，体现出协会充满生机的发展态势，彰显出员工全面发展的综合素质。

党组织活动。协会党组织 2010 年荣获中共农业部直属机关委员会“先进基层党组织”称号，2011 年荣获“先进基层党组织”称号，2013 年荣获“先进基层服务型党组织”称号，2010 年荣获民政部“社会组织深入学习实践科学发展观活动先进单位”称号，被部直属机关委员会誉为社会团体党建工作的一面旗帜。协会党组织活动一是常态化，连续而不间断。二是规范化，“三会一课”雷打不动。三是标准化，党小组党的组织活动有严格的考核标准，年底打分评比，督促党小组活动的高质量和主动性。四是具体化，支部活动密切联系协会班子建设、队伍建设实际，围绕存在问题召开民主生活会，解决思想认识问题，党员模范带头作用发挥了，组织自然就有战斗力和凝聚力。协会的党组织建设是协会文化建设的灵魂和动力，高质量的党组织活动，让农业部领导看到了协会的正能量，感受到协会是一支可以放心支持的好队伍。

故事。协会的品牌和文化需要好的生动感人的故事来传播。这些故事在协会总部和各省协会都有许多，有集团的，有个人的，有关于服务会员的，有关于快速理赔的，有关于帮贫扶困的，有关于党团建设的。深入人心的品牌、文化故事是协会的软实力和核心竞争力。

第五节　中国渔业互保协会实践的做法和体会

一、中国渔业互保协会 26 年实践的主要做法

（一）坚定贯彻中央政策，推动协会体制创新

2004 年以来，党中央、国务院出台了一系列农业政策性保险的方针政策。其基本精神是：鼓励多渠道支持、多主体经营、多模式试点，对关系到国计民生的大宗农产品中央财政给予保费补贴，省级财政配套，各省的特色农产品保费补贴由各省财政支持。根据中央政策性农业保险“先试点，后推广”的精神和渔业互保各省的发展实际，协会大胆进行体制改革和创新，指导、推动渔业互保开展较好的省成立独立法人资格的省级渔业互保协会，形成国家协会、省级协会和市县办事处三级组织的渔业互保业务运营模式，成功地规避了国务院《社团管理条例》关于地方机构设置的约束，释放出了巨大的体制优势，充分调动了各省协会的积极性，主要渔业保险市场的省、市，地方渔业互保协会成为运营主体，省、市财政都给予渔业互助保险保费补贴政策，使得全国的渔业互保业务有了极大的发展。《农业保险条例》颁布实施之后，其法律精神，对渔业互助保险的体制改革具有重大导向作用，协会的社团法人性质，要纳入国家保险监管范围是不现实的，而要纳入国家

监管体系就要改革社团法人性质。经过农业农村部和中国银保监会的沟通研究达成共识，对全国渔业互保系统进行体制改革，改为在工商部门登记注册的渔业互助保险社，继承以往的业务，持续开展渔业保险事业，为渔民保险服务。

（二）高举互助共济大旗，促进形成产业政策

渔业互助保险在农业保险领域是一个特殊的领域，是全国范围内唯一的全系统自上而下，实施互助保险性质的渔业保险体系。由于社团法人性质，不受《保险法》管辖，不受保监会监管，是生存在正规商业保险体制之外的民间保险组织。互助保险有接地气、费用低、服务方便等特点和优势，也有因为不受国家保险监管制度管辖，承接国家财政补贴政策受到限制的劣势。在这样的大环境下，协会毅然高举渔业互助保险的大旗，旗帜下凝聚全国渔业互助机构的合力，一方面打造出全国最大的渔业保险市场，形成中国渔业保险第一品牌和组织，一方面在立足互助保险主业的基础上，积极推动符合国家法律法规体系的、符合互助共济基因的、符合渔业风险特点的全国渔业互助保险体制改革。在互助共济的旗帜下，在地方财政渔业互助保险保费补贴的推动下，在中央财政渔业互助保险保费补贴专项资金的拉动下，全国渔业互助保险的保费补贴政策基本形成制度化，绝大多数的省、市、区都有扶持渔业互助保险的财政支持补贴政策和法规支持政策，由此形成了支持渔业经济发展的产业政策，保险管理社会、管理经济的功能发挥了巨大作用。

（三）服从主管部门领导，确保组织体系健康

全国的渔业互助保险组织体系，从成立之初就在渔业主管部门的直接领导下开展业务。创业伊始国家协会的理事长由农业部渔业局局长兼任，法人代表由副局长兼任，全部理事均为各省渔业行政主管部门的主管领导，形成政治力量强大的决策体系。之后成立的各省渔业互保协会均由各省的渔业主管部门的主管领导担任理事长，协会的决策权始终由渔业行政主管部门掌握，保证了主管部门对协会业务的有效监督管理。尽管以后的理事会渔民会员的代表逐年增加，但是主管部门的决策主导权始终没变，渔业互保组织在渔业行政主管部门的信用背书之下从事着渔业保险金融业务，如果没有强大

有效的组织领导体系，没有各级政治上可靠的组织体系，资金安全的风险难以防范，在我国农村金融系统这方面的教训十分深刻。渔业互助保险事业26年的金融实践，百亿的资金往来，没有发生过一笔大的金融事件，完全在合法合规的环境下开展业务，创造了金融保险的奇迹，这是与行政主管部门直接监督管理渔业互保组织的做法密切相关的，渔业互保组织始终有主管、有约束、有审计，在健康的组织体系内运营。

（四）科学建设治理结构，制衡带来繁荣稳定

从事渔业互助保险业务的协会，什么样的组织结构和治理体系能满足庞大的业务需求，显然协会的保险业务性质和一般的学术团体根本不同，所需要的决策系统、执行系统、监督系统、业务系统更为复杂。为此协会率先引进现代企业管理制度，形成理事会决策、秘书处执行、监事会监督的现代企业管理体制，为科学决策、民主管理、制度监督奠定了基础。这样三权分置的结构形成相互支持、相互制约、相互监督的管理体系，避免了权力过于集中产生腐败，权力失控导致的管理失误。渔业互助保险事业能够顺利健康地发展，得益于科学构建起来的并完善成熟的治理结构。理事会的决策层主要由行政主管部门领导组成，政策水平高、大局观念强、方向把握好；监事会成员懂财务、懂审计，内部审计质量高，把风险和隐患消灭在萌芽之中；秘书处领导以外聘专职人员为主，专业对口、年富力强，工作以执行理事会决策和年度计划为核心，处理业务，开拓市场。这样的治理结构和权力分配，既能减少工作失误，又能提高工作效率。

（五）重视党的组织建设，塑造国家协会形象

在2010年、2011年协会两次荣获中共农业部直属机关委员会“先进基层党组织”称号，被誉为农业部新社会组织党建工作的一面旗帜。协会的党建工作和班子建设、队伍建设、制度建设、业务建设密切结合，对协会自身发展和事业的进步起到真正的保障作用。在解决实际问题上、建立长效机制上、改善人才结构上、塑造国家协会形象上，充分发挥了基层党组织的战斗堡垒作用。协会的党建工作不搞轰轰烈烈的大事，就是抓扎扎实实的具体事，把党的组织活动规范化、制度化、标准化，要求群众做到的党员带头做

到，并发挥模范带头作用。协会倡导读书、倡导研究、倡导服务，而党员就是做表率，走到前面起到示范和榜样的作用。持续地坚持党的建设，协会面貌焕然一新，在战略规划、政策研究、制度创新、业务开拓、人才培养、制度建立和文化建设等方面展示出国家协会的良好形象。农业部领导早就提出打造国家协会形象，这是协会的责任和使命，国家协会的形象就是要表里如一，要有战略、有目标、有理论、有标准、有队伍、有人才，要在农业保险领域和主管部门领域形成影响力，要形成自己的价值观和组织文化，要有能力指导全国渔业互助保险组织健康发展。协会的威望和领导权不是行政部门赋予的，而是通过努力和业绩赢得的。

（六）融入渔业安全管理，充分发挥保险功能

渔业安全管理是一个复杂的系统工程，涉及生产环境、生产装备、渔民素质、法律法规、监管体系和救助能力等。渔船是高度风险的生产工具，无论什么样的安全管理体系，渔船在海上的灾难性事故都是没有办法避免的。渔业安全生产事故体现在事前、事中和事后。渔业互助保险事业通过多年的成立发展，已经深深地融入其中。事前的核保，对渔船、渔业的有效船舶证件、渔民培训发证情况进行审核，达不到适航标准的不予承保，事中对风险的提示，对防灾减灾的宣传教育，对救生设备的赠送，无不显示对安全生产管理的支持，尤其体现在事故之后的经济补偿上，截止到 2019 年，渔业互保全系统累计承保渔民 1296 万人次，承保渔船 94 万艘次。总计为 1.3 万名死亡（失踪）渔民、10.3 万受伤渔民以及 10 万多艘渔船支付经济补偿金额超过 67 亿元。累计投入资金近 10 亿元支持渔业安全生产管理和防灾减灾救灾事业之中。这些灾后经济补偿和安全管理方面的资金投入，正是“一人保大家，大家保一人”互助共济理念的体现，是保险功能和稳定社会发展的突出案例，没有互保体系对事故频发的渔民群体的经济赔付，因灾返贫致贫的现象将无法估量，因此而产生的民间纠纷也会大幅激增，保险功能对建设和谐社会、保障经济发展功不可没。

（七）依托行政执法机构，员工队伍兼专并重

渔业行政执法机构代理渔船保险业务，有较长时间的历史了，早在

1983年和1991年，农业部两次与中国人民保险公司联合发文，明确全国的渔船保险业务由渔政渔港机构代理。正是基于这样的历史基础，协会成立之初的工作人员主要由行政人员兼职，协会办事处的主要领导全部由渔港监督机构的领导兼任，具体的工作人员由社会招聘。渔船保险业务的一个突出难点是如何低成本地开展承保业务。渔船有“出海满天星，回港难集中”的高度分散特点，如果在每个渔村、渔港设立保险机构，那么成本太高，没有机构又无法与渔民面对面地开展工作。解决这个矛盾，渔港监督和渔船检验机构最有优势，可以充分利用渔港监督设在渔港的地理优势和职能优势，利用渔船进出港签证，职务船员培训、考试、发证、审证、换证，渔船检验等时机，对渔民进行参加保险的宣传教育，并能现场开具保单，极大地提高入保效率。同时把参保工作纳入渔船安全管理的各个环节，也延伸了渔监、船检的服务领域，有利于安全生产的管理和建设长效机制。随着业务工作量的增大，和国家政策到行政机关和协会有了明确的界定之后，协会和行政开始脱钩，各省做法不一，浙江省、宁波市等较早就全部聘任社会人员专职从事互保工作，辽宁省从2018年起就全部由专职工作人员队伍组成。渔业互助保险事业从以兼职为主，发展到以专职为主，顺应大的经济环境和政策环境，保障了组织和业务的连续性和稳定性，是由渔业行业的特点和渔业保险发展的历史决定的。这个体系不同于日本和韩国以会员为主的组织管理结构，但符合我国国情，在互保事业创业初期，在我国农村民间组织建设滞后的背景之下，这是明智而有效的选择。实践证明，这一体制在渔业互助保险业务中发挥了巨大作用，成功地创造了中国渔业互助保险新模式，渔业执法机构通过互助保险也实行了保障渔民合法权益、为渔民服务的宗旨。正是这段不同寻常的历史，创新了渔业互保这样一个不寻常的组织。

（八）建设会员服务文化，培育协会品牌核心

渔业互助保险凭借什么能在商业保险公司竞争激烈的渔业保险领域稳居市场份额第一？有什么优势和成功的秘诀吗？如果有那就是渔业互保组织与船东和渔民特殊的密切联系，特殊的服务关系。协会充分地认识到了这一点，认识到协会和商业保险机构相比，最大的特点和优势就是有针对性地、

专业地、全方位地、真心实意地服务全体会员，不仅仅是基于互保合同的灾后经济赔偿，更主要的是全面而及时地深入生产、生活的主动服务。如对海上抢险救助行为的奖励表彰，免费为会员提供救生筏、救生衣、消防器材，为保险保障不足的会员给予通融赔付以减少家庭的经济压力，为渔区的贫困家庭和困难学子提供现金救济，为渔区修路修理码头等。这些举动符合互保资金“取之于渔，用之于渔”的宗旨，也彰显渔业互保的使命和初心。服务会员的行动在全系统已经形成特色产品，形成与商业保险的巨大区别，成为协会文化的一部分。而服务会员又形成了保险业务的良性循环，帮助会员防灾减灾，就能减少事故发生的概率，降低赔付率，协会少赔钱就可以降低保费，惠及渔民会员，这样的循环正是互助共济理念不追求高额利润、让利给会员应该形成的局面。

（九）合作共保多种模式，有序竞争规避风险

在 2004 年之后，全国政策性农业保险试点慢慢展开，地方渔业互保协会开始涌现，整个渔业保险的格局和形势在发生着变化。协会能主动适应政策环境，适应发展趋势，针对不同省市的渔业保险，不同地方的渔业互保协会，开展共保和合作。如上海市渔业保险基础好，政府保费补贴早，就开始和安信农险进行共体合作，利用各自优势发挥作用；如福建省中国人保福建分公司在当地长期经营农业保险，业务基础好，协会就与其开展共保合作，发挥我们的理赔优势控制赔付率；如海南省由财政厅组织农业保险共保体，对保费给予财政补贴，协会就和财政厅洽谈，作为主承保人针对整个共保体开展共保合作；对浙江省、江苏省等渔业互保发展基础比较好的省，就采取地方协会给国家协会分保方式开展业务合作。总之，各省的情况不同，业务合作的方式方法就不同，但是坚持全国一盘棋原则，保持对全国渔业保险的统筹合作方针十分明确。同时全国的渔业互保资金有限，广泛开展共保、分保合作也是规避经营风险、分散巨灾风险的需要。

（十）配合海损事故处理，迅速准确公正理赔

对海损事故的调查处理是国家法律法规授权渔港监督机构的职责，对事故船进行勘验和鉴定是其基本职能。渔船出现大大小小的事故，尤其是渔民

死亡事故，首先来到现场了解案情、处理事故的就是渔港监督的工作人员，他们有专业知识和丰富的海事处理经验，而负责海事处理的渔监人员又基本都兼职渔船互保工作，这样理赔定损工作就能事半功倍，避免了重复劳动。由于海事处理在先，保险理赔在后，能使事故的过程、情节、责任等资料和处理结论收集齐全、档案完整、责任明确，由此可以保证理赔工作的相对公正、快速、准确。渔业互助保险开展业务以来，其赔付率大大低于商业保险开展的渔业保险业务，主要是因为渔港监督机构全面介入事故的调查处理，大大避免了渔民的道德风险和骗保行为。这一特色是任何商业保险机构都无法做的，是渔业互助保险的最大优势之一。

26年的发展实践证明，渔业互助保险完全符合党中央、国务院关于探索政策性农业保险制度，符合多种渠道、多种形式、多种主体试点农业保险的政策，符合国家建设和谐渔业、平安渔业和现代渔业的指导思想，符合渔船分散、渔民动荡、渔业风险频发的客观实际。

二、渔业互助保险26年工作实践的主要体会

（一）“农业保险，渔业先行”的论断在渔业保险领域有基础

渔业是大农业的重要组成部分，渔业保险又是农业保险的组成部分，2004年党中央、国务院1号文件提出有条件的地方开展农业保险试点时，我国部分著名“三农”问题的专家学者就提出“农业保险、渔业先行”的论断，应该说是很有远见的，是有实践和理论基础的。

1. 渔业是高风险行业。渔船出险概率高，渔民死亡人数多，水产养殖灾害损失大。台风、洪水、污染等自然灾害容易造成渔业生产的巨灾风险，渔业行业有强烈的保险需求。

2. 渔业主管部门重视渔业风险的管理，积极推动商业保险机构服务渔业保险，早在1983年就和中国人民保险公司联合发文，安排全国渔港监督机构代理渔船保险，充分利用保险功能，对事故渔船和伤亡渔民提供经济赔偿，化解灾后的渔区矛盾，确保渔业可持续发展。

3. 全国渔业主管部门有两支重要的管理和技术力量，一个是渔港监督的执法队伍，负责渔船安全检查、船员培训发证、港口签证、海事调查处理等业务，机构设在渔港，密切接触渔民，代办渔民保险条件得天独厚，一个是全国水产技术推广总站，能对养殖技术复杂的水产养殖保险提供专业的核保、核赔的技术支持。

（二）"互助保险运营模式"在渔业系统有前途

1. 渔业生产工具之一的渔船机械化水平高，组织化程度强，合作意识远远高于农民。集合同质风险、实现互助共济的会员服务制度的文化和思想基础好，产业就有合作共赢的基因，就适合互助保险的运作模式。

2. 渔业生产者，尤其是渔船船东，收入相对较高，渔业是高风险高收入的行业，高收入有规避风险的意愿，也有购买保险的经济条件，这是广大农民不能相比的，市场有需求是保险业发展的关键。

3. 渔业经济总量很大，风险分散在主要沿海，同质风险单元较多，而且分散区域广，比较符合保险的大数法则，集合区域性风险，用整体的安全来赔付局部的风险，符合保险经济规律是发展的保障。

（三）"全国一盘棋"原则在渔业系统有共识

1. 金融保险业务的总部经济、品牌经济、规模经济效应明显，国家协会可以成为地方协会的背书，国家协会所处的核心位置更有利于组织品牌的建设和传播，节约地方协会的宣传成本资源。

2. 本着尊重历史、传承文化、共同发展的原则，地方渔业协会主要是从各省办事处的基础上发展而成的，和国家协会有长期的隶属关系，感情深厚、业务紧密、目标一致。所以各省成立独立法人的协会之后，全国渔业互助保险体系没有乱、没有散，而是有分有合，以业务上分保、政策上合谋、体制上共建的方式发展事业。

3. 国家协会做出更大的担当，一方面地方协会做原保险业务，向国家协会分保，共同分担经营风险，一方面国家协会还为实力弱的地方协会提供风险兜底的承诺，解决他们要花很大的再保成本才能达到的商业运作目标，相互依托，相互依存形成强大合力，而且各有侧重，调动双方积极性。

（四）“渔业安全管理与渔业互保相结合”在工作中有效率

1. 渔业安全管理是渔业主管部门和渔区地方政府的重要职责，也是非常有挑战性的工作。在实践中发现，比较有效的工作就是把渔业安全生产管理和渔业互助保险相结合，参加保险的渔船一般船况较好，船员配备齐全，一旦出现风险可以得到经济赔偿，善后处理纠纷少，麻烦少，政府压力小。如果没有参加保险，一次大的事故必将带来一场风波。

2. 对海事的调查处理是渔业安全生产管理的重要内容，也是保险组织业务的重要内容，这两者结合在一起，效率高效果好。渔港监督机构对海损事故进行调查处理，查明原因、判明责任。以此为依据然后互保协会进行保险理赔，可以节约事故调查成本；可以减少事故责任认定上的纠纷，渔港监督的处理结论具有权威性；可以很好地控制骗保诈保，降低赔付率。

（五）保费财政补贴成为渔业经济的产业政策在形式上有创新

1. 现代金融、现代科技和现代保险是现代渔业的三大标志，也是渔业产业政策应该努力发展的方向。渔业互助保险业经过 26 年的健康发展已经成为现代渔业的重要支撑力量，在某种程度上担负起了稳定渔业生产、管理渔业生产风险的重任，已经形成了渔业的重要产业政策。

2. 许多渔业经济比较发达的省、市、县三级地方财政，都对渔业互助保险给予扶持，为入保渔民提供保费补贴，三级财政配套补贴高的地区可以达到 80% 以上，少的也在 50% 左右。财政给予渔民保费补贴的制度化安排，就是创新之后的渔业产业政策。

（六）渔业互保的实践探索和理论创新在社会上有影响

1. 在国外农业保险、渔业保险领域，有不少互助保险模式。在我国农业保险中虽然也有一些互助保险尝试，但是普遍规模小、范围窄，没能找到生存模式。只有渔业互保，在缺乏国家法律法规保障的艰难条件下，在农业保险市场闯出了一条新路。在农业政策性保险领域，渔业互助保险是块引人注目的实验场，也是理论研究、实证调研的热点。课题、论文很多，这些理论研究在社会上有很大的影响，也为协会提供发展信息和研究成果。

2. 研究者身份不同、领域不同，有院校专家学者，也有互助保险实践者。大家普遍关心的是，没有纳入国家保险体系监管的协会今后将向何方发展？能否成为政策性渔业保险的载体？大家献计献策，推动呼吁，引起巨大的社会影响，互助保险组织多次被法律法规关注，写入国家文件。2012 年中共中央、国务院 1 号文件中明确提出“扶持发展渔业互助保险”，可见其影响力已经引起顶层制度设计者们的关心重视。这也为全国渔业互助保险体制改革打下了理论基础。

互保协会 26 年发展实践，正是党的十四届三中全会确定建立社会主义市场经济、金融保险开放改革面向市场的过程，也是国家鼓励和扶持农民和农业生产经营组织，建立为农业生产经营活动服务的互助合作保险组织开展农业保险业务、健全渔业社会服务体系的过程。我国的经济体制变革、农村金融体制改革、政府职能转变为协会的探索实践创造了空间和机遇。尽管协会 26 年的发展和实践经过了许多困难和波折，至今仍有一些没能逾越的政策和体制障碍，但是互保协会在实践中创新的渔业互助保险体制、运作经营模式，在探索中得到的教训和积累的经验，对在我国如何建立农业、渔业政策性保险制度，如何发展互助共济的民间组织都具有十分宝贵的现实意义。

第六节　地方渔业互保协会的发展历程

我国渔业经济主要集中在沿海几个主要大省和内陆淡水资源丰富的湖北、安徽等省，这也是渔业保险的主要市场。目前地方共成立运营着八个协会。其中广东渔业互保协会的前身是 1993 年成立的中国船东互保协会渔船船东分会广东经理部，早于 1994 年成立的中国渔船船东互保协会，一直是独立开展业务，1996 年更名为广东省渔船船东互保协会，直到 1999 年才接受国家协会的业务指导，实现归口管理。1996 年成立的宁波渔业互保协会也是独立运作，直到 2002 年才接受国家协会业务指导，实现分保合作。

此外的全国渔业互助保险是以国家协会领导下的，省办事处，市、县代办处的金字塔形组织结构开展业务。在发展过程中遇到许多问题。一是国务院 1998 年颁布《社会团体管理条例》，规定协会的分支机构不得再设立分支机构，为基层机构开展业务带来实质性的困难，账户审检难以通过，而且没有基层机构的合法展业，互保业务就将停止，为此在与国家协会沟通协调上浪费太多的精力，也严重影响基层工作人员的信心，全国经协调维持继续展业，但法规的制约难以得到突破；二是各省积极性很难调动，展业多，理赔少，结余是总部的，和办事处没什么关系，理赔率高对办事处也没有什么影响，办事处只有管理费用，而没能和经营效果挂钩；三是全国农业保险在 2004 年开始试点，到 2007 年开始有稳定的农业保险保费补贴，而地方政府是试点模式选择的主体，决定省特色农业产品的保费补贴范围和标准，成立地方协会更有利于各省扶特政策的争取。基于形势的发展，2003 年国家协会理事会研究决定，本着充分尊重历史，紧抓发展机遇的原则，协会采取总体设计、稳步推进的发展策略，鼓励和支持有条件的渔业大省在协会办事处的基础上，创造条件成立独立法人的省级渔业互保协会。

2004 年浙江省渔业互保协会率先成立，进行互保体制改革后，省委省政府高度重视，充分释放出工作积极性，业务发展速度更快，为全国渔业互保事业发展起到良好的示范作用。为了充分调动地方的积极性，鼓励推进成立省级渔业互保协会，加快把互保业务做大的步伐，争取政策性渔业保险制度的实施，同时也是为了规范协会的分支机构，在 2005 年 8 月底的国家协会理事长会议上提出争取山东省、辽宁省、江苏省也成立互保协会，形成国家协会统领、地方协会展业的全国一盘棋的渔业互保发展格局。

全国互保体系形成共识之后，作为国家协会的一项重要工作任务写进了协会章程，2007 年 7 月 16 日生效，《中国渔业互保协会章程》新增“第五章地方渔业互助保险协会”共四条。

一是在渔业互助保险工作坚持“全国一盘棋”的原则下，本会鼓励和推动各省（区、市）在互保办事处基础上组建地方渔业互助保险协会，接受本会的业务指导。

二是地方渔业互助保险工作实行相对独立运作的业务管理体制，使用本会或本会与地方协会共同商定的条款、费率和凭证。

三是各省（区、市）渔业互助保险协会自留风险（含每张凭证）份额比例上限为50%，其余份额全部向本会进行再保险。

四是各省（区、市）渔业互助保险协会所吸收的单位和个人会员亦为本会的单位和个人会员。

这对推动全国地方渔业互保协会的成立和规范起到导向作用，推动地方渔业互保协会的成立和规范。

总体上说，1993年广东省渔业互保协会成立是全国渔业互助保险事业的先行者，开创借助协会平台实施渔业保险的先例，为国家协会的成立提供借鉴。1996年宁波市渔业互保协会成立和运作，是一种全新的思路和模式，呈现出市场经济环境下的体制创新，协会很快获得政府支持，入保渔民最先享受政策性保费补贴，保险覆盖率和保障水平居全国前列，成立的多种服务会员的经济实体体现了协会的创新发展，体现出民间组织从事渔业保险业务的生机与活力。2004年，浙江省渔业互保协会的成立是渔业互保体制机制改革创新上的飞跃，标志着各省独立运营的政策环境和经营环境经过多年的培育正在走向成熟，渔业互保体制正在为地方政府所认可和接受，得到地方政府财政扶持的渔业互保事业发展得更为健康顺利。2005年，山东省渔业互保协会成立，迅速释放体制活力，展业快速增长，山东成为继浙江之后第二个保费突破1亿元的互保大省。2008年底江苏省渔业互保协会成立，省政府同时出台一整套对渔业互保的扶持政策，互助保险呈现出健康发展的良好局面。2009年12月，河北省渔业互保协会成立，河北渔业互保规模列在辽宁、福建之后，但能率先成立省级协会，并马上得到省财政保费补贴的政策性支持，为全国起到新的示范作用。2011年底辽宁省渔业互保协会和福建省渔业互保协会相继成立，至此保费收入名列前茅的渔业大省全部成立了具有独立法人资格的省级渔业互保协会，全国渔业互保事业进入了以地方协会提供原保险为主的新的发展阶段。（八个地方协会情况详见第八章）

第七节　国家及各省渔业互保协会章程内容分析

社团章程是社会团体为了调整其内部关系、规范内部成员的行为而制定的，具有明显的行为规则性质的文件，是设立社团的法定必备文件，是社团内部管理和活动的依据和准则，保证了社团的发展方向，并为社团的民主决策与行业自律提供重要的依据，对社团健康发展具有非常重要的意义。依法成立的社会团体受到法律保护，也受到法律限制，而在法律法规不健全，还有法律空白的情况下，协会章程对协会的保护和规范就显得更加重要。遗憾的是大多数协会对章程的制定认识不深、研究不够。国务院《社会团体登记管理规定》对协会章程有标准模板，但是各民间组织又有自己的组织特色和业务特点，所以章程内容应该具有鲜明的差异性，不能千篇一律。对中国渔业互保协会及其八个地方协会的章程进行分析，有共同点也有不同点。在一些重大和敏感的问题上有所不同。总体上说，章程对于社团组织非常重要，但在实际工作上却重视不够，基本是按照模板操作，创新性不够。比如渔业互保协会是具有金融性质的社会团体，诸如准备金提取、偿付能力标准、资金运营、信息披露原则、理事会中渔民会员的比例等核心的问题，始终在章程中没有给予表述和重视。

一是互保协会的财产归属问题。财产属于会员，而会员是谁，会员身份登记注册、会员财产统计管理等事项缺失，在章程中均没有得到体现。最后协会解散清算时基本上和会员个人没有关系，结存资金用于发展与本会宗旨相关的事业，这个关键问题上也是模糊不清的，由于协会财产和会员没有关联，会员没有剩余财产索取权，会员对协会的关心也就不够。仅有广东省协会的章程规定，协会因故终止时，将按比例向会员退还当年会费，其他协会章程均没有提及。互助保险的基金是会员缴纳的，协会属于会员，而积累的财产又与会员无关，从产权关系的责、权、利上分析是矛盾的。

二是偿付能力问题。当协会资产不足以赔偿会员的经济损失时，原则上协会就破产了，所以一般的互助保险组织都有“本会承担的债务以其全部资产为限”。渔业互保协会系统的章程中，国家协会、福建省、宁波市章程有此条款。这条非常重要，万一出现巨灾超赔时，可以按现有资产按比例赔付给出险的会员，会员不能有额外要求，因为有协议在前。否则会员将要求全额赔付，将引起民事纠纷，出现上访事件，造成不良的社会影响,。

三是资金使用问题。保险业资金使用是原则性问题，要满足结构性要求，不能太固化影响偿付能力，但又都非常重视投资的增值能力。这涉及渔业互保系统的管理理念和资金管理的制度建设，保险业的特点就是要使用好沉淀下来的巨额保险资金，使其保值增值，来增加偿付能力，资金放在银行不动是不专业的表现。协会系统在章程上只有宁波市、山东省协会有明确的资金使用方向和投资的意愿，其他均没有涉及，资金只存在银行肯定会失去增值的机会，没能体现出现代保险业资金运作的专业能力。事实上一直以来宁波市协会非常重视互保资金围绕会员服务的投资运营，取得良好的经济效益和社会效益。

四是员工待遇问题。协会章程中大多是参照国家对事业单位的有关规定执行，往往会因工资低而招聘不到人才。浙江省、山东省、江苏省、河北省有所突破，规定员工待遇经理事会审定后秘书处执行，在金融保险业要招聘到素质高的人才，高薪是基础，如果协会系统的工资长期处于低水平就难以吸引高端人才。所以工资的弹性很有必要，根据“对外竞争性、对内公平性”的原则，保持一定的自主权是应该的。此外章程中对职工退休基本没有规定，参照事业单位规定，那么不同级别的退休年龄应该不同，又是如何确定的，都不明确。

五是其他会费标准、高管任职年限、换届年限等问题。上述这些，还有党组织建设、协会宗旨等，各协会的章程也都规定不同，没有统一标准，有的差别还很大。如保费标准，渔业财产互保费率广东省 8%，福建省是 5%；对水产养殖保险的费率在三个章程给予明确，但叫法不统一，费率差别也非常大。国家协会称渔业养殖生物互保费率 15%，浙江省称水产养殖保险年费率不超过 20%，福建省称渔业养殖保险互保费率不超过 10%，这三个养殖险的费率都是非常高的，预留的空间过大，还是缺乏科学的设计和相互的协调沟通。如秘书长任职年龄，协会换届期限 4 到 5 年不等，都没有统一的标准。

六是其他问题。宁波市协会章程是唯一主动接受保险监督管理机构管理的，提出设立分支机构在保险监督管理机构备案，协会解散时在保险监督管理机构的指导下清算；山东省是唯一规定信息公开与信用承诺内容的，建立新闻发言人制度，体现社会责任和现代保险管理理念；广东省是唯一不设秘书处的协会，章程规定设立一名专职副会长，所以治理结构有别于其他协会；关于法人代表有的明确是理事长，有的可以是副理事长或秘书长担任；关于会员进入理事会、监事会各协会章程均没有明确的比例规定，协会的会员民主治理没有在章程中得到关注。

第八节　渔业互助保险体制改革进程

中国渔业互保协会 1994 年成立（前身是中国渔船船东互保协会）时，我国相互保险由于相关法律法规缺失和实践经验缺乏，渔业互助保险这一新生事物只能选择协会这种方式开展业务。这是一项重要的制度创新，历史上曾有力推动了渔业互助保险事业的发展。但与保险业的通行做法不符，实践中又难以单独为其制定法律法规，这或许注定了渔业互助保险今后必须走一条艰难的体制改革之路。

2004 年，党中央、国务院开始重视发展农业保险工作，并对农业保险制度的建立和发展提出了具体指导意见，农业保险发展迎来了春天。在中央政策精神的指引下，农业保险领域的体制、机制改革和模式创新开始活跃。2004 年，原保监会开始批设专业性的农业保险公司开展农业保险试点工作，上海安信农业保险股份有限公司成为全国第一家农业保险公司。2005 年，我国唯一的相互制保险公司——阳光农业相互保险公司成立，这给同样是相互制性质的协会带来影响和启示。于是，当时协会的主要领导曾专程到哈尔滨的阳光相互保险总部考察、交流、学习，研究其体制和机制，为体制改革做参考。

2006年，由具有很强农业系统背景的中国农业发展集团组织发起，中国水产集团远洋股份公司作为牵头单位，协会作为主要股东之一的华农财产保险有限公司成立。之后，华农保险积极主动地和农业部领导汇报沟通，曾经想以华农保险为主体把协会业务整合到公司，后因华农保险缺乏对资产、人员等整体系统的顶层设计，未与协会进行充分有效的协商沟通，加之协会当时也没有明确的体制改革方向，这一方案被协会理事会否决而流产。

协会在业务规模逐渐壮大的发展过程中，在农业保险经营主体不断获得保费补贴的政策中，由于缺少法律法规明确的保护政策，业务发展上始终存在着障碍和束缚，感受到被政策边缘化的压力，因而对体制改革的思考和探索没有停止过。

协会最早思考体制的改革发展方向是在2002年第二次会员代表大会上，经过长时间的研究讨论，理事会明确提出要将渔业互助保险事业建设成“人大立法保障、农业部颁文规范、国家财政适度补贴、协会具体组织实施，渔民群众广泛参与的政策性渔业互助保险体系”，要成为能够承接政策性渔业保险保费补贴的保险组织。

2004年协会就在农业部渔业局的指导下，联合农业部农村经济研究中心、中国水产科学研究院的专家学者，进行“建立中国渔业保险制度研究”农业部软课题研究，并形成“农业保险、渔业先行”的共识。课题的建议是：组建新的政策性渔业保险公司——中国渔业相互保险公司。但当时协会并不想放弃社团法人的性质，最理想的设想是成为类似台湾省渔船保险合作社的体制，能够得到特殊法律法规的保障。

2005年5月农业部和保监会共同组织赴辽宁省和浙江省进行渔业互保体制调研工作。2006年3月农业部提出“积极推进政策性渔业保险制度试点工作”，给出明确的体制建设方向。

2006年，农业部渔业局、政策法规司和中国保监会财险部开始交流沟通将协会纳入国家监管体系，承担政策性渔业保险主体等事宜。农业部的主管领导和保监会的主管领导还具体沟通，研究推进渔业互助保险的体制改革工作。

这期间，全国渔业互助保险系统的体制改革出现新的变化。从2004年浙江省成立独立法人的地方渔业互保协会开始，山东省、江苏省、河北省、辽宁省、福建省、海南省也都相继成立地方渔业互保协会，加之1996年成立的广东省和宁波市渔业互保协会，在全国一盘棋的原则下，形成国家协会和地方协会相互独立又紧密联系的体制机制和治理结构。这样一来，基本上解决了《社会团体登记管理规定》对协会基层组织开展业务的约束，又充分调动了各省互保机构的积极性，互保业务持续高速增长。在相对宽松、稳定的制度环境里，协会自身对体制改革没能有更清晰的设计和构想，放慢了体制改革的步伐。

2013年颁布实施《农业保险条例》，首次明确互助保险组织和商业保险机构一样是经营农业保险的主体，解决了存在争议的协会经营农业保险的主体资格问题，但是要想经营农业保险业务，成为政策性保险载体，还必须纳入国家保险监管体系的监督管理。这个法规的出台将协会的体制改革又推到前台，要不要改变协会的社团法人性质，要改革如何改。协会第五届理事会在农业部渔业局等有关司局的关心下，和中国保监会有关部局反复沟通协调，改革思路渐渐清晰，改革进程明显加快。

2014年7月24日，国务院研究室报送的《渔业互助保险是农业保险发展的成功案例，应予大力支持》的专报材料，得到汪洋副总理的重要批示，为推动协会改革打下坚实基础。

2016年8月10日，汪洋副总理在国家审计署呈送的《应进一步规范渔业互助保险管理》专报上批示：请农业部研酌。同时马凯副总理批转给中国保监会要求协助推进，后中国保监会办公厅专门致函农业部办公厅表示将全力配合做好渔业互助保险纳入保险业务监管的有关工作。改革的原则明确锁定渔业互助保险组织纳入国家保险监督管理体系中，改变社团法人性质成为现实。

2017年3月15日，农业部副部长于康震在渔业互助保险体制改革专题汇报会议上做出“开展体制改革势在必行、迫在眉睫，应依法依规、积极稳妥推进改革进程”的指示，并成立由部渔业渔政管理局牵头，人事劳动司、财务司和协会参加的渔业互保体制改革工作小组，负责体制改革研究论证和方案拟定工作。协会的体制改革工作进入快车道。

2018 年初农业部提出“加大工作力度继续推动渔业互保改革”，同时要求，改革期间各地渔业主管部门要继续加强对渔业互保工作的领导和支持，将渔业互保工作作为渔业安全生产管理工作的重要组成部分和渔业防灾减灾体系的重要环节，统一谋划，统一部署，从政策、资金等方面给予扶持，确保“人心不散、队伍不乱、工作不断”。

2018 年 9 月 16 日，协会常务理事会达成共识：在当前严格金融监管、推进政社脱钩、行政机构改革和实施渔业安全生产责任险等多重因素叠加影响下，要全力推进渔业互保体制改革进程，全系统应保持思想认识的高度统一，争取赶在全面脱钩之前完成全系统体制改革工作，确保脱钩后渔业互保业务正常开展并纳入国家保险业统一监管。

2018 年 12 月 7 日，农业农村部渔业渔政局和中国银保监会公司治理监管部，在银保监会就渔业互助保险体制改革工作进行了深入交流和沟通，双方印发纪要，达成了三项共识。

第一，按照国务院领导同志批示要求，农业农村部渔业渔政局协商有关省市渔业主管部门加快推进体制改革工作，银保会公司监管部密切配合，并争取将渔业互助保险改革工作纳入中国银保监会和农业农村部 2019 年重点改革任务。

第二，原则同意由中国渔业互保协会牵头联合各省（市）渔业互保协会以借款方式筹集初始运营资金发起设立在工商部门注册的渔业互助保险社和各省（市）渔业互助保险社的整体改革思路。

第三，建议由农业农村部和中国银保监会分别就渔业互助保险体制改革工作报中央深改办，待中央深改办同意后，两部委共同拟定渔业互保整体改革方案，征求地方有关省市意见后报国务院审批。

这三条共识对渔业互助保险体制改革的具体步骤和部委分工给予明确，

标志着进入实质性的推进阶段。

2019 年 2 月 20 日，农业农村部在全国渔业安全工作视频会议上提出：改革渔业风险保障机制。农业农村部成立渔业互保体制改革工作小组，积极指导渔业互保系统用改革的办法标本兼治，目前已经形成各方基本认可的改革方案，说明仅仅经过两个多月的沟通、协商、设计，体制改革方案就初步形成了，效率很高。

2019 年 9 月 25 日，在全国渔业互助保险事业发展 25 年座谈会上，农业农村部渔政渔业局对各省（区、市）渔业主管部门、渔业互助保险机构提出三点要求：一是统一思想加强组织领导。要将思想和行动统一到农业农村部和银保监会关于渔业互助保险体制改革的决策部署上来，强化责任担当，将改革落实到位，同时还要确保改革期间渔业互助保险工作的稳定性连续性。二是明确职责加强财务监管。要厘清渔业互助保险社和渔业互保协会的职责和权利边界，通过章程明确互保协会对互助保险社的领导和指导关系，确保新改革落地的渔业互助保险社高效有序运行。同时，改革期间要切实加强财务管理、内控制度建设，确保资金安全和保值增值。三是巩固“全国一盘棋”体系。要在“互助共济、服务渔业”这个宗旨下，进一步明晰改革后国家互助保险社和地方互助保险社的定位，继续团结协作，形成统一领导、统分结合、合作共赢的全国渔业互助保险制度体系。

2020 年 1 月 15 日，农业农村部召开全国渔业改革创新高质量发展推进会。会议指出：“渔业互保是安全生产工作的重要组成部分，是渔区社会的‘稳定器’和‘安全阀’，要求各地按照国务院批准的改革方案，积极支持渔业互保机构开展工作，维护渔区稳定。”同时农业农村部渔业渔政管理局要求，渔业互助保险对渔业安全生产非常重要，目前渔业互助保险体制改革方案已经国务院批准，各省级渔业主管部门要全力支持这次改革工作，履行好对脱钩后渔业互保协会和新成立的渔业互助保险社的行业指导职责，支持改革重组后的渔业互助保险机构开展工作。

2020 年 5 月 22 日，农业农村部办公厅、中国银保监会办公厅联合印发《关于推进渔业互助保险系统体制改革有关工作的通知》，主要内容是：

一、改革方案

按照党中央、国务院关于加强金融监管维护金融安全和深化社会组织管理体制改革的总体要求，根据《保险法》《农业保险条例》和《相互保险组织监管试行办法》，农业农村部会同银保监会研究确定了“剥离协会保险业务，设立专业保险机构承接”的改革总体思路，形成了渔业互助保险系统整体改革方案。

（一）中国渔业互保协会改革方案

中国渔业互保协会牵头联合有关省（市）渔业互保协会发起设立具有独立法人资格的全国性渔业互助保险机构。该机构为专业性的相互保险组织，初始运营资金由中国渔业互保协会脱钩后和有关省（市）渔业互保协会以借款方式注入，接受银保监会的监管和农业农村部的行业指导。遵循“互助共济、服务渔业”的宗旨，开展渔业行业内的财产保险、责任保险、意外伤害保险、再保险等经银保监会核准的保险业务。

中国渔业互保协会作为主要发起会员和借款人，参与全国性渔业互助保险机构的监督管理，履行法定及章程规定的义务，在符合保险监管规定后可收回借款本息，同时继续开展章程规定的其他业务。

（二）有关省（市）渔业互保协会改革方案

河北、山东、江苏、浙江、福建、广东和宁波 7 省（市）渔业互保协会改革方案参照中国渔业互保协会制定。银保监会将在统筹考虑相关情况的基础上，对设立有关省（市）渔业互助保险机构依法进行审批，具体有两种形式：

1. 对于地方协会满足专业性相互保险组织设立条件的，由中国渔业互保协会联合其共同发起设立具有独立法人资格的省（市）渔业互助保险机构，接受银保监会的监管、同级渔业主管部门的行业指导和中国渔业互保协会的业务指导。

2. 对于地方协会不具备专业性相互保险组织设立条件的，直接转制成为全国性渔业互助保险机构的分支机构，由全国性渔业互助保险机构负责管理，接受当地渔业主管部门的行业指导和银保监会派出机构的监管。

二、实施步骤

（一）先期由中国渔业互保协会作为主要发起人，牵头完成全国性渔业互助保险机构的申报、筹建等工作，经银保监会批准筹建并组织验收后开业，力争 2020 年内完成。此后，中国渔业互保协会不再从事保险业务。

（二）全国性渔业互助保险机构成立后，由中国渔业互保协会联合地方协会完成有关省（市）渔业互助保险机构的申报、筹建等工作。对符合设立条件的，经银保监会批准筹建并组织验收后开业；对不具备设立条件的，直接转制成为全国性渔业互助保险机构的分支机构。省（市）渔业互助保险机构改革完成后，地方协会不再从事保险业务。

三、有关要求

（一）统一思想，协调推进。开展渔业互助保险系统体制改革是健全农业保险运行机制和加强渔业安全管理的重要举措。各省（区、市）渔业主管部门和银保监会派出机构要高度重视，加强领导，通力合作，统筹协调推进体制改革任务。体制改革中，中国渔业互保协会和地方协会要主动向有关部门汇报，争取支持。

（二）加强指导，抓好落实。各省（区、市）渔业主管部门在渔业互助保险系统体制改革期间要加强监督，强化服务，确保渔民风险保障不断档、不弱化。体制改革后，要按照党中央政社脱钩“五脱五不脱”的原则，认真履行好行业指导职责，在发展方向、产业服务、政策支持、制度建设、行业自律等方面加强指导，搞好服务。

（三）坚持宗旨，提升能力。中国渔业互保协会和地方协会要始终坚持“互助共济、服务渔业”的宗旨，发挥依托渔业部门、支撑渔业管理、扎根渔区基层、服务渔民群众的特点，主动作为，全力协助地方政府和渔业主管部门做好渔业安全生产管理和防灾减灾救灾等工作。同时，要进一步加大人才队伍建设，强化内控管理和合规建设，不断提升规范化、专业化水平。中国渔业互保协会和地方协会要加强对新成立的渔业互助保险机构的业务指导，为广大渔民群众提供更加优质的保险服务。

至此，运营了26年的协会改革尘埃落定。2020年6月12日协会在南京召开“全国渔业互保系统体制改革工作领导小组第一次会议”，通报近期渔业互助保险体制改革工作进展情况，学习贯彻两部委文件精神，审议通过《中国渔业互保协会体制改革具体实施方案》和“中国渔业互助保险社（暂定）”筹备组负责人选等。会议指出：一要在坚持渔业互助保险性质宗旨不变的前提下，积极适应体制改革和政社脱钩的形势要求，转变发展理念、发挥自身优势、主动担当作为，提升渔业互保的竞争力；二要管好用好协会资金资产，确保其始终用于服务渔民会员、支撑事业发展，同时要进一步健全体制改革后协会剩余资产的管理制度；三是坚定坚持“全国一盘棋”的发展格局，进一步密切渔业互保系统间的联系，形成整体合力以应对日趋激烈的市场竞争。

在协会系统体制改革的最后阶段，2020年7月16日，中国渔业互保协会第六次会员代表大会召开视频会议，农业农村部于康震副部长向大会发来贺信：“希望当选的协会新一届领导班子以全国渔业互助保险系统体制改革为契机，发挥好渔业互助保险社市场主体和互保协会统筹协调的双重作用，切实提升渔业风险保障能力，为推进渔业高质量发展做出新的更大贡献。”

体制改革之后的协会和新成立的保险互助社，应该是一种什么样的组织关系、工作关系，是大家关心的问题。新当选连任的六届理事会理事长李健华对渔业互保系统体制改革工作的思想认识和行为规范，提出三点共识，明确了下一步工作的方向和任务。

一要提高思想认识，充分认识改革的重要性和必要性。渔业互保系统体制改革正处于最关键的实施阶段，必须要在全系统内凝聚共识，集全系统之力抓好国务院批复改革方案的贯彻落实。要在坚持渔业互助保险宗旨、渔业主管部门的行业指导和“全国一盘棋”三项原则基础上，统筹推进全国性和各省（市）渔业互助保险机构的筹备工作，充分调动广大员工的积极性，确保各项改革任务如期实现。

二是要发挥引领带头作用支持拥护改革，注重解决改革中出现的新情况新问题。体制改革方案是经国务院批准的，关系到今后渔业互助保险事业的发展走向，关系到全国近百万渔民会员的切身利益。体制改革的核心是适应国家保险监管和政社脱钩要求规范发展，互助共济、服务渔业的初衷没有变，不以营利为目的的性质没有变，要积极宣传互保、宣传改革，让更多的渔民群众加入到渔业互保大家庭中。

三是要继续牢固树立“全国一盘棋”的理念，推进事业在变革中创新发展。通过这次改革，国家协会和地方协会共同发起成立全国性和省（市）渔业互助保险机构，将建立起“你中有我、我中有你”更为密切的合作体系，这为“全国一盘棋”赋予了新的形式和内容。只要全系统齐心合力，将“协会”的优势和“互助保险社”的优势结合起来，必将得到广大渔民会员的拥护支持。

2021 年协会将进入“新时代”，因为协会的核心业务，《章程》界定的“互助保险组织”发生了根本性的变化，业务范围进行较大的剥离和调整。工作重心将转移到以渔业生产防灾减灾为主的会员服务上，以增值保值为重点的资产管理上，以中国渔业互助保险社为平台的创新服务开拓上，以支持现代渔业发展的小额信贷金融服务上。协会“剥离保险业务”之后仍然会有广阔的会员服务空间，世界上最大的渔船产业、最大的水产养殖业、最多的渔业从业者都在中国，在风险管理服务上有许多改善服务的空间，协会的未来充满新的希望和挑战。

第七章　中国渔业互保协会

第一节　概述

一、成立背景

20 世纪 90 年代，商业保险因事故多发、赔付率高、亏损严重，在短暂尝试后基本退出渔业保险市场，保险需求强烈的广大渔民投保无门。为解决这一渔业风险管理问题，原农业部在借鉴日本渔船保险中央会及韩国水产业协同组合中央会开展渔业互助保险经验的基础上，于 1994 年 7 月发起成立了中国渔船船东互保协会，依托渔业主管部门在全国范围内探索开展非营利性的渔业保险业务。

中国渔船船东互保协会是由全国范围内广大渔民以及其他从事渔业生产经营或为渔业生产经营服务的单位和个人自愿组成，实行互助保险的非营利性社会团体，主要从事渔民人身和渔船财产互助共济业务，接受业务主管单位农业部和社团登记管理机关民政部的指导和管理，为我国首个具备独立法人资格的全国性农业互助保险组织。协会的成立，标志着我国渔业保险制度进入了一个新的历史阶段。经过多年的发展，协会业务险种逐渐丰富，服务不断扩展，为更好地体现为渔业、渔民服务的宗旨，2007 年 7 月经民政部批准，中国渔船船东互保协会正式更名为中国渔业互保协会（以下简称协会）。

二、组织框架

（一）治理结构

根据《社会团体登记管理条例》规定，协会建立了会员代表大会领导下的理事会决策、秘书处执行和监事会监督的内部治理结构。

会员代表大会是最高权力机构，拥有制定和修改章程、选举和罢免理事监事、决定终止和其他重大事宜的权力。理事会是会员代表大会选举产生的决策机构，在会员代表大会闭会期间领导协会开展工作，对会员代表大会负责。监事会是会员代表大会选举产生的监督机构，依照国家法律、行政法规和章程的有关规定，以财务监督为核心，对协会的财务活动及理事会的决策程序、秘书处的业务管理行为进行监督，以保证会员权益不受损害，对会员代表大会负责。秘书处作为理事会下设的日常办事机构，下设综合部、人力资源和培训部、政策信息部、财务部、承保（养殖险）部、理赔部、会员服务部、统计部和后勤部 9 个部门。

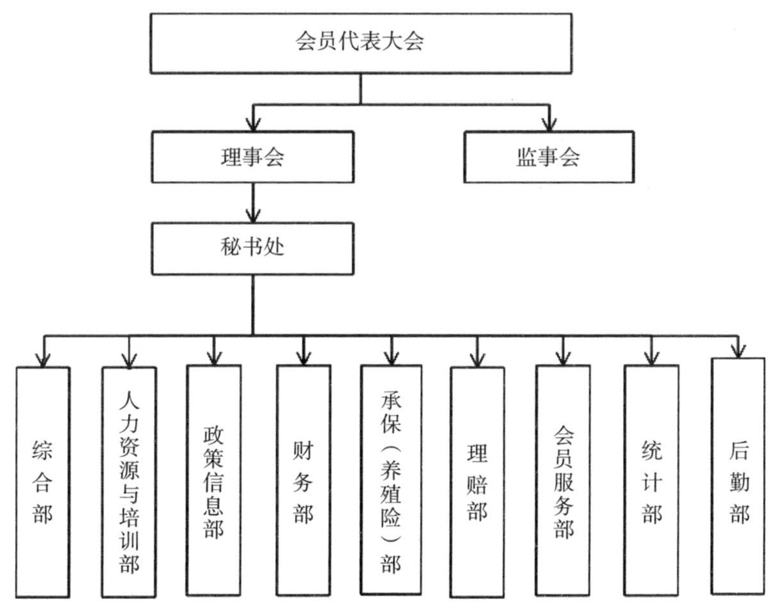

（二）组织机构

作为立足渔业行业的保险组织，根据我国渔业生产实际自上而下建立了较为完整的业务体系。截至 2019 年，协会共在 25 个省（区、市）建立了省市县三级渔业互保机构〔其中辽宁、河北、山东、江苏、浙江、福建 6 省（市）办事处与本省渔业互保协会合署办公〕，专兼职工作人员 4000 余人，业务范围覆盖所有沿海、内陆主要省份和香港、澳门特别行政区。

（三）发展现状

协会主要开展渔船财产、渔民人身和水产养殖三大类保险业务，还根据有关部门要求，开展南沙涉外责任保险和港澳流动渔民渔船保险业务。从实践来看，随着渔业保险市场的壮大，协会由单一的独立承保模式，逐渐丰富并发展成为各具特色、符合地方实际的业务运行模式，这其中有与各地方协会、商业保险公司共保合作，也有与国际再保险公司的再保合作。2019 年，协会联合各地方渔业互保协会共承保渔民 66.41 万人（次），渔船 5.5 万艘（次），承保渔业行政、执法和科研人员 1.76 万人（次），承保水产养殖面积 76.06 万亩，养殖鱼类 873.55 万尾（斤），全系统互保费总收入 20.49 亿元，为会员提供风险保障 4444.67 亿元。其中，渔业互助保险所承保的渔民渔船占据约 80% 的市场份额，水产养殖保险已在 9 个渔业重点省、市、区开展并保持较快增长速度。

25 年来，渔业互助保险累计承保渔民 1270 万人（次），承保渔船 90 万艘（次），为渔民群众提供风险保障 3 万亿元，共计为 1.3 万名死亡（失踪）渔民、10.3 万名受伤渔民以及 10 万多艘渔船支付经济补偿金超过 60 亿元，同时利用结余资金积极开展渔业安全教育、防灾减损、困难帮扶等公益服务，为渔民群众灾后及时恢复生产生活、防止因灾致贫返贫和维护渔区社会稳定做出了重要贡献，在保障渔业安全发展中发挥了不可或缺的作用。

第二节　业务开展情况

协会先期主要开展渔民、渔船互助保险业务，后又根据渔业发展实际逐渐拓展至水产养殖、渔业基础设施和渔业单位团体人身保障等领域，目前基本可以满足渔民群众不同层次的保险需求。

一、渔民人身平安保险

“自古行船半条命”，渔民出海首先需要解决的就是人身安全保障问题。1994 年 9 月协会率先开设渔民人身平安互助保险。经过宣传发动，第一张渔民人身平安互保凭证于 1994 年 10 月由当时的河北省秦皇岛市北戴河代办处开出。

初期条款设计参照商业保险公司短期意外伤害保险条款，并结合渔业生产作业的特点，保障范围不断拓宽，做到与渔业实际和渔民需求相适应。如 2011 年将内陆地区人身平安互助保险的保障范围由过去仅限定为渔业生产作业期间扩展到全天 24 小时，即渔民在陆地上发生的意外伤害事故也可进行理赔；2015 年大幅拓宽伤残事故赔付项目范围，在适用《人身保险伤残评定标准》（标准编号为 JR/T 0083 — 2013）的同时，结合渔业行业生产特点制定了人身保险补充伤残项目标准，使得伤残给付项目由最初的 40 余项扩展到 300 余项。目前，渔民人身平安互助保险已成为我国内河、内湖及沿海捕捞渔民、养殖渔民投保的主要险种，每年承保渔民近 15 万人，覆盖全国十余个省份，提供风险保障达 300 多亿元。

（一）承保对象

内陆、沿海从事渔业生产或为渔业生产服务的人员，年龄需在 16（含）—70（含）周岁之间，身体健康，有正常的工作及生活能力。

（二）保险责任

互保期限内被保险人因遭受意外事故导致身故或伤残，按照保险约定给付赔偿金。其中，意外身故是指被保险人因遭受意外伤害，并自该意外伤害事故发生之日起 180 日内因同一原因身故的；意外伤残是指被保险人因遭受意外伤害事故，并自事故发生之日起 180 日内造成《人身保险伤残评定标准》（标准编号为 JR/T 0083 — 2013）或《人身保险补充伤残项目与保险金给付比例标准表》（中国渔业互保协会自行制定补充赔偿标准）所列伤残项目的。

表 7-1　人身保险补充伤残项目与保险金给付比例标准表

伤残部位和程度	给付比例 %
锁骨粉碎性骨折	10
除拇指外其他一个手指缺失	10
一足拇指缺失	10
牙齿外伤性缺失三齿及以上	10
多发性颅骨盖部线性骨折	10
肝、脾、肠等内脏器官外伤性碎裂	10
四根以内肋骨骨折	6
Ⅱ度烧烫伤，面积占全身体表面积大于等于 5% 但小于 10%	5
一肢骨折（包括锁骨、手或足掌骨）	5
除拇指外其他一个手指缺失一节或两节	5
一足拇指缺失一节	5
一足除拇指外一趾缺失	5
胸骨骨折	5
面骨骨折（包括颌骨、颧骨、颚骨）	5
单发性颅骨盖部线性骨折	5
单根肋骨骨折	3
鼻骨骨折	3
一足除拇指外一趾缺失一节	2.5
一手指骨折	1
一足趾骨折	1

（三）保险金额和保费费率

目前，内陆地区的渔民人身平安互助保险保额分为五档，最低档为 10 万元保险金额，最高档为 30 万元保额。海南省渔民共保体渔民海上人身意外伤害保险保额分为两档，一档为 25 万意外伤害保险金额附加 1 万意外医疗保险金额，二档为 50 万意外伤害保险金额附加 2 万意外医疗保险金额。渔民人身意外伤害保险费率 2‰左右。

二、雇主责任保险

渔船海上作业时事故频发，渔船沉没、船员伤亡的案件时有发生，给渔船船东带来沉重的经济压力。特别是有些船东自己也面临船毁人亡的惨剧，根本没有能力对其所雇用人员进行赔偿，渔民的损失只能依靠政府救济，给政府带来巨大的负担，也给渔区的社会安定带来了隐患。有鉴于此，2003 年 1 月协会在全国范围内开展渔船船东雇主责任互助保险。此后，又增设附加意外伤害医疗责任，更加全面保障了渔民的利益。目前，雇主责任互保、雇主责任附加意外伤害医疗责任及雇主责任附加其他责任已经成为了沿海捕捞渔民人身互助保险最主要的参保形式。

渔船船东雇主责任互保是以雇主责任为标的，承保的是渔船雇主对其所雇用的船上作业人员在从事渔业生产作业时，因意外事故或者职业病造成的死亡、伤残、医疗费用等，根据法律法规或者雇用合同应当由雇主承担的经济赔偿责任。开展渔船船东雇主责任对于减少因生产事故赔偿责任给船东造成的经济损失、减少纠纷和民事诉讼、尽快恢复生产有着重要的意义，同时也把各级政府从大量善后、抚恤、救济的财政困难中解放出来。

（一）保险标的

以雇主依法承担的对船员的经济赔偿责任为标的，承保渔船雇主对其雇用的船上作业人员在从事渔业生产作业时，因意外事故或者职业病造成的死亡、伤残、医疗费用等所应当由雇主承担的经济赔偿责任。

（二）保险责任

在保险期间内，雇工因下列情形导致死亡或伤残，根据法律法规应由渔船船东承担的经济赔偿责任，主要包括：①在工作时间和工作场所内，因工作原因受到事故伤害的；②工作时间前后在工作场所内，从事与工作有关的预备性或者收尾性工作受到事故伤害的；③在工作时间和工作场所内，因履行工作职责受到暴力等意外伤害的；④被诊断、鉴定为职业病（仅限减压病）的；⑤因工外出期间，由于工作原因受到伤害的；⑥在上下班途中，受到非本人主要责任的交通事故或者城市轨道交通、客运轮渡、火车事故伤害的；⑦在工作时间和工作岗位，突发疾病死亡或者在 72 小时之内经抢救无效死亡的（一般保险机构按照《工伤保险条例》约定 48 小时之内经抢救无效死亡，考虑到渔船作业区域远离大陆，抢救往往需要转运时间，协会将抢救时间延长至 72 小时内），等等。

（三）保险金额及保险费率

目前，各沿海省份雇主责任保险的保额不一，最低的地区保额仅为 18 万元，最高的地区保额已高达 200 万元。根据各地雇主责任保险包含医疗责任、误工费等拓展责任的不同以及保额的差异，费率水平在 2.3‰—8‰之间。

三、渔船财产保险

渔船是渔民从事捕捞、养殖等渔业活动最主要的工具，是渔业生产经营的基础。渔船对于靠海吃海的渔民来说，就是命根子。一旦发生事故特别是发生倾覆，对渔船船东造成的打击是巨大的，甚至会倾家荡产。1994 年 9 月协会开设渔船财产全损险，并公布了第一份渔船互保全损险的互保费率表。此后，又根据渔民需求开设了附加碰撞责任保险、附加第三者责任保险，逐步过渡至渔船财产综合险。

渔船财产保险具有风险大、定损难、管理成本高的特点。除海洋捕捞业自身固有的高风险外，渔船航行作业时完全掌握在船长手中，也存在一定的道德风险，需要注意防范。一旦发生事故，事故发生地远离陆地、事故现场难以保留等因素导致保险人不易查勘现场，难以准确定损理赔，理赔的专业性要求更高。此外，由于我国渔船整体上呈现小破旧的特点，数量庞大的小型渔船和渔民分布范围广且分散，在管理和服务方面需要消耗较大成本。综合各方面因素考虑，渔船财产互助保险目前仍普遍采取不足额承保的方式，即承保金额小于渔船实际价值，由协会和船东共担风险。

（一）承保对象

经渔港监督管理机关登记注册，具有合法有效的检验证书、捕捞许可证（仅适用捕捞渔船）的渔业船舶。具体承保的是渔业船舶的船体及检验证书上载明的机器、设备和仪器。未经约定投保的子船或艇不属于保险标的，渔网、渔具、燃料、渔获物、生活给养及船上所有人员的私人财产均不在承保范围内。

（二）保险责任

在保险期间内，因下列情形导致全部损失或部分损失，包括：①风灾、洪水、地震、海啸、雷击、崖崩、滑坡、泥石流、冰灾；②火灾、爆炸；③碰撞、触碰、搁浅、触礁；④航行或生产过程中失踪一定时间以上（失踪时限的约定，商业保险公司通常约定为6个月以上，渔业互助保险考虑到海上作业实际情况和渔民生产生活的需要约定的失踪时限为两个月以上）。

投保全损险时，承担由于上述原因造成的保险渔船全损，以及为避免发生全损事故而采取施救或救助措施所支付必要的、合理的施救或救助费用。投保综合险时，承担由于上述原因造成的保险渔船全损或部分损失，保险渔船因发生碰撞事故导致其他船舶的船体和证书上载明的机器、设备和仪器的损失所需承担的经济赔偿责任，保险渔船因发生触碰事故导致码头、航标损坏依法应当承担的经济赔偿责任，会员（即被保险人）为防止或减少损失而采取施救或救助措施所支付的必要的、合理的施救或救助费用。

（三）保险金额及保险费率

我国渔船标准化程度低，准确核定渔船价值比较难，实践中多用建造价格、评估价格、市场价格等方式进行核定。价值核定后，具体承保时需综合渔船的船龄、船质、主机功率确定承保比例上限，由船东和协会最终协商确定保险金额（见表7–2）。

表 7-2　某省渔船保险承保比例表

船质 / 船龄 / 功率	钢质或铁质渔船				木质或其他材质渔船			
	船龄（Y）				船龄（Y）			
	Y ≤ 10	10 < Y ≤ 20	10 < Y ≤ 20	Y > 30	Y ≤ 5	5 < Y ≤ 10	10 < Y ≤ 15	Y > 15
P ≥ 44.1kW	90	80	70	60	0	80	70	0
P < 44.1kW	60				50			

渔船保险费率采取“从船为主、从人为辅”的原则确定。“从船”的主要是影响抗风险能力的船质、船龄和主机功率等因素，“从人”的主要体现为船员配备情况、从事渔业生产的年限等因素。由于渔船自身特点及其面临风险的特殊性，渔船保险的费率要高于商业船舶的费率，尤其是数量较多的小型木质渔船更是如此。玻璃钢等其他材质渔船的费率参照相同船龄、功率的木质机动渔船全损保险费率。协会渔船保险采取表定费率，不同材质、不同船龄、不同大小的渔船费率差异很大，从 5‰到 2% 不一。

四、水产养殖保险

2018 年我国水产养殖产量 4991 万吨，占全国水产品总产量的 77.3%，占世界水产养殖产量的三分之二。水产养殖业自然属性极强，自然灾害、水域环境污染和突发疫情等极易对水产养殖业造成重创。2018 年我国渔业灾情造成水产品产量损失 83 万吨，受灾养殖面积 910 万亩，水产品直接经济损失 136.34 亿元。

（一）业务发展过程

2004 年在浙江省嵊泗县开办深水网箱养殖设施和养殖产品保险。保险责任为热带风暴造成深水网箱全损或推定全损，以及养殖鱼苗的死亡损失。网箱保险费率为 3%，养殖鱼苗保险费率为 8%。之后将水产养殖保险提上重要工作日程，开展一系列理论研究和实践探索。2008 年选择大连獐子岛渔业集团作为被保险人，选择风险预报与灾害确定比较明确的“台风和风暴潮”作为保险责任，以信息披露公开及时、工艺流程成熟的“海水底播增养殖和浮筏养殖产品”作为保险标的，总保险金额为1亿元人民币，费率为1.6%。并在韦莱保险经纪有限公司的协调下与国际最大的海水养殖保险机构——英国皇家太阳保险集团达成分散巨灾风险的再保险合作协议，开启了我国水产养殖保险的“破冰之旅”。同年12月，开展福建龙泽海产养殖公司保险，承保了当时单笔保额最高的水产养殖保险项目。保险标的为工厂化养殖的鲍鱼，保险责任为暴风雨、风暴潮、冰雹、冰冻等自然灾害，以及疾病、污染、偷窃等意外事故造成互保标的直接损失，保险金额约2.7亿元，保险费率为2.09%；2009年8月，与山东省渔业互保协会在东营市开展池塘海参养殖保险，保险标的为池塘养殖的海参和工厂化育苗设施，保险责任为风暴潮、赤潮、冰雪、暴雨等自然灾害造成养殖海参或养殖厂房的直接损失，海参保险费率为3.1%，养殖厂房保险费率为0.6%。东营市财政给予20%的保费补贴。

之后江苏、福建、宁波等省市进行水产养殖互助保险试点。宁波在慈溪市开展了南美白对虾养殖疫病互助保险试点，采取“互助共济、资金封闭运行、赔付封顶”的运作模式。福建在福鼎市和漳浦县分别进行紫菜和吊养牡蛎养殖保险试点，采取单张保单赔付封顶的模式，全年保费收入36.57万元，为养殖户提供了554.1万元的风险保障，封顶赔付了109.72万元。江苏省在常熟、兴化两市开展池塘河蟹养殖保险试点，保险方案采用气象指数型保险产品，保费收入17.83万元，赔付9万元。上述试点项目仅东营市、宁波市的行业主管部门，利用自有资金给予了少量的保费补贴。

协会对水产养殖保险进行系统的调查研究和险种开发，开展多个研究课题，形成大量的研究成果，如“江苏省水产养殖、渔业设施互保需求调研报告”“山东省政策性养殖渔业互助保险可行性研究”“海南省水产养殖保险调查研究”“浙江省海水养殖现状、风险和保险体系建设”“辽宁省海水增养殖业保险可行性研究报告”“海南省水产养殖风险及保险”“安徽省淡水渔业保险调研”“洪泽湖渔业资源、环境及风险保障评价”等课题研究，为养殖保险全面推广做好技术准备。

水产养殖保险业务对巨灾风险采取了两种防范措施：一是采取封顶赔付

的方式，如江苏的河蟹保险、宁波的南美白对虾保险；二是采取与保险公司合作共保的方式，如福建紫菜、牡蛎保险。当年，江苏池塘河蟹养殖保险、宁波南美白对虾养殖保险、福建紫菜养殖保险3个试点项目合计收取保费540万元，赔付505.62万元，简单赔付率93.56%，远远高于农业保险品种。

2013年，党中央和国务院文件提出“积极开展海水养殖保险”，明确要求“支持发展渔业互助保险，鼓励发展渔业商业保险，积极开展海水养殖保险”。协会将水产养殖保险作为重点工作推动，陆续在浙江（贻贝，费率6.3%；网箱养鱼，费率5.5%—8%）、河北（中国对虾，费率8%）、山东（池塘养鱼，费率6%）、辽宁（池塘海参养殖、海参育苗及设施保险，费率分别为7%、5%和3%）启动了水产养殖保险试点，又成功引入瑞士再保险公司和中航安盟财产保险公司作为再保险人。水产养殖保险进入快速发展阶段。

协助浙江省、安徽省、河北省和福建省成功申报“农业技术服务创新项目经费”开展水产养殖保险保费补贴试点，累计补贴资金2260万元，各地配套了部分补贴资金，对全国起到了引领示范作用。

积极搭建水产养殖保险技术支撑体系。2017年，协会和全国水产技术推广总站签订推进水产养殖保险合作协议，探索水产技术推广机构与渔业互助保险机构的合作机制，培养专业人才队伍，组建水产养殖互助保险专家库，为承保理赔提供技术支撑。

（二）业务现状

水产养殖保险模式分两种，沿海地区“协会统筹，与地方协会联合推进，统一购买再保险”的办法，内陆地区“因地制宜，与商业保险公司开展多种形式共赢合作”。2019年协会系统在八个省份共承保水产养殖面积76.15万亩，提供风险保障26.76亿元，保险标的涵盖鱼虾贝藻等四大类、30余个养殖品种、部分养殖设施，收取保费1.53亿元，共支付赔款1.04亿元。

1. 保险标的

主要有鱼类、甲壳类、贝类、藻类等多个种类，养殖生物品种既包括大宗淡水鱼、南美白对虾等传统品种，也包括一些具有地方特色的品种，如大黄鱼、河蟹、小龙虾、牡蛎、贻贝、紫菜、海参等品种。海水养殖和淡水养殖均有涉及，在养殖模式上形成了以池塘养殖为主，兼顾工厂化养殖、海上筏式养殖、网箱养殖等常见的水产养殖方式。

2. 保险责任

以自然灾害、意外事故和突发疫病为主，一般包括下列原因造成的保险标的死亡和流失：①自然灾害，包括洪水（政府行蓄洪除外）、暴雨、暴风、台风、龙卷风、雷击、旱灾、地震、泥石流、山体滑坡；②因自然灾害或意外事故造成养殖设施损毁，或供电系统故障，导致无法正常增氧、换水、保温；③疾病，包括《一、二、三类动物疫病病种名录》中列明的水生动物疫病或其他保险条款列明的病虫害；④污染和投毒，突发性的大面积的水质污染，他人投毒发生中毒。基本上能够满足大多数养殖渔民的风险保障需求。

3. 保险险种

具体情况详见表 7–3。

表 7–3　涉及鱼虾贝藻等四大类

地区	保险产品名称	适用范围
河北省	对虾工厂化养殖保险	工厂化对虾养殖
	工厂化养鱼保险	工厂化鱼类养殖
江苏省	浅海藻类养殖保险	延绳式紫菜养殖
浙江省	海水鱼类养殖气象指数保险	各种网箱（平板、全浮）、围网（插杆、浮绳）、池塘及其他设施（大型铜围网、工厂化）等海水鱼类养殖
	海水池塘蟹虾贝养殖保险	海水池塘各种蟹类（青蟹、梭子蟹）、虾类（脊尾白虾、南美白对虾）和贝类（蚶、蛏、蛤）单养或混养模式
	浅海贝类养殖保险	延绳式贻贝、吊笼式扇贝等养殖模式
	浅海藻类养殖保险	毛竹插杆、玻璃钢插杆、全浮式等紫菜养殖模式；延绳式羊栖菜等养殖模式
	淡水鱼类养殖保险	池塘、山塘、网箱、稻田及其他设施等各种淡水鱼类养殖模式
	龟鳖类养殖保险	普通池塘、精养池塘、稻田及其他仿生态等龟类、鳖类养殖模式

续表

地区	保险产品名称	适用范围
福建省	水产养殖台风指数保险 海水养殖物价指数保险 海水养殖赤潮指数保险	符合相关要求，管理正常的水产
	养殖设施财产保险	宁德市蕉城、霞浦、福安片区的三都澳内湾和福鼎片区的沙埕湾内湾的塑胶渔排框架、深水大网箱框架、塑胶浮球
	养殖设施质量保证保险	符合相关要求的塑胶生产企业
广东省	淡水鱼类养殖保险	池塘淡水鱼类养殖
	养殖设施财产保险	海水鱼网箱养殖设施
安徽省	淡水鱼类养殖保险	池塘淡水鱼类养殖
	泉水养鱼保险	泉水鱼类养殖
	黄鳝养殖保险	黄鳝网箱规模养殖
	淡水虾类养殖保险	池塘和稻田套养小龙虾养殖
湖北省	淡水虾类养殖保险	池塘小龙虾养殖
四川省	淡水鱼类养殖保险	池塘淡水鱼类养殖

4. 保险类型

一是传统型，即损失补偿型水产养殖保险，指对水产养殖者在水产养殖的活动中，因受到突发意外事故或极端自然灾害而导致的养殖生物损失，根据实际发生的损失程度和事前的保险合同约定，负责给予赔偿的一种保险。

二是创新型，即气象指数型水产养殖保险，指将单一或多个气象条件（如风速、气温、水温、降雨量等）对水产养殖生物造成的损失程度以指数的形式量化，每一个气象指标都对应着相应的养殖生物损益和产量，保险合同就是以这种气象指标为依据，当气象指标达到保险合同约定的赔付触发水平时，无论标的物实际损失与否，就依据保险合同约定的赔偿方案对受益人进行赔偿。详见表 7–4。

表 7-4　保险类型

<table>
<tr><th>水域类别</th><th>养殖方式</th><th>主要品种</th><th>保险应用类型</th><th>主要风险因子</th></tr>
<tr><td rowspan="5">开放式水域养殖</td><td>普通网箱</td><td>鱼类</td><td>两者均有</td><td>风、病害、赤潮</td></tr>
<tr><td>深水网箱</td><td>鱼类</td><td>两者均有</td><td>风、病害、赤潮</td></tr>
<tr><td rowspan="2">筏式养殖</td><td>贝类</td><td>指数型</td><td>风、浪</td></tr>
<tr><td>藻类</td><td>指数型</td><td>风、浪、水温</td></tr>
<tr><td>吊笼养殖</td><td>贝类</td><td>指数型</td><td>风、浪</td></tr>
<tr><td rowspan="8">陆基式养殖</td><td rowspan="4">池塘养殖</td><td>鱼虾类</td><td rowspan="2">传统型</td><td rowspan="2">洪水、缺氧、病害</td></tr>
<tr><td>贝类</td></tr>
<tr><td>蟹</td><td rowspan="2">两者皆可</td><td>指数型：降雨量、水温</td></tr>
<tr><td>棘皮动物</td><td>传统型：污染、疾病</td></tr>
<tr><td rowspan="3">工厂化养殖</td><td>鱼虾类</td><td rowspan="3">传统型</td><td rowspan="3">突发意外、疾病</td></tr>
<tr><td>贝类</td></tr>
<tr><td>海参</td></tr>
<tr><td>水库、湖泊</td><td>鱼类</td><td>指数型</td><td>降雨量</td></tr>
</table>

5. 保险金额和保险费率

以养殖物化成本为依据制定保险金额。保险费率结合历史损失数据、风险区划、保费补贴、保险方案、养殖户承受能力、同业标准等因素，综合制定各险种费率，大体在 4%—13% 之间。

五、特色业务

在业务发展过程中，除了上述渔民渔船和水产养殖保险产品以外，协会根据实际需要开发出一些特色保险产品。

（一）南沙渔业生产涉外责任保险

南海是我国传统海域，但由于历史原因，目前不少岛礁和海域被一些国家侵占和分割。自 1985 年我国渔民恢复赴南沙生产作业以来，南沙渔业生产稳步发展。广东、广西、海南三省（区）以及港澳流动每年都有大量渔船赴南沙海域作业，数量最多时办理赴南沙作业证书的渔船达 900 多艘。长期以来，广大渔民为维护我国海洋主权与渔业权益做出了特殊贡献。到南沙生产不但要承担自然灾害带来的风险，而且还要承受较大的涉外风险。一段时期内，我国在南沙正常生产的渔民经常受到周边国家武装枪击、抓扣、判刑、坐牢、没收渔船，严重威胁渔民的生命财产安全。为支持渔民护渔维权，1996 年协会先后在渔民、渔船保险业务的基础上开设附加南沙渔业生产涉外责任保险，对渔民在我国南沙传统海域正常生产作业提供风险保障，已连续开展 20 多年，为构建平安渔业和南海海域渔业生产的稳定发展发挥了不可替代的作用。

（二）港澳流动渔民渔船保险

港澳流动渔民是具有香港、澳门和广东省双重户籍的特殊渔民群体，是一支特殊的爱国爱港澳的政治力量。国家十分重视港澳流动渔民工作，保护好这一特殊群体的合法利益意义重大。2003 年起，协会根据港澳流动渔船常年在我国内地水域生产作业的实际情况，针对港澳流动渔民这一群体开设了相关互保业务。目前，协会针对港澳流动渔民群体开设的险种有雇主责任互保、雇主责任附加医疗互保、雇主责任附加南沙渔业生产涉外责任互保、渔船全损互保、渔船全损附加第三者碰撞责任、渔船综合险互保、渔船全损或综合险附加南沙渔业生产涉外责任和香港渔船强制第三者风险保险（得到香港海事处认证），这一系列港澳流动渔民互保险种基本上能够满足港澳流动渔民的保险需求。

（三）全国渔业系统行政、执法及科研人员综合保障计划

为解决渔业系统行政、执法和科研人员工作环境特殊、意外伤害事故多、风险高、退休人员养老金替代率低等问题，协会 2003 年向渔业系统推出了“全国渔业系统行政、执法及科研人员综合保障计划”（以下简称保障计划），内容包括《短期意外伤害保险》《附加意外伤害医疗保险》和《退休年金保险》。保障计划得到了各级海洋与渔业工作者的大力支持和拥护，业务量逐年提高。截止到 2013 年底，十年来累计有 13.55 万人（次）参加了保障计划，累计保费 2391.68 万元，其间，共发生赔付案件 778 起（其中包含 40 起死亡 / 伤残人员的赔付和 738 起医疗赔付），合计赔款总额 1038.15 万元，大大缓解了有关单位的事故善后处理压力，有效地解决了职工家属的实

际生活困难。2019 年全国综合保障计划的保费收入近 500 万元。

（四）涉韩担保业务

《中韩渔业协定》实施以后，我国每年均有大量渔船在涉韩一侧水域或共管水域作业被韩方抓扣，需要交付担保金。为妥善解决被韩方抓扣渔船交付担保金事宜，2003 年起协会被农业部指定为处理涉外担保事件的民间窗口单位。为更好地发挥窗口单位为渔民服务的作用，2007 年协会在韩国木浦（中国渔船集中被扣地区）专门设立办事机构。驻韩代表处设立后，极大地方便了渔民群众，一举解决了以往代理速度慢、价格高的问题。至 2011 年 6 月代理业务结束 3 年多的时间，累计为 373 艘渔船代理交付担保金；同时，积极服务在韩国作业渔民，并成功处理 20 余起涉韩渔业纠纷案件，既为政府分忧，又为渔民解难，维护了政府形象，受到中国驻韩国领事馆和广大渔民群众的好评。

（五）小额贷款业务

长期以来，资金一直是制约广大渔民扩大再生产的瓶颈，而渔业生产的高风险性又使渔民难以从银行等金融机构得到贷款支持。为了有效解决广大渔民贷款难的问题，盘活协会资金、保证资产保值增值，协会自 2009 年起至 2011 年采取以委托贷款的形式开展渔民会员小额贷款业务试点。年发放小额贷款已达 9500 万元，因手续便捷、利率较低，深受广大渔民会员欢迎，是拓展服务领域、为渔民会员提供全方位金融服务的有益尝试。

理赔方面，协会始终坚持将理赔服务作为生命线，秉承“主动、迅速、准确、合理”的工作方针，为渔民会员提供贴心周到的理赔服务。经过 20 多年探索，目前已经形成事前、事中、事后全程系统化理赔流程，理赔操作制度化、规范化、透明化、高效化、贴心化。除此之外，协会在为渔民做好风险保障的同时，还积极为渔民提供各种形式的公益服务。近年来，互助保险服务由事后提供的经济补偿向为渔业安全的事前、事中、事后全程服务兼备转变，事前防灾减灾、事中积极救助、事后快速赔付，在保障渔业增效、渔民增收和渔区社会稳定方面做了大量卓有成效的工作。

第三节　政策支持情况

党中央、国务院高度重视农业保险工作，农（渔）业保险面临难得的发展机遇。农业农村部和各地政府高度重视和支持渔业互助保险工作，先后出台了一系列支持渔业互助保险发展的政策文件和财政配套补贴政策。

一、政策法规

《中华人民共和国农业法》第六章第四十六条规定，“国家建立和完善农业保险制度。国家逐步建立和完善政策性农业保险制度。鼓励和扶持农民和农业生产经营者组织建立为农业生产经营活动服务的互助合作保险组织，鼓励商业性保险公司开展农业保险业务”，为渔业互助保险发展奠定了法律基础。2013 年起正式实施的《农业保险条例》进一步明确了渔业互助保险组织的法律地位，并将现行开展的渔船渔民保险业务纳入涉农保险范畴享受财政支持政策。

2004 年以来中央 1 号文件多次对发展农（渔）业保险提出要求，其中 2006 年中央 1 号文件提出“加快发展多种形式、多种渠道的农业保险”，2009 年中央 1 号文件提出“鼓励在农村发展互助合作保险和商业保险业务”，2012 年中央 1 号文件明确提出“扶持发展渔业互助保险”，为渔业互助保险发展提供了政策遵循。

2007 年和 2012 年，农业部先后印发《农业部关于进一步做好渔业互助保险工作的通知》（农渔发〔2007〕41 号）和《农业部办公厅关于印发全国渔业互助保险发展“十二五”规划（2012—2015 年）的通知》（农办渔〔2012〕83 号），对进一步做好渔业互助保险工作提出明确要求，并阐明了今后一段时期渔业互助保险发展方向，对进一步推动渔业互助保险提供了强大的政策支持。

此外，辽宁、山东、江苏、浙江、福建、广东、海南、湖北、四川等省份在有关的渔业地方法规中也明确鼓励支持开展渔业互助保险工作。

二、财政支持

根据中央农（渔）保险政策要求，各地结合本地实际也先后出台了一系列保费补贴政策，支持渔民参加渔业保险。

（一）辽宁省　根据《关于印发辽宁省渔船互助保险保费财政补贴资金管理暂行办法的通知》（辽财农〔2013〕690号），省级财政对20马力以上、参加互保的渔船（包括远洋渔船），按照全损责任给予20%的财政补贴。

（二）河北省　2019年，河北省财政通过以奖代补形式对参加雇主责任保险、渔船财产保险和水产养殖保险的渔民分别给予25%、20%和最高不超过70%的保费补贴，河北省渔业互保协会作为承保单位，总额共计1400万元。

（三）天津市　根据《天津市财政局天津市农业委员会关于天津市海洋渔业互助保险财政补贴政策的通知》（津财农〔2015〕104号）规定，对于渔船保险，财政补贴保费的60%，对于渔民人身平安保险（雇主险），每份保险金额1万元，参保份数15—60份的，财政补贴保费的60%。

（四）江苏省　江苏省财政对参加渔业保险的投保渔民（投保人）给予25%的保费补贴，各市、县级财政根据自身财力，自行确定是否给予补贴以及补贴比例。

（五）上海市　上海市将群众渔船综合险纳入到农业保险补贴范围，市、区（县）财政给予50%的保费补贴，并对参加渔船保险的船上船员每人赠送20万元的人身意外伤害保险。

（六）浙江省　浙江省安排财政专项补贴资金对渔船财产互助保险中的全损责任和雇主责任互助保险（保额不超过50万元）进行20%的保费补贴，县市财政配套补贴的补贴比例最高为20%。

（七）宁波市　宁波市对全市参保渔民和渔船实行保费补贴，比例为

40%，由市、县财政各负担 20%。

（八）福建省　2019 年，福建省财政对雇主责任互助保险（定额 25 万元）、渔船互助保险（估价不超过 80%）、渔民人身平安互助保险和水产养殖互助保险保费补贴比例均为 30%，市县财政视险种不同分别给予 5% 或 10% 的补贴。

（九）广东省　根据《关于联合印发〈广东省政策性渔业保险实施〉和〈广东省政策性水产养殖保险实施方案（试行）〉的通知》（粤农〔2019〕49 号）规定，广东省对全省参加渔民人身伤害保险、雇主责任保险、渔船财产保险和水产养殖保险实施保费补贴。补贴方式：保费补贴比例为 35%，非珠三角地区（含江门市的开平、恩平、台山市），省级财政补贴比例为 30%，地级市财政补贴比例不得低于 5%；珠三角地区，包括广州、珠海、佛山、中山、东莞、江门（不含江门市的开平、恩平、台山市），省级财政不予补贴，市县级财政补贴比例不应少于 40%，其中地级以上市财政补贴不得低于 35%，深圳市参照执行。渔船财产保险每艘渔船省级财政补贴上限为 10000 元 / 艘。

（十）广西壮族自治区　根据《自治区农业农村厅办公室关于印发广西 2020 年渔业互保补贴资金项目实施方案的通知》（桂农厅办发〔2019〕154 号），广西对北海、防城港、钦州地区渔民参加渔民平安责任险、雇主责任险和渔船全损（综合）保险给予 20% 的保费补贴。

（十一）海南省　海南省级财政对渔民参加渔船保险和渔民海上人身意外伤害保险给予 50% 的财政补贴，市县级财政补贴 10%。

第四节　发展体会

一、基本经验

中国渔业互保协会在 26 年的发展中，通过不断实践积累，总结了一些基本经验，这些基本经验对进一步做好渔业互助保险工作也有重要的指导作用。

（一）争取政策支持，走互助合作之路

渔业是农业的重要组成部分，渔业、渔区、渔民是“三农工作”的主要内容，做好渔业互助保险对保障渔业持续发展、维护渔区稳定和保护渔民根本利益意义重大。多年来，协会坚持以中央“三农”工作方针和农业保险政策为指导，把渔业互保工作放在党的三农政策和大农业整体发展的格局中间去谋划，把渔业互助保险作为渔业安全管理和建设现代渔业的重要组成部分去部署，将渔业互助保险作为一项重要的产业政策，积极争取政策支持和保费补贴，坚定不移地走政策性渔业互助保险的道路，将绝大多数的渔民群众纳入渔业互助风险保障体系，实现渔民增收、渔业增效和渔区和谐。

（二）依托渔业部门，全国一盘棋发展

渔业互助保险是行业互助共济行为，在没有国家针对性法律法规保障和政策支持下，得以“从无到有、从小到大、从弱到强”逐步生存、发展、壮大，离不开渔业行政主管部门的领导和支持。多年来，协会坚持农业部的主导和各级渔业行政主管部门的领导，将互助保险工作与渔业中心工作有机结合起来，在促进渔业行业发展的过程中自身不断发展壮大。同时，秉承“全国一盘棋”的原则，集全行业之力，共同形成防御屏障，科学防范化解巨灾风险，保证了互保事业持续发展。

（三）坚持服务渔民，树立互保品牌

“服务渔业、服务渔民”是协会的宗旨，也是协会一切工作的出发点和落脚点。事实证明，渔业互保工作要得到快速发展，除了在法规、制度和政策上取得突破之外，必须坚持这个宗旨，依靠广泛承保、及时理赔、优质服务来树立优良形象。协会在各项工作中，努力做到将解决渔民的保障需求和为渔民服务结合起来，不断创新险种、降低互保费率，扩大保险覆盖面，坚持为渔民提供迅速准确合理的理赔服务，赢得广大渔民群众的拥护和支持。

二、发展面临的困难

最初，由于相关法律法规缺失和实践经验缺乏，渔业互助保险这一新生事物只能选择协会这种方式开展业务，在当时是有利于事业发展的。但从目前情况看，面临两方面的主要问题：

（一）社团身份不具备保险主体资格。《农业保险条例》虽然将互助保险等组织纳入了承办农业保险的机构范围，但按照《保险法》及相关法律法规，我国保险经营主体只能是企业法人。各级渔业互保协会是在民政部门登记的社会组织，属于非营利性的社团法人，难以突破现有制度框架取得保险资质纳入保险监管。

（二）管理体制不适应社会组织改革要求。多年来，各级渔业部门一直将渔业互助保险作为渔业安全生产管理的重要服务平台，通过委派主要领导等方式加强行业领导和业务监管，有力地推进了工作开展，但在一定程度上也导致了政社不分、管办一体，应按照政社脱钩的要求尽快规范。

日前，针对渔业互助保险发展面临的重大体制问题，农业农村部会同银保监会在认真研究后形成了体制改革方案，现已经国务院批复同意。预计在不远的将来，改制后纳入监管的渔业互助保险将以崭新的姿态重新出发，更好地服务于广大渔民群众。

第八章　地方渔业互保协会

第一节　广东省渔业互保协会

一、渔业基本情况

（一）渔业自然情况

地理海域　广东是海洋渔业大省，海域广阔，西起广西与广东交界处的北部湾，穿过琼州海峡，东至东沙群岛，福建与广东交界处，包括南海北部。

海岸线　全省海岸线漫长曲折，海岸线总长3368.1公里，是中国海岸线最长的省份。海岸线有许多港口，岛屿遍布各地，为渔港选址、海洋产业、旅游业等的发展提供了优越的自然条件。

渔港　截至2015年底，有渔港136座，经农业部公布的渔港110座，经农业部批复建设的中心和一级渔港15座，渔船就近进港安全避风容量达到1.3万艘。

特色养殖　海水养殖和淡水养殖的产值均位列全国第三。渔业三产流通、存储、休闲渔业等达到了1278亿元，位列全国第一，水产物流业以1233亿元产值领先于全国。

全省的海淡水养殖发展均衡，海水主要品种有9个的产量位居全国第一，是海鲈、石斑鱼、美国红鱼、军曹鱼、南美白对虾、斑节对虾、青蟹、螺和江珧。在淡水主要品种中，有6个品种的产量全国第一。

按水域和养殖方式分全省海洋养殖，按照水域分为三类：海上、滩涂和其他；按照养殖方式分为七类，按养殖占比排序：池塘、底播、筏式、普通网箱、吊笼、深水网箱、工厂化。

（二）渔业产业情况

2018 年，全省渔业经济总产值 3453 亿元，其中：水产品产值 1415 亿元；渔业工业与建筑业产值 363 亿元；渔业流通与服务业产值 1674 亿元，其中休闲渔业 106 亿元。

2018 年，全省水产品总产量 842 万吨，其中：海洋捕捞产量（不含远洋）127 万吨；远洋渔业 5 万吨；内陆捕捞产量 11.5 万吨；海水养殖产量 317 万吨；淡水养殖产量 382 万吨。海水养殖 16.6 万公顷；淡水养殖 31.3 万公顷。

（三）渔业灾害情况

2018 年，全省因灾害造成渔业直接经济损失 24.1 亿元，水产品损失 11.3 万吨。其中，损毁池塘 0.7 万公顷、网箱 11157 只、围栏 1109 公里、堤坝 5831 米、泵站 4691 座、涵闸 1911 座、码头 705 米、护岸 2028 米、防波堤 5531 米，工厂化养殖场 1 座，苗种繁殖场 11 个，沉船 19 艘、船损 94 艘。

二、协会历史沿革

（一）成立背景

根据渔业生产的风险管理实际，经原广东省水产厅和广东省民政厅同意，1993 年，在全国率先成立了渔业互助保险组织——中国船东互保协会渔船船东分会广东经理部，探索开展渔船船东互助保险工作。1996 年，根据《社会团体登记管理条例》的规定，在省民政厅登记成立广东渔船船东互保协会，开始以独立法人单位的形式推动渔业互助保险事业的发展。2007 年，为适应全国和广东渔业经济发展，在此基础上，更名为“广东省渔业互保协会”。

业务范围为：互助保险、法律咨询、技术服务、人才培训。主要职能是：组织从事渔业生产、经营、管理以及服务的单位和个人参加互助保险，共同承担会员因遭受意外事故损失的经济补偿，促进渔区社会安定和经济发展。协会是拥有独立法人资格的非营利性社会组织，业务主管单位为原广东省海洋与渔业局，现广东省农业农村厅。

（二）组织架构

协会总部：设有四个工作部门，承保部、理赔部、财务部、综合部，专职工作人员 22 名。

协会基层情况：一是开设 100 个分支机构（其中，县区级以上 72 个），遍布沿海市县镇重要渔业港口及内陆各市，形成以渔业主管部门为依托，为渔民群众提供全天候互助保险服务的体系；二是人员队伍逐步健全，各地分支机构聘用专职工作人员 100 余名，兼职人员 20 余名。

资产情况：截至 2019 年 12 月，总资产达 5.1 亿元，净资产达 3.82 亿元。

（三）协会发展和现状

1. 协会保险规模和潜力

业务经营情况：

2015—2018 年，全省共计 45.14 万人次渔民参保，年参保渔民约 11.3 万人，覆盖全省捕捞渔民的 90% 以上；四年共计 3.95 万艘次渔船参保，年参保渔船约 1 万艘；四年共计保费收入 4.3 亿元，年保费收入约 1.1 亿元，年承担渔业风险保障金额近 400 亿元。

2019 年，协会承保 10.1 万名渔民、7759 艘渔船，会费收入 1.2 亿元，承担渔业风险保障金额 400 亿元；办理人保理赔案件 732 宗，船保理赔案件 130 宗，给付互助补偿款 3287 万元。

2. 总部和基层办公条件

协会于 2016 年购置广州市江南西富力天域中心 486 平方米办公室一套。15 个基层代办机构单独租赁办公场所。

3. 共保和再保情况

根据《广东省政策性渔业保险实施方案》和《广东省政策性水产养殖保险实施方案（试行）》的公开招标结果，协会与中国人保广东省分公司、中国渔业互保协会组成的联合体中标第一中标人，共6家中标人10家机构组成广东省政策性渔业保险和水产养殖保险共保体开展工作。其中，协会为主承保人，负责政策性渔业保险和水产养殖保险的开单、收费、理赔等工作；各共保人按招标项目规定比例共同分担风险。协会与中国渔业互保协会签有合作分保协议。

三、协会主要业务

（一）承保情况

1. 渔民人身意外伤害保险：自1993年9月开办，分海洋渔民和内陆渔民两种。海洋渔民死亡保额分50万元—100万元六档，附加伤残保额35万元—70万元六档，附加意外医疗保额4万—8万六档，费率为0.22%。内陆渔民死亡保额分25万元—50万元两档，附加伤残保额17.5万元—35万元两档，附加意外医疗保额2万元—4万元两档，费率为0.20%。

2. 渔民雇主责任保险：自2018年6月1日开办渔民雇主责任保险。其海洋和内陆渔民的保障范围和费率同渔民人身意外伤害保险相同。

3. 渔船财产保险：自1996年起开办渔船财产保险，根据钢质和非钢质、船龄以及附加第三者碰撞责任等确定费率，在0.75%—2.8%之间。

4. 水产养殖保险：按照《广东省政策性水产养殖保险实施方案（试行）》规定，协会自2019年起开始办理水产养殖保险。

保险金额：

（1）深水网箱养殖设施根据购置价格和使用时间估算其实际价值，试行期间按实际价值的50%—80%确定保险金额，费率为4%—6%；

（2）养殖品种根据不同的生物种类，对其苗种、饲料、水电费、人工费及其他必要费用进行测算，确定保险金额，费率为6%—10%。

保费补贴：

（1）省财政补贴比例为50%。鼓励市、县两级财政加大政策性水产养殖保险的补贴额度。各地市、县级财政可根据自身财力，在本方案补贴比例的基础上，适当提高补贴比例。

（2）试行期间，省财政每年给予政策性水产养殖保险保费补贴预算资金规模为 200 万元。试点地区为茂名市和湛江市。

按照《广东省政策性水产养殖保险实施方案（试行）》规定，从 2019 年开展政策性水产养殖保险试点。茂名市：深水网箱养殖及池塘罗非鱼养殖；湛江市：南美白对虾养殖及池塘罗非鱼养殖。首批保单在 2019 年 12 月开出。

（二）理赔情况

1. 理赔流程

（1）立案

①理赔人员接到投保人报案时应详细询问出险船名号、出险人名、出险时间和地点、事故简要经过、出险时的海况以及事故损失、查勘地点、联系方式等情况，登记编号立案。

②可受理的案件，进行立案登记，要求投保人按保险条款的约定报送案件材料；不予受理的赔案，通知投保人并阐明理由，在登记表中注明撤销登记和撤销理由。

③凡估计损失金额在 100 万元以上的渔船事故、3 人以上死亡（失踪）的人身事故，协会组织工作组开展理赔工作。

（2）救助和追查

①组织救助。如果投保人员或渔船有损失扩大的可能，理赔人员应积极协调、配合有关部门进行救助，以减少人员伤亡或避免损失扩大。

②协助追查肇事逃逸船舶。属于第三者肇事逃逸事故的，理赔人员应协助投保人积极追查肇事船。

（3）调查勘验

①事故调查。立案后，理赔人员开展查勘定损工作，到事故现场、渔船修造厂、医院等地，对事故进行调查。

②勘验定损。理赔人员根据事故渔船受损情况进行勘验，确定损失；如果是重大或疑难案件，可委托（聘请）当地渔船检验机关、保险公估机构、海事理赔专家进行损失评估，相关费用计入理赔工作经费。

（4）案件材料

①调查报告书；

②补偿申请书；

③渔监（海事）部门的调查勘验报告；

④事故照片；

⑤人员死亡（失踪）事故，应有公安户籍管理机关的户口注销证明、镇级以上医院出具的死亡证明、投保人与出险人家属的赔偿协议等有关证明材料。人员伤残事故，应有劳动和社会保障部门的伤残鉴定证明或镇级以上医院的诊断证明；

⑥渔船碰撞事故，应有渔监（海事）部门或海事法院判明责任分摊的文件。

（5）理赔计算

①渔船财产保险。根据保险条款和理赔规定，理赔人员按照事故中承保机构和投保人分别要承担的责任，计算赔偿金额。

②渔民人身意外伤害保险。死亡赔款 = 投保金额 ×100%；伤残赔款 = 投保金额 × 伤残赔偿比例。

③雇主责任保险。依法应由雇主承担的经济赔偿责任，根据保险条款和理赔规定，计算赔偿金额。

（6）审批

案件调查完毕，理赔人员将赔案材料制档，经代办处负责人审核后报送至理赔部审批。理赔部接到理赔案件材料后，经审核无误，5 个工作日内做出理赔决定，通知经办机构。对案件材料有疑问，进行再次调查核实。

（7）重大理赔

重大理赔事故（损失金额大、事故人数多、影响社会稳定）可启动预付理赔款机制，简化理赔程序，先行赔付，后补材料。

（8）支付赔偿款

①理赔款由协会汇到投保人银行账户，或汇到相关授权收款人或受益人银行账户。

②5万元以下（不含5万元）的赔款凭银行汇款单入账，5万元以上（含5万元）的赔款需投保人（受益人）到互保代办机构办理签收手续。

③互保代办机构工作人员不得代领赔偿款，不得扣减或扣留赔偿款。

2. 赔付率

2016年，简单理赔率为35.8%；2017年，简单理赔率为30.77%；2018年，简单理赔率为35%；2019年，简单理赔率为27.10%。

（三）队伍建设

1. 文化建设、品牌建设

协会倡导“互助共济，服务渔业”的组织文化，营造“急渔民群众之所急，想渔民群众之所想”的工作氛围，树立工作人员从渔民群众利益出发，一心一意为渔民群众服务的工作理念。积极创新工作方式，提升管理水平和服务能力，深入渔村宣传发动，登上渔船理赔问询勘查，推动承保业务更加便利化、理赔工作更加快捷化。制定会员自律保障机制，倡导会员间互助合作，严格按照渔业管理部门的要求，认真落实渔船跟帮生产及海上自救互救制度，维护渔业安全生产秩序和渔区安定。

协会制作宣传单张、宣传品等，印上协会的名称、会徽、宗旨，通过参加渔业博览会、渔业安全生产现场活动等形式向渔业企业、渔民群众派发，取得良好的宣传效果，协会品牌在渔区、渔业行业的影响力不断扩大，渔业企业、渔民对协会的认知度不断提高。群众普遍认识到，渔业互保协会是专业做渔业保险的，要参保就找渔业互保。

2. 党、团、工会建设

成立中共广东省渔业互保协会党支部，接受广东省农业农村厅直属机关党委领导。设有工会小组。

3. 线上网络服务

协会开发建设官方网站，作为协会新闻宣传、会员承保信息查询、理赔信息公示、政策法规和条款展示等的平台。

协会开发建设微信公众号，作为协会新闻信息发布、简介和条款公示、会员保单查询、理赔报案等的平台。

协会于2016年初开始逐步推开POS机见费出单收费模式，目前已全面覆盖全省分支机构使用。POS机见费出单收费在便利会员缴费参保的同时，有效解决了会费收取困难的问题。

协会于2017年开发建设短信通知平台，并接入互保业务信息管理系统，实现到期续保提醒、理赔决定发送、通知公告发布等功能。

4. 组织建设

协会重视员工培训，定期组织工作人员举办承保、理赔、财务工作等内容的培训班，提高业务能力和服务水平。协会积极组织工作人员参加有关上级部门的各类培训班，提升工作人员的业务工作水平，促进与各兄弟协会的沟通和交流。

协会总部拥有硕士学位人员2名，本科学历人员11名，专科学历人员4名，专科以上学历人员数量占比超过75%。在建立健全分支机构人员队伍的过程中，设定了录用人员须大专以上学历、懂操作电脑等硬性指标，提高协会人员的综合素质。

2018年成立了理赔工作委员会，吸收渔业系统专家和行业资深人士参与协会理赔工作，拥有高级验船师2名、高级工程师1名、海事专家3名、渔业管理专家1名。

2004年，协会被国家民政部评为“全国先进民间组织”；2005年，被广东省民政厅评为“全省先进民间组织”；2019年，通过广东省社会组织评估，被评为“5A”社团。

四、会员服务

协会是渔民群众自己的组织，秉持“互助共济，回馈渔民”的精神，在做好互助保险服务的同时，积极做好会员服务工作，努力将协会打造成贴心的渔民之家。

一是“取之于渔，用之于渔”，统筹650万元资金与省渔政总队共建广东省渔船IC卡安全管理系统，加强全省渔船出入港的管理，强化渔业安全生产管理工作。

二是心系贫困渔民，响应党中央精准扶贫的号召，认真按照主管机关的部署，投入资金参与渔区扶贫工作。通过各种方式投入 30 余万元帮助会员集中而经济欠发达的渔村建设公益设施，帮助对口帮扶的贫困户改善居住环境、购买生产渔具。

2016 年，协会捐助 5 万元，帮助雷州市海角村小学购买安装了多媒体教学触摸一体机，不仅缩小了其与城区学校教育设施方面的差距，而且一定程度上弥补了部分教师普通话不熟练的短板，帮助海角村小学提高了课堂教学质量。

2017 年，协会帮助对口帮扶的雷州市海角村三户贫困家庭精准脱贫。鉴于三户家庭的住房破旧甚至已成为危房，为改善三户帮扶对象的居住环境，协会对每户家庭分别资助 2 万元帮助其修建新房屋。

三是自 2017 年以来，协会联合中国渔业互保协会开展“渔业互保扬帆助学行动”，资助 10 名家庭经济困难的会员子弟上大学，给每人每年 5000 元，直至完成大学学业。

四是积极配合渔业主管部门做好渔业安全生产管理工作。近三年，协会出资采购超过 1500 件气胀式救生衣赠送给渔民会员，为渔民会员提供坚实的安全保障。

五是倡导抢险救助。倡导会员在渔业生产中发扬跟帮生产、互助互救的精神，鼓励全体会员落实渔船跟帮生产制度及海上自救互救，维护渔业安全生产秩序。对于认真组成渔船跟帮生产小组或合作社的会员，积极开展海上救助的会员，根据安全生产奖励机制，结合实际情况给予表彰和物质奖励。

五、地方扶持政策

（一）地方支持法律法规

1. 2003 年 7 月 25 日通过的《广东省渔业管理条例》第四章第三十条规

定：渔业船舶所有人应当为其水上作业人员购买人身保险。各级人民政府鼓励开展海上自救互救和船东互保业务。

2. 2011 年 9 月 29 日通过的《广东省渔港和渔业船舶管理条例》第五章第三十七条：县级以上人民政府应当鼓励、支持和引导从事渔业生产的单位和个人加入渔业专业合作经济组织，参加非商业性渔业互助保障组织。

鼓励、引导渔业船舶的所有者或者经营者办理责任保险。鼓励渔业从业人员和渔业船舶的所有者、经营者办理互助保险。

3. 2016 年 7 月 15 日通过的《广东省渔业船舶安全生产管理办法》第四章第二十四条规定：县级以上人民政府可以建立渔业船舶海难搜救互助金，补偿和奖励积极参与渔业船舶遇险搜寻救助的单位和个人，救助因事故导致生活困难的人员。

渔业船舶所有者、经营者应当依法为船员购买工伤保险。

（二）地方扶持政策与文件

1. 2004 年 2 月，中共广东省委发文《中共广东省委、广东省人民政府关于加快发展海洋经济的决定》（粤发〔2004〕3 号），第十五条要求“建立健全以渔船船东互助保障为基础的政策性渔业保险制度”，为广东渔业互保的发展提供了有力的政策支持和法律保障。

2. 2006 年省政府《关于大力推进我省保险业改革发展的意见》（粤府〔2006〕129 号）提出“支持在渔船船东互保基础上发展渔业保险”，“逐步规范省内行业自保、互助合作等组织形式，规范行业自办保险行为，将其纳入统一保险监管，引导其规范健康发展”。

3. 2007 年，中国保监会广东监管局的《关于广东省船东互助保险发展情况的调研报告》指出，广东省发展渔业保险的思路是“在船东互保协会的基础上，发展为渔业互保协会，争取政府财政补贴”。

4. 2012 年 4 月，广东保监局、广东省财政厅及广东省海洋与渔业局联合印发《广东省政策性渔业保险实施方案（试行）》，决定在我省开展实施政策性渔业保险，由广东省渔业互保协会、中国人保财险广东分公司承担我省政策性渔业保险工作。

5. 2014 年 1 月 30 日《广东省人民政府关于印发 2014 年省政府重点工作实施方案的通知》（粤府函〔2014〕30 号）中，“组织 11 万渔民、1 万艘渔船参加渔业政策性保险”被省政府列为 2014 年我省重点督办的十件民生实事之一。

6. 2014 年 5 月 27 日《广东省人民政府办公厅关于进一步加强渔船安全生产管理的通知》（粤府办〔2014〕28 号）“支持开展渔业保险和海难互助”。按照《广东省渔业管理条例》有关规定，督促渔船所有人为其水上作业人员足额购买人身保险。完善政策性渔业保险制度，年内组织 11 万渔民、1 万艘渔船参加政策性渔业保险，根据实际情况研究调整保险金额。

7. 2019 年 1 月 15 日，省农业农村厅、省财政厅和广东银保监局联合印发《广东省政策性渔业保险实施方案》和《广东省政策性水产养殖保险实施方案（试行）》。2019 年 6 月，经广东省农业农村厅公开招标，协会、中国人保财险广东省分公司和中国渔业互保协会组成的联合体中标广东省政策性渔业保险和水产养殖保险（试点）项目第一中标人，联合其他五家中标人组成共保体，承担广东省政策性渔业保险和水产养殖保险（试点）工作。协会被确定为主承保人，负责政策性渔业保险和水产养殖保险开单、收费、理赔等工作。

（三）财政补贴

1. 农业部渔业政策性保险试点项目

自 2008 年起至 2016 年，按照农业部的文件要求，每年农业部渔业政策性保险试点项目安排 50 万元资金用于在广东省内实施渔船全损互助保险保费补助。9 年时间，合计补贴渔船 4728 艘，投入中央财政保费补贴资金 450.74 万元，起到了显著的示范效应，较好地带动了我省地方财政资金投入到渔业政策性保险保费补助工作。

2. 政策性渔业保险试点工作

2012 年 4 月，经省人民政府同意，广东保监局、广东省财政厅及广东省海洋与渔业局联合印发《广东省政策性渔业保险实施方案（试行）》。符合条件的渔民、渔船参保可获得省级 25%、市县 10%、省市县三级合计 35%

的保费财政补贴。自 2012 年 12 月至 2014 年 12 月，全省开展了政策性渔业保险试点工作，由协会与人保财险公司广东分公司共同承担。两年试点期，共计落实各级财政保费资金 4809 万元，受惠渔民 22.65 万人次，受惠渔船 16077 艘次，切实减轻渔民群众的经济负担，办理结案 1079 宗政策性理赔案件，给付理赔补偿款 2511.43 万元。

3. 南沙涉外互助保险中央财政保费补贴工作

2017 年起，协会承担南沙涉外互助保险中央财政保费补贴工作。符合条件的渔民、渔船参保可获得中央财政 80% 的保费财政补贴。2017—2018 年，协会共为赴我国南沙水域作业的 4276 名（次）渔民、481 艘（次）渔船提供南沙涉外风险保障 53.2 亿元，有效转移了赴南沙生产渔船所面临的涉外风险，充分发挥了中央财政保费补贴的效用。

4. 政策性渔业保险和政策性水产养殖保险试点工作

2019 年 1 月，省农业农村厅、省财政厅和广东银保监局联合印发《广东省政策性渔业保险实施方案》和《广东省政策性水产养殖保险实施方案（试行）》。符合条件的渔民、渔船参保可获得省级 35%、市县 10%、省市县三级合计 45% 的保费财政补贴。2019 年 6 月，经省农业农村厅公开招标，由协会、人保财险广东省分公司和中国渔业互保协会组成的联合体中标广东省政策性渔业保险和水产养殖保险（试点）项目第一中标人，联合其他五家中标人组成共保体，共同承担广东省政策性渔业保险和水产养殖保险（试点）工作。协会被确定为主承保人，负责政策性渔业保险和水产养殖保险开单、收费、理赔等工作。

2019 年 8 月 1 日，省政策性渔业保险在阳江东平开出首单，标志着试点工作全面实施。2019 年全省共计 29119 名渔民参保政策性渔民人身意外伤害保险和雇主责任保险，2901 艘渔船参保政策性渔船财产保险，提供风险保障 143.43 亿元，应收保费 3838.79 万元，各级财政保费补贴资金 1499.24 万元。其中省财政补贴 1040.58 万元，市、县（区）财政补贴 458.66 万元。12 月 19 日，政策性水产养殖保险试点在茂名市开出第一批保单。

第二节　宁波市渔业互保协会

一、宁波市渔业概况

（一）海洋资源。宁波是海洋大市，历史上五口通商口岸之一，海洋与渔业经济在国民经济中占有重要的地位。位于我国沿海开放地带的中区位置，区位优势明显。辖区内海域面积 9758 平方公里，海岸线总长 1562 公里，海域面积大于陆地面积，是海洋资源较丰富的地区之一，具有“港、渔、涂、岛、景”五大优势。

（二）海洋渔业资源。全市近海水域渔业资源种类多、数量大、种群恢复力强，是我国重要渔场之一。象山港由西向东约 60 公里，是狭长形、半封闭的天然港湾，是发展主体型渔业的养殖基地，也是不可多得的鱼虾贝藻等海洋生物栖息、生长、繁殖和肥育的优良场所。

全市拥有海洋捕捞渔船约 4700 艘，渔船作业人员约 2.2 万人，作业类型为拖网、围网、刺网、钓具、笼壶等，年捕捞产量近 60 万吨。水产养殖面积近 70 万亩，水产养殖年产量近 40 万吨，主要养殖品种有梭子蟹、南美白对虾、蛏子、中华鳖等。

（三）渔船事故类型。根据宁波渔业互保 2018 年度理赔数据统计，渔船安全事故发生 911 起，主要事故类型为：沉船事故 15 起，占比 1.6%；火灾事故 27 起，占比 3%；碰撞事故 458 起，占比 50.3%；机损事故 119 起，占比 13.1%；其他事故 292 起。

2018 年，雇主责任事故发生 396 起，其中主要事故类型为：死亡、失踪事故 30 起，占比 7.6%；伤残事故 101 起，占比 25.5%；一般医疗事故 228 起。

二、渔业保险的发展

（一）商业保险试运营渔业保险

在宁波市渔业互保协会成立前，中国人保在本地短暂尝试开展渔船保险，共保有渔船60余艘，但因条款和理赔等各方因素，导致渔民接受度较低，停止开展。从1995年宁波市的安全生产情况来看，海难事件明显增加，共发生渔船海损事故70起、沉船6艘，失踪和死亡20人。尤其是发生大的海难、海损事件，给社会带来不安定因素，给渔民家庭带来灾难。无论是渔民，还是政府，都面临着较大的投保需求。

（二）渔业互助保险的成功探索

渔业是高风险产业，渔民是弱势群体，渔业保险赔付率高，以营利为目的的商业保险公司一直不敢保、不愿保，渔民面临着投保无门的困境。应渔民的强烈要求，为解决全市渔业生产风险管理，借鉴中国渔船船东互保协会的成功经验，1996年在宁波市委、市政府支持下，成立了宁波市渔业互保协会，是全国第二家地方渔业互保协会，以“互助共济、服务渔业”为宗旨，突出公益性、互助性、非营利性的经营模式，开展渔业互助保险业务。

三、政策性渔业保险制度的建立

渔业互保是民生工程，事业的成长与壮大，离不开政府支持。2005年市政府开始实施对渔民互助保险保费的补助政策，采取市、县两级财政补助和渔民自担部分保费的风险共担模式。

（一）协会的筹建与成立

1996年，原宁波市水产局组织筹建宁波市渔业互保协会，同年9月24日，经宁波市民政局登记审核，协会正式批准领证。至1997年底，宁波全市参加互保的渔船有64艘、渔民507人，总保额超过5400万元，收取保费69.6万元。渔业互保想渔民之所想，急渔民之所急，注重理赔实效、态度明确、理赔迅速。成立伊始，就坚持协会是渔民自己的组织，坚持“取之于渔，用之于渔，互助而不营利”的原则。

（二）政策性渔业保险制度的建立

协会自 1996 年成立至 2004 年，坚持“我为人人，人人为我”的宗旨，以优良的服务和诚信取得了渔民的信任，为宁波渔业风险保障体系建设做出贡献。由于渔民收入不高，影响投保的积极性，制约投保面的进一步扩大，加之互保费一降再降，渔业互保单靠渔民上交保费的收入已难以维持良性循环。

为促进渔业保险事业健康发展，加快渔业产业升级换代，2004 年 9 月，根据主管市长批示，市政府召集市纪委、市财政局、市海洋与渔业局、协会等部门，召开渔业保险扶持政策专题协调会。会议确定，按照“减轻渔民负担，扩大投保面，提高遇险渔民人身赔偿额度”的原则，市、县两级财政对渔业保险给予补助：渔民人身投保额度超过 3 万元至 8 万元部分的保费，市县两级财政补助 50%；渔船参加互保，市县两级财政补助保费的 30%；补助资金由市县两级财政各半负担，县级按照 1 ∶ 1 比例安排资金列入年度预算。2008 年市政府将渔业互助保险市级财政补助资金提高至 20%；2010 年县（市）区渔业政策性互助保险配套补助资金同比例提高至 20%；从 2012 年开始，市级财政补贴对渔民人身互保额度不超过 50 万元部分，给予保费 20% 的补贴，渔船参加互保给予保费 20% 的补贴保持不变，有关县市区按原市与县 1 ∶ 1 的资金配套要求，同步安排增加补助资金。至此，宁波政策性渔业保险制度保持稳定，为渔民参加渔业互助保险减轻了经济负担，渔民参加互保的热情不断高涨。近年渔业互保一直保持在 95% 以上的覆盖率，渔业互保成为宁波渔业生产风险保障体系中的关键环节。

（三）运营体制机制

1. 组织架构。协会实行会员代表大会制度，最高权力机构是会员代表大会，由全体会员代表组成。理事会是会员代表大会的执行机构，由会员代表大会选举产生，理事会中 80% 为渔民代表。常务理事会是理事会的日常工作机构，由理事会选举产生，常务理事一半来自渔民。监事会是监督机构，由会员代表大会选举产生，监事中一半来自渔民。理事会、监事会渔民代表占有多数，便于真实、完整地听取渔民意见，及时调整政策，满足渔民的互保需求。

协会秘书处是理事会的执行机构，内设部门有办公室、财务部、组织与人力资源部（会员服务部）、承保与理赔部、企业管理办公室。协会根据工作需要，在业务量较大的县（区）设立有3个办事处：象山办事处、奉化办事处、宁海办事处；办事机构不具有独立法人资格，协会对各办事机构在人、财、物上进行统一管理。另外在北仑、余姚、慈溪、鄞州、江北、杭州湾设立有6个渔业互保工作站。除工作站外，均由协会专职工作人员开展工作，目前协会总部共有专职工作人员38名。

为拓宽协会资金运用渠道，实现结余资金的保值增值，协会在帮助渔民防范和化解生产风险的同时，也积极探索资金运用的新路子，坚持多元化、全面化为渔民服务。协会下属公司有：宁波源基投资有限公司、宁波市渔业融资担保有限公司、宁波市海顺渔业船舶检测中心、宁波海保渔业船舶交易服务有限公司、宁波海保应急服务中心、象山县海保渔业服务中心、象山县高塘岛乡渔业服务中心、奉化区海保渔业管理服务中心、象山渔基投资有限公司、象山恒安救生筏检修站。渔业互保系统在职人员共计122名。

2. 运营体制。协会采取“政府引导、渔民互助、财政补贴、协会运作、风险共担”的经营管理模式，组织渔业经营户参加互助保险，承办勘查理赔及防灾防损各项工作。业务经营体制为：统一领导、属地承保、分级理赔。协会的运作模式是按照协会章程和理事会的决策开展工作，并接受监事会的监督。效率高、理赔快、费用低：效率高在及时决策，理事会根据基层办事机构和渔民调研情况及时制定决策；理赔快是渔业互保的一大特点，6万元以下理赔案件由各办事处审核，办事处主任或理事会领导直接审批。对于6万元以上的案件办理，结案时间一般不超过7天，沉船、死亡等重大案件可进行预赔付。费用低在于人员精简，互助保险全部由协会自主办理，没有中介代理业务，费用支出较少，理赔由勘查人员和审批人员直接负责，切实做到了责、权、利的一致性，这样既减少了理赔时间，又节省了成本，是渔业互助保险的一种创新模式。

3. 风控机制。协会注重加强巨灾风险管控能力建设，除依法足额提取和管理各项责任准备金外，协会积极完善再保险和防控巨灾风险措施，以分散渔业互助保险风险，逐步建立风险转移机制。每年从养殖保险保费中提取10% 作为大灾基金，以应对台风等大灾风险；对慈溪南美白对虾投保了气象指数再保险，受到台风“灿鸿”的影响，根据台风气象指数，获取再保险赔付 75.55 万元，全部充入大灾风险基金；从历年结余中设立渔民重大伤残专项资金，用于购买重大伤残再保险，可享受最高 40 万元的再保险赔偿，这样最高可为全市渔民雇主责任重大伤残事故提供 150 万元的风险保障，为全市渔民提供了更高的人身安全风险保障服务；为转移风险，投保了渔船超赔保险，更好地维护我市渔业行业的稳定和可持续发展。

四、政策性渔业保险的主要政策

政策性渔业保险是宁波农业保险的重要部分，通过出台相关政策，明确了宁波市渔业互助保险开展业务的主体地位。

1998 年 4 月，宁波市人民政府办公厅发布了《关于进一步加强渔业互保工作意见的通知》（甬政发〔1998〕62 号），要求各级政府部门切实抓好渔民的安全教育，加大宣传力度，提高渔民防灾减损意识，使其充分认识渔船和人身互保的作用和意义，积极引导教育渔民自觉参加渔业互保。

2004 年，宁波市人民政府办公厅印发《关于渔业保险救助政策协调会议纪要》，决定按照“减轻渔民负担，扩大投保面，提高遇险渔民人身赔偿额度”的原则，市、县两级财政对渔业保险给予补助：渔民人身投保额度超过 3 万元至 8 万元部分的保费，市县两级财政补助 50%；渔船参加互保，市县两级财政补助保费的 30%。补助资金由市县两级财政各半负担，市级每年安排 300 万元列入年度预算，县级按照 1 ∶ 1 比例安排资金列入年度预算。并要求海洋与渔业部门和渔业互保协会积极推进渔业保险救助工作，扩大投保面。

2007 年 3 月，宁波市政府调高渔业互保市、县两级财政补助比例，按照渔民人身投保额度给予保费 30% 的补贴；渔船参加互保，市县两级财政补助保费的 30% 保持不变；标准提高后市级承担部分由市财政统筹安排预算。

2008 年 7 月，宁波市政府同意调高渔业互保市级补助资金，从原来的 15% 调整为 20%，调整后的市级财政补助资金增加部分从市级互助保险补助资金结余中列支。2010 年 1 月，宁波市政府同意县（市、区）渔业政策性互助保险配套补助资金同比例提高至 20%，并将该补助资金列入各地年度财政预算。

从 2012 年开始，市级财政补贴对渔民人身互保额度不超过 50 万元部分，给予保费 20% 的补贴，渔船参加互保给予保费 20% 的补贴保持不变，有关县市区按原市与县 1 ∶ 1 的资金配套要求，同步安排增加补助资金。

《宁波市渔业互助保险管理办法》于 2014 年 11 月 1 日起正式实施。这是全国首部规范渔业互助保险活动的政府规章，明确了渔业互助保险组织的法律地位，明晰了政府对渔业互助保险活动的管理体制，明确了对渔业互助保险提供财政补贴和享受农业保险的优惠扶持政策，“渔业互助保险业务依法享受国家、省、市有关农业保险的优惠扶持政策”，规范了当事人在渔业互助保险活动中的权利义务关系，从法律层面规范了渔业互助保险行为，保障了渔业互助保险活动当事人的合法权益。

五、业务运行规则

（一）条款与费率

互保业务有渔业船舶综合险、雇主责任险、水产养殖人身团体意外伤害险、码头工人雇主责任险、渔船修造企业雇主责任险、渔业系统公务人员团体险及其他渔业相关辅助船舶险等互助保险业务，基本达到全市渔船和渔民人身保险的全覆盖。

协会目前执行的条款有《宁波市渔业互保协会渔船互助保险条款（2020

版）》《宁波市渔业互保协会雇主责任互助保险条款（2020版）》《小型渔船、雇主责任互助保险条款（2020版）》等。协会每年召开数次渔民座谈会，听取渔民的意见与呼声，邀请专家研讨，及时修订条款，具有可操作性。

（二）业务运行规则与流程

协会合理配置管理资源，实行分级分权管理，将职责和任务落实到每一名干部职工，对各科室和办事处主任的权责进行明确规定。在限定理赔额度内的由各办事处业务人员审核，办事处主任审批，限定额度以上的报协会审批。小额理赔案件由各办事处审核，办事处主任直接审批，最快当天可以结案；对于重大案件的办理，结案时间一般不超过7天。协会由业务部门和办事处成立理赔协调小组，对于重大疑难案件进行会商、协调处理。

信息化管理上，协会把现代信息技术运用到了渔业互助保险业务管理工作中，于2013年开发了宁波市渔业互助保险业务系统，包含会员信息管理、承保管理、安全奖管理、报立案管理、理赔管理、查询统计等模块。另外还支持保单到期短信提醒、理赔成功短信提醒、业务统计、财政补贴统计等功能，实现了承保、理赔工作线上操作，缩短了渔民续保、缴纳保费及理赔的等待时间，大大提升了办事效率和服务质量。

六、运营业绩

（一）业务开展

协会互保业务涵盖捕捞渔船、休闲渔船、渔业辅助船、渔业执法船、远洋渔船财产互助保险，渔船雇主责任、船厂雇主责任互助保险，养殖保险等。保险责任涵盖大小马力渔船，南美白对虾、中华鳖、梭子蟹养殖等财产损失以及捕捞渔民、海上作业人员事故。从1996年到2015年，参加互保的渔船数量从64艘增加到5380艘，参保渔民人身安全险的人数从507人增加到2.32万人，两个险种的参保率均已达95%以上。水产养殖保险的承保面积从2010年的8600亩增加到2015年的4.14万亩。互助保险累计承保渔船7万艘次、承保渔民35万人次、水产养殖25万亩，累计为广大渔民提供了

1729亿元保额的风险保障，累计提供近7亿元的损失补偿。

2010年，按照市海洋与渔业局的工作部署，协会开始在慈溪实施南美白对虾养殖疫病互助保险试点工作，逐步探索并开创了“政府定额补助，各县（市）区独立核算，单品种封闭运作，封顶不足额赔付”的“宁波模式”。2013—2017年，全面推开了南美白对虾养殖疫病互助保险工作，开展梭子蟹、甲鱼养殖互助保险工作，累计承保水产养殖25万亩。开展水产养殖互保是对国家支农惠农政策的积极落实，总体运行状况良好。

（二）重大案件预赔付机制

渔业互保保障渔民财产和人身安全，担负起维护渔区社会稳定的责任，做到“为渔民解难，为政府分忧”。为维护渔区稳定，协会建立了预赔付机制，针对沉船、死亡等重大案件，开通理赔“绿色通道”，灵活预赔、快速结案。

2018年11月19日，象山办事处接报案，称“浙象渔40××8”船当日凌晨，拖网作业时因风浪过大导致渔船侧翻沉没，8名船员全部落水，其中3人获救、5人失踪。接案后，象山办事处立即成立理赔小组，第一时间前往慰问获救船员，理赔专业人员会同相关部门对事故进行调查，认定事故原因为在大风浪天气条件下，船长选择转向掉头时机不当，造成倾覆力矩过大，致船侧翻沉没，5名船员失踪。该起事故造成的经济损失巨大。由于本案更多细节及失踪人员身份还在进一步调查核实，到最终结案需一定时间。协会及时开通理赔“绿色通道”快速理赔，12月7日预赔付300万元给船东。之后对此案件出最终报告，对案件细节核实后，快速将剩余的450万元赔偿金给付船东，共计赔付750万元，是协会成立以来单船单次最大赔偿金额案件。

（三）惠民机制

一是实施无理赔安全奖制度。对互保周期内未发生理赔的渔船给予安全奖励，合理设置安全奖发放标准，会员可根据连续无理赔年限从10%逐年递增按比例领取安全奖，最高可奖励20%，引导和鼓励渔民重视安全生产，增强安全生产意识。

二是实行救生筏更新补助和救生衣的常态化发放机制。从2001年开始协会对会员救生筏更新给予补助，每只救生筏补助1500元；每三年为全市会员免费发送一次救生衣。救生筏更新补助和救生衣的常态化发放，既提升了渔民在遇到安全事故时的自救能力，减轻了渔民的生命财产损失，又很好地传承了渔业互保“取之渔民，服务渔民”的宗旨，也是渔业互保转变保险承保理赔观念、做足事前防范工作的重要实践。

三是推行老旧渔船的防火安全改装。为加强防灾基础建设，2013 年，协会联合渔业主管部门推进老旧渔船的防火安全改装项目，防火安全改装主要针对老旧渔船的电气线路、防火结构、探火设备、灭火器材和机舱油污清理五个项目进行改造，在提高渔船防火能力的同时，渔民的安全防火意识得到提升。

四是实行海上抢险救助奖励制度，对抢险救灾的有功人员给予奖励。按救起人数最高可给予每人 2 万元的奖励，有效调动了渔民海上抢险救助的积极性，减轻了渔民生命财产和互保理赔损失。2013 年 9 月份对浙慈渔 12099 号船东王新夫等 6 人进行第一批海上抢险救助奖励，以表彰他们的抢险救助行为，号召广大渔民积极发扬海上抢险救助精神。自 2013 年 8 月实施以来，已有效救助 210 人，发放奖励金额 325.1 万元。

五是实施渔船卫星电话安装补助。卫星电话可以提供全天候、全方位卫星移动通信和应急安全通信，编组内渔船一旦发生突发事故，编组长可以将有关情况通过卫星电话立即上报渔业管理部门，为事故的快速有效处置提供信息保障。为增强出海作业渔船的通信能力，提高渔业生产抢险救灾工作的时效性，2013 年开始，协会实施了渔船卫星电话安装补助，对配备卫星电话的渔船实行每部 1000 元补助，对卫星电话在渔民会员中普及推广起到了积极作用。

六是开展互保特困渔民补助工作。2007 年协会设立宁波市渔业互保协会特困渔民专项基金，对因遭受海损事故而导致家庭生活、就医、就学等特别困难的会员船东进行慰问补助，帮助渔区特别困难的渔民家庭度过困难，促进渔区社会和谐稳定、渔民安居乐业。

（四）渔业互保基本建设工程

渔业互保综合用房项目于 2014 年 3 月开始动工建设，2018 年初投入使用。象山办事处便民服务中心于 2012 年投入使用，奉化办事处便民服务中心大楼于 2013 年 9 月份正式投入使用。宁海便民服务中心项目目前已完成主体结构建设。鹤浦渔民服务站即将投入使用，高塘岛乡便民服务中心进入设计阶段。建设渔业互保服务工程，方便了渔民办理互助保险业务，提升了互保服务水平，巩固了协会在渔区的品牌地位。

（五）会员服务领域不断拓宽

在帮助渔民防范和化解生产风险之外，协会坚持深层次服务渔业、全面服务渔民，积极推进渔业组织化管理，帮助渔民解决生产难题。

一是积极推进渔业组织化管理。为了响应浙江省“最多跑一次”改革，为渔民营造一个快捷、便民、优质的服务环境，协会于 2019 年初牵头成立了象山东航渔业管理服务有限公司和象山海保渔业管理服务有限公司，主要负责登船排查安全隐患、代办渔业相关证书、组织安全生产宣传与培训。渔业管理服务公司的成立推进了渔业生产组织化进程，完善了应急服务中心基层服务网络建设，使渔民群众“小事不出村、大事不出镇”。

二是为渔民融资提供担保服务。2013 年协会出资成立了宁波市渔业融资担保有限公司，利用互保平台，为渔民向银行贷款提供担保。融资担保公司与 16 家银行建立了良好的银保合作关系，有效化解了全市渔业经济融资困难的发展瓶颈。目前已累计为渔民会员提供了 5.2 亿元的融资担保，有效破解了全市渔业经济融资困难的发展瓶颈。

三是为渔民提供渔船质量检测服务。为配合渔船质量检验、检测体制的改革，根据省海洋与渔业局《关于同意开展渔业船舶营运检验定点检验试点工作的批复》（浙海渔船〔2014〕1 号）精神，并结合我市关于开展渔船质量检验的安排，经市海洋与渔业局批准后，协会于 2014 年 7 月成立了宁波市海顺渔船质量检测评估中心。通过招投标购买政府服务，开展渔船检测项目，登船率达 100%，有效控制船证不符渔船的出现，大大缩短了渔民办理船检证书的时间。对确保渔船检验质量、降低渔业生产风险、保障渔民群众生命财产安全具有积极意义。

四是为渔民提供渔船交易服务。为切实保障全市渔民在渔船交易中的合法权益，规范渔船交易秩序，促进全市渔业经济的健康发展，根据农业部办公厅《关于开展渔业船舶交易服务试点工作的通知》文件精神，协会于2012年成立了宁波市渔业船舶交易服务中心。为方便渔民办理交易手续，在象山、奉化设立了办理点。公司为渔民办理渔船交易手续，审查登记证书的真实性、有效性、合法性，保障了交易双方的合法权益，规范了我市渔船交易秩序。

五是为渔民提供救生筏更新维护服务。象山恒安救生筏站开展救生筏检修维护工作，同时承担着协会的救生筏更新补助工作，为渔民生产作业提供安全保障。

经过24年的发展，渔业互助保险已成为宁波市渔业实现平稳健康快速发展的有效风险保障机制，捕捞渔民因事故、灾害难以恢复生产，甚至因灾致贫的现象得到根本控制，在保障渔区社会稳定、提高渔业防灾抗灾能力、帮助渔民群众灾后及时恢复生产等方面，发挥着不可替代的作用。宁波渔业互助保险成功地探索出了一套适合渔业生产特点，可操作性强、可持续运营的渔业保险模式，赢得了广大渔区群众的认可和社会各界的尊重，成为全市渔业灾害补偿机制中不可或缺的重要组成部分。

第三节　浙江省渔业互保协会

一、渔业概况

浙江地处东海之滨，四大渔场有其一，渔业资源十分丰富。其中甬、台、温、舟四市与海相邻相融，渔民靠海吃海。浙江省按照“提质增效、减量增收、绿色发展、富裕渔民”的要求，大力实施乡村振兴战略，推进渔业转型升级。经过多年的努力，海洋捕捞、水产养殖、远洋渔业等产业发展都取得了良好的成绩。据统计，2018年，浙江省水产品总产量595.7万吨，其中国内海洋捕捞产量287.4万吨，远洋渔业产量61万吨，海水养殖产量121万吨，内陆捕捞产量13万吨，淡水养殖产量113.3万吨。2018年全省渔业经济总产值2181亿元，其中渔业总产出1064亿元，全省水产品进出口总量40.7万吨，进出口贸易总额16.7亿美元。其中国内海洋捕捞产量位居全国第一，远洋渔业产量、渔业经济总产值、渔业总产出等也均位居前列。

二、渔业风险

（一）重大渔业事故特点

浙江是海洋捕捞大省，由于海洋捕捞受自然制约大，风险也大，渔区经营体制变化后，单船生产、超风力作业日益增多，加上海运发达，外轮碰撞，海上沉船伤亡等安全事故时有发生。重大渔业事故主要有以下特点：一是渔船碰撞事故多发，尤其是被大轮撞沉的事故比例高；二是渔船生产性事故多发，尤其是意外落水事故突出；三是受自然条件影响事故多发，尤其是季节性多发的特征明显。这些事故的发生，主要原因在于少数渔民尤其是部分船长、船东安全生产意识淡薄，无视法律法规，不能很好地落实航行、锚泊、作业等规章制度；部分地区安全事故多发与渔业主管部门管理不到位也有一定关系。

（二）渔船事故特点

据浙江省渔业互保协会（以下简称协会）2005—2019年渔船理赔案件统计数据分析，按事故类别出险率由高到低排序为：碰撞49.1%、触碰15.2%、机损12%、触礁10.4%、风灾4.5%、火灾3.1%、其他（搁浅、倾覆、爆炸等）5.7%。其中，火灾事故案件较少，但赔款金额较大。按作业类型出险率由高到低排序为：拖虾22.2%、渔业运销14.2%、单拖13.9%、双拖13.4%、流刺网10.6%、帆张网6.4%、流动张网4.8%、灯光围网3.5%、蟹笼2%、其他（渔业冷藏、灯光敷网、定置张网等）9%。

（三）渔民事故特点

据协会2005—2019年雇主责任互助保险意外身故（失踪）理赔案件统

计数据分析，按事故类别出险率由高到低排序为：溺水 46.7%、硬物击伤 12.4%、疾病猝死 11.9%、交通事故 11.8%、摔伤 6.7%、机械绞伤 3.4%、其他（中毒、触电、烧伤等）7.1%。按作业类型出险率由高到低排序为：拖虾 17.4%、流刺网 14.2%、单拖 11%、渔业运销 10.2%、双拖 8.5%、帆张网 7.9%、鱿钓 6.1%、流动张网 5.4%、蟹笼 3.6%、灯光围网 3.4%、其他（定置张网、笼捕灯光敷网等）12.3%。

三、浙江省渔业保险发展

（一）保险公司试运营渔业保险（1949—1993 年）

中华人民共和国成立后，人民政府十分重视渔民生产安全，由国家组织渔业保险业务。1950—1957 年由中国人保浙江省分公司对渔船渔民开办安全保险业务，全省沿海 20 个县渔船渔民参与保险 7 年，保险公司共赔偿 87.86 万元。1959—1982 年保险公司停办渔业保险业务。1983 年保险公司恢复渔业保险业务，1983—1993 年全省参与安全保险渔船 10214 艘，保险金额 72977.58 万元，保险费 1450.78 万元，发生保险渔船赔偿案件 2616 起，赔偿金额 1039.26 万元。然而，商业保险公司的营利性始终不能适应渔业保险的公共属性，出于利润考虑逐步放弃了渔业保险市场。

（二）中国渔业互助保险的成功探索（1994—2003 年）

1994 年 7 月，为了提高渔船船东的防灾抗灾能力，保障渔业生产稳定发展和渔区社会的稳定，解决中小型渔船投保无门的窘境，农业部在借鉴日本及韩国成功开展互助保险实践的基础上，经民政部批准，成立了中国渔船船东互保协会（2007 年 7 月更名为中国渔业互保协会），主要开展渔船财产和渔民人身意外伤害互助保险，渔业互助保险应运而生。协会的成立，是在当时历史条件下解决渔业风险保障问题的一次大胆创新，也是推动农业保险发展模式改革的一次有益探索。1994 年 10 月 6 日，中国渔船船东互保协会浙江省办事处成立，随后浙江省各地市相继成立分理处、代办处和办事处。浙江省办事处开办了渔船综合险、渔船全损险、渔船第三者碰撞责任险、雇主责任险和附加医疗等险种。1995 年参保渔船占全省渔船总数的 0.5%，2003 年参保渔船达到全省渔船总数的 10%，互助保险的保费收入年均增长率在 20% 左右，净保费收入列居全国第一，赔付率一直控制在 38% 以下，为全国最低省份。从 1995 年至 2004 年，渔业互保浙江省办事处投保渔民从 3 万多人增加到 6 万多人，保费从 336 万增加到 1039 万元，赔款从 109 万元增加到 386 万元；投保渔船从 948 艘增加到 5450 艘，保费从 203 万元增加到 2044 万元，赔款从 75 万元增加到 767 万元。

四、浙江省政策性渔业互助保险制度建立（2004 年至今）

改革开放以来，浙江省渔业经济迅猛发展，一直处于全省大农业“三分天下有其一”的地位，但渔民和渔业风险保障问题依然突出，构建政策性渔业互助保险制度势在必行。事实上，浙江省渔业主管局等部门一直关注着这个课题，在浙江省政府和原农业部等上级部门的关心支持下，收集历史数据和材料，研究解决之法。

（一）浙江省政策性渔业互助保险制度建立背景

2003 年党的十六届三中全会《决定》提出“探索建立政策性农业保险制度”，2004 年中央 1 号文件强调要“加快建设政策性农业保险制度”。为适应浙江渔业现代化建设，促进渔区安全稳定，让处于弱势的渔民群体分享改革开放红利，时值中国渔船船东互保协会浙江办事处运营十年，积累了丰富的渔业保险经验，原浙江省海洋与渔业局审时度势，决定建立起以政策支持和财政补贴为依托、渔业企业和渔民互助共济的浙江省政策性渔业互助保险制度。

（二）浙江省渔业互保协会的筹建与成立

在渔民群众的强烈呼吁和相关部门的响应号召下，2004 年初，原浙江省海洋与渔业局联合中国渔船船东互保协会成立了“探索建立政策性保险制度的研究报告”的课题组。经过五个月的大量走访和细致调研，课题组完成《探索建立政策性保险制度的研究报告》，提出了“农业保险，渔业先行”的命题，在业界受到广泛重视，并荣获全国二等奖。

从这一年的夏季开始，由原省海洋与渔业局牵头，在省财政厅、省民政厅等单位的共同努力下，开始进入筹建渔业互保组织的实质阶段。筹备组多次深入各个沿海市县乃至一个个小渔村、一条条渔船，进行深度调研、走访，予以分析、研判。在充分听取了上级部门、地方政府和广大渔民的相关意见，在省财政厅等部门的支持下，出台了《浙江省渔业互保协会政策性渔业保险试点工作实施方案》。在最初的方案里，即已强调了互保协会的非营利性、准公益性等本质性特点。2004 年 12 月 26 日，浙江省渔业互保协会宣告成立。

（三）浙江省渔业互保协会机制体制

1. 协会性质

协会是全省范围内渔业组织或个人自愿组成，实行互助共济的非营利性、专业性社会团体组织。

2. 协会宗旨

互助共济，服务渔业。

3. 工作原则

遵守中华人民共和国宪法、法律、法规和国家政策，坚持中国共产党的领导，执行党的路线、方针和政策，走中国特色社会组织发展之路，践行社会主义核心价值观，遵守社会道德风尚，围绕全面实施乡村振兴战略，通过组织会员互助共济，为会员生命财产损失提供经济补偿，向会员提供安全生产服务，提高会员的防灾抗灾能力，维护会员的合法权益，构建金融等服务体系，促进渔业平稳有序高质量发展。

4. 组织架构

协会实行会员代表大会制，会员代表大会是协会的最高权力机构，由会员代表大会选举产生的理事会为执行机构、监事会为监督机构。理事会下设秘书处，秘书处为理事会的执行机构。目前，秘书处设办公室、人力资源部、财务部、承保运营部、养殖险部、理赔部、信息技术部和会员服务部 8 个部门、24 个办事处（18 个沿海市县及 6 个内陆重点渔业市县）和舟山、台州、温州 3 个服务中心。

5. 领导机关

浙江省民政厅是协会的登记管理机关，对协会进行业务指导和监督管理。中共浙江省农业农村厅直属机关委员会是协会的党建领导机关，对协会落实全面从严治党要求进行监督、指导。浙江省农业农村厅是协会的业务主管单位，对协会变更、注销登记前进行审查，对协会遵守宪法、法律、法规和国家政策，依据章程开展活动进行监督、指导，对协会年度检查进行初审，对本会财务进行监督。

6. 业务范围

（1）组织会员参加互助保险，开展与会员相关的人身、财产保险活动；受政府或有关部门委托，承办渔业领域安全生产责任保险等涉渔保险项目；组织渔业等领域相关保险条款和产品的开发、推广。

（2）受政府或有关部门委托，开展政策性补贴业务，承办涉渔服务项目；协助省农业农村厅等做好渔业安全生产保障工作；向会员提供技术性、专业性咨询服务；承办国外民间渔业、海事组织的有关业务，开展与本会业务有关的国际交流与合作；开展符合本会章程的渔业公益事业。

（3）在渔业行业内，开展安全稳健的对外投资事项，依法为会员提供相关金融服务。

（4）承办省农业农村厅交办的其他业务及工作。

五、浙江省政策性渔业互助保险主要政策

（一）法律支撑

1. 2015 年 1 月，浙江省政府印发《浙江省实施〈农业保险条例〉办法》，进一步明确了浙江省渔业互助保险的经营资质和经营模式，并要求农业、林业、渔业等有关部门会同同级财政部门研究提出互助保险的保险费财政补贴范围和标准的意见。

2. 2014 年 12 月，浙江省第十二届人民代表大会常务委员会第十五次会议通过《浙江省渔业管理条例》，要求“县级以上人民政府应当扶持当地渔

业生产者建立非商业性渔业互助保障组织，鼓励渔业生产者对船舶、船员或者养殖水产品进行非商业性互保”。

（二）政策引领

1. 2013 年 2 月，浙江省政府办公厅印发《关于加强政策性渔业互助保险工作的意见》（浙政办发〔2013〕12 号），明确了浙江省政策性渔业互助保险工作原则为“政府引导、市场运作、自主自愿、会员互助”，对完善运营机制、加强组织领导、加大保费补贴力度、加强组织体系建设和监督管理等提出了具体要求，为渔业互助保险发展提供了政策导向和制度保障。2018 年 6 月修订后重新印发，进一步明确了政策性渔业互助保险在全面实施乡村振兴战略中的目标任务和工作要求。

2. 2013 年 3 月，浙江省委、省政府印发《中共浙江省委 浙江省人民政府关于促进农民收入持续普遍较快增长的若干意见》（浙委发〔2013〕8 号），要求“完善农业保险制度。积极开发政策性农业保险险种，提高保费补助标准。将渔业互助保险试点拓展到水产养殖业、渔业基础设施等，支持发展农民互助保险”。

3. 2014 年 2 月，省政府《关于进一步发挥保险功能作用促进我省经济社会发展的意见》（浙政发〔2014〕36 号），明确了由省海洋与渔业局牵头，开展渔业、涉渔、海洋等领域的互助保险工作。

4. 2018 年 10 月，原浙江省海洋与渔业局、原浙江省安全生产监督管理局联合印发《关于全面推进渔业领域安全生产责任保险的通知》（浙海渔安〔2018〕10 号），要求在渔业领域全面推进与安全生产责任保险属性相同的雇主责任互助保险。

（三）财政支持

2007 年 3 月，浙江省财政厅印发《浙江省政策性渔业保险补贴专项资金管理暂行办法》（浙财农字〔2007〕470 号），以规范性文件明确渔民参加政策性渔业保险享受省级财政补贴，并规定了补贴对象、范围和标准，明确了补贴方式和结算流程，提出管理和监督措施。2012 年 3 月，浙江省财政厅修改并印发《浙江省政策性渔业互助保险补贴专项资金管理暂行办法》（浙财农〔2012〕55号），进一步明确了财政专项资金的补贴范围、标准和结算方式等。

六、业务运行规则

浙江省渔业互助保险业务经过15年的探索实践，形成了“两统两分零次跑”的业务运行模式。

（一）统一领导

坚持党对协会工作的领导，在省农业农村厅直属机关党委领导下，设立了“1个党总支+4个党支部”，实现协会党组织建设全覆盖，全面领导全省渔业互助保险工作。坚持省协会对全省机构的统一领导，制定实施独具互保特色的管理制度体系和信息化管理系统，实现机构、人员和业务的统一管理。

（二）统一政策

会员代表大会通过《章程》，明确全省统一的业务框架和费率上限，理事会根据《章程》制定全省统一的互保条款和业务政策，实施标准化的业务操作流程；统筹推进全省会员服务，在全国渔业互保系统首创“967202客服电话”，统一开展业务咨询、报案、回访、投诉等服务。

（三）保赔分离

坚持承保和理赔相对分离原则，将原业务部调整为承保运营部和理赔部，分别承担全省承保和理赔管理职能，并在台州、舟山、温州成立3个服务中心作为协会派出的代表机构，主要承担辖区理赔业务职能，形成“承保决定理赔，理赔核验承保”的业务质量提升机制，有效提高渔业互助保险业务专业化水平。

（四）分级授权

按照承保和理赔相对分离原则，在承保业务中，根据业务风险情况，将业务受理与核保进行许可管理、分级负责；在理赔业务中，实行分级授权管理，重特大案件按照应急理赔方案执行，并形成多层级会商机制，小额赔案按小额赔案处理流程执行。

（五）会员办事“零次跑”

贯彻落实浙江省“最多跑一次”改革精神，渔业互助保险持续精简业务办理流程和材料，让协会内部“跑起来”、会员“零次跑”。在承保业务中，办事处联合村（社、公司）走村入户为会员办理承保业务；在理赔业务中，查勘人员一次性告知理赔材料，并上门收取材料；同时，基于全省统一的业务政策和标准化业务流程，实现会员省内异地办理各项业务。

七、主要成效

浙江省政策性渔业互助保险 15 年的发展，为全省渔业产业发展、渔区社会治理和政策性农业保险制度建设做出了积极贡献，真正成为了渔业生产的“安全阀”、产业发展的“加速器”和防灾减灾的“保护伞”，得到了各级党委、政府的高度肯定和渔民群众的一致好评。

（一）引领政策性渔业互助保险制度创新

按照“政府引导、市场运作、自主自愿、会员互助”的原则，浙江省渔业主管部门会同民政、财政等部门，开展政策性渔业互助保险的制度设计、动员宣传和协调推进工作，省财政设立专项资金对参加互助保险的渔民给予保费补贴。浙江省针对台风等自然灾害频发、渔业生产高风险的特征，利用市场化手段，实施“互保经营 + 再保合作”模式，有效分散了渔业保障风险，规范了渔业保险市场秩序。在组织管理上，协会实行会员代表大会制，参加互助保险的渔民既是管理者，也是受益者，大大提高了机构运作效率，促进决策的民主性和科学性。15 年间，利用各级财政 10 亿元资金，撬动 10677 亿元风险保额，实际支付赔款 27 亿元，最大限度发挥财政资金效益，浙江省政策性渔业互助保险业务规模和保障水平连续 15 年稳居全国同业首位。

（二）构建起现代渔业风险保障体系

依靠渔业保险制度的优越性，有效发挥渔业生产“加速器”和“安全阀”作用。渔民参加互助保险的积极性持续高涨，实现全省渔船和渔民参保率达95%以上。主动适应渔业供给侧结构性改革，将互保业务从捕捞业向水产养殖、休闲渔业、冷藏运输、基础设施、渔船修造等领域拓展，切实助力渔业三产融合。渔业风险保障水平持续走高，渔民人均保额由当初的2万元，提高到2019年的117万元，渔船承保比例由当初的63%，提高到2019年的92%。2019年，全省保费规模6.5亿元，占全省政策性农业保险保费总规模的41%；承担风险保额1640亿元，占全省政策性农业保险总保额的78%；全年处理赔案5686起，为渔民会员支付赔款4.2亿元，尤其在抗击“利奇马”台风（2019年第9号台风）等突发性重大自然灾害面前，更是显示出了社会稳定器的作用。

（三）促进渔区治理体系和治理能力现代化

协会作为非营利性的社会团体，积极参与到渔区社会治理中，有效发挥渔区和谐“保护伞”作用。利用协会“省—市—县—乡（镇）—村”纵向到底的组织架构，主动配合渔业主管部门宣传渔业法律法规和政策，引导渔民自觉遵纪守法。利用协会储备金积累，累计投入上亿元用于补助渔民会员购置安全救生设备、渔船海上救助、远程诊疗、远洋作业海洋预报站与医疗船建设；同时，建立起安全监管与保险联动机制，专门与渔业安全监管部门进行渔船安全工作会商，及时互通安全生产事故、风险保障等情况，积极探索协同推进渔业安全生产管理的长效机制。发挥渔业互助保险经济杠杆作用，坚持“先事故调处，后互保理赔”，将理赔与预防事故有机结合，通过费率调节促进渔民提高安全生产意识、落实安全措施。渔业互助保险介入防灾减损、灾害处理和参与赔偿与救助等社会关系协调，有效架起了政府、企业和渔民群众之间的沟通桥梁，有利于促进各方更好地了解渔民群众需求，提供更精准、更有针对性的保障服务。

（四）不断提升渔民群众的获得感

深入贯彻以人民为中心的发展思想，一大批惠渔举措落地实施，会员获得感显著增强。互保降费步伐持续加大，渔船和雇主责任互保费率分别下降56%和150%，超省财政补贴标准保额部分费率优惠和无理赔优惠的力度阶梯式增加，全年参保优惠稳定实施，15年间会员累计享受优惠达4.62亿元。

基层服务网络向纵深推进，定点联系和协保制度联动实施，在办事处、渔业村公司和会员之间形成“串联”，为构建“渔业服务纵向到底、渔民办事不出村”基层服务体系打下良好基础。创新开展委托贷款试点业务，小额信用贷款、远洋渔船属地配套贷款等试点实施，商业银行配套机制不断完善，试点范围和贷款额度不断扩大，截至 2018 年底累计为 2252 人次会员发放贷款 10 亿元。同时，协会积极开展会员经济补助和会员子女捐资助学活动，近年来共为 165 人次渔民提供 1300 余万元经济补助，为 22 人次会员子女捐资助学。渔业互助保险已经成为政府支渔惠渔的重要政策之一，渔民群众获得感持续提升，为浙江省渔业产业扶贫做出了积极贡献。

党的十九大以来，以习近平同志为核心的党中央提出了实施乡村振兴战略，奏响新时代农业农村优先发展的号角。省委、省政府对协会在深化农村金融体制改革中寄予厚望，明确要求“深化渔业互助保险”，提出“支持各类金融机构拓展‘三农’业务”；省政府办公厅专门出台《关于加强政策性渔业互助保险工作的意见》，要求围绕全面实施乡村振兴战略的部署要求，完善政策性渔业互助保险机制，为渔业产业兴旺发展、渔民增收、渔区和谐稳定奠定坚实基础。

中国特色社会主义进入新时代，我国社会主要矛盾已经转化为人民日益增长的美好生活需要和不平衡不充分的发展之间的矛盾，渔民群众对美好生活的向往是我们不懈努力的方向，我们将继续巩固提升渔业互助保险，推动实现保险产品结构“再优化”，渔业风险保障水平“再提高”。着力承接政府职能转移，提高公共服务运营效率，努力打造以会员为主线，保险服务为主体，集合渔业管理、安全生产、融资增信等功能的综合性服务平台，用市场化手段促进渔区社会治理能力现代化；继续发挥好公共财政对渔民实施政策性补贴的平台作用，助力“黄箱”政策向“绿箱”政策转化。健全协会金融服务平台，拓展对外投资渠道，搭建渔业经济发展融资桥梁，构筑与现代渔业经济发展相匹配的金融支撑体系。

互保发展首要的优势在体制机制，关键是通过改革适应了保险市场化规律和渔业大发展形势。多年来，虽然有人善意地笑称，浙江省渔业互保协会有点儿“三不像”，其运作体制和模式完全是新颖的、独特的，但这15年中，协会的整体运作十分有效。如协会内控管理制度，就吸引了众多兄弟省市互保协会前来取经，纷纷予以借鉴。渔业互保协会并非商业保险公司，也不是纯粹的政府全额拨款的社会团体，此前没有任何制度可作借鉴，更不能生搬硬套保险公司和社会团体的相关制度。今年初，国务院已经批准渔业互助保险体制改革方案，协会要切实遵循渔业经济新常态的大规律和互助保险发展的新要求，以改革破除发展壁垒，以改革惠及更多渔民，使互助保险在市场竞争中脱颖而出，努力在风险保障和服务能力现代化上继续走在前列。

第四节　山东省渔业互保协会

一、全省渔业基本情况

（一）渔业资源情况

全省海岸线2024.4公里，近海海域占渤海和黄海总面积的37%，滩涂面积占全国的15%。拥有海洋渔业机动船舶61505艘，其中生产渔船61034艘，含捕捞渔船45062艘，养殖渔船15972艘，总吨位达到119.4吨，总功率合计246.9万千瓦；传统渔民370726人，其中海洋捕捞渔业从业人员125194人，养殖从业人员165056人，渔业辅助人员136443人。

（二）渔业产业情况

全省水产品年总产量781.9万吨（不含远洋），其中，海洋捕捞167.7万吨，海水养殖497万吨，淡水养殖108万吨。海水产品产量664.8万吨，淡水产品产量117万吨。水产养殖面积75.8万公顷，其中海水养殖面积56万公顷，淡水养殖面积19.7万公顷。全省年渔业经济总产值4123亿元（不含远洋），其中渔业产值1397.4亿元，占大农业的14.4%。渔业增加值858.2

亿元。

（三）渔业灾害情况

全省受灾养殖面积74373.55公顷，其中台风洪涝受灾57802.55公顷。水产品损失97260吨，其中台风洪涝损失65215吨，污染7551吨。损毁池塘23363.17公顷，网箱484个，围栏100001公里。损毁渔船3艘，船损103艘，堤坝258951米，码头701米，工厂化养殖95座，苗种繁育场8个。直接经济损失26.9亿元，其中水产品损失21.3亿元，损毁渔业设施（含池塘、网箱、围栏、沉船、船损、堤坝、码头等）5.6亿元。（以上数据来源《2019山东渔业统计年鉴》）

二、协会历史沿革

（一）协会成立背景

山东是我国海洋渔业大省。蓝色经济繁荣崛起的同时，伴随着渔业风险保障的挑战，尤其海洋极端天气日渐增多，海上安全事故频发，保障渔业安全、帮助灾后及时恢复生产，成为发展渔业经济、维护渔区稳定的重要使命。据统计，我国海洋捕捞渔民的职业死亡率要高于煤炭、建筑业，渔业是高风险、高投入的弱势产业。中国渔船船东互保协会自1994年建立，在山东省设立办事处，通过十几年的服务，互助保险的社会效益巨大，深受渔民群众的欢迎，成为各级渔业行政主管部门加强安全生产管理的重要内容。由于渔业互助保险的高风险性，难以按照商业化保险进行市场运作，原有的船东互保体制难以适应市场经济发展的客观要求和渔业经济持续发展的需要。因此，山东省海洋与渔业厅党组多次召开专题会议研究，决定成立具有一级法人资格的山东省渔业互保协会，实行政策性渔业互助保险。山东省委、省政府领导高度重视，指示有关部门在机构设置、财政补贴、税收减免等方面给予支持，农业部渔业局、中国渔船船东互保协会也给予了充分肯定和大力支持。

山东省渔业互保协会于2006年5月正式成立，下设55个办事处，覆盖全省沿海和内陆主要渔区。随着全省个别地区行政区划的调整，为与各地行政主管部门相呼应，协会也适时调整机构设置，截至 2019 年底，协会下设 53 个办事处，拥有互保专职人员队伍 260 余人，年度保费规模突破 3 亿元。

（二）协会组织架构

协会组织架构由会员代表大会、理事会、常务理事会、监事会组成。会员代表大会是协会的最高权力机构，其职权：一是制定和修改章程；二是决定工作方针和发展规划；三是制定和修改会员代表、理事、常务理事、负责人产生办法，报山东省委非公有制经济组织和社会组织工作委员会备案；四是选举和罢免理事、常务理事、理事长、副理事长、秘书长（选任制）、监事、监事长、副监事长；五是审议会费费率标准上限；六是审议理事会的工作报告和财务报告；七是审议监事会的工作报告；八是决定名称变更事宜；九是决定终止事宜；十是决定评比达标表彰事项；十一是制定和修改行业自律公约；十二是制定和修改会员管理办法；十三是决定其他重大事宜。会员代表大会每届 3 年。

理事会是会员代表大会的执行机构，在会员代表大会闭会期间领导开展日常工作，对会员代表大会负责。理事会的职权：一是执行会员代表大会的决议；二是决定聘任和解聘秘书长（聘任制）；三是根据会员代表大会的授权，在届中增补、罢免部分理事、常务理事，交会员代表大会确认，最高不超过原理事、常务理事总数的 1/5；四是决定名誉职务人选；五是筹备召开会员代表大会，负责换届选举工作；六是向会员代表大会报告工作和财务状况；七是决定设立、变更和终止代表机构、分支机构、办事机构和其他所属机构；八是决定副秘书长、各机构主要负责人的人选；九是领导各业务机构开展工作；十是审议年度工作报告和工作计划；十一是审议年度财务预算、决算；十二是制定互保规定和制定信息公开办法、财务管理制度、分支机构、代表机构管理办法等管理制度；十三是决定负责人和工作人员的考核及专职工作人员薪酬管理办法；十四是决定会员的吸收和对会员的处分；十五是决定其他重大事项。理事会与会员代表大会任期相同，与会员代表大会同时换届。

协会设立常务理事会，在理事会闭会期间行使理事会的部分职权，对理事会负责。

监事会是由会员代表大会选举产生的本会自身的监督机构，对会员代表大会负责。监事会的职权：一是列席理事会、常务理事会、理事长办公会议，并对决议事项提出质询或建议；二是对理事、常务理事、执行机构负责人执行本会职务的行为进行监督，对严重违反章程或者会员代表大会决议的人员提出罢免建议；三是检查本会的财务情况，向会员代表大会报告监事会的工作和提出提案；四是对本会执行机构负责人、理事、常务理事、财务管理人员损害本会利益的行为，要求其及时予以纠正；五是向登记管理机关、党建领导机构、行业管理部门以及税务、会计主管部门反映本会工作中存在的问题；六是决定其他应由监事会审议的事项。监事会每年至少召开一次会议。

（三）协会发展和现状

1. 保险规模和潜力

自 2006 年成立起至 2019 年底，协会累计承保渔民 127 万余人次，渔船 7.2 万余艘次，风险保障额度达 3508.7 亿元，共为 2.8 万余起事故渔船，2000 余名死亡、失踪及 15000 余名受伤渔民支付赔款 11.8 亿元，成为全省渔业风险保障的主导力量。

2. 总部和基层办公条件

协会在威海荣成市及烟台开发区各有一处产权办公楼，本部自 2012 年迁址济南后租赁办公，于 2020 年在济南中心商务区购买固定办公用房。下设各机构除一理赔办事处在自有产权地点办公外，其他机构均租赁办公。

3. 共保和再保情况

为保障渔民会员的权益，分散风险，稳步运营，协会自成立以来，与中国渔业互保协会长期合作分保。自 2008 年起，山东省协会先后与中国平安保险（集团）股份有限公司、中国人保山东省分公司、中国大地财险山东分公司、华海财产保险股份有限公司、中华联合财险山东省分公司、中路财产保险股份有限公司等商业保险公司展开合作。

4. 发展战略与规划

一是严格人员管理，加强业务培训，调整互保人员结构，吸纳行业专业人才，提高保险专业性。二是巩固渔民、渔船主营险种，保持省内渔业保险市场主体地位，在此基础上寻机开拓渔业领域新险种。响应主管部门政策导向，推进休闲垂钓平台、休闲旅客责任保险，推进养殖险、涉渔企业财产险、涉渔人员团体意外伤害险等，承担起渔业保险市场的主体责任。三是借助行业转制，调整运营方式，将渔业互保做成渔业行业专业保险机构。

三、主要业务

（一）承保情况

1. 渔船保险

开展有渔船全损险、渔船全损险附加第三者碰撞险、渔船综合险、休闲垂钓平台财产险、渔船险附加第三者人身责任险等。根据渔船作业类型、船龄、船长、材质、区域作业风险等不同情况，渔船险、渔船险附加责任险等费率 0.4%—3%，休闲垂钓平台财产险费率 0.3%—0.5%。

2. 雇主责任险

开展有雇主责任险、附加医疗险。费率 0.55%—1%。

3. 渔业安全生产责任险

开展有渔业安全生产责任险、附加医疗险。费率 0.55%—1%。

4. 水产养殖险

开展有内陆淡水养殖、休闲平台附属海水网箱养殖保险等。费率 6% 基准上下浮动。

5. 渔港码头险

开展有渔港码头财产险。费率 0.34% 基准上下浮动。养殖险、涉渔企财险、团意险等正逐步推进。

（二）理赔情况

渔船险免赔政策：根据船东或船上人员应负的责任，按10%—50%的比例扣除免赔；部分损失绝对免赔率为10%。第三者碰撞事故，会员船负全部责任的免赔率为20%，会员船负主要责任的免赔率为15%，会员船同等责任的免赔率为10%。肇事逃逸事故免赔率为30%。船险及人险其他免责规定均在条款中注明。其理赔流程如下。

1. 报立案

（1）会员报案

根据互保条款的规定：发生互保事故后，会员应及时采取一切可能的施救保护措施以避免或减少损失，同时利用最有效的通信手段立即向承保机构报案。凡会员在事故发生后不按规定及时报案，造成事故责任无法认定，影响本会及时勘验、定损、准确理赔的，本会有权视作自动放弃权益，拒绝赔偿或相应扣减赔款。

（2）出险登记

互保经办机构接到报案后，应详细询问互保标的出险情况，如船舶的船名号和出险人的姓名、出险时间、地点、事故原因以及事故损失等情况，在“互保报立案登记簿”上记录。

2. 事故调查

经办机构理赔人员在立案后，根据事故的性质、特点，办事机构至少派出两名理赔人员或聘请有关方面专家联合对现场进行查勘。调查事故原因，事故发生的时间、地点，确定损失程度、施救措施等，整理调查情况，做好记录。内容要具体详细，切忌笼统和含糊其词。对超过权限的案件应及时报上级机构共同协查。

3. 定性估损

经办机构理赔人员或委托船舶检验部门人员或指派理赔委员会成员或专家组成员现场勘验损失情况，取得照片证据，准确估损。

4. 出具事故调查报告书

互保机构应取得渔港监督管理机关或海事局或其他职能部门出具的事故

调查报告，对于渔船全损、人员失踪或死亡等重大案件应有对当事人或见证人的询问笔录；对于估损1万元以下，赔偿无纠纷的人险、船险等事故，可由互保经办人员填写协会的《事故调查报告书》。

5. 赔款计算

按照互保条款和互保理赔管理规定的要求，计算赔偿金额。

6. 赔案审核

赔案审核是对查勘报告、各种证明文件和原始单证的审核，经研究确认，统一赔付意见后，作为赔案理算的依据。

根据互保条款和理赔管理规定的要求，根据险种和事故种类的不同，分别收集整理事故材料。

7. 开具赔付通知书

8. 财务付款

（三）渔业安全生产责任险方案

根据原山东省安监局要求，结合山东省各地区渔业保险情况等，在荣成市试点开展渔业安全生产责任险，承保限额由初期最高50万元调整至目前最高120万元，费率0.75%。

（四）队伍建设

加入行业内联合党组织，定期召开会议，学习最新政策，了解时政新闻；聘请专业公司设计制作协会成立十周年宣传片；与省内知名媒体合作，通过参与组织放鱼节等活动及电视、网络等媒体形式对互保进行多角度宣传，提高互保影响力；根据工作需要，不定期通过网络公开招聘，吸纳专业人才，充实互保队伍；每年定期举办互保业务、财务、信息培训班，邀请高校知名教授、业内专家等授课，提高互保人员综合素质。

（五）资金管理

协会目前资金全部为银行存款，存款方式为定期及活期储蓄，利率1.61%—3.15%。

四、会员服务

（一）小额贷款

协会自2010年起开展小额贷款业务，与各地不同银行合作配套资金针对船东会员进行小额放贷，利率为同期银行基准利率上浮20%，手续费6‰左右。未出现过坏账情况，会员信誉良好。小额贷款解决了船东会员贷款难的问题，切实满足其发展渔业生产的需求。

（二）救生衣免费为会员发放

协会自成立以来不定期为渔民会员免费发放救生设备，多年来耗资逾千万元为全省渔民会员累计免费配发船用急救药箱数万个，船用保暖工作救生衣和背心式救生衣十万余套，减少了渔民安全生产事故发生概率，为渔民群众灾后恢复生产、平安渔业建设和渔业经济可持续发展做出了积极贡献。

（三）扶贫解困

一是连同省派当地挂职村党支部书记，对无棣县西小王镇于岔河村学校进行精准扶贫，共同开展物资捐赠活动，支持当地教育事业，鼓励当地学生开展娱乐文体活动。二是立足岗位、服务社会。在蒙山、微山两地资助8名经济困难、品学兼优的大学生，以具体行动弘扬中华民族传统美德，进一步彰显“互助共济、服务渔业”的协会宗旨，圆贫困学子大学梦。

五、地方扶持政策

（一）颁发文件

自2008年起，原山东省海洋与渔业厅陆续下发《山东省海洋与渔业厅关于做好渔业政策性保险工作的通知》（鲁海渔函〔2008〕368号）、《山东省海洋与渔业厅关于提高渔业互保补贴比例的通知》（鲁海渔函〔2013〕458号）、《山东省海洋与渔业厅关于强制实施渔业安全生产责任保险试点工作的通知》（鲁海渔函〔2018〕41号）等红头文件，全省青岛、日照、烟台、东营、威海等多个市及所辖县（区）渔业主管部门也纷纷下达红头文件，支持开展渔业互保工作，对全省参加渔业互保的船东及渔民进行财政资金补贴，有效减轻渔民会员的经济负担。

（二）财政补贴

2008 年，原山东省海洋与渔业厅下发文件，对全省参加互保渔民进行 20% 的资金补贴。随后，青岛、日照、烟台、东营、威海等地市及多个县（市、区）陆续发文，支持渔业互保工作开展，对参加互保渔民进行 10%—30% 比例的财政补贴支持。截至 2019 年底，省级补贴资金累计达到 2.97 亿元，市、县（区）级财政补贴资金累计分别达到 1.6 亿元、1.69 亿元，各级财政补贴资金的落实切实缓解了船东会员的经济压力，真正实现了让惠于民，得到渔区渔民的一致拥护。

六、发展经验、困难和体会

（一）经验

协会成立以来，累计承保渔民、渔船数量均占全省渔业保险行业主导地位，已成为全省渔业行业风险保障的主导力量。多年来，协会配合各地渔业主管部门，积极参与各地渔业安全管理，不断加大对渔民安全生产和渔业安全设备资金扶持投入，利用有限积累反哺渔业，为建设和谐渔区贡献互保力量。同时想渔民所想，急渔民所急，通过续保无赔优惠、大额案件预付等优惠措施，得到渔民认可。

省、市、县各级政府行政主管部门也对协会给予大力支持，原省海洋与渔业厅连续多年在全省海洋渔业工作会议上对渔业互保工作进行部署，多次下发文件通过协会对全省渔民进行财政补贴，并指定协会开展强制实施渔业安责险试点工作。青岛、日照、威海、东营、烟台等市、县（区）行政主管部门响应省厅号召，通过召开专题会议或下发红头文件，部署渔业互保工作开展并积极争取当地财政资金进行配套，荣成市渔业主管部门推行强制实施渔业安责险试点工作，切实提高了当地渔业安全生产管理水平。

（二）困难

一是协会为民政注册登记的非营利组织，没有纳入保监部门监管，法律定位的瓶颈不能破解，影响协会纵深发展。二是省级政策性保险财政补贴久未破题。由协会出资垫付拉动地方配套，市、县两级财政补贴年年申请年年待批，尚未形成自上而下的补贴长效机制。近年来，随着保额上限不断提高，协会承担财政补贴资金压力越来越大，各市县配套资金也推进乏力，成为协会惠渔返利以及持续发展的沉重负担。三是商业保险公司竞争加剧，协会运行压力加大。商业保险公司通过不计成本降低费率、返还高费用等抢占市场，一些地方企业、渔业协会及部分渔民转投商业保险公司，协会部分业务资源流失，商业保险公司综合险种经营，以优养劣、拾遗补缺等优势，对单一经营渔业保险的协会造成较大竞争压力。四是缺乏必要的资金支持。农业部自 2008 年起每年拨付资金用于我省渔业保费补贴，但仅限于渔船险，覆盖面较窄，且试点自 2017 年取消。而省级财政补贴资金尚未落实，各地配套政策陷于年年补贴年年申请的窘境，特别是损失大、风险高的水产养殖险由于赔付率高目前尚未开展，广大渔民及养殖户的生命财产安全无法得到保障。没有政府的资金扶持，无法降低保费，渔民的保险需求也无法得到有效满足，渔业的高风险与渔区社会低保障的矛盾依然存在。

（三）体会

渔业保险业务相对其他保险更为复杂：保险费率难以厘定、损失难以评估、理赔难度大、更易出现逆选择和道德风险等，商业性保险运作方式无法保证其正常运行，应结合互保体制改革的契机尽快建立适合各省省情的政策性渔业保险机制。

渔业互保系统是全国农业系统唯一集合整个行业保险资源，并连续 26 年不间断开展业务的组织。从 1994 年开展渔业互助保险工作，全省已形成了适应政策性渔业保险工作要求的运作模式和认识基础。一是具备了一定的机构、人才、技术优势，并基本建立了覆盖承保、理赔和服务体系，培养了一批精通渔业保险业务的专业人才。二是现有的办公场所、技术管理人员队伍、渔业风险储备金可被利用。三是险种、费率、条款和信息管理等技术性问题可在现有基础上较容易地得到进一步发展和创新。四是渔区干部和渔民群众对渔业保险有较深刻的认识基础。尤其是灾后及时得到经济补偿的事实深深感染了渔民群众，大家的保险意识显著加强，大多渔民将保险费用列入生产成本，摆在和柴油等生产资料同样重要的地位。如果各级财政能给予适度补贴，会起到“成本低、起点高、收效快”的效果。采取财政补小头、渔民拿大头的措施，共同建立起渔业风险保障体系的做法非常可行。

第五节　江苏省渔业互保协会

一、江苏省渔业概况

（一）海洋资源

江苏省位于我国东部沿海的中部，东濒黄海，西连安徽，北接山东，东南与浙、沪毗邻。海岸线千公里，海域面积约 3.75 万平方公里；海洋渔场面积 15.4 万平方公里，东海、黄海、长江在此交汇，拥有吕四、长江口、大沙和海州湾四个全国著名渔场；滩涂和辐射沙洲面积 65.3 万公顷，居全国之首。渔业资源丰富，盛产小黄鱼、带鱼、鲳鱼、虾类、蟹类、贝藻类等。江苏也是全国河蟹苗、鳗鱼苗的主要产地。

（二）内陆资源

江苏省地处长江三角洲，陆域平原辽阔，河湖众多，水网稠密，水域面积广阔，是鱼米之乡。有大小河道 2900 多条，湖泊 290 多个，水库 1100 多座。长江、苏北灌溉总渠、新沭河等大型河流自西向东横穿全境流入黄海，京杭大运河纵贯南北穿越全境。在全国五大淡水湖中江苏得其二，太湖和洪泽湖像两面大明镜，分别镶嵌在水乡江南和苏北平原上。有淡水鱼类 140 余种，已利用的有 40 多种。

（三）渔业资源

江苏省江湖河海全有，可渔水域辽阔，生物资源丰富，气候环境适宜，经济基础较好，渔业产业发达，是全国渔业大省、强省。江苏具有渔业捕捞、养殖和水产品加工、流通贸易健全的渔业产业链。2018 年，全省渔业产量约 495 吨，渔业一产产值约 1330 亿元。

（四）海洋渔业资源

2018 年全省拥有海洋机动生产渔船约 8000 艘，38.70 万总吨，总功率约 73.75 万千瓦。其中，海洋捕捞渔船 6280 艘、约 34.46 万总吨、总功率 63.24 万千瓦，建成了近海、外海、远洋渔业并重，拖围流定钓作业门类齐全的海洋捕捞船队。年海洋捕捞产量约 49 万吨；海水养殖面积约 18.66 万公顷，条斑紫菜、文蛤、对虾是江苏主要的优势海水养殖品种。

（五）内陆渔业资源

2018 年全省拥有各类内陆渔业船舶约 4.7 万艘，约 27 万总吨，总功率约 73 万千瓦。淡水养殖面积 46.24 万公顷。淡水渔业产量 354 万吨，位居全国第一。河蟹、小龙虾等高效养殖品种在国内久负盛名。

二、江苏省渔业风险

（一）海洋渔业的高风险的产业特点

首先，作业远离大陆，渔场的气象海况等自然环境恶劣多变，渔船要与大自然抗争，时刻处在颠簸中，极易发生人被卷入大海、被渔捞设备砸中、滑倒受伤等人员伤害事故，船毁人亡的事故时有发生。其次，捕捞渔船是“船、机、电”的集成，技术含量高，如果关键设备一旦出现故障，渔船处于不适航状态，就极易造成安全事故；网具又以柔体为主，容易缠绕，渔民在生产作业过程中稍不留神，会挂带落水、缠伤。第三，海洋捕捞生产以大海为场所，作业环境险恶、工作辛苦危险、比较收入不高，有文化的年轻人不愿下海，从事海洋捕捞生产的渔民年纪偏大，文化水平偏低，综合素质不高，是造成渔业安全事故的重要因素之一。捕捞渔业出险是自然风险、生产风险和管理风险等单个或多个风险叠加的结果。

江苏省渔业互助保险协会 2009—2018 年统计分析，渔船的总体出险率为 1.49%，全损率为 0.18%，部分损失率为 1.31%。

（二）江苏省渔船事故类型

2009—2018 年按占比从高到低排序：碰撞占 56.67%，触礁（损）占 12.67%，火灾占 9.00%，自沉失踪占 8.00%，搁浅占 7.11%，风灾占 3.22%。

按事故原因分析。2009—2018 年海洋渔民死亡（或失踪），依占死亡总人数的比例由高到低排序为：落水占比 38.26%，沉船翻船占比 24.88%，缆、网绳绞挤击占比 6.34%，突发疾病占比 6.1%，摔倒占比 5.63%，陆上交通占比 4.69%，物体打击占比 4.69%，起网机伤害占比 3.99%，中毒占比 1.64%，其他（火灾、触电、坠落、挤压等）占比 3.76%。

海洋渔民伤残。2009—2018 年依占伤残总人数的比例由高到低排序为：摔倒占比 29.35%，物体打击占比 19.08%，起网伤害占比 11.73%，挤压占比 7.89%，缆击占比 7.68%，机械损伤占比 7.47%，陆上交通占比 5.55%，网具缠住占比 3.3%，落水占比 2.7%，烧伤触电占比 1.8%，高处坠落占比 1.8%，其他占比 1.8%。

（三）江苏省渔民风险

2009—2018 年 10 年间投保渔民的总体出险率为 0.54%，其中：海洋渔民死亡失踪率为 106.97/10 万，伤残率约为 0.84%；内陆渔民死亡失踪率为 30.87/10 万；伤残率约为 0.30%。

三、江苏省渔业保险的发展

（一）商业保险试运营渔业保险（1949—1993 年）

中华人民共和国成立后至 1993 年，商业保险公司两次涉足江苏省渔业保险市场，其间两起两落，前后连续加起来总共有 10 年经营时间，但都因业务亏损、经营困难而退出。

1951—1958 年。1951 年小黄鱼春汛，当时的人民保险公司试办渔业保险，并在全省沿海主要渔区拓展。先后开设了渔船、渔工、渔具和匪盗险共 4 个险种（新中国成立初期海上有匪盗骚扰）。7 年中累计承保渔船 11400 艘次，发生大小赔案共计 6049 件，赔款 36.64 万元，平均赔付率为 57%。1957 年冬季带鱼汛的赔付率超过 200%。1958 年以后随着全国保险的停办，渔业保险也长期停办。

1985—1988 年。改革开放后中国保险市场开始活跃，国家、省渔业主管部门也积极引导商业保险公司在江苏省开展渔业保险业务。1985 年中国人保江苏分公司在江苏省沿海部分市县，进行了渔船财产保险的试点工作，但因连年亏损，于 1988 年再次退出了渔业保险市场。

渔业保险的市场很大，渔民和政府均有投保需求，但商业保险在江苏省渔业保险市场上经过两轮共 10 年的尝试和探索，始终没有找到渔业保险商业运营的盈利模式，从而退出渔业保险市场，视渔业保险为雷区，再也不愿涉足。

（二）中国渔业互助保险的成功探索（1994—2008 年）

1994 年 7 月，中国渔船船东互保协会经民政部批准成立（2007 年更名为中国渔业互保协会），同年江苏办事处挂牌运营，依托于江苏渔船检验、渔港监督局开展工作。1995 年互保盐城代办处开出了江苏第一张渔业互助保险单，拉开了江苏渔业互助保险的序幕。但是 1995 年到 2000 年间，江苏渔业互保总量不大，始终在 100 万元至 200 万元区间徘徊。2001 年由于受到当时全国“清理乱收费”政策的影响，江苏渔业互保走入谷底。社会上对渔业互助保险的认识不高，把它看成是搭车收费，甚至是乱收费，使渔业互助保险不得不在重大阻力中爬坡，这种阻力在少数地方甚至延续了好几年。赣榆区渔民一方面认为缴纳保费增加了他们的经济负担，另一方面认为缴钱防事故不吉利；2005 年江苏赣榆渔船船检站所开展的渔业互保被立案调查，以工作经费是“小金库”为由，将 10 多万元的工作经费和工作人员的资金予以没收。面对类似局面，中国渔业互保协会迅速出面干预，宣讲政策，澄清事实，消除误解，使江苏省的渔业互保业务得以恢复发展，保费收入逐年上升，2008 年全省渔业互保费近 2000 万元。我国以渔民相互保险的社团组织架构、依托于渔业行政资源经营渔业互保，是一个具有中国特色、适合中国渔业保险实际的成功模式，解决了困惑中国渔业保险数十年的难题，使中国渔业保险踏上发展的快车道，也为之后政策性渔业互助保险制度的建立奠定了坚实的基础。

四、江苏省政策性渔业保险制度的建立（2009—2019年）

2008年江苏省渔业互助保险协会正式成立，标志着全省渔业互助保险进入了新的发展时期，江苏省渔业安全体系建设全面启动，标志着江苏省政策性渔业保险制度正式建立。这必将会写入江苏省渔业发展的历史。

（一）江苏省政策性渔业保险制度建立背景

2006年江苏办事处已经运营了11年，积累了丰富的保险经验和一定的准备金。正是我国改革开放30周年，在全国试点政策性农业保险制度时期。渔业作为大农业的一部分，又是一个风险甚高的产业，建立渔业安全保障体系，享受国家政策支持理所当然；让渔民群众能分享到改革开放的成果，让渔民群众在遭遇意外事故损失后，能及时地恢复生产生活，让渔区社会更加和谐稳定，建立政策性渔业保险制度不仅必要，而且时机渐趋成熟。原江苏省海洋与渔业局审时度势，决定启动建立江苏省政策性渔业保险制度工作。

（二）江苏省渔业互保协会的筹建与成立

2006年5月，原江苏省海洋与渔业局党组召开专题会议，正式启动成立江苏省渔业互保协会，建立江苏省政策性渔业互助保险制度。省局向分管渔业的副省长黄莉新进行专题汇报，于当年11月向省政府提交了《建立江苏省政策性渔业互助保险制度、成立江苏省渔业互助保险协会》的请示。时任江苏省副省长赵克志在请示上批示："积极加快推进建立江苏省政策性渔业互助保险制度，尽快建立起渔业安全保障体系。"黄莉新批示："建议对建立海洋渔业政策性互助保险制度给予支持。"省委、省政府把建立江苏省政策性渔业互助保险制度、成立渔业互助保险协会作为全省政策性农业保险体制机制的拓展与创新，要求各相关部门积极配合支持，加快推进工作。

为落实省委省政府的决定，省政府办公厅召开了三次联席会议予以协调，专题研究部署建立江苏省政策性渔业互助保险制度、成立协会相关事宜，确定建立江苏省政策性渔业互助保险制度的框架和总体思路，成立一个社团法人机构，承办江苏省政策性渔业保险，省级财政给予保费补贴，争取免税政策，渔业保险应以低费率、广覆盖为原则，惠及广大渔民，要求各相关部门必须给予积极配合。由于省委省政府的高度重视、相关部门的积极配合支持和工作机构的坚持不懈努力，2008 年 12 月 18 日，江苏省渔业互助保险协会正式揭牌成立。

（三）江苏省渔业互保协会的属性

协会是全省范围内广大渔民以及其他从事渔业生产经营或为渔业生产服务的单位和个人自愿组成，实行互助保险的非营利性的社会团体。其宗旨是“互助共济、服务渔业”，工作目标是“为政府分忧、为渔民解难”。协会的主要职能是：在省农业保险工作领导小组的领导下，承办全省政策性渔业互助保险。省金融办、省财政厅、省渔业主管局，对保费收取、定损理赔等情况进行监督管理。

政策性渔业保险，是指依托国家政策支持和政府财政补贴，通过参保者互助共济，对渔业生产中因自然灾害、意外事故所造成的人身伤亡、财产损失给予一定的经济补偿所建立的行业自保制度。政策性渔业保险是支渔惠渔方式的创新，改变了单一、事后财政补助的渔业灾害救助模式，是财政补助与渔民互助相结合的渔业风险防范与救助机制的创新。这项制度在保障渔民权益、完善渔业制度、保护渔业生产力和促进渔区经济社会发展等方面发挥了重要作用。

（四）协会的运营体制机制

江苏省政策性渔业保险制度是在特定的历史条件下建立，带有浓重的行政色彩，在初创期优越性显而易见。其运营体制机制是“以协会为经营主体，以各级渔业公职人员为业务骨干，以强渔惠渔为宗旨，以财政补贴为支撑，以大灾超赔再保险为保障”的政策性渔业保险运行体制机制，具有政策优势、行政优势、组织优势、专业优势和情感优势。

1. 组织架构。协会实行会员代表大会制度，会员代表大会是协会的最高权力机构。理事会是会员代表大会的执行机构。协会秘书处作为理事会的常设机构，下设6个专业部门和1个理赔中心，负责组织实施理事会、常务理事会的决议、决定和处理协会的日常工作。监事会是协会的监督机构，对协会的财务状况进行监督，保证会员权益不受侵犯。依托渔业行政管理部门和执法队伍，协会在全省设57个办事处，其中承保办事处52个，理赔办事处5个。

2. 运营体制。协会的业务经营体制为：统一领导、保赔分离、属地承保、集中理赔。即：协会在全省范围内实行统一的展业政策、业务流程和管理制度；协会对渔业互助保险承保和理赔业务实行分离管理，分别授权承保机构与理赔机构负责。

3. 风控机制。渔业互助保险的目的是为渔民分担风险，协会作为会员会费的管理机构，不仅承载着经济责任，也要承载着社会稳定责任，对于自身风险的控制就显得十分重要。协会根据保险学原理，以巨灾超赔再保和分保的方式来化解协会自身的风险。一是拿出保费总收入的一定比例，进行巨灾超赔再保险，当协会当年收取的保费扣除管理费后不够赔付时，由再保险公司按一定比例赔付。二是与中国渔业互保协会按一定的比例进行分保，超出再保险超赔限额的部分，由其赔付。

五、江苏省政策性渔业保险的主要政策

1. 省金融办、省财政厅文件。2009年江苏省人民政府金融工作办公室和江苏省财政厅，联合下发文件指导渔业互助保险协会的工作。2009年4月29日《关于印发江苏省渔业保险试点工作方案的通知》（苏金融办发〔2009〕6号），标志着江苏省渔业政策性保险试点工作正式启动。经过几年的不断完善，省金融办、省财政厅，一是明确保险标的为渔船、渔民，险种为（三个）渔船互助保险、海洋雇主责任互助保险、内陆渔民平安互助保险。二是规定省级财政保费补贴比例，省级财政对参加渔业保险试点的

投保渔民（投保人）给予的保费补贴比例各为25%；各市、县级财政根据自身财力，自行确定给予保费补贴以及补贴比例；保费补贴的最高保额由初期的每个投保渔民60万元，2016年开始调高到80万元，且每年全省的保费补贴总额不封顶；具体操作是每年年初由协会向省财政管理部门提出预算、年终决算。三是渔业政策性保险的运营机构，由江苏省渔业互助保险协会及其代理机构负责实施，确定了江苏渔业保险协会为经营渔业保险主体的法律地位。四是要求试点工作要在省农业保险工作领导小组的领导下开展，原省金融办、省财政厅、原省海洋与渔业局对经办机构的保费（会费）收取、定损理赔等情况进行不定期检查，进行监督管理，切实维护广大渔民的权益；要求各级渔业主管部门及其相关职能机构要充分发挥其职能作用，在渔船、渔民保险的宣传发动、风险预测评估、专业鉴定、防灾防损等方面发挥业务和技术优势，积极配合、支持经办机构做好渔业保险试点工作。

2. 2014年江苏省委1号文件。即《关于全面深化农村改革深入实施农业现代化工程的意见》（苏发〔2014〕1号），要求“支持开展渔业养殖政策保险试点”。省政府办公厅《关于做好2014年全省农业保险工作的通知》（苏政办发〔2014〕21号），也要求“扎实做好渔业互助保险工作，加大险种创新力度，积极开展水产养殖保险，稳步扩大渔业保险承保面，努力提高渔业保险保障水平”。

3. 江苏省地方法规对江苏渔业保险的规定。2003年3月1日施行的《江苏省渔业管理条例》第三十五条规定“从事海洋渔业生产的企业和业主对其海上从业人员应当办理人身保险”；2007年5月1日施行的《江苏省内河渔业船舶水上安全监督管理暂行办法》第三十一条规定，“内河渔业船舶的所有人或经营人应当依法为船员办理有关保险”；2011年1月1日施行《江苏省渔业港口和渔业船舶管理条例》第四十二条规定，“渔业船舶的所有人或者经营人应当依法为渔业从业人员办理保险。鼓励渔业船舶的所有人或者经营人为其水上从业人员和渔业船舶办理互助保险”；2012年7月1日施行的《江苏省渔业安全生产管理办法》第二十二条规定，“从事海洋渔业生产的单位或者船舶所有人，应当办理渔业船舶保险，并为其雇用的海上从业人员办理不低于60万元的人身保险”。

六、业务运行规则

政策规定的实施要有与其相适应的运行规则，才能取得事半功倍的效果。协会建立了适合本省渔业互助保险实际的承保、理赔工作规则，并在实践中不断优化，为高效、规范、顺利地开展渔业互助保险工作提供了保证。

（一）条款与费率

目前，渔业互助保险执行的是2016版条款，即江苏省农业保险工作领导小组颁发的《关于印发2016年版江苏省渔船渔民保险条款费率的通知》（苏农险办发〔2016〕2号），是江苏省大农业政策性保险条款之一。有渔船险、海洋渔民雇主责任险和内陆渔民人身平安险三个险种。渔船险又分为全损险和综合险。雇主责任险的主要对象是海洋捕捞渔民，人身平安险主要对象是内陆渔民和养殖工人。各条款明确了投保对象、费率、补贴标准、保额、保险人和被保险人权利与义务、申诉、仲裁等内容。条款简明扼要、含义明晰、易于理解，可操作性强。

（二）业务运行规则与流程

明确业务范围与职责，实行“统一领导、保赔分离、属地承保、集中理赔”的原则开展业务工作。重点是承保与理赔业务的分离，从制度上实现了相互制衡监督，砌筑了规避道德风险的防火墙。统一领导，即省协会对全省各办事处的渔业互助保险业务运行实行统一管理，统一展业政策、业务流程和管理制度；保赔分离，即各办事处按照协会授权的业务范围，依照承保和理赔业务的工作规定开展工作；属地承保，即以市、县（市、区）办事处为单位开展本辖区内的承保业务工作，同时市级办事处对本辖区内承保业务工作的开展负有业务指导和监督管理职责；集中理赔，即协会授权5个办事处专司互保理赔工作，划定理赔业务区域范围，配备具有相关专业理论基础、理赔经验、职业道德素养高、便于监管理赔的工作人员。

建立健全承保理赔工作原则和业务流程，规范从业人员的职业行为和职业道德，提高效率，保证质量，树立渔业互保的品牌形象。

在承保业务中，遵循“渔民至上、服务至上、诚实守信、重合同”原则，以渔民自愿投保为前提，做好宣传说服和条款内容的解释工作。在承保环节，按承保流程逐一过滤，重点是“三核”：第一，审核投保人的各项资格，包括涉及的利益人、所有人、委托人、经营人、管理人等；第二，审核互助保险标的，包括核查各类证书的有效性，充分评估标的物情况，确定标的互助保险价值等；第三，审核互助保险金额，即根据投保人申请和入保渔船、渔民情况，对照协会渔业互助保险条款及相关政策，确定互助保险险种、互助保险价值、承保比例、费率、互助保险金额等。

在理赔业务上，江苏省的渔业互助保险在渔区、渔民中树立起了良好的信誉，坚持“重合同、守信用，实事求是、主动快速”原则。按理赔流程开展理赔工作，把控好每一个工作环节。其中，首先是受理立案，即承保办事处接到会员报案后，应详细询问出险船名号、出险人名、出险时间和地点、事故简要经过、出险时的海况以及事故损失、人员伤残或失踪情况、船舶停泊地点、船上人员及见证人、联系方式等情况，并将询问情况记录在《江苏省渔业互助保险协会会员报案登记簿》，经初审符合理赔案要件的予以立案。其次是取证，及时安排理赔人员到事发现场调查取证，填写《渔船互助保险事故调查报告书》或《（雇主/人身）互助保险事故调查报告书》，并收集、整理、完善、审核涉案材料。再次是定损，这是理赔的核心环节，即根据渔业互助保险条款规定及案件的具体情况，正确确定渔业互助保险责任、赔偿标准、赔偿数额，确保理赔质量；对于个别重特大赔案、社会影响大赔案，江苏建立了“绿色通道”“通融理赔”机制；在初步确定了事故性质、原因、损失等情况，理赔材料尚未齐备时，报经省协会主要负责人批准，可以给予先行赔付；对少数不完全符合理赔条件，如正好在短时间脱保期间发生的事故，则采取通融理赔办法，一般是赔付投保保额的30%至50%；对长期投保的渔民发生的事故不符合理赔条件，家庭又困难的给予救济补助。重视理赔救援措施的实施，有效化解渔民事故损失，为渔区社会的稳定发挥重要作用。

在信息管理上，江苏把现代信息技术、网络技术、计算机技术运用到了渔业互助保险业务管理工作中。一是开发建成了江苏省渔业互助保险管理系统，渔业保险的保单以及展业、理赔、统计、分析等工作都通过系统一气呵成；二是同时实现了移动办公，业务人员可以到渔村、码头、船上办理保险业务。无论是保险管理系统还是移动办公，首先是做到计费正确，渔民投保时，操作人员只要输入险种、人数、保额等关键信息，系统会自动计算总保费、生成保单，总保费中分别列出了渔民应自缴的保费、中央财政补贴、省级财政补贴、县级财政补贴等项，一清二楚。其次是确保付费方便，渔民可以用现金、银行卡、手机微信、支付宝等多种方式付款，提高了工作效率，减少了人为失误，保证了资金安全，加快了资金周转率。

七、运行业绩

十年来渔业互助保险的实践取得了较好的业绩，实现了建立江苏省政策性渔业保险制度的目标任务，取得了政府满意、渔民认可、经营者良性运行的成果。

（一）展业规模不断扩大

随着政策性渔业保险补贴力度的加大，公共财政支持不断加强，政策性渔业保险保费补贴的拉动作用愈加显现，实现了政府要我保险到渔民自愿要保险的历史性转变，全省渔业互保事业步入发展的快车道。开办了渔船、雇主责任和内陆渔民人身平安互助保险，业务发展势头强劲；开展了水产养殖互助保险试点工作，险种结构由单纯的“人、船”逐渐向整个渔业产业拓展。十年来，年保费收入由协会成立时的不到 0.2 亿元，到 2016 年后稳定在 1.45 亿元左右，约为开办初期的 7 倍多；海洋渔民和内陆渔民人均保额分别为 70.14 万元和 8.24 万元，分别是 2008 年的 14.74 倍和 2.96 倍；近年每年约为 5000 多艘渔船、13 万左右的渔民，提供 340 亿元的风险保障；各级财政对保费的补贴也逐年增加，实现了业务规模、增长速度和风险保障能力的同步提升。

（二）保障功能日益显现

渔业互助保险有效地转移了渔业风险，保障了受灾渔民生产的恢复和正常生活，维护了渔区的社会稳定。十年来，共对660名死亡（失踪）渔民、5569名伤残渔民、109艘沉没渔船以及800艘受损渔船给予了经济补偿。2013年10月，受“丹娜丝”台风影响，某渔船在回港避风途中翻沉，10人失踪，协会开辟绿色理赔通道，第一时间支付赔款630万元，展示了渔业互助保险专业、灵活、快速的服务特色，发挥了社会“稳定器”和经济“助推器”的作用。

（三）服务渔业防灾抗灾

渔业互保是渔业安全生产管理的延伸与抓手，是渔业安全生产管理体系中的重要组成部分。协会把服务渔业安全生产贯穿于渔业互助保险工作的全流程。积极开展宣传动员，提高渔民的防风险意识；提供风险管理咨询、防灾防损建议措施；资助渔民进行安全防范，事前化解风险隐患，分散非系统性风险，降低人为因素与风险发生之间的相关系数；组织开展渔民安全技能培训，配合资助渔业安全生产监管部门，开展渔业生产教育和渔业安全演练活动；资助投保渔船配置安全救生救助装备，提高渔船安全装备水平；先后给予投保的海洋渔船配备气胀式救生筏、维修检测费和GMDSS检测费补贴；给投保的海洋渔民每人赠送一件保暖救生衣。这些措施，提高了渔民的安全生产意识和技能，增强了自救互救能力，降低了渔业安全事故，取得了很好的社会效益和经济效益，在渔区社会和渔民中产生了很好的声誉。据不完全统计，近年来在20多起海难事故中，仅气胀式救生筏就成功救起了50多名遇险渔民。2018年10月1日2时30分左右，苏赣渔02909因台风过后遭遇涌浪袭击，造成渔船倾覆，全船12人全部登上救生筏成功获救，气胀式救生筏在危难之时发挥的重要作用，体现了协会为提高渔船安全技术装备水平所做努力取得的成果。

（四）服务领域不断拓宽

积极探索水产养殖互助保险。从2012年起，先后开展了池塘河蟹、小龙虾、罗氏沼虾、条斑紫菜养殖互助保险试点，常熟、兴化、高邮、盱眙等县（市）的3.55万亩池塘养殖河蟹、8.88万亩小龙虾、2918亩罗氏沼虾、5.57万亩紫菜参加互助保险。为全省养殖企业（户）提供风险保障2.22亿元，对因台风、高温、暴雨、病害等造成损失的养殖企业（户）给予经济补偿，有效地分担了养殖企业（户）的生产风险，得到了渔业主管部门和养殖业主的一致好评。试点工作取得了初步成效，推动池塘河蟹、小龙虾、罗氏沼虾等保险，被纳入了全省或部分重点养殖区域县（市）大农业政策性保险的范围。

开展海洋捕捞渔船小额贷款，积极探索构建“银保联动，以贷促保”服务渔业的新机制。从2011年到2015年，开展船东小额贷款试点工作，向462户渔船船东提供贷款4515万元。协会小额贷款的成功开展，一是在初期尤其是2011年切实解决了渔民贷款难的问题，二是最关键的是，改变了商业银行对渔民“还款难、征信不良”的偏见，推动了商业银行向渔业生产贷款热潮的兴起，解决了渔民融资难、融资贵的困局。

江苏省渔业保险，经过从1994年到2020年四分之一世纪的不懈努力，成功地探索出了一套适合江苏省渔业生产特点，可操作性强、可持续运营的渔业保险模式，填补了渔业保险市场的空白，使昔日被视为雷区的渔业保险市场，而今成为一片沃土。这主要得益于在我国改革开放的大政国策下，政治经济文化社会获得了巨大的进步与发展，渔民的生命价值获得了提升，保障渔民生命财产安全工作得到了前所未有的重视，解决渔业风险问题成了各级政府和渔业主管部门的重要职责。从我国国情出发，当某件事情被政府认定为事关重大需要突破时，会集中力量冲关，江苏省政策性渔业互助保险制度的成功建立就是个典型事件。政府重视，政策扶持，行业强推，渔民参与，多重因素的叠加共振形成了巨大的合力，其核心是政府这只“手”，有形无形地始终推动着渔业互助保险事业向前发展，冲破重重障碍，终获累累硕果。当前，深化渔业互助保险改革的集结号已经吹响，渔业互助保险又一次面临着新的抉择。但不管如何改革，渔业互助保险在我国渔业史上所起的作用毋庸置疑，并将继续发出它的光辉。如在新一轮的改革中，它的“政策性”“相互性”核心优秀基因能够得到传承，那将使我国的渔业保险市场更加规范，风控能力更加强大，渔民得到的实惠更多，渔业保险的明天更加辉煌！

第六节　河北省渔业互保协会

一、河北省渔业基本情况

河北省地处中纬度沿海与内陆交接地带，东临渤海，内环京津，具有多样性的渔业资源。海域由南北两部分组成：北部东起秦皇岛山海关区，与辽宁省海域交界，西至唐山丰南区，与天津海域交界；南部北起沧州黄骅市，与天津市海域交界，南至沧州海兴县，与山东省海域交界。海岸线长度位列全国第九位，其中大陆海岸线全长 484.85 公里，岛屿 132 个，岛岸线长 178 公里。海岸带总面积 11379.88 平方公里，其中陆域面积 2732.22 平方公里，滩涂面积为 1017.81 平方公里，20 米等深线以下的浅海面积 6460 平方公里，内陆水域总面积 1056 平方公里。

特殊的自然环境优势促使河北成为以发展沿海渔业养殖为主的重要渔区，主要分布在秦皇岛、唐山、沧州、廊坊及雄安新区。全省现有海洋生产渔船 5528 艘（其中海洋捕捞渔船 3480 艘、养殖渔船 2048 艘），辅助及其他渔船 718 艘。主要海产品有鱼类（鲆鲽类、河豚类等）、对虾（南美白对虾、中国对虾、日本对虾等）、贝类（海湾贝类、其他贝类）、海参、蟹类（梭子蟹、其他蟹类）、海蜇、沙蚕等 20 多个品种。

二、河北省海洋渔业风险

全省海洋捕捞渔业生产是以家庭、合伙制生存模式为主，以公司制产业经营模式为辅助的捕捞生产模式。前者广泛分布于沿海渔村，是我省海洋捕捞渔业生产的主要模式。全省捕捞渔船 3480 余艘，其中木质渔船 2600 余艘，钢制渔船800余艘；24米（含）以下渔船2400余艘，24米以上渔船1000余艘；船龄10年（含）以上渔船2300余艘，船龄10年以下渔船1100余艘。主要作业类型为拖网、刺网、钓具等。海洋捕捞渔业生产的基础条件和作业方式对生产风险具有重要影响。

据河北省渔业互保协会2010—2019年业务统计，全省渔民人身伤亡事故和渔船财产事故的占比分别为80%和20%；在渔民人身伤亡事故中，按事故原因分类：溺水13%、硬物击伤23%、摔伤27%、机械绞伤32%、其他（中毒、触电、烧伤、交通事故等）5%；在渔船事故中，按事故原因分类：碰撞27%、机损43%、火灾15%、风灾10%、其他（搁浅、倾覆、爆炸等）5%。整体来看，河北省海洋捕捞渔业生产事故主要是由于人为操作不当、管理疏忽等引发的单船小事故。

三、河北渔业保险的历史沿革

改革开放后，我国渔船所有制形式从以公有制和集体所有制为主，改为以个体和联户所有制为主，渔船数量大量增加，渔业经济飞速发展，同时个体经济抗灾能力弱的问题也迅速显露出来。河北省渔业保险在历经3次转折后，形成目前以渔业互保为基础的渔业安全保障体系。

（一）商业保险经营阶段（1982—1993）

20世纪80年代，根据农牧渔业部工作部署，河北省各级渔业主管部门积极协助中国人民保险公司开展渔业保险工作，先后开展了对虾、渔船保险。90年代初期，因多方面原因，中国人保退出河北渔业保险市场，此后很长一段时期商业性保险未涉足河北渔业领域。

（二）渔业互保探索起步阶段（1994—2008）

1994年，中国渔船船东互保协会（2007年更名为中国渔业互保协会）成立，并在河北省设立办事处，组织渔民开展互助共济工作，为渔民生命财产提供安全保障。河北省办事处秉承“互助共济、服务渔业”的宗旨，积极推进渔业互保工作，成功签出我国第一张渔民人身互保保单。1995年到

2009 年河北办事处累计承保渔民 21 万余人次，渔船 110 余艘次，保费收入 1910 余万元。经过 15 年努力实践，河北省渔民的保险意识明显提高，参保率和保障水平稳步提高，渔业安全保障状况明显改善，为渔业互保事业进一步发展奠定基础。

（三）渔业互保稳步发展阶段（2009 年至今）

为更好地促进河北省渔业互保事业在新形势下进一步发展，在原河北省水产局的领导下，在中国渔业互保协会的支持和帮助下，河北省渔业互保协会于 2009 年正式成立。河北省协会的成立标志着河北省渔业互保事业发展进入新阶段。自 2010 年正式开展工作以来，河北省协会秉承“互助共济、服务渔业”的宗旨，以及“全国一盘棋”的发展理念，积极争取财政政策支持，大力推进渔民渔船互保业务发展，不断完善自身内部建设，努力提升服务能力和服务水平，逐步成为河北省渔业安全保障事业的主要力量。2019 年全省承保渔民 2.5 万余人，渔船 2200 余艘，提供风险保障 136 亿元，海洋捕捞渔民人均保障 45 万元，共为 300 余起事故补偿经济损失 2000 余万元。

四、河北省渔业互保的基本情况

（一）成立背景

2008 年党的十七届三中全会明确提出“发展农村保险事业，健全政策性农业保险制度，加快建立农业再保险和巨灾风险分散机制”的要求。同年，农业部专门印发文件要求进一步做好渔业互助保险工作，并拨付专项资金用于保费补贴试点，探索建立政策性渔业互保制度。中国渔业互保协会河北省办事处自 1994 年创立以来，互保业务稳步发展壮大，为建立河北省协会奠定了良好基础。为积极稳步地推进政策性渔业互助保险工作，根据我省渔业安全保障需求，省农业厅及各级渔业主管部门达成共识，应尽快成立河北省渔业互保组织。2009 年，经过对山东、浙江、江苏、广东等沿海省渔业互保协会考察调研，经原河北省水产局研究，决定筹备成立河北省渔业互保协会。经过筹备组的艰苦努力，2009 年 12 月 25 日在秦皇岛市召开了第一次会员代表大会，河北省渔业互保协会正式成立。

（二）性质和宗旨

协会是全省范围内从事渔业生产或为渔业生产服务的单位和个人自愿组成，实行互助保险的非营利性社会团体。主管部门为河北省民政厅，业务指导部门为河北省农业农村厅。宗旨是“互助共济、服务渔业”。

（三）组织架构

协会实行会员代表大会制，会员代表大会是协会的最高权力机构。会员代表大会选举产生理事会、监事会，分别作为执行机构和监督机构。理事会下设秘书处，负责组织实施理事会、常务理事会的决议、决定和处理协会的日常工作。目前，协会在全省共设立21个办事处、9个代办处，专业化服务人员40余人，服务覆盖全省渔业市县。

（四）业务范围

协会作为行业组织，主要致力于促进渔业持续稳定发展。协会现已开展的业务主要分为四类：一是组织渔民互保，为会员生命财产损失提供经济补偿；二是协助政府相关部门做好防灾减灾等安全生产管理工作；三是为会员提供各类公益性服务，促进渔业发展；四是组织开展与行业有关的交流与合作。在渔业安全保障方面，现已开展的互助保险主要有渔船财产险、船东雇主责任险、渔民人身意外险、团体意外险、水产养殖保险及渔业设施财产险等。

（五）运行规则

协会在发展上坚持“全国一盘棋”和防控巨灾风险；在经营管理上坚持“政府引导、渔民互助、协会运作”。在业务运行上遵行“统一领导、属地承保、集中理赔”的原则。同时，为提高理赔服务水平，逐步建立健全了重大事故“预先赔付”和理赔会商机制。

五、河北省渔业互保的政策依据

（一）省政府支持政策

1. 2010年11月，《河北省人民政府办公厅关于实施河北省渔业“四百工程”战略的意见》（冀政办〔2010〕140 号），明确“积极支持渔业风险保障和社会救助机制建设，对参加渔业互助保险的渔民给予一定补贴，并及时将符合条件的困难渔民纳入农村低保范围”。

2. 2013 年 11 月 27 日，《河北省人民政府关于促进海洋渔业可持续发展的实施意见》（冀政〔2013〕71 号）要求：大力支持渔业风险保障体系建设，对参加渔业互助保险的渔民给予一定补贴。积极推动银行和渔业互保机构建立银保联动机制，引导渔民将申请贷款的机动渔船、养殖设施、水域等抵押物参加渔业保险，以保险促进渔业增信融资。同时提出：到 2017 年，全省沿海渔民互保率 80%，人均保额 25 万元，提供风险保障额度 105 亿元。到 2020 年，沿海渔民互保实现全覆盖，人均保额达到全国平均水平。

（二）省渔业主管部门扶持政策

1. 2010 年 1 月 20 日，《河北省农业厅关于进一步做好我省渔业互助保险工作的通知》（冀农渔发〔2010〕1 号），要求加快大力推进渔业互助保险工作，争取资金，落实政策，做好渔业政策性互助保险试点工作。

2. 2011 年 3 月 10 日，《河北省农业厅关于做好我省渔业互助保险工作的通知》（冀农渔发〔2011〕5 号），要求进一步建立和完善我省渔业风险保障体系，继续对渔民保费实施以奖代补政策，“各级渔业行政主管部门要积极推进渔业互助保险工作，充分发挥政策导向作用，积极争取当地政府和财政的支持，力争按省、市、县（市、区）1 ∶ 1 ∶ 1 的比例予以配套资金”。

3. 2015 年 12 月 16 日，《河北省农业厅关于促进我省渔业互助保险健康发展的指导意见》（冀农渔发〔2015〕95 号），明确“完善政策性渔业互助保险制度，进一步加大财政资金互保保费补贴力度”。

4. 2016 年 5 月 31 日，《河北省渔业油价补贴政策调整实施方案》（冀农业渔发〔2016〕6 号），明确河北省渔业油价补贴省级一般性转移支付资金部分可用于海洋捕捞渔民减船转产、渔船更新改造……渔业保险奖补补助等项目。

5. 2019 年 12 月 20 日，《河北省农业农村厅关于在渔业生产领域实施安全生产责任保险工作的通知》（冀农发〔2019〕27 号），明确暂以渔船船东雇主责任互助保险代行渔业安全生产责任保险功能，扩大渔船船东雇主责任互助保险保障范围，加快渔船船东雇主责任互助保险向安全生产责任保险转化。

6. 2020 年 3 月，《河北省农业农村厅办公室关于在渔业生产领域加快推进安全生产责任保险工作的通知》（冀农厅办发〔2020〕48 号），明确渔业安责险保障标准，并对各级渔业主管部门和渔业互保机构开展工作提出了具体要求。

（三）财政部门政策

1. 2017 年 5 月 31 日，河北省财政厅、河北省农业厅联合印发《河北省建立以绿色生态为导向的农业补贴制度改革实施方案》，明确指出："渔业油价补贴政策调整为专项转移支付和一般性转移支付相结合的综合性支持政策，补贴资金不与用油量挂钩，支持渔船减船转产、渔船标准化更新改造、渔民互助保险……"

2. 2020 年 2 月 26 日，河北省财政厅、河北省农业农村厅联合印发《关于进一步加强河北省渔业安全互保以奖代补项目管理的通知》（冀农财发〔2020〕4 号），要求进一步加强渔业安全互保以奖代补项目管理，促进政策性渔业互助保险工作开展，提高财政资金使用效益。

六、渔业互保补贴情况

（一）中央补贴

2012 年，农业部将河北省纳入渔业互助保险中央财政保费补贴试点，每年拨付 50 万元用于渔船互保试点工作，有力地推动了河北渔业互保工作发展。2017 年农业部停止中央财政保费补贴试点项目。

（二）省级补贴

2010 年，河北省农业厅安排渔业互保以奖代补专项资金，对参保雇主责任险的渔民按照应交保费 25% 的标准进行奖补。此后，省农业厅持续开展渔业互保以奖代补项目，并逐年增加补贴资金，有效调动了渔民参保积极性，促进渔民保障水平稳步提高。2017年，省农业厅对渔船、水产养殖开展渔业安全以奖代补试点，渔船奖补比例最高不超过20%，水产养殖奖补比例最高不超过75%。

（三）市级补贴

2013年，石家庄市、秦皇岛市财政率先按照《河北省人民政府关于促进海洋渔业可持续发展的实施意见》（冀政〔2013〕71号）要求，落实渔民互保奖补政策。2014年，唐山市、沧州市财政也将渔民互保补贴纳入财政预算。2017年，唐山市、秦皇岛市、廊坊市安排部分油价补贴省级一般性转移支付资金用于渔民互保奖补工作，对当地渔民互保奖补项目财政预算不足的部分进行补充，省市县三级补贴比例达到50%以上。2018年，沧州市使用部分油价补贴省级一般性转移支付资金对黄骅、任丘、海兴渔民互保工作进行奖补，使该地区渔民互保工作的奖补比例达到75%。

（四）县级补贴

目前，秦皇岛市的山海关区、北戴河区，唐山市的丰南区，沧州市的黄骅市、渤海新区、海兴县，以及雄安新区，对渔民互保工作按照不同方式和比例进行补贴，最高奖补比例为渔民应缴互保费的25%。

七、渔业互保会员服务

（一）渔民小额贷款

为解决渔民会员的资金困难，改善渔业融资环境，逐步树立我省渔业融资信誉，河北省协会于2010年开始着手打造渔业金融服务平台，搭建渔民与银行之间沟通合作的桥梁。从协会委托贷款到多家银行参与，从年贷规模500万到1亿元，协会渔业信贷融资服务在10年间取得飞跃式发展。2010—2019年，通过协会服务平台，合作银行累计向5万余人（次）渔民发放贷款7亿余元。多年来，协会用便捷优质的服务、严谨务实的作风赢得渔民和合作银行的好评与信任，使我省渔业融资服务范围从捕捞渔船贷款，逐步扩展到水产养殖、渔船更新建造等领域，促进了我省渔业信贷融资服务市场日益繁荣发展。

（二）事故预防

为提高渔民防灾减灾能力，尽量避免事故发生，河北省协会专门计提防灾资金，每年投入大量人力物力用于宣传教育、配发救生设备及消防设备等事故预防工作。2010—2019 年，河北协会累计发放宣传资料 40 余万份（册），救生衣 3 万余件，急救箱 1 万余个，急救包 2 万余个，灭火器 1 万余个，安全帽 1 万余个，证件包 2 万余个。

（三）帮扶救济

协会作为渔民会员之家，为帮助会员渡过难关，切实享受到家庭温暖，协会开展了形式多样的公益活动，如灾后帮扶、节日慰问、捐资助学、先进表彰等。通过点滴细节服务，河北省协会将渔民及基层渔民组织凝聚成为一个整体，促进渔业风貌不断改善。

八、渔业互保的发展情况

经过十年独立发展，河北省渔业互保事业稳步发展壮大，服务渔业、保驾护航的能力显著提高。

（一）政策性渔业互助保险奖补制度不断完善

在党中央支持发展农业保险的方针政策指引下，河北省协会积极向渔业主管部门、财政部门汇报沟通，为广大渔民争取保费补贴政策。经过大量努力，2013 年河北省出台《河北省人民政府关于促进海洋渔业可持续发展的实施意见》（冀政〔2013〕71 号），明确“加大各级财政对渔业互助保险的保费补贴力度”，“强化渔业灾害风险互助保障体系”，要求市县根据省级补贴 25% 的标准配套落实。此后，石家庄、秦皇岛、唐山、沧州、北戴河区、丰南区、黄骅市、渤海新区、海兴县等市县纷纷落实渔业互保补贴政策，对参保渔民进行“以奖代补”。2017 年，根据《河北省渔业油价补贴政策调整实施方案（2015—2019 年度）》《河北省建立以绿色生态为导向的农业补贴制度改革实施方案》等相关规定，石家庄、秦皇岛、唐山、沧州、廊坊等市安排部分油价补贴转移支付资金用于渔业互保奖补工作，对财政补贴不足或缺少的部分进行补充，使省市县三级补贴比例最高达到 75%，渔业互助保险奖补制度进一步完善，有力地促进渔业互保事业发展。

（二）渔业安全保障范围和保障水平稳步提高

2010—2019 年，河北省协会累计承保渔民 30 万人（次）、渔船 3 万艘（次）、水产养殖品种 15 万余亩，提供渔业安全保障 700 亿余元。海洋捕捞渔民参保率达到 90% 以上，海洋捕捞渔船参保率达到 70% 以上，沿海渔民人均保障水平从不足 2 万元提高到 50 万元。

（三）渔业互保服务水平持续提升

河北省协会始终坚持将服务工作，特别是将理赔服务作为维护渔民会员权益的出发点和落脚点，急渔民之所急，解渔民之所难，建立重大、疑难赔案集体会商制度和互保事故应急处置工作制度，以“特事特办、快速理赔”的实际行动，在协助政府开展善后处理和帮助受灾渔民及时恢复生产生活等方面发挥了重要作用。同时，为提高服务效率，河北协会自主开发了互保办公业务系统，包括承保、理赔、财务及事务审批等功能，并制定了规范的工作程序，基本实现互保服务数据化，工作记录可查询、可追溯。

（四）渔业互保运行机制日益完善

渔业互保事业保持持续健康发展，得益于科学高效的运行机制。河北省协会立足本省渔情和自身优势，建立了完整的决策机制、监督机制、管理机制和工作机制，有效增强了决策的民主性、监督的独立性、管理的专业性以及工作的高效性。

九、发展经验和体会

河北省渔业保险走过 30 多年的探索道路，发展到当前渔民共建共享的渔业互保模式，可见渔业互保模式适应渔情、符合渔民需求和切身利益。渔业保险是与渔业安全管理工作紧密相连的公益性民生工程，其特殊性决定了渔业保险不能完全成为市场化商业行为，而应坚持实事求是原则走科学创新、规范发展的道路。无论如何变化，渔业保险的基础工作都是做好事前预防管理和事后安全保障，而差异在于，通过何种方式方法与行业安全管理及渔民利益更好地结合，促进渔业持续健康发展。目前，渔业保险再次迎来重大变革，全国渔业互保系统应当抢抓机遇，与时俱进，引入新理念、新技术，系统布局，全面提升服务水平，同心齐力推进渔业互保事业不断发展。

第七节　辽宁省渔业互保协会

一、辽宁省渔业基本情况

（一）地理海域情况

辽宁位于东北地区南部。南濒黄、渤二海，辽东半岛斜插于两海之间，隔渤海海峡，与山东半岛遥相呼应；辽东半岛西侧为渤海，东侧临黄海。海域（大陆架）面积 15 万平方千米，其中近海水域面积 6.4 万平方千米。沿海滩涂面积 2070 平方千米。陆地海岸线东起鸭绿江口西至绥中县老龙头，全长 2292.4 千米，占中国海岸线长的 12%，居中国第 5 位。 辽宁有海洋岛屿 266 个，面积 191.5 平方千米，占中国海洋岛屿总面积的 0.24%，岛岸线全长 627.6 千米，占中国岛岸线长的 5%。主要岛屿有外长山列岛、里长山列岛、石城列岛、大鹿岛、觉华岛、长兴岛等。

（二）渔业产业相关情况

2018 年全省拥有机动渔船 3 万余艘，71 万总吨，总功率约 160 万千瓦。其中捕捞渔船 1.8 万余艘，57 万总吨，总功率 122 万千瓦；养殖渔船 1.2 万余艘，7 万总吨，总功率 19 万千瓦。全省渔业乡 130 个，渔业村 671 个，渔业户 17.7 万户，渔业人口约 67.7 万人，渔业从业人员 52.7 万人。2018 年全省水产品总产量约 450 万吨，其中养殖产品 366 万吨，捕捞产品 85 万吨。

二、辽宁互保机构历史沿革

（一）协会历史和现状

辽宁省渔业互保协会于 2011 年 11 月 25 日成立，是由原省海洋与渔业厅主管、省民政厅注册登记的非营利性社会团体，总部设在大连。它的前身是中国渔业互保协会辽宁省办事处，自 1994 年底在全省开展渔业互助保险业务。

2018 年下半年省级机构改革后，辽宁渔业互保工作渐渐不能适应新形势下的任务和挑战。为妥善解决存在的问题，更好地为渔民群众提供风险保障服务，确保全省渔业互保事业健康可持续发展，协会理事会审时度势，并商请中国渔业互保协会同意，决定改变辽宁省渔业互保业务运作模式。

2019 年 4 月 25 日，举行辽宁省渔业互保工作转隶签约仪式，协会秘书处和各办事处转为中国渔业互保协会分支机构开展全省渔业互保工作，即“辽宁协会不再独立运作，由农业农村部主管的国家协会负责管理，其秘书处和各办事处转为国家协会分支机构开展全省渔业互保工作”。协会以渔业防灾减灾和渔民会员服务工作为主要业务开展工作。此举预示着辽宁省主要渔业互保工作将再次以国家协会辽宁省办事处的身份继续发展。

（二）协会人员

1994 年渔业互保业务主要由辽宁渔港监督人员主导，渔业互保也是辽宁各级渔港监督机构的一项工作职能；2011 年 11 月协会正式成立后，逐步建立了“以渔港监督人员为主、以专职人员为辅”的互保队伍；2017 年 9 月，按照国家和省关于“政社脱钩”的要求以及省巡视组提出的具体要求，全省各级渔港监督机构在职人员在协会兼职的，一次性全部退出，渔业互保队伍全部实现专职化，与协会签订劳动合同开展渔业互保工作。

（三）协会组织架构

协会实行会员代表大会制度，设理事会、监事会。理事会设理事长、副理事长、常务理事和理事。监事会，设监事长和监事。秘书处是理事会的执行机构。设秘书长和副秘书长，秘书处设综合、承保、理赔、财务 4 个部门（2020 年辽宁协会调整为综合、会员服务与业务、财务 3 个部门）。全省设 18 个办事处，分别是大连办事处、丹东办事处、营口办事处、盘锦办事处、锦州办事处、葫芦岛办事处、绥中办事处、中山办事处、甘井子办事处、高新区办事处、金普新区办事处、旅顺办事处、普兰店办事处、瓦房店办事处、长兴岛办事处、花园口办事处、庄河办事处和长海办事处。

三、辽宁互保机构发展现状及主要业务

渔业属高风险性行业，有其特殊属性，渔业船舶生产受自然灾害影响较大。而且，渔民又是弱势群体，船员流动性较大。受自然灾害与生产事故的双重影响，渔业保险极难赢利，商业保险、工伤保险的覆盖面与保障程度无法满足行业需求。协会以“互助共济，服务渔业”为宗旨，为全省渔业提供了巨大的风险保障。在重特大事故处理中，及时进行先期赔付、通融赔付，为政府处理事故善后、抚恤遇难者家属、帮助渔民尽快恢复生产发挥了重要作用，保障了渔业安全，维护了渔业经济健康发展。

（一）承保情况

1. 承保的主要业务

目前开展 8 个险种，分别是渔船综合互助保险、渔船全损互助保险、渔船船东雇主责任险（代行安全生产责任保险）、附加意外伤害医疗险、附加第三者人身伤亡互助保险、渔民人身平安互助保险、休闲渔业人员责任互助保险、团体意外伤害互助保险。

协会长期保费收入稳定在每年 1.2 亿元左右，累计参保渔民近 37 万人（次），参保渔船近 3 万艘（次），为全省提供渔业风险保障 1080 亿余元。详见表 8–1。业务范围从海洋捕捞领域向公务执法船、内陆渔业、休闲渔业等领域拓展，实施各级财政补贴 3225 万元，减轻渔民会员缴费负担，逐步为全省渔业安全生产筑起了坚实的风险保障线；经多年发展，构建了从近海到远洋、从捕捞生产到休闲渔业保障网络，渔业互助保险已成为我省渔业安全

管理工作的重要组成部分和渔业防灾减灾体系的重要环节。

表 8-1　2012—2019 年承保理赔综合情况统计表

年度＼名称	保费收入（万元）	入保渔民（人）	入保渔船（艘）	赔付情况（万元）	赔付率（%）
2012	11121.37	58157	8715	5328	47.91
2013	11282.43	57123	4156	5076	44.99
2014	12487.02	59908	3918	5035	40.23
2015	12100.12	55389	3542	6377	52.70
2016	12237.86	52296	3427	5746	46.95
2017	12127.83	46836	2843	5095	42.01
2018	10211.1	40057	2065	5666	55.49
2019	12622.45	39723	1834	4874	38.61
合计	94190.18	409489	30500	43197	45.86

2. 承保重点工作

2012 年，协会制定了《承保部工作职责》《承保部工作手册》《互保展业规范操作实务》，初步形成一套完整的管理制度；渔业互保业务系统软件正式启用，提高了承保业务的运行质量和效率；为控制承保风险，雇主责任险开始实行全员记名投保，不再实行整船满额不记名投保；首次在水丰水库库区开展了渔民人身平安互保，推动内陆地区渔业互保工作。

2017 年，协会按照原海洋与渔业厅党组关于脱钩换届的部署，迅速推进人员分离、场所分离、资产分离，将专职队伍从后方推向前沿阵地，在严峻形势下，承保工作依然保持稳定，并稳步开展远洋渔船互保业务，开拓业务新领域。陆续出台承保政策，印发《辽宁省渔业船舶承保参考价格表》；统一互保费率标准，提高会员保障程度；启动业务系统软件，制定承保和核保制度；实行“实名制”和“电脑录入，电子出单”，规范互保凭证的发放、管理和归档，极大提高了工作效率，有效降低了承保风险。又先后制定了《团体会员优惠政策》《无理赔优惠试行方案》《关于开展从事渔业生产或为渔业生产服务企业雇主责任互助保险的通知》等惠民政策，增加了会员与互保的黏性，减轻了会员缴费负担，提升了渔民参保积极性。

2019年，保费收入达到历史新高。按照工伤保险的保障范围和赔付标准对条款进行了修订，转隶国家协会后，又进一步调整了保障范围及业务政策，扩大了渔民的保险责任，为渔民提供了更高的风险保障；业务政策上，让利降费、回馈会员，制定团体会员的优惠方案、无理赔优惠方案、海上抢险救助奖励办法，对个别地区费率进行调整以适应安责险的新要求等一系列的惠民举措，大大提高了渔民的参保热情，提高了与商业保险公司公平竞争费率优势。

3. 承保潜力

抓住国家推行渔业安全生产责任保险契机，推动各地区出台安全生产责任保险实施细则，细则将更具有操作性。稳固现有业务，拓展新业务领域，以"为我所用，共同发展"的思路，继续整合渔业保险市场。加强远洋渔业的发展，制订大客户计划，针对参保的客户，量身打造互保政策。转变思想、主动作为，提升渔业互保的综合竞争力，稳固渔业互助保险在渔业保险市场的地位。拓展新的业务领域，如考察船舶建造保险，了解规模、市场情况、相关政策，为新险种的研发做前期准备。

渔船互助保险目前来看，在辽宁地区潜力巨大。据统计，辽宁全省渔船登记数2.5万艘左右，其中，20马力以上渔船均可参加保险，船数可达8000余艘，目前在渔业互保仅有664艘渔船既参保人险也参保船险，只参保人险未参保船险的数量巨大。

（二）理赔情况

协会成立以来，审理理赔案件9521起，支付经济补偿金近4.5亿元，帮助658个遇难船员家庭渡过难关，在协助各级政府处理重大海事、为受灾渔民会员救灾复产等方面发挥了积极作用。

不断进行业务模式改革，修订了《钢质和木质渔船维修价格指南》，通过调研走访辽宁各地船厂，掌握了最新渔船相关数据，为今后的船舶定损提供有力依据，并为下一步建立船险现场快速赔付机制打下了基础；增加了第三者人身伤亡互助保险，以逐步达到安全责任生产保险要求的保障范围；按照工伤保险的保障范围和赔付标准修订了条款，主动扩大了关于"疾病死亡”和“伤残鉴定”等保险责任；与相关医院签订了《保险伤者医疗管理协议》，使医疗理赔更加快捷、合理、准确，提高了理赔工作质量；与绥中贺港、盖州海韵公司签订了《渔船定点维修合作协议》，极大方便了渔民会员发生船体保险事故后的申赔和修船程序。

2017 年 12 月 20 日，会员刘艳所属“辽绥渔 35480”船舶在山东龙须岛附近海域航行期间发生翻沉，造成 2 人死亡 5 人失踪事故。海难事故发生后，协会秘书处领导及理赔部工作人员第一时间赶往山东，将先期赔付款现场支付给遇难者家属，在海难事故善后处理中起到了渔业互保的积极作用，不仅给政府减轻了压力，也是协会“互助共济、服务渔业”宗旨在实际中的贯彻落实。

2019 年 8 月中旬，“金祥 6 号”在海上作业时船舱不慎起火，导致该船沉没。本案是省渔业互保有史以来远洋企业会员损失金额最高的案件，得到了协会各级领导高度重视。为加强对远洋企业的服务力度，辽宁协会特事特办，在最短的时间内将 780 万赔款支付给环球金枪渔业（大连）有限公司，最大限度降低该公司的经济损失，为该公司灾后恢复生产提供了有力保障，并为该公司今后船舶安全管理提供指导建议，以防止此类事故再次发生。

2018 年 11 月 21 日，在大连海事法院鲅鱼圈法庭审理的一起案件中，原告要求协会承担 50 万元赔偿责任。经过理赔部的深入调查，了解到该会员参保的一家商业保险公司试图逃避赔偿责任。在法庭上，协会提交相关证据，后经法院宣判由协会和该保险公司按照比例共同承担赔偿责任，最终为协会挽回 13.5 万元的经济损失。在诉讼过程中，彰显协会贯彻执行各项法律法规的责任与能力。

2019 年 8 月 17 日，“辽瓦渔 21031 号”船在近岸下蟹笼期间，船员马延虎不慎落水失踪。为切实服务会员，安抚受难家属，贯彻落实《辽宁省安全生产责任保险实施办法》“以先行赔付为原则”的精神，接到报案后，协会立即召开理事长办公会研究决定：启用先期赔付机制，对遇难船员家属先期赔付 30 万元。本次理赔是辽宁省在渔业领域实施安全生产责任保险后的首起先期赔付案件，快速的赔付效率、人性化的处理方式，充分体现了服务至上的理念。

（三）安全生产责任保险落实情况

原农业部商请原国家安监总局同意，渔业互助保险代行安全生产责任保险的功能，并推动渔业互助保险向安全生产责任保险转化。原省海洋与渔业厅已与原省安监局就该问题达成共识，全省沿海六市渔业主管部门与安监部门也相应达成了共识。2019 年 5 月，辽宁省农业农村厅印发《关于在渔业生产领域实施安全生产责任保险的通知》，明确指出：我省渔业安全生产责任保险以渔业互助保险为基础，由渔船船东雇主责任保险代行安全生产责任（以下简称安责险）保险功能，鼓励保险机构采取共保方式开展渔业安责险，每人保额不得低于 70 万元。此外，沿海六市及绥中县以及大连各县市区渔业主管部门均按照国家和省有关规定，出台关于实施安责险有关事宜的通知，均明确由渔业互保协会的雇主责任保险代行安责险，保额不得低于 50 万或 70 万的要求。

自此，从省厅到各地农业农村局，赋予了渔业互保上下统一、步调一致的强有力政策保障，使得全省渔业生产领域安全生产责任保险工作开展迅速，效果良好，已经成为辽宁渔业互助保险的主营业务。安责险工作的推进实施不仅带来了可观的展业收入，更为全省渔业经济和渔民生命财产安全提供了可靠的风险保障。

截至 2020 年 5 月，辽宁安责险保费收入 1.18 亿元，为渔民提供风险保障 220.56 亿元，共计入保渔民 30775 人（次），人均保额 72 万元；支付赔款 871.6 万元，理赔案件 131 起，死亡 6 人；使用事故预防费共计 618.5 万元。

（四）地方扶持政策

2013 年，全省启动省财政资金 500 万元用于渔船互助保险。根据辽宁省财政厅、原辽宁省海洋与渔业厅联合印发《关于印发辽宁省渔船互助保险保费财政补贴资金管理暂行办法的通知》（辽财农〔2013〕690 号），确定协会作为辽宁省渔船渔民承保人承担辽宁省政策性渔船保险工作，省财政按照全损责任应缴互助保险保费金额的 20% 给予补贴。该项政策惠及沿海五市（营口市、丹东市、锦州市、葫芦岛市、盘锦市）两县（绥中县和长海县）及远洋渔业企业，对全省政策性渔业保险工作起到了积极推动作用。

协会又相继争取到中央财政渔船全损险保费补贴（比例 20%）、大连市财政保费人险补贴（比例 20%，额度 180 万元）、县区财政渔船渔民保费补贴（比例 25%），共计三项国家及地方政策（2013 年和 2018 年因故取消）。

目前全省仅有省财政对船险补贴一项地方政策，扶持力度相对不够。随着安责险的开展，渔民投保成本逐渐加大，所要承担保费大幅攀升，长效补贴机制的缺失增加了开展渔业互助保险工作的难度。

2013 年起，申请中央财补金额 1100 万元、享受省财政补贴渔船 8120 艘，申请省财政补贴金额 1338.2 万元，申请大连市财政补贴 179.8 万元，县区财政补贴金额 607 万元，共计申请各级财政补贴 3225 万元。

（五）会员服务工作

渔业互助保险是防灾减灾与事故预防的重要抓手。对于渔业和渔业保险来说，除了要做好经济补偿工作外，还要做好渔业防灾减灾和事故预防工作。协助渔业安全管理是协会的一项重要职能，协会多年来积极参与海难事故抢险救助，奖励海上事故救助，每年组织开展应急演练 20 余场，宣教活动 50 余次，无偿发放保暖救生衣、医药箱等救生设备惠及 5 万余人，免费培训船东船长 4 万余人次，发放安全宣传材料超 10 万份，累计投入资金 2000 余万元，为我省“平安渔业”建设做出了积极贡献。

在沿海重点城市设立会员服务站，创办辽宁渔业互助保险刊物、制作渔业安全漫画册，设立渔业互保与安全宣传栏，开展渔业互保与安全课题研究，策划并发行全国首部渔业船舶水上安全宣传动画片，有效地促进了渔业安全生产管理水平的提高。

协会开展“渔业互保扬帆助学行动”，确定 10 名来自贫困渔民会员家庭的大学生作为资助对象，直至其完成学业。助学行动，为协会“反哺渔民”工作注入了新内容，体现协会的社会责任，也为我省渔业安全生产和渔区和谐稳定做出了积极贡献。

（六）协会队伍建设

协会印发《辽宁省渔业互保协会人员招录办法》《辽宁省渔业互保协会招聘人员工资管理办法》《辽宁省渔业互保协会人事管理办法》《辽宁省渔业互保协会绩效考核办法》等管理制度，完善了各办事处派遣员工管理办法，人力资源管理工作逐步制度化、规范化。

协会实行“专项培训、在职培训、专职培训和内训”相结合的方式，每年召开数次相关业务培训，培训人数实现全员覆盖。同时，积极派员参加全国渔业互保业务骨干培训班和全国渔业互保长训班等学习；积极邀请相关专家、金牌讲师进行授课，每位员工都系统地学习了“培养职业精神 塑造企业文化”“保险法”“FABE 销售法”和“保险意义与功用”等课程，达到了提高员工自身业务技能和市场化经营能力的预期目的。

通过培训，不断提高渔业互保人员的知识面和业务能力，为今后全系统积极应对机构改革、推进转型发展统一行动方向，有效地促进了渔业互保工作的开展。

（七）协会共保和再保情况

签署共保协议，分担业务风险。多年来，辽宁协会每年都与国家协会和平安养老保险大连分公司签署业务合作协议，增强了全省渔业互保抵御大灾风险的能力。与平安保险合作，把他们的先进管理理念和经营理念引入渔业互保，实现双方的“合作、发展和共赢”；与国家协会合作，意味着“全国一盘棋”思想得到了很好的贯彻落实。截至 2019 年 4 月，共对 12 亿元保费进行了共保与再保，有效降低了协会的运营风险。

（八）资金管理

完善财务制度，规范财务管理。协会不断调整完善财务规章制度，适时地与新规定、新要求保持一致。完成免税资格申报工作，成为省财政厅、省地税局第一批具备免税资格的非营利性组织。2015 年起全面实行“报账制”和“预算制”管理，开设各办事处存款专用账户，完成各办事处银联 POS 机安装工作。定期不定期开展全省财务工作大检查，严格规范财务管理，有效保证了风险管控。

多年来辽宁协会多次迎接各项审计，2016年，更是先后接受了中央巡视组、省巡视组、省审计厅、省物价局、省民政厅等机构的审计、巡查工作。通过审计和检查，不断自查自纠，进一步修订和完善了协会各项管理制度。

为了能更好地开展业务，可持续发展，避免资金闲置，使得资金能够保值、增值，在合法合规的前提下，利用多样金融手段，将资金用于投资。在考虑到协会的性质和各个上级部门的要求下，以低风险、保证收益为主，投资上要更谨慎，量力而行。利用最少的费用来获取最多的筹资，建立良好的管理制度有利于筹资效率的提高。学习他省的经验，计划建立有效投资管理制度，才能更规范化、合理化，使得风险和收益能够实现最优均衡。

第八节　福建省渔业互保协会

福建是海洋渔业大省，据《2019中国渔业统计年鉴》数据，2018年福建省渔业经济总产值为3100亿元，居全国第四位。水产品产量约784万吨，居全国第三位。到2018年底全省有机动渔船50939艘，其中24米以上的5092艘，捕捞渔船26022艘，养殖渔船22418艘。福建沿海台风等灾害天气较多，2018年渔业灾害损失5.6亿元。

一、渔业互保历史沿革

1994年中国渔船船东互保协会福建省办事处成立，依托渔监和渔检机构开始了渔船和渔民的保险工作，业务量一直不大。

福建省政策性渔业保险试点起源于2006年下半年，2006年“桑美”台风重创我省渔业后，由省委省政府确定在东山县开展政策性渔工责任险试点。 2007年增加福鼎市渔工责任险和渔船保险试点。同年底，省海洋与渔业厅成立渔业保险工作领导小组及办公室，专门指导和督办渔业保险工作，各市、县（区）也都成立了领导小组及办公室。2008年，省委省政府将渔工责任险和渔船保险列入为民办实事项目，并在全省全面开展此项工作。由省厅和省人保财险公司共同主办，省厅为主组织推进，省人保财险公司负责开单、理赔。为规避经营风险，多年来，中国渔业互保协会、省协会和省人保财险公司共保全省政策性渔业保险。

由于海洋渔业生产安全风险大，海上出险后勘验定损难，道德风险高，商业保险公司不愿介入渔业保险。因此，2011年12月20日，省政府批准省海洋与渔业厅正式成立福建省渔业互保协会（以下简称协会），经办全省享受财政补贴的政策性渔业保险。

二、体制机制

协会实行的是理事会决策、监事会监督、秘书处执行的管理模式，由省海洋与渔业厅主管副厅长分管。理事会有理事、常务理事，均由省协会领导和重点渔业市、县（区）渔业行政主管部门或执法机构主要领导及会员担任。各级渔业互保机构办事处（营业部）主任（副主任）均由各级渔业行政主管部门或执法机构主要领导担任，目前为贯彻落实省委巡视组关于“未经相应组织部门审批的公职人员（公务员及参公人员）不得在协会兼职”的整改要求，协会已免去不符合兼职条件人员的职务，工作人员以专职为主。

三、机构设置

协会自成立以来，始终坚持“互助共济，服务渔业”的宗旨，从事渔工、渔船互助保险工作，并在风险管理、海事处理、安全培训、防灾减损、救助补助等方面提供专业、便利的服务。协会秘书处设立6个部门和1个工作小组，分别为综合部、财务部、人力资源部、承保部、理赔部、会员服务部和渔业养殖险工作小组，在全省9个区市、平潭综合实验区设有19个办事处、18个营业部。全省共有专职员工139名，其中协会秘书处43名。

四、主要险种

协会开展的业务主要有：

渔工互保:（沿海）雇主责任互保、（沿海）雇主责任附加补充责任互保、（沿海）雇主责任附加意外伤害医疗互保、（沿海）雇主责任附加伤残互保、（远洋）雇主责任互保、（远洋）雇主责任附加补充责任互保、（远洋）雇主责任附加意外伤害医疗互保、渔民人身平安互保。

渔船互保：沿海 60 马力以上渔船互保全损（综合）险、沿海渔船附加四分之一碰撞责任互保、沿海渔船附加船东对第三者人身伤亡责任互保、沿海渔船附加船舶碰撞事故不计免赔互保、远洋渔船全损（综合）险、内陆渔船互保全损险。

水产养殖互保试点：水产养殖台风指数保险、海上渔排保险、海水养殖赤潮指数保险。目前正在落实省政府要求，开展大黄鱼价格指数保险试点、内陆池塘养殖生物保险试点。

五、工作成效

建立福建省渔业互保机构，积极开展政策性渔业保险合作。2007 年福州市渔业互保重新启动后，2008 年协会在福建省海洋与渔业局的支持下，按农业部要求更是加大了工作力度，先后两次恢复和组建福建省基层互保机构 41 家，进行了业务操作实务培训。同时，针对福建省政府指定福建人保作为开展政策性渔业保险试点承担单位的实际情况，积极协调各级互保机构和人保公司合作。全年保费收入达 4600 万元，入保渔民 12 万人，渔船 5855 艘，出现跳跃式发展局面。

协会每年为全省 9000 多艘渔船和 8 万多名渔工办理渔业互助保险。截至 2020 年 3 月 31 日，共办理渔工互保 765820 人次，办理渔船互保 74652 艘次，互保签单会费 15.07 亿元，累计为渔民会员提供风险保障 3450.1 亿元，共接互保理赔报案4998起（2016年至2020年3月份），受理渔工理赔已决5321起，渔船理赔已决1371起，赔付43150.6万元，沿海60马力以上渔船及渔船上的渔工参保率均超过90%。充分发挥了渔业互保为渔民解难、为政府分忧的作用，切实维护了渔区的社会稳定和渔业的可持续发展。渔业互保工作已经成为福建省渔业安全生产服务保障体系的重要组成部分。2015年7月14日，省协会还被省民政厅评为福建省“5A级社会团体组织”。2017年在农业部全国金融支农服务创新评选中，省渔业保险工作被评为全国渔业领域唯一入选项目。

六、主要做法

一是积极争取财政支持。为广大渔民提供风险保障服务是渔业互助保险的立业之本。省级财政对渔业互保工作给予了大力的支持。各地党委政府、财政部门也对渔业互保工作提供了大力的政策支持。2019年省级财政补贴5753万元，各地市县财政补贴2987万元，九年多来，全省各级财政补贴达到5.24亿元。正是由于各级政府和渔业主管部门的重视，各级财政大力支持，使我省渔业互保工作获得资金保障。

二是积极开展银保合作。第一为参保渔民会员提供“渔船＋保单”的贷款模式，提高渔民入会参保的积极性，解决渔业生产融资难问题，协会积极与各有关银行、金融机构沟通联系，让入会参保渔民利用协会的保单实施“渔船＋保单”的贷款模式，抵押贷款共计约100亿元。第二为参保渔民会员提供小额贷款金融服务。2012年起，协会与相关银行合作，2012—2016年，分别在泉州、漳州、宁德等地开展了参保渔船小额贷款的试点工作，每年提供小额贷款平均约2500万元。协会开展的这些银保合作受到了当地渔民的一致好评，让会员真正感受到参加渔业互保带来的实实在在的好处。

三是构建良好服务体系。为丰富和完善协会的服务体系，拓宽服务会员的渠道，协会对全省96家渔业行业协会（专业合作社）等新型经营主体的属性、联系方式、会员规模等情况进行了调查摸底，确立了“发挥优势，紧密联系”的工作思路，并开展针对性工作：定期联合当地渔业行业协会（专业合作社）举行渔民会员代表座谈会，听取渔民会员心声，收集渔民会员合理化诉求，形成调研报告；利用“5·12”防灾减灾日、安全生产月、渔博会以及伏季休渔等契机，联合各地渔业行业协会（专业合作社）积极开展渔业普法、渔业互保政策宣传、安全生产教育及培训等工作，并与其中17家渔业行业协会建立了良好的合作体系。

四是出台各项优惠政策服务渔民。根据渔民的实际需求，出台各项优惠政策，鼓励渔民渔工渔船风险保障“保到位”、理赔赔款“赔到位”。对参保的会员，给予沿海渔船互保足额投保政策、附加险“买一送一”政策、无理赔优惠政策；给予远洋渔船互保“参保”优惠、“船龄”优惠、“吨位”优惠、涉印尼项目远洋渔船实行停航退费等优惠政策，并免费承接“油污证书”及“残骸证书”的代办业务等服务。

五是建立补偿及预付机制。实行补偿和预付机制是区别于商业保险公司的软实力和竞争力。针对部分因事故受损的渔民会员由于不符合条款而得不到赔偿的情况，通过补偿的方式对他们进行适当的补助。几年来，协会通过补偿的方式返还给渔民会员的资金接近1000万元，极大地改善了他们的生产生活状况。对于涉及渔民会员民生、大面积自然灾害、重特大事故、涉外商渔船碰撞等影响面广、政策影响大的赔案，在事实基本清楚、损失初步确定的情况下，建立并实行高比例预付赔偿金制度，帮助渔民会员迅速恢复再生产，从而使全省渔业互保协会在渔民会员中树立了专业、负责任的形象。

六是建立反哺机制。加大慰问困难渔民会员力度，每年制订反哺计划，主要项目有：①困难会员慰问。为了体现人文关怀和人道主义精神，协会高度重视对困难渔民会员的慰问帮扶力度，历年累计慰问支出达100多万元，仅2020年初就对全省153名因海损事故造成严重损失、家庭主要成员患有重疾以及生活特别困难的渔民会员发放30余万元的慰问金及慰问品。②渔区助学活动。2017年起，协会与中国渔业互保协会联合开展“扬帆助学”系列活动，2020年，在持续开展“扬帆助学”活动的同时，协会进一步扩大助学面及助学范围，继续开展互保“筑梦起航”助学活动。截至目前，已合计为11名渔区贫困大学生提供每人每年5000元的助学金至大学毕业，两场助学活动预计将提供助学金约22万元。在关心渔民会员的同时，协会还将会员服务延伸到了渔区的方方面面。2016年，协会在全省8个一级渔港的9所小学开展送健康水进校园的活动；2019年，协会深化这一反哺活动，继续为全省10个一级渔港的10所小学捐赠了净水设备，并以赞助经费及奖品形式支持学校开展主题绘画等活动。两场活动合计为渔区小学送去了135台净水设备。③帮扶共建。为提高渔民的安全意识和自我保护意识，有效地防止和预防渔业安全生产事故的发生，2017年以来，省协会共计向会员赠送2.1万余件救生衣和2340套急救箱，总价值达320多万元，使渔业互保真正扎根于渔民会员心中。

七是构建保险保障机制。通过与商业保险公司组建共保体，为开展的业务提供风险保险，使渔民、养殖户得到应有的保障，目前协会与8家商业保险公司组建了共保体。

七、工作思路

（一）稳固传统业务主导地位

继续以提高渔船“综合险责任”占比和渔工平均保额为目的，往渔工、渔船“保到位”的方向发展，同时出台相关惠渔政策，保证协会在渔船、渔工保险市场的主导地位。

（二）积极探索和开展水产养殖保险试点

为进一步保障全省水产养殖业的健康发展，协会积极探索水产养殖保险，如沿海水产养殖赤潮指数保险、内陆水产养殖自然灾害指数保险、沿海水产养殖保险等，在充分调研的基础上，尽快出台相关的试点方案并开展工作。

协会成立至今（截至2020年4月30日），传统型水产养殖保险共收签单保费338.42万元，累计为养殖户的2万亩养殖水产提供风险保障6429.57万元，累计赔付金额685.05万元。

水产养殖台风指数保险共收取签单保费7257.63万元，累计为养殖户9.7万亩养殖水面提供风险保障12.5亿元，累计赔付金额3772.95万元。

海上渔排保险共收取签单保费1959.44万元，累计为养殖户7.72万口海上渔排提供风险保障6.62亿元，累计赔付金额69.78万元。

海水养殖赤潮指数保险共收取签单保费15.98万元，累计为养殖户305亩养殖水面提供风险保障188万元。

目前水产养殖台风指数保险试点、海上渔排保险在全省沿海地区开展试点工作，海水养殖赤潮指数保险暂在莆田及平潭开展试点工作。

（三）提升会员满意度

协会将以大幅提升会员满意度为核心工作目标，通过总结历年在理赔工作上所遇到的各类问题，从问题根源入手，通过大量调研、走访的模式了解渔民兄弟的真实需求。通过走访船厂与公估机构、海事律师建立合作关系等方式，为渔民会员建立起一座集损失有效补偿、第三方合理对抗、涉外案件合法处理于一体的坚固城池。

（四）加快理赔案件的处理速度

协会把处理案件的质量作为重中之重抓好抓实。在每个案件处理过程中，做到认真谨慎，不能出任何差错，省、市、县三级互保机构要明确责任制，谁出错，谁担责。一是对渔船渔工案件建立二次查勘制度，及时收集案件所需的理赔材料；二是将细化加快理赔速度的考核指标，如受伤渔工出院时间到理赔材料收集齐全的时间、材料收集齐全的时间到上报案件的时间等；三是继续推进由理赔业务系统审批取代互保机构纸质审批材料的流程工作。

（五）加强互保队伍建设

面临脱钩和改制，省协会将严格按照国家和省的要求，认真做好脱钩和改制的前期工作，同时将进一步强化政治学习，加强思想建设，提高全省渔业互保系统员工的政治素质、业务素质。一是根据业务开展情况，制订相关专业人员的招聘计划；二是聘请相关专家授课，强化业务培训，着力提高业务人员业务水平和工作胜任能力；三是通过调岗、轮岗的方式提高员工综合素质，提高办事效率。

（六）继续完善管理制度

认真贯彻落实中央八项规定及其实施细则精神，严格执行国家和省有关法律、法规，严格执行协会所制定的章程、制度。严格把好协会“资金关”，规范财务、承保、理赔、会员服务、人力资源等相关工作和程序，强化对人、财、物的监督管理，绝对保证所有资金财产的安全，保障人员队伍廉政安全，严格执行国家财政补贴政策，进一步完善优化互保的各项优惠措施，真正让国家渔业互保政策惠及全省渔民会员。

（七）加大互保宣传力度

做好渔博会、丰收节等大型互保宣传活动，利用休渔期、地方举办民俗文化特色活动等时机组织办事处开展“送服务下乡、送政策进村”等宣传活动，并从各地上报的宣传计划中，选择 2—3 场，积极参与，提高宣传规模及影响力。同时继续加强与各大媒体的协作沟通，提升省协会网站和微信平台的宣传力度，让越来越多的社会各阶层人士了解渔业互保、认可渔业互保。

第九章　渔业互保理赔实务

第一节　渔业互保事故

一、事故概述

事故是发生在生产、生活中的意外事件，是突然发生的、违反人的意志的、迫使活动暂时或永久停止的事件。渔业互助保险专注于渔业风险保障，互保事故是指渔业互助保险所承保标的发生的事故，即在渔业生产或其他活动中，所发生的属于保险合同中约定的灾害时，协会对其负有赔偿经济损失或者赔付保险金的责任，是在保险责任范围内的事故。它是由互保条款所列明的承保的事故类型决定的。

二、互保险种

互保事故与互保险种密不可分，是根据保险险种而划分的。主要有财产险、雇主责任险、人身平安险、水产养殖险等。

财产险：是指会员根据合同约定，向协会交付保险费，协会按互保合同的约定对所承保的财产及其有关利益因自然灾害或意外事故造成的损失承担赔偿责任的保险。可分为渔船、渔港码头、厂房、养殖网箱保险等。

雇主责任险：是以雇主的责任作为保险条件的保险，责任对象是会员雇用的船员。虽然其船员遭受伤害的形式与人身平安险类似，但严格地讲，雇主责任险属于财产险的范畴。目前在渔业行业推行的安责险，其性质与雇主责任险基本相同。

人身意外伤害险：是以人的身体遭受意外伤害为保险条件的保险。分为船员意外伤害险和执法人员 / 团体意外伤害险等。

水产养殖险：是以协会承保的养殖水产品作为保险对象的一种损失保险。

三、互保事故类型

渔船互保事故：是指在保险期间内，由互保条款列明的自然灾害或意外原因导致的船舶事故。根据互保船舶损害程度，可分为全损险事故、综合险事故。互保渔船因导致事故的原因不同又可分为不同的事故类型。如风灾、雷击、火灾、碰撞、触碰、搁浅、触礁、航行或生产过程中失踪两个月以上。

船员互保事故：是指在保险期间内，由互保条款所列明的原因导致的船员伤害事故。船员互保事故种类有水上交通事故、船上作业事故、修船期间事故、陆上事故等。根据船员伤害程度，可分为死亡事故、伤残事故。根据人伤互保事故发生的时间、空间、原因，又可分为不同的事故类型。在工作时间和工作场所内，因工作原因受到事故伤害的；因工外出期间，由于工作原因受到伤害的；在上下班途中，受到非本人主要责任的交通事故或者城市轨道交通、客运轮渡、火车事故伤害的；在工作时间和工作岗位，突发疾病死亡或者在 72 小时之内经抢救无效死亡的；在抢险救灾等维护国家利益、公共利益活动中受到伤害的，等等，均属于雇主责任互保事故。

水产养殖互保事故：养殖互保事故可分为水产养殖自然灾害事故、疾病灾害事故、污染灾害事故、气象指数险事故、产量指数事故等。

四、互保事故与责任免除

互保事故属于合同约定的保险责任范围内的事故。体现合同中保险责任条款和责任免除条款的内容，是保险合同的必备条款。例如，协会网箱养鱼互助保险条款“保险责任”规定：下列原因造成保险成鱼的损失，协会负责赔偿：“一、遭受风暴潮、强热带风暴、台风或龙卷风以及赤潮等自然灾害，造成保险成鱼死亡；二、遭受上述灾害事故，导致网箱结构发生毁灭性损坏，造成保险成鱼逃逸流失。”

“责任免除”条款规定，下列原因造成的损失，协会不负赔偿责任：“一、投保人及其家庭成员、被保险人及其家庭成员、投保人或被保险人雇用人员的故意或重大过失行为、违法行为；二、管理因素引起的任何损失，包括但不限于投苗密度异常、用药不当、投食不当、饵料中毒、养殖设备存在缺陷或不正确使用养殖设备、采用不成熟的新技术进行养殖实验；三、未按照网箱的功能以及水产部门对防灾的要求进行操作而发生的损失；四、网衣单独破损造成的逃逸流失；五、疾病、污染、冰冻灾害、地震、海啸、自然死亡及他人盗窃、投毒等破坏行为；六、不符合国家产品质量安全的强制性标准，保险成鱼被禁止上市销售、强制扑杀的；七、属于政府开发及海域征用等有关行为造成保险成鱼损失，应当由政府或有关单位予以赔偿的；八、按本保险合同中载明的免赔率计算的免赔额；九、市场价格波动和发生保险事故以后引起的各种间接损失；十、其他不属于保险责任范围的损失。”可见，第一，保险事故是保险合同约定的事故。第二，保险事故是保险责任的前提条件或原因，保险责任是保险事故发生的结果，保险事故是保险人依约应负给付义务的事故。第三，保险事故是由事故和事故原因构成的，不是任何损失都属于保险责任或保险事故，一定原因引起的损失才是保险事故或属保险责任。第四，保险事故是意外事故、偶发事故、可以进行风险防范的事故。第五，保险责任和免除责任是一个整体，它们从不同角度约定责任范围，从不同角度界定保险事故。

第二节　保险索赔与理赔

索赔与理赔是保险两个相对应的行为，是被保险人行使权利和保险人履行义务的具体表现。

一、保险索赔

索赔的定义。索赔是指被保险人在保险标的遭受损失后，按照保单有关条款的规定，向保险人要求赔偿损失的行为。它是被保险人实现其保险权益的具体体现。

索赔时效。索赔时效是被保险人在保险事故发生后，向保险人请求赔偿或给付保险金的有效期限，其性质为消灭时效。《中华人民共和国保险法》第二十六条规定：人寿保险以外的其他保险的被保险人或者受益人，对保险人请求赔偿或者给付保险金的权利，自其知道保险事故发生之日起二年不行使而消灭。

索赔程序。事故发生后，投保人或被保险人应当及时提出索赔请求，并提供有关证据，采取积极措施，协助保险人的理赔工作。索赔主要包括以下步骤：

1. 出险通知。保险事故发生后，被保险人或受益人应将事故发生的时间、地点、原因及其他有关情况，以最快的方式通知保险人，并提出索赔请求。

2. 采取合理的施救、整理措施。对于渔船保险来说，时常发生船舶在海上被不明船舶碰撞而逃逸的情况，船方除了报案、施救外，还应该及时把相关碰撞信息报告协会和政府相关部门，并协助做好肇事逃逸追查。

3. 接受检验。被保险人要保护出险现场，并提供检验上的方便，使保险人能正确、迅速地进行核赔。

4. 提供索赔单证。包括：保险单、账册、收据、发票、装箱单等保险标的的原始单据；出险调查报告、出险证明书、损失鉴定证明；受损财产损失清单和施救整理费用的原始单证等。

5. 领取保险金。采取现金或银行卡等方式领取。

6. 开具权益转让书。在涉及第三者责任时，被保险人在领取赔款后才需要开具权益转让书，表明损失已得到赔偿，保险人由此享有被保险人转移过来的权益，即代位追偿权。

二、保险理赔

理赔是指被保险人在保险事故发生提出索赔的要求以后，保险人根据保险合同的规定，对事故的原因和损失情况进行调查并予以赔偿的行为。

（一）理赔的意义

1. 理赔能使保险的基本职能得到实现。理赔是保险人依保险合同履行保险责任、被保险人享受保险权益的实现形式。

2. 理赔能保障被保险人的生产生活。能及时恢复被保险人的正常生活，促进社会生产顺利进行与社会生活的安定，提高保险的社会效益。

3. 理赔能检验展业承保工作的质量。例如，保险人可以发现保险费率、保险金额、保险价值的确定是否合理，防灾防损工作是否有效，从而进一步改进保险人的经营管理水平并提高其经济效益。

（二）理赔的特点

互保理赔具有区别其他保险理赔的显著特点，理赔人员应该有一个清醒的认识和系统的了解。

1. 渔业风险概率大、事故率高

渔业保险风险大、发案率高是区别于其他保险的最主要特征。渔业容易遭受巨灾风险，一次自然灾害损失可达数千万元；有的互保事故发生在国外，增加了理赔难度；有的案件损失额虽不大，但发案高，大大增加理赔成本。

2. 从业渔民受伤害率高

渔业是高危行业，不仅在于易遭受自然灾害、渔船被商船碰撞会造成船毁人亡严重后果，而且还在于从业人员临水作业，环境艰苦、劳动强度大，更易造成自身伤害。随着渔业产业不断发展，内陆人员大量上船捕鱼，是船员伤害事故多发群体。

3. 渔船出险救助困难

渔船作业距岸远、线长、面广，组织化程度低，远洋渔船遍布世界各大渔场，因而管理难度大，渔船事故的地点和时间具有随机性，而国家海上救助力量鞭长莫及，救助困难、成功率低。

4. 渔船修理受制于船东

船厂担负修船任务，但受船东制约大。有的船厂只提供维修场地承担船舶上下坞，而修船人员、原材料均为船东负责，直接影响到修船价格理赔费用。多数会员认为，有了互保就必须负责船舶修复，故意扩大修理范围、加大修理资金。

5. 道德风险比较高

由于渔业保险的特殊性及调查取证难，导致逆选择和道德风险较之其他保险更加普遍，尤其渔船是道德风险的“多发区”。渔船流动性强，存在着船籍管理缺陷、保险信息不对称、法律环境不健全，加之互保业务管理中的一些漏洞，给了一些人可乘之机。

（三）理赔的原则

保险理赔工作涉及面广，比较复杂。在赔偿处理过程中，必须坚持理赔原则，杜绝“惜赔、错赔、乱赔、滥赔”现象。

1. 重合同、守信用的原则

在保险合同中，规定了保险人与被保险人的权利和义务，保险合同双方当事人都应遵守合同约定，保证合同顺利实施。对于保险人来说，在处理各种赔案时，应严格按照保险合同的条款规定，受理赔案，确定损失。理算赔偿金额时，应提供充足的证据，拒赔时更应如此。

2. 实事求是的原则

被保险人提出的索赔案件形形色色，案发原因也错综复杂。因此，对于损失原因较为复杂的索赔，保险人除了按照条款规定处理赔案外，还要实事求是、合情合理地处理，这样做才既符合条款规定，又遵循实事求是的原则。

3. 主动、迅速、准确、合理的原则

主动、迅速，即要求保险人在处理赔案时积极主动，不拖延并及时深入事故现场进行查勘，及时理算损失金额，对属于保险责任范围内的灾害事故所造成的损失，应迅速赔付。准确、合理，即要求保险人在审理赔案时，分清责任，合理定损，准确履行赔偿义务。对不属于保险责任的案件，应当及时向被保险人发出拒赔通知书，并说明不予赔付的理由。这就是理赔中坚持的“八字”方针。

三、理赔流程

1. 接受报案

保险人接受被保险人的报案，做好记录并对相关事项做出安排。

2. 现场勘查

运用科学的方法和现代技术手段，对保险事故现场进行实地勘察和查询，将事故现场、事故原因等内容完整而准确地记录下来的工作过程。它是查明保险事故真相的重要手段，是分析事故原因和认定事故责任的基本依据。

3. 确定保险责任

理赔人员根据现场查勘记录和有关证明材料，依照保险条款规定，全面分析主客观原因，确定事故是否属于保险责任范围。它是保险人对被保险人的事故损失是否给予赔偿的依据。

4. 立案

对符合保险赔偿的案件，业务人员在保险业务处理系统中进行正式确立，并对其统一编号和管理。它是保险人对案件进行有效管理的必要手段。

5. 定损核损

理赔人员根据现场查勘情况，认真检查受损船舶、受损财产和人员受伤情况，确定损失项目和金额，并取得核损人员或医疗审核人员的认可。它是确定保险事故损失数额的必需环节。

6. 赔款理算

保险人按照法律和保险合同规定，根据保险事故的定损核损结果，核定和计算应向被保险人赔付金额的过程。它决定保险人向被保险人赔偿数额的多少与准确性。

7. 缮制赔款计算书

制作赔款理算过程与结果的文件。

8. 核赔

在保险人授权范围内独立负责理赔质量的人员，按照保险条款及其内部有关规章制度对赔案进行审核的工作。这是保证准确合理赔偿的关键环节，能有效控制理赔风险。

9. 结案处理

理赔业务人员根据核赔的审批金额，向被保险人支付赔款后，对理赔的单据进行清分并对理赔案卷进行整理的工作。它是理赔案件处理的收尾环节。

10. 支付赔款

业务人员根据核赔的审批金额，通知被保险人凭有效身份证明领取赔款。

保险事故是由第三者引起的，保险人向被保险人赔款后，可以获得向第三者进行追偿的权利，而被保险人应协助保险人追偿。

第三节　互保事故查勘与定损

一、理赔调查

（一）理赔调查概述

理赔调查是为了查明事故真相，划分赔偿责任所做的调查。它包括对互保关联情况的调查和对事故内容的调查。对事故调查，主要是查清事故原因、损失程度，认定事故是否属于互保赔付范围的事故，这是公正做出理赔的前置条件。有的事故调查是由法律法规授权的职能部门进行，如火灾、商渔船碰撞、渔船间碰撞等。对于这类事故，理赔时得有职能部门的调查报告，但这并不意味着互保机构就失去了调查权。互保机构与职能部门对事故调查是不同性质的调查。职能部门的调查主要是查明原因、判明责任，防范事故，并依法追究相关当事人的责任。而互保调查则是为了公正合理地赔付。因此，即使是职能部门调查的互保事故，协会也应及时地介入，勘查第一现场，掌握第一手资料，协助会员并配合职能部门开展调查工作，特别是互保船舶被外轮或不明船舶碰撞逃逸的案件。这不仅是协会履行自身的职能，而且是维护协会和会员的共同利益的需要。否则，放任会员处理，将可能会给协会带来无法挽回的损失。

（二）理赔调查的基本要求

理赔调查就是对保险事故调查核实和查证的过程，对理赔处理结果有决定性的影响。理赔调查基本要求如下：

1. 应本着实事求是的原则，力求迅速、准确、全面。

2. 对案件的调查实行双人查勘制度，遵循回避原则。

3. 调查人员在查勘过程中禁止就理赔事项做出任何形式的承诺，并对调查内容严格保密。

4. 在调查完毕后应及时撰写调查（查勘）报告，真实、客观地反映调查情况。

5. 对保险事故发生在外省的，可委托当地互保机构协助调查，对发生在国外需要境外调查的，应报国家协会批准。

（三）理赔调查方法与重点

1. 理赔调查方法

调查询问。调查人员为查明案情而用提问的形式向涉案人员所进行的取证活动。调查人员事先要拟订询问计划，掌握询问技巧，尽可能多地获取相关证据。调查询问的对象包括：与保险事故有关人员；事故船上相关人员；

与被保险人有关的知情人员；代理人、医生、相关机构人员等。

现场勘查。是推断保险事故的性质、保险事故发生的合理性和损失程度。勘查时发现能证明事故性质的痕迹或物品，应尽可能客观、完整地保全，可以采取照相、笔录、绘图、录像等形式。查勘工作质量的高低对及时、准确、合理地处理理赔案起着关键作用。

聘请专业机构鉴定。有些理赔案件，需要聘请专业检验、鉴定部门进行鉴定。包括事故原因、事故性质、死者身份、伤残等级、笔迹等鉴定。对于技术性较强的养殖事故，应聘请养殖专家鉴定。

2. 理赔调查的重点

理赔调查的重点应当放在投保动机不良、事故疑点多、风险大的索赔案件上，目的是防范欺诈骗赔和道德风险问题。以下异常情况应该引起理赔人员的高度重视：

有关保险合同内容。事故发生的前后，大量增加保险金额或标的物价值低而保额高；保险合同失效后最近又突然复效；同一期间投保其他保险公司的同类保险。

有关被保险人、受益人。申请索赔时，被保险人或受益人的行为举止有违常理，如要求迅速理赔或急于要求和解，或以要挟、投诉、登报、法律诉讼等向核赔人员施加压力；事故发生后很长时间才申请索赔。

有关保险事故。事故发生时间与投保时间或签发保险合同时间间隔较短；保险事故发生时无目击者；索赔申请人所陈述事故发生地点属于不易查证，如船舶沉没无法打捞的。

有关理赔申请文件。事故证明文件不正规、不合法；证明文件有删除、涂改或伪造的情况；不能提供完整的索赔资料或以丢失、不清楚为由拒绝提供。

（四）调查询问笔录

调查询问笔录是指保险事故发生后，理赔人员对当事人、证人或其他有关人员所做的问答式调查记录。

1. 询问注意事项

调查询问的时间。接到报案后理赔人员应及时到达现场，渔船事故也应在出险渔船和相关船舶返港的第一时间赶到港口。

调查询问的人员。调查询问时至少应有两人参加，一人负责询问，一人负责记录。

调查询问的对象。主要是与案件有关人员。对于船舶事故，包括救助的，应询问船长、轮机长等职务船员和驾驶台、机舱值班等相关人员。

调查询问的地点。为保证被询问人证言的真实、客观，防止被询问人相互串通，应将被询问人分开单独进行调查询问。

2. 询问笔录的格式

调查询问笔录由开头、正文和结尾三部分组成。

开头：主要记录询问活动的组织情况。一般是按印好的格式逐项填写。包括：开始与结束时间、询问地点，询问人姓名、记录人姓名、工作单位。被询问人情况包括：姓名、性别、年龄、文化程度、工作单位、船上职务、现住址和联系电话等。

正文：是调查询问笔录的重点，一般用问答形式记录。负责调查询问的人员应出示证件，表明身份，讲明来意，告知提供虚假证言、证词或隐匿证据应负的法律后果，并记入笔录。根据询问提纲进行询问。要求被询问人对所知情况如实回答，如人物、时间、地点、经过、结果以及上述情况是如何知道的，还有哪些人知道等。其中涉及案件关键情节的人和事更要记录清楚，并应记清情况来源，哪些是本人亲眼见的，哪些是听别人说的。若被询问人对某些细节忘记或记不清的，也应如实记录在案。

结尾：询问结束时，应将笔录交给被询问人核对（或宣读），若有差错或遗漏，应更正或补充；若无误，应逐页签名按手印（包括笔录更改处），并在末页紧挨笔录的最后一行下写明“以上内容我看过（或向我宣读），和我所说相符”。如被询问人拒绝，记录人员应在笔录上注明不签名的事实及理由，并由在场人签名作证。

3. 询问笔录的内容

调查时应根据不同的事故类型制定询问提纲，围绕着什么人、什么物、什么时间、什么地点、什么情况下、什么原因，发生了什么事情，进行询问并加以分析论证。渔业保险涉及渔船事故、渔民事故、养殖事故、涉外抓扣事故，而渔船和渔民保险业务量大，有的案情比较复杂，如船舶碰撞、沉没、火灾、救助以及船员失踪等，是调查询问的重点和难点，应把握询问技巧和方法。

对人员失踪无目击证人的，应询问：（1）谁最后见过出险人，当时在什么位置，在做什么；（2）有无发现出险人近期有异常；（3）谁第一个发现出险人失踪的；（4）周围船只有无靠近过本船，离本船的距离；（5）出险人跟船上其他船员有无起过争执，有无冲突矛盾；（6）失踪人员衣物钱和贵重物品情况。

（五）查勘（调查）报告

理赔查勘报告是保险机构对保险标的发生保险责任事故后，经过现场勘查、核实、估损，对投保人的损失提出赔偿性给付意见的专门书面报告。理赔查勘报告可分为标题、正文、附件三个部分：

1. 标题

标题采用"投保人名称 + 事故定性（或原因）+ 文种（查勘报告）"的拟题方式。如《××××渔船火灾事故查勘报告》。

2. 正文

内容包括：

（1）基本情况

企业名称（或船名号），事故发生时间、地点，事故类型等。

（2）保险情况

出险单位的投保情况，包括保险标的及保险责任范围，保费的缴付等。

（3）气象海况

事故发生当日的海域天气预报或距离出险地点最近的气象观测站做出的实际观测的天气为准。

（4）事故勘查情况

事故勘查经过，由谁组织，何人参加，达到什么效果。

（5）事故经过

事故的详细经过，包括施救和救助情况。

（6）事故原因

根据现场查勘信息，结合询问笔录内容以及其他相关证据，分析事故发生的原因，明确事故性质，以便确定事故责任是否在合同规定的保险责任范围内。

（7）事故损失

经过现场勘查或鉴定，查明标的受损程度及范围，核定损失费用及施救费用等（清单附后）。

（8）理赔处理意见

根据事故原因分析对事故责任的认定，按照互保条款、特别约定和有关规定，提出对该事故理赔处理意见。

3. 附件

列出附件名称，如被保险人提供的事故报告，损失清单，有关部门出具的事故调查鉴定报告，火灾——消防部门、商渔船碰撞——海事部门、渔船间碰撞——渔港监督部门，查勘组织人员名单等。

二、保险责任审核

（一）确定理赔责任

理赔责任确定是理赔工作的重要步骤。责任审定时，应依法履行保险合同条款，实事求是审核定性，认真分析出险原因。审核内容如下：保单是否仍有效力；被保险人提供的单证是否齐全和真实；损失是否由所保风险引起；已遭损毁的财产，是否为所承保的财产；保险事故发生的地点，是否在承保范围之内；保险事故发生的结果，是否构成要求赔偿的要件；请求赔偿的人，是否有权提出赔偿请求；损失发生时，投保人或被保险人是否对于保险标的具有保险利益；索赔是否有欺诈或误告。

对雇主责任险和平安险，理赔人员除了需要考虑以上有些问题以外，还要特别调查清楚以下问题：死亡原因是属于正常死亡，还是自杀，或是意外事故；对被保险人失踪而无目击者的，能否确定失踪地点；领取死亡津贴的受益人是否是指定的受益人；索赔人的伤残是否真正符合合同规定的要求；医疗是否提供了超额费用的账单。

（二）确定损失原因

在保险事故中，造成损失的原因有时是多方面的。保险理赔中所遵循的一个基本原则叫作近因原则，近因并不一定就是一项结果的直接原因，而是一项结果的主要的或有效的原因。按照这一原则，如果有两个以上造成损失的原因，并且各原因之间的因果链未中断，那么最先发生并造成一连串事故的原因即可被认为是损失的近因。

运用近因原则的目的在于保障保险双方的合法利益，明确保险人的赔偿范围。在实践中，如果在运用该原则时出现争执和纠纷，保险当事人应本着实事求是的精神，通过协商来解决。

（三）审核相关责任

1. 船舶碰撞

据中国渔业互保协会统计，碰撞事故是互保渔船发案率最高的，占船舶出险总数的 50% 以上。碰撞往往涉及第三方的利益，其责任划分又是一项专业性很强的技术工作，如果处理不当将会影响协会和会员的共同利益。

（1）审核双方碰撞责任

①无过失碰撞 是指船舶碰撞完全由客观原因所致，而碰撞双方都无过失，包括不可抗力、意外情况或不明原因造成的碰撞，其损害由双方自行承担。如船舶在锚地避风时，因台风造成走锚发生的碰撞，但必须举证自己已经做到足够谨慎，采取了有效措施，否则不能免责。

②单方过失碰撞 是指船舶碰撞是由碰撞双方中的一方过失所致，损害赔偿的责任应由过失船承担，一般在一方船舶靠泊、在锚地正常锚泊等情况下发生的碰撞，应由在航船舶承担全部责任。

③双方互有过失碰撞 是指船舶碰撞的双方都有过失，其损害根据双方船舶的责任比例相互承担赔偿责任。实务中，只要双方都是在航船舶，碰撞事故就属于双方互有责任。事后在划分双方的碰撞责任比例时，应根据双方

在碰撞前各自违反避碰规则的严重程度来确定。

在我国沿海和内河航区船舶之间发生的碰撞事故，由职能部门调查处理。渔船之间的碰撞事故，由渔港监督部门调查，而渔船与商船之间碰撞调查由海事部门负责。这些部门一般只做出主、次责任的划分，具体的责任比例还需当事双方协商或者通过诉讼或仲裁法律程序确定。因此理赔人员应积极参与协商过程，根据查勘调查时获得的资料，结合职能部门的调查报告，分析双方船舶的过失比例，协助会员向对方据理力争，争取得到公正合理的结果。如会员向对方承认碰撞责任比例划分前应取得协会的同意。

（2）审核其他索赔项目

依据保险理赔范围，对照查勘检验报告和修理工程单逐项审核。被碰撞船舶的损失核定范围应同会员本船的核定方式一致。对于会员船与他船之间的间接碰撞致他船受损，在海上因纠纷发生的故意撞击而导致的赔偿损失，对船上货物损失、任何间接损失及其他未投保相应附加责任的赔偿损失，会员保险渔船以外的船舶或其他财产的损失，协会不负赔偿责任。

2. 共同海损

共同海损是指在同一海上航程中，船舶、货物和其他财产遭遇共同危险，为了共同安全，有意地合理地采取措施所直接造成的特殊牺牲、支付的特殊费用。除合同另有约定外，共同海损牺牲和支付的共同海损费用，由受益方按各自共同海损分摊价值的比例分摊。协会仅负责赔偿会员应分摊的部分。

3. 施救和救助费

施救是指保险船舶发生保险事故时，对自身损失所实施的救助。而救助是指第三方包括政府部门组织进行的救助。施救和救助费用是为防止损失扩大所采取的必要、合理的，应由保险渔船分摊的施救和救助费用。一般情况下，对非保险事故或保险事故并不存在，或者并未处于极度危险的状态且不可能造成全损的事故，协会不负责赔偿。在审核中，应重点核实救助效果，查看双方的航海日志以及救助船的航程、航速、主机功率、耗油率等数据，核查事故渔船和救助船的相关信息，对两船以上拖带的情况，应确认其合理性。

4. 修船中的火灾事故

对于互保船在船厂修理期间发生的火灾事故，调查证实是由于厂方操作不当引起的，则属除外责任。如果能证明是船东租用船厂场地，自行修船引起的，属互保责任。

三、损失核定

在理赔责任确定以后，如果确系由保险人负责赔偿，立案后需要对事故损失范围、损失程度、受损财产予以核实，以便估计损失金额。损失核定是否准确，关系到保险人能否准确、合理地履行经济赔偿义务。这一步骤主要包括以下一些项目：

（一）确定损失状况

在财产保险方面，主要是确定损失的种类、发生时间以及损失程度，并应查明保险标的物的使用情况、保险事故的发生经过及其原因、有无其他保险等。在人伤保险方面，主要是确定人的死亡、伤残或医疗等情况。

（二）认定求偿权利

一般来说，保险合同中都规定有若干投保人或被保险人应当遵守的事项。如果投保人或被保险人违背了这些事项，保险人可以以此为由拒绝赔偿，将可能使被保险人丧失求偿的权利。例如：①在保险标的物的使用性质或其本身的风险性质有所改变，因而增加了所保风险发生可能性的情况下，投保人或被保险人对此是否履行了通知义务，或是否获得了保险人的同意；②投保人或被保险人是否在保险事故发生时尽力采取了适当的保全措施，以避免或减轻损害；③对于损失发生后的现场，投保人或被保险人是否擅自加以了变更。这些项目都足以使被保险人或受益人丧失索赔的权利。

（三）估计损失金额

所有的财产保险合同事先都已规定，在被保险的财产发生损失时，保险人采取什么方法进行赔偿。实践中，人们主要使用实际现金价值法、重置价值法和约定价值法。而渔业互助保险主要采取约定价值法。约定价值是按照保险合同双方在签订合同时所约定的财产价值进行赔偿给付的价值。协会开展的雇主责任险和人身平安险涉及的人伤保险属于定值保险，保险金额已事先确定，故不存在事后估价的问题。但在财产保险方面，则必须根据被保险人或受益人所提供的索赔文件或证物，以价值估算法为基础，确定赔偿金额。

四、渔业互保事故定损

定损是指通过现场勘验对事故损害予以确认，对其损失费用进行核算的过程。定损直接关系到当事人的经济利益，是案件理赔的关键。

（一）互保渔船定损

互保渔船因保险事故造成的损坏分为全损和部分损失，勘验定损目的是防止把非本次事故造成的损失列入理赔范围中来。

1. 渔船全损。渔船全损包括实际全损和推定全损两种。实际全损是指保险渔船遭受保险事故后完全损毁或灭失，以及失去原有形态和性能而永远无法恢复原状，包括航行或生产过程中失踪两个月以上的。推定全损是指保险渔船遭受保险事故后实际全损已不可避免，或者受损的估计修理费、应分摊的施救和救助（含打捞）费用，及其他支付的必要费用总和达到或超过约定的保险价值。全损渔船定损应注意：①对于刚入保或快到互保责任期限的，重点分析报案时间、事故发生时间、互保期限三者之间的关联性，核查该船是否适航，是否存在买卖或租赁情况（保单批改与否）。②对于推定全损，重点在于如何准确核定该船的残值。

2. 渔船部分损失。部分损失是指渔船发生事故后，遭受损害，用于恢复原有形态和性能所耗修理费用不超过该船承保时的互保船舶价值的情况。渔船部分损失包括船体损坏和机电设备设施损坏两种。船体损坏有船壳、甲板、上层建筑物等；机电设备设施损坏，主要指机器设备仪器、救生消防设施等的损坏，也包括尾轴、螺旋桨、舵等损坏以及变形、走线等。严格地讲，船舶损坏定损除了对损坏范围、损失程度的勘查，还包括损失价格的确定。损失价格可分为人工费、材料费和其他辅助费用等，因各地修船价格和设备价格等相差很大，在此不把具体价格作为研究对象。这里所说的定损主要是指渔船损坏需修理范围和损失程度的确定，即对船体的受损部位和机器设备及部件等，也就是说，哪些需要修理，哪些需要换新，需要在勘验现场加以明确下来，防止日后有意扩大损失，增加修理项目，引起不必要的纠纷。而具体修船、设备设施维修换件价格可参照各地互保机构制定的《互保事故修船价格指南》。

（1）渔船船体。保险渔船船体损坏，主要因自然灾害或人为失误包括碰撞、触损、触礁、搁浅、火灾、爆炸等导致的，在船险条款中已经列明。目前船舶材质大多以钢质和木质为主，在定损中应该根据不同船舶材质区别对待。

①钢质船修理定损。应根据船舶的结构以及船舶的前、后、水上、水下等不同部位而定。船壳板材表面形状可分为单曲、双曲，因加工难度不同而使加工和安装焊接工时不同，而且要使损坏部位恢复原状还包括维修部位的拆解、安装以及内部隐蔽工程的费用。

②木质船修理定损。木质船舶与钢质相比，除了材质不同，还有结构不同、各个部位专业名称不同，而且其修理工艺也不同，特别是它不像钢质船舶那样，哪里损坏修理哪里。如一根大拉断裂则需要更换整根，通常长度达8 米甚至 12 米，由此而涉及的内部隐蔽工程要比钢质船多，并且还需捻工的支持，因此木船修理比较复杂，定损时应综合考虑这些因素。

（2）设备设施损坏的定损。事故导致设备设施受损，依据造成其损坏的外部原因，可分为火灾、水淹和外力等三种类型。根据互保条款规定，船舶设备的赔付是基于船舶检验证书所标注的通信、导航、信号、助渔仪器等，并要求保证数量和型号与其一一对应，这是设备设施互保理赔的前置条件。理赔中，对渔业主管部门强制要求配备的，如 GMDSS 无线电设备也应包括在内。

①火灾事故的定损。火灾是指在时间或空间上失去控制的异常燃烧所造

成的灾害，如用火不慎、静电、设备工作不良以及外来火种引起的灾害。据国家互保协会统计，船舶电器设备（含线路）起火率最高，占全部火灾事故的43.41%。火灾事故如未得到及时扑灭，其后果十分严重，甚至会导致船舶全损。渔船火灾造成损坏的设备设施主要有主机、副机、通导仪器、电器设备、配电设施以及与其相关联的附属设施、电线电缆等。机舱和驾驶室部位容易着火，尤其是机舱是火灾多发区，占全部火灾的18%。因此，在勘验中，应根据火灾的特征，抓住着火点，找出火灾原因，公正合理定损。值得注意的是，电气设备使用过度和超负荷、短路、漏电、自身发热等原因造成的自身损坏，属于除外责任。

a. 主、副柴油机。主、副柴油机是船舶动力和辅助动力设备，一般情况下，如机舱火灾不大，对主副机本身影响也不大，所造成机器的损坏主要是机器的控制系统、仪表指示和滤清器等，是定损的重点。

b. 电气设备设施。通常船舶机舱驾驶室火灾造成电气设备的损坏十分严重，尤其是着火点处。发电机和电动机与机器类似，位于机舱底部，应根据着火点、着火程度勘验是否损坏；通导设备设施等，应根据受损情况确定更换与维修；电线电缆如过火需要换新。

②水淹事故的定损。所谓水淹是指由于保险事故导致船舶机舱进水甚至波及到驾驶室使设备被水浸泡受损，也包括为救火造成设备水淹情况。设备被水淹浸泡容易造成损坏而不能正常工作，需要通过定损来决定是修复还是更换。由于其专业性较强，可聘请专业技术人员参与勘验鉴定。

a. 主、副柴油机。机舱进水后将会使机器内部进水，导致不能正常工作，需要对机器全面拆解清洗，并更换润滑油。实务中，有的把机器维修部件更换也打入损失范围，要求理赔，这是不允许的。因为机器零部件虽被水淹浸泡，通常并不会改变其质量和使用功能，所谓的损坏大多是磨损导致的，属于除外责任。

b. 电气设备设施。对发电机、电动机以及配电设备设施，有的需要清洗、烘干，以消除其被海水浸泡而产生的盐分，之后还需检测绝缘情况，如达不到国家标准，需重新缠绕内部绕组，其维修成本费用会增加，但比整台换新便宜得多；通导设备设施经海水浸泡，大多需要换新；电线电缆及其他附属设备，需现场勘验、检测确定损坏程度，对达不到标准要求和使用功能的，可酌情更换。

③外力导致设备损坏的定损。渔船在保险事故外力作用下造成船体损坏的同时，往往还会连带导致设备设施损坏，主要有螺旋桨、舵、尾轴系统等的损坏或变形。对于尾轴系统尤其是轴系不对中线，必须重新找正，需要一定的费用，应根据受损情况仔细核定。

在整个船舶定损过程中，应对相应船舶损坏的部位、设备做好拍照，包括机舱浸水高度等，必要时，应绘画出草图。对修理、更换的机械、电器设备的型号、数量和电缆长度等，应详细做好记录，并经在场人员签字确认。

（二）人伤案件勘查

对互保人伤案件，如保留现场的，勘查人员必须查勘现场，未保留现场的，应该电话了解标的肇事地点和所处位置，受伤原因及事故简要经过。对伤者住院的，应在入院后尽快完成首次勘查工作。

1. 入院勘查时，必须面见受伤人员，询问事故经过并详细填写“人伤信息确认书”，拍摄受伤人员住院病房门牌号、病床号照片，并拍摄其全身和受伤局部照片，向受伤人员或家属中的知情者询问出险情况，了解事故信息，告知医疗费赔付标准和索赔时须提供的各种材料。对于伤者不配合或不能陈述的应加以文字说明记录在案。

2. 入院查勘还应面见主治医生，询问了解伤者伤情、预计治疗费用等相关情况，建议按医保标准进行诊疗，告知主治医生伤者出院后应据实合理出具建议休息时间和后续治疗费用的证明。

3. 查勘后，应及时将相关情况反馈给会员，告知赔付需准备的材料，要求在其查勘书上签字。必要时，应做好跟踪调查，如治疗中期、出院前、伤残等级评定前后等，并按规定将相关信息录入到系统中。

对互保船员死亡（包括疾病猝死）、失踪案件，查勘人员应在会员船回港前到达港口，第一时间登船进行勘查取证。对于船员失踪的案件，一年后还应对其原籍住地予以回访，既是对其家属的慰问，又可进一步核实案件的真实情况。

（三）水产养殖保险定损

1. 水产养殖产品死亡险

按养殖生物种类可分为鱼类、甲壳类（虾蟹）、贝类、藻类等；按损失原因可分为自然灾害、意外事故等，对疾病、死亡风险一般需特约承保。各养殖生物种类和养殖模式在风险因素、生物学特征、抵御风险能力和生产管理等方面都有较大差异。由于养殖保险的品种多、死亡原因复杂、定损难度大、技术性较强，通常可聘请外部专家或技术人员参与病因鉴定和损失确定，由专家出具鉴定意见并签字确认。

2. 天气指数险

天气指数保险，是把一些气候案件，如气温、水温、降雨量、风速等这些气候条件对水产品损害程度指数化。按保险合同的约定，以这些指数为基础，当指数达到一定水平并对水产品造成影响的时候，投保人就可以向保险机构索赔。这种保险最大特征是它只认证权威部门所提供的出险当天的天气资料，一旦达到保险合同理赔的要求就进行赔付，而与损失程度关系并不密切。所以保险部门对气象指数证据的取得十分重要，它是保险理赔的唯一指标，应给予高度关注。

（四）重大疑难事故的定损

重大疑难事故包括海洋灾害、重大海难和涉外事件三种类型。

1. 海洋灾害 是指互保标的遭受风暴潮、台风、海啸等海洋灾害，互保渔船受灾船数超过 10 艘、互保标的灾害损失金额超过 100 万元人民币的事故。

2. 重大灾难 是指互保渔船发生火灾或碰撞事故涉及 3 艘以上的，或互保船员死亡或失踪 10 名以上的事故。

3. 涉外事件 是指互保标的被外国政府扣船或扣人的事件。

如发生上述重大疑难事故，各互保分支机构应及时上报国家协会，并根据《中国渔业互保协会突发理赔事件应急预案》的规定处理。必要时，在征得协会同意情况下可委托船舶检验机构、保险公估机构和专家进行损失评估。

第四节　互保赔付与结案

一、赔案审核与计算

（一）初审

初审是理赔人员在进行理赔计算前，对收集的赔案相关材料等进行的审查，包括：审核出险时保险合同是否有效；审核出险事故的性质；审核申请人所提供的证明材料（含照片等）是否完整、有效，审核出险事故勘查报告。如有问题，退回原处办理补齐；如符合转入下一程序。

（二）理赔计算

收集赔案材料完成初审之后，赔款理算是理赔工作的又一个重要步骤。这项工作政策性很强，一定要严格按照各险种的条款和有关规定执行。互保的主要险种有渔船互保和船员互保，理赔计算方法如下：

1. 渔船互保

（1）船舶全损 实际全损　赔款 = 互保金额 × 事故责任比例（碰撞事故）×（1– 免赔率）

推定全损　赔款 = 互保金额 × 事故责任比例（碰撞事故）×（1– 免赔率）– 船舶残值 × 互保比例

（2）部分损失 赔款 = 互保责任项下事故损失 × 互保比例 × 事故责任比例（碰撞事故）×（1– 免赔率）

（3）第三者碰撞责任 赔款 = 第三者船舶事故损失 × 会员船事故责任比例 × 互保比例 ×（1– 免赔率）

（4）救助 赔款 = 实际救助费用 × 互保比例（不计算免赔）

事故责任比例：渔船发生碰撞事故时，经双方商定或法院或仲裁机构做出的，会员船承担的碰撞事故责任比例。

免赔率：对保险标的受损免除赔偿责任的比率（百分比）。分为绝对免赔率和相对免赔率两种。现行的渔船互保采用的是绝对免赔率，已在保险条款中明确。

残值：保险标的遭受事故后的剩余价值。

2. 人身互保（雇主责任 / 平安互保）

（1）死亡（失踪）

船员死亡或失踪的，赔偿金额以互保金额为限。

对雇主责任互保按雇主承担的责任赔偿。实行整船满额不记名的，出险时，船上实际人数超过互保人数，按互保人数与实际人数的比例赔偿。互保期限内，不论发生一次或多次赔偿，累计赔偿金额以互保金额为限。船员出海作业失踪的，协会按互保金额赔偿。赔付后若该船员生还的，会员应退回赔款。

（2）伤残

对雇主责任险按《雇主责任互保伤残赔偿比例表》标准赔偿；对平安互保按《渔民人身平安互保伤残赔偿比例表》标准赔偿。实行整船满额不记名的处理方法同上。

（3）附加意外伤害医疗费互保

赔款 =（医疗费用 − 协会不负责赔偿的费用 −100）×80%。

3. 缮制赔款计算书和结案报告书

理赔计算完成后，应缮制赔款计算书。赔款计算书是保险人支付赔款的重要凭证，因此在缮制赔款计算书时，应根据保险单抄件、调查报告和有关材料进行详细核对填写，项目要填写齐全，数字要准确，字迹要清晰，写明各项赔款的计算公式，不得任意涂改。在缮制赔款计算书的同时，还应缮制结案报告书。结案报告书是赔案结案材料，要摘要记录赔案的理赔过程和有关事项，随赔款计算书经复核人员和业务负责人签章后，报送主管领导审批签章。如超过核赔权限，应按规定上报审批。

（三）复核、审批

1. 核赔。核赔即复核，是理赔业务处理中的一个关键环节，具有把关的作用。通过复核，能够发现业务处理过程中的疏忽和错误，并及时予以纠正。同时，复核对理赔人员也有监督和约束作用，防止理赔人员个人因素对理赔结果的影响，保证理赔处理的客观性和公正性，也是理赔部门内部风险防范的一个重要环节。

核赔人员应通过查阅报案记录、索赔申请、事故证明、查勘报告、定损清单、损失照片等资料，核实出险时间、报案时间、出险地点、出险原因，受损标的名称、损失数量、损失程度等要素，核定保险责任认定是否准确，查勘定损过程是否规范、定损结果是否合理、赔款计算是否准确、保险标的残值是否扣除、免赔率使用是否正确、赔案单证是否完备、付款对象是否准确，并签署核赔意见。对于复核中发现的问题退回原处重新处理或补齐相关材料。

2. 审批。已复核的案件逐级呈报给有相应审批权限的主管进行审批，根据审批的结果，进行相关处理：批复需要重新理算的案件，应退回理算人员重新理算；批复需进一步调查的案件，应通知调查人员继续调查；批复同意的案件，则移入下一个结案处理环节。

二、理赔结案处理

保险理赔案件经审核无误后，应立即赔付。如保险合同规定有期限的，应在约定期限内赔付；如果没有约定，应尽快做出赔付。

（一）快速理赔

快速理赔是指对满足一定条件的小额赔案，实行简化程序予以赔付的行为。快速理赔必须符合条件并严格按照要求进行。浙江省渔业互保协会快速理赔条件：①渔船事故；②互保责任、事故责任明确无争议，损失情况清楚；③全案损失金额 2 万元以内；④能够及时提供理赔相关材料；⑤受损渔船在港口等地能及时进行查勘的。对快速理赔处理要求：①接案后，查勘员二人应尽快赶赴现场，确认是否小额赔案。如是，应当场一次完成确定互保责任、确定事故责任、确定损失项目、收齐理赔材料等；如否，走正常理赔流程。②查勘员应在规定时间内完成立案、将案件的理赔材料输入核心业务系统、核损和案卷制作工作。③理算（初审）员及案件审批（核赔）人应在规定时间内完成理算初审、案件审批核赔工作。④完成上述工作后，应及时通知会员领取赔款。

（二）一般案件赔付

一般案件赔付是相对快速理赔而言的，是指按照理赔程序，对互保理赔案件的赔付行为。在赔案材料的缮制和收集整理工作完成以后，理赔人员应对全案进行检查，经检查无误并签注经办人意见后，送负责人进行审批或报批。赔案的核批，应根据上级规定的核批权限，按规定核批，不可越权批案。赔案一经审批，理赔人员应立即登记，并将赔案送财会部门支付赔款。

财会部门收到案卷单证后，应对赔款计算书进行复核，无误后及时发出“赔款通知书”。支付赔款后，应按照程序做好案件材料收集归档工作。

（三）复杂案件处理

1. 拒赔。在理赔过程中，对会员赔偿做出拒赔，其主要原因有：①损害发生不是由于保险责任范围内特定的灾害事故造成，或者明显属于除外责任；②损害发生是由于会员或其他利益关系人的故意行为、重大过失行为或违法行为造成的；③违背诚信原则，如投保时隐瞒重大真实情况，虚伪申报并因此出险的，或者出险后弄虚作假，企图骗取赔款的；④会员严重忽视安全法规，未落实安全防灾建议而出险，或者出险后不积极抢救，放任损失扩大的；⑤受损财产不是保险标的或者出险时间不在保险有效期内；⑥保险财产出售、转让未办理更名过户手续，新的所有权人不是合同当事人，不具有保险利益。

在处理拒赔案件时，要充分掌握第一手资料，凡与案件有实质性关系的情况要了解清楚，关键性证据要掌握，疑点要求证。要以事实为依据，以条款为标尺，以法律为准绳，该赔的决不能惜赔，不该赔的要讲明道理。总之，拒赔案件，要做到铁证如山，无可辩驳。拒赔或注销案件应填报“拒赔或注销案件报告表”。

2. 通融赔付。是指对于一个具体案件，如果按照保险合同条款的规定，本不应赔付经济损失，由于一些其他原因，给予一定的补偿或给付。当然，通融赔付不是无原则的随意赔付，而是对保险损失补偿原则的灵活运用。具体来说，在通融赔付时应掌握的要求有：①有利于互保业务的稳定与发展。②有利于维护互保协会的信誉和在市场竞争中的地位。③有利于社会的安定团结。④要适时适度，以不超过赔付总额的 50% 为限。

3. 预付赔款。对会员出险造成船毁人亡严重后果，为了社会稳定，安抚遇难船员家属，或者确需资金亟待恢复正常生产或经营时，在出险原因、责任明确的前提下，可适当提前赔付，称为“先期赔付”。预付赔款应由会员提出书面申请，互保机构提出明确意见后报上级审批。预付赔款额一般掌握在预计全部赔款的 50% 以内。

4. 诉讼案件。诉讼案件处理得好坏，直接关系到协会的信誉和业务的发展，在互保机构与会员发生争议达不成协议时，双方都可以向法院提出书面诉状。当互保机构接到起诉书后，应及时向上级报告，并积极做好应诉准备。对于确系互保机构自身工作造成的，当法院约请当事人进行调解时，要妥善处理；对于在法律上有充足理由的，要积极做好应诉或反诉的一切准备工作。对于互保机构非得通过法院审判以保护合法权益的起诉案件，一定要有充分诉讼理由，慎重行事。

三、案件整理归档

理赔档案是全面、真实地记载和反映保险财产出险情况的重要理赔资料，应按要求进行装订、归档，做好理赔档案的管理工作。

（一）理赔档案的整理与装订

理赔档案的单证材料要齐全。一般情况下，理赔档案应包括以下单证材料：赔案批复文件、出险通知书、赔款计算书、查勘报告、保险单、批单抄件、出险证明、事故裁决书、损失鉴定书、损失清单及原始单据、赔款批单、赔款收据、现场照片和草图以及其他有关单证。

理赔案卷的单证材料应整理齐全，照片和原始单据一并贴在粘贴单上。

各种材料每页应在其右上角空白处依序编号。每个案卷应有封页和扉页，目录上应能反映出案卷内各种材料的数量及其编号，做到编排有序，目录清楚。理赔案卷的装订应整齐牢固、美观大方。理赔案卷装订之后，应在案卷封面上填明赔案编号、险别和案卷序号以及互保分支机构名称、装订日期等。

（二）理赔档案的保管

理赔案卷应做到一案一档。在入档之前，应填写赔案登记簿，主要内容有归档日期、案卷序号、赔案编号、会员名称等。此登记由内勤人员保管，便于查找或调阅案卷。

（三）理赔档案的调借

理赔档案应严格规定借阅制度，一般不允许随意外借。确因工作需要借阅时，履行登记签章手续，并按期收回。任何人不得私自保存案卷或随意抽出案卷材料进行复制。查问或借用案卷时，严禁涂改、圈画、撤换。

四、未决赔案管理

未决赔案是指已经发生的保险责任范围内的由于各种原因尚未赔付结案的案件。通过对未决赔案的管理能够及时了解经营动态，掌握赔付情况，可提高理赔决策的准确性、科学性以及互保服务质量和服务水平。协会对未决赔案管理十分重视，2004 年印发了（保赔发〔2004〕20 号）《关于建立未决赔案通报和奖励制度的通知》，将未决赔案管理纳入互保业务考核体系。通常造成未决赔案的原因分为正常原因和非正常原因，而非正常原因又可分为外部因素和内部因素，内部因素是其管理重点，包括立案、撤案和结案 3 个环节。

1. 加强对立案的管理。有的互保机构将报案等同于立案，这是造成未决赔案管理不善的原因之一。因为，有许多报案由于种种原因最终没有立案，如错报、不属于责任范围、因免赔额或者理赔优惠因素放弃索赔等。

2. 加强对撤案的管理。即使立案之后，仍可能由于种种原因而没有进行索赔或者处理，在这种情况下应说明原因，及时将已经立案的案件撤销。

3. 加强对结案的管理。在案件处理结束之后，应将有关资料统计归档并核销立案。

第五节　事故预防

安全工作涉及事前、事中和事后管理，事故预防属于事前管理，其目的是为了避免和减少事故的发生。这是所有生产企业、政府部门及其与安全密切相关的保险组织所追求的工作目标。

一、事故预防在保险中的地位

随着社会进步和各种保险制度的发展完善，人们越来越认识到，保险不应当仅仅局限于被动的事故赔付，而应当把工作中心前移，通过预防控制和减少事故，来减少经济赔偿，降低保险成本，从根本上保障劳动者安全权益，实现保险与经济效益和社会效益的统一。

纵观各种保险组织，对事故预防都给予高度关注，而且得到法律法规的支持。2017 年 12 月 12 日国家“三部委”在高危行业推行“安全生产责任险”，其意义在于将保险的风险管理功能引入安全生产监管体系，建立保险机构参与的事故预防机制。《保险法》第 51 条强调，保险人可以对保险标的进行检查。其事故防范的目的性是显而易见的，虽然不是保险人的法定义务，但又明确规定可以在保险合同中加以约定，这对保险企业做好事故预防具有重要意义。

二、渔业互保与事故预防

渔业互保专注于渔业保险，掌握并积累了得天独厚的互保大数据资源，通过发挥案例、数据的统计分析优势，能够更精准地发现问题所在。如事故多发类型，事故的主要原因，等等，从而有针对性地指导改进安全工作，达到防灾减损的目的。因此互保事故预防具有精准、高效、及时、常态化的特点，可深入持久并形成品牌优势，这是其他保险公司所无法比拟的。

渔业互保在事故预防方面做了大量工作。开展安全课题研究、编撰出版渔船安全分析报告和互保事故案例、投入经费研究流网起网机、编印安全宣传手册等。近些年，还把渔民安全培训、事故应急演练、救生消防物资发放等作为事故预防的常态化工作。这些对推动互保防灾减损和政府部门的防灾减灾起到积极作用。

三、互保防范事故的意义

有利于保障会员生命财产安全。事故预防是降低事故的有效措施，是会员和协会的共同责任。会员应当依法遵守国家有关消防、安全、生产操作、劳动保护等方面的规定，维护保险标的的安全。而协会可以通过合同约定对保险标的的安全状况进行检查，及时向会员提出消除不安全因素和安全隐患的书面建议，促进会员做好安全工作。

有利于减轻会员的保险费负担。降低保险标的的出险率和赔付率，是协会做好事故预防的目的，它能使会员减少保费支出。为此在督促检查会员做好事故预防的同时，可以采取一些奖励政策，如在保险期限内未有提出索赔申请，续保时可以享受协会给予的无理赔优惠政策或保费折扣，以调动会员安全管理的积极性。

有利于提升协会的社会形象。渔业互保承担着高额风险，通过事故预防来予以化解，不仅对自身业务发展，而且对渔区社会、经济持续稳定起到推动作用，将会提升互保协会在当地政府和社会中的地位，同时也会得到广大会员的拥护与支持。

四、互保预防事故对策

抓好船东船员的参与。船东是安全生产的第一责任人，船员是意外事故的直接受害者。船员受各方因素影响，素质较低，流动频繁，极易受到事故伤害。而船东普遍存在着“重生产、轻安全”的倾向，有的认为，交了保费，反正有互保赔偿，因而对安全工作态度消极。这种情况必须纠正过来，否则就不可能达到预期效果。

抓牢政府相关部门的支持。渔业安全是一个复杂的系统工程，涉及政府很多相关部门。渔业主管部门是渔业安全的监管主体，担负着事故预防重要职责；其他相关部门，包括应急安全、消防管理、水文气象、边防海警、船舶检验、交通海事等，也与渔业安全密切相关。互保应该积极主动向渔业部门汇报，并在人力、物力、防灾资金等方面给予支持，全力推动渔业防灾减损活动开展。同时，应该主动保持与其他部门的联系，积极参与到当地政府建立的安全生产协调机制之中，发挥社会防灾减灾作用，共同做好渔业防灾减损工作。

抓住互保内部的合力。渔业事故预防需要渔业互保机构内部的齐心协力。第一，要树立事故预防思想，克服“重保重赔轻防，以赔促保”的意识，把事故预防放在各项工作的首位。第二，要建立健全各项规章制度。包括提取事故预防基金，开展安全教育培训、应急演练，实行抢险救灾奖励，提供安全设备设施等。第三，把事故预防贯穿在整个互保管理过程中。展业中加强防灾宣传，提高承保质量，扩大承保范围；理赔中搞好公正赔付，注重出险信息收集整理，分析导致出险的内在规律和外部因素，提出有针对性的防范措施，为防灾减损决策提供数据支持。

第六节　代位追偿与委付

一、代位追偿

（一）代位追偿权的概念

代位追偿权又称代位求偿权，是保险法中的一项基本制度，其宗旨是为被保险人提供双重保障，以确保被保险人的损失得以充分补偿，同时，也不至于由于保险赔付而使被保险人过分受益。

渔业互保在理赔操作中，不可避免将会遇到因第三方侵权造成会员（被保险人）财产损害的情况，在赔付了会员的全部或部分损失之后，便获得对第三人请求赔偿的权利。代位追偿作为互保理赔实务中的重要环节，对互保协会和会员都具有非常重要的意义：一是协会行使代位追偿权，把已经付出的互保赔款金从造成事故的第三者处追偿回来，实际上是减少赔款的支出，保障协会的经济效益，提高协会的经济补偿能力。二是协会熟悉各种法律，经验丰富，在行使代位追偿时能及时从第三者处得到经济补偿，帮助会员迅速恢复经营生产，使责任方不能逃脱因其疏忽或过失所负的法律责任。

（二）行使代位追偿权的条件

代位追偿权的法律属性为法定代位权。我国《保险法》第 60 条规定："因第三者对保险标的的损害而造成保险事故的，保险人自向被保险人赔偿保险金之日起，在赔偿金额范围内代位行使被保险人对第三者请求赔偿的权利。"《海商法》第 252 条规定："保险标的发生保险责任范围内的损失是由第三人造成的，被保险人向第三人要求赔偿的权利，自保险人支付赔偿之日起，相应转移给保险人。"

按照法律的规定，行使代位求偿权，一般应具备下述要件：

1. 保险人因保险事故而对第三者享有损失赔偿请求权。首先保险事故是由第三者造成的；其次根据法律或合同规定，第三者对保险标的的损失负有赔偿责任，被保险人对其享有赔偿请求权。

2. 保险标的损失原因属于保险责任范围，即保险人负有赔偿义务。如果损失发生原因属于除外责任，那么保险人就没有赔偿义务，也就不会产生代位求偿权。

3. 保险人给付保险赔偿金。对第三者的赔偿请求权转移的时间界限是保险人给付赔偿金，并且这种转移是基于法律规定，不需要被保险人授权或第三者同意，即只要保险人给付赔偿金，请求权便自动转移给保险人。

（三）保险双方在代位求偿中的权利义务

1. 保险人的权利义务

保险人的权利是保险人在赔偿金额范围内代位行使被保险人对第三者请求赔偿的权利。保险人的义务是保险人追偿的权利应当与他的赔偿义务等价，如果追得的款项超过赔偿金额，超过部分归被保险人。

在互保理赔实务中，当取得代位权利之后，协会是否对第三方实施追偿，往往根据第三方的经济水平和偿付能力、追偿成本、第三方与船东的关系等客观情况做以权衡，酌情处理，或减免，或分期偿付，或放弃、部分放弃代位追偿权。这些都是协会——保险人的权利。合理处置保险代位权，对维护互保协会自身利益、提升互保协会的社会形象也是有利的。

2. 被保险人的权利义务

（1）在保险赔偿前，被保险人需保持对过失方起诉的权利；

（2）不能放弃对第三者责任方的索赔权；

（3）由于被保险人的过错致使保险人不能行使代位请求赔偿的权利的，保险人可以相应扣减保险赔偿金；

（4）被保险人有义务协助保险人向第三责任方追偿；

（5）被保险人已经从第三者取得损害赔偿的，保险人赔偿保险金时，可以相应扣减被保险人从第三者已取得的赔偿金额。

二、委付

（一）委付概述

委付是指在发生保险事故造成保险标的的推定全损时，被保险人明确表示将该保险标的的一切权利转移给保险人，而请求保险人赔偿全部保险金额的法律行为。对于被保险人提出的委付，保险人可以接受委付，也可以不接受委付，但应当在合理的时间内将接受委付或者不接受委付的决定通知被保险人。保险人一旦接受了委付，就不得撤回，在享有对保险标的权利的同时，还承担了从保险事故发生时附在保险标的上的义务，如打捞沉船、清除油污等责任。保险人不接受委付，不影响推定全损的成立。被保险人能否按全损索赔，还是要看是否满足推定全损的法定或者约定的构成要件。被保险人对保险标的的施救措施以及保险人对保险标的所采取的施救行为，皆不能视作某一方对委付的放弃或者接受。由于接受委付不仅对保险人的权利而且对保险人所承担的义务有重大的影响，保险人在处理委付的过程中要谨慎，进行权衡后做出对自己有利的决定。

（二）保险人对委付的处理

委付主要是海上保险处理保险标的的手段，大多数财产保险禁止使用这一行为。由于渔业保险是海上保险的一种，所以对委付应该有所了解。

1. 保险人对是否接受委付有选择权，但应当在合理的时间内将接受委付或不接受委付的决定通知被保险人。保险人一旦接受委付，就不可以撤销。

2. 保险人对于接受委付必须十分谨慎，除了要了解恢复、修理和救助该轮的费用之外，还应尽可能地了解该船舶的债权和债务，特别是该船的债务情况，以便考虑被保险船舶的残余价值是否抵得上将要承担的那些义务和责任。为了掌握该船的债务，保险人可以向船舶的登记部门和银行进行必要的调查，或者直接向被保险人发函询问要求其讲明船舶的债务情况。

3. 因为接受委付后保险人可能要承担由此而产生的诸多的法律责任和恢复、修复和救助等费用，因此通常情况下，保险人不接受委付。

4. 在保险人接受委付之前，被保险人仍应采取施救措施，施救费用也应由保险人负责赔偿。因此，保险人虽然不接受委付，但仍应监督被保险人采取合理的施救和救助行为，并密切关注救助的结果，在船舶脱离危险后应及时安排检验，确定船舶所需的修理费用和实际残值，结合施救救助费用判断该船是否构成推定全损。

第七节　保险欺诈

一、保险欺诈的概念

保险欺诈，是保险行为人违反诚信守则，故意隐瞒有关保险标的的真实情况，或歪曲、掩盖事故真相，夸大损失程度，或故意制造、捏造保险事故造成保险标的损害，以谋取保险赔偿金的行为。保险行为人包括投保人、被保险人、受益人和保险组织的工作人员以及与保险有关的其他人员。

渔业自身风险的特殊性，事故现场无法保留，调查取证难度大，加之有的互保内部的管理缺陷，致使诈保骗赔案件时有发生。因此，应该引起高度重视。

二、互保欺诈的表现形式

（一）投保时欺诈

1. 先出险，后保险

产生这类保险欺诈的动机多是在受损后后悔没有及时投保，致使损失无法得到赔偿，于是想转嫁给保险人。其具体操作方法主要有两种：一是将投保日期往前推，即倒签单。这种行为常表现为投保人利用特殊关系，与保险业务人员内外勾结，补办虚假日期的保险合同。二是将出险日期往后推，常常表现为与相关部门合谋，更改出险日期。这种欺诈方法的特点是投保时间与报案时间很接近。因此理赔工作人员在核赔时若发现这种现象，应仔细调查，不可轻易赔款。

2. 高额投保，骗取保费

投保人有意识地把价值较低的标的，投保高风险保障。通常表现在船舶实际价值较低而船龄较长，趋于报废，或有的船东有意识购买老旧船舶，主动高额保险。

3. 重复投保，以期多赔

按我国法律规定，财产保险的重复保险累计保险总额不得超过保险价值，即使超过，对于超过部分不得也不应给予赔偿。然而有人为了多得保险金往往故意向多个保险人投保，并隐瞒重复保险的情况，在出险后向多个保险人索赔，以期获得多份赔偿。

（二）报案时欺诈

1. 移花接木、冒名顶替

保险标的应该是唯一的、特定的，而实践中有的欺诈者为了骗取保险赔偿金，常用另一相似物予以顶替。例如，未保险渔船出险，用本地区相同船质、船型和主机功率的互保渔船的互保单来冒名顶替。甲设备在事故中没有损坏，却用损坏的冒名顶替，如通导设备、螺旋桨等。对此类案件要严格现场审查勘验。

2. 故意造案，骗取赔款

人为制造事故造成财产损失，以此骗赔。造成这一欺诈行为的原因很多，如为了摆脱船舶经营困境或因互保船舶年久失修而减值，或船舶趋于报废，为了得到赔偿而人为制造事故将船舶全损。该类案件需要严格策划，周密安排，具有对出险时间、海域甚至天气预报都精心选择的特点，并且只造成船舶沉没而没有人员伤亡。由于船舶沉没无法打捞，所以很难找到证据，查处难度大。尽管如此，只要理赔人员广泛调查、认真勘验、仔细分析也能够发现破绽。

3. 虚假报案，扩大责任

财产保险根据不同险种的需要，保险合同都会规定一定的除外责任。在实务中，一些不法分子常在事故发生后，故意对造成事故的原因做虚假陈述或隐瞒事实真相，使理赔人员误以为发生的事故是保险责任范围以内的，这实际上就将保险除外责任转化为保险责任。常见的如船舶螺旋桨等单独损坏等。

（三）索赔时欺诈

1. 夸大损失，高额索赔

出险损失本来很小，被保险人却故意夸大其程度，如通过虚列损失项，夸大损失数额，或伪造、涂改原始费用凭证等方式虚报损失。例如，有的船检证书明明标注某种通导设备是一台而扩大损失要求赔偿两台。目前的一些船厂，为拉拢客户，有时会帮着船东进行欺诈骗赔，把事故外修理项目也列入理赔清单。有的消极地放任事故的发生，故意不采取积极的防范措施或补救措施，这也是一种欺诈行为，违反保险法的规定。

2. 无中生有，谎报出险

指采取伪证，制造虚假事故现场证明材料，谎称发生险情。在这种情况下，投保人往往需要采用做伪证，或制造虚假事故现场及证明材料等方式，伪造、变造与互保事故有关的证明资料和其他证据，或者指使、唆使、收买他人提供虚假证明资料，或者编造虚假的事故原因，如谎报救助，虚列修理损失清单，伪报物品数量和价格；谎称人员失踪，伪造死亡证明；船员与他人打架斗殴造成伤残，还有的身体生病住院治疗，也谎称是发生互保事故诈领保险金。

3. 私下和解，一险多赔

在事故中互保渔船得到了事故责任方的赔偿，然后再要求索赔，骗取保险金。此类案件出险原因常是被他船碰撞所致，第三方负事故责任，在与对方达成和解协议得到赔偿后，再谎称是被不明船舶碰撞，肇事船逃逸，或谎称是机械故障导致碰撞码头造成船舶损坏。所以，对渔船单方事故，尤其是单方碰撞损坏的进行现场查勘时要特别注意。

三、互保欺诈防范措施

面对渔业保险欺诈日益增多的客观现实，应该认真分析研究防范对策，根据各类欺诈案件的不同特点，采取一系列综合治理方式，遏制互保欺诈现象的蔓延。

（一）加强保险原理以及保险法制的宣传

一些船东保险到期后没有获得赔付，往往认为吃亏，便想方设法获得额外利益，是导致保险欺诈发生的主要原因之一。对此，应加大保险知识、保险原理和相关法律、法规的宣传，增强全社会的保险法治观念，正确理解保险的作用，它是一种保障，而不是一种福利，从而减少对保险认识误区，并自觉与违法行为做斗争，形成一个良好的保险社会氛围和保险经营环境。

（二）强化与相关部门的合作

渔业保险欺诈，与海上和渔业自身特点密切相关，具有一定隐蔽性，调查取证难，需要相关部门的支持与合作。一旦发现保险欺诈骗赔案件，要依托行政、警方、政法、司法鉴定等部门的力量，依法追究其法律责任，对一些可疑的索赔案件可借助警方刑事侦查优势，有效识别。

（三）设立和开放保险反欺诈信息平台

实践表明，无论保险欺诈行为多么隐蔽，都不可能躲过社会的监督。为此，应建立健全渔业保险欺诈举报制度，设立、开放反欺诈信息系统和全国互保统一报案电话，开通举报热线、微信公众号和渔保 APP，以及时获取更多的犯罪线索。对揭发、检举故意制造保险事故、事故发生后不积极施救以及其他欺诈行为的，按挽回保险损失数额的一定比例给予奖励，并依法对举报人予以保护。

（四）加强互保内部风险管控

1. 增强风险意识，打造专业队伍

渔业互保协会是一支专注于渔业保险的专业队伍，由于渔业风险的特殊性，决定了渔业保险欺诈的特殊性，因此应该打造一支高水平的互保专业队伍。要持续加强新知识培训，不断增强风险意识，把防范和化解风险作为协会生存和发展的根本所在。

2. 加强风险评估，提高承保质量

防范风险要从承保抓起。应严格履行承保制度，从严核保程序，准确风险识别、评估和筛选，必要时，应对标的现场勘查、实物拍照。发现有明显欺诈倾向的，应予以警惕或拒保；对平时投保或续保不积极突然主动上门投保，或要求高额承保的，应当重点盘查。

3. 健全理赔程序，强化查勘定损

加快对索赔案件的快速反应，加强第一现场查勘率，实行接案人、定损人、理算人、审核人、审批人分离制度和现场查勘双人制，人人把关、各司其职、互相监督，以确保理赔质量。

4. 完善内部监控，实行奖惩机制

一是实行理赔工作奖惩制度。对查处诈保骗赔案件的有功人员，按诈保金额的一定比例予以奖励；反之，对以赔谋私或内外勾结欺诈的，从严处罚，涉嫌犯罪的，移交司法机关处理。二是推行“合理拒赔奖励”制度。对合理拒绝一起案件的，在每件拒赔案给予一定奖励的基础上，再根据拒赔额的高低给予比例奖励。三是实行无理赔优惠政策。对在 1 年保险期内无索赔记录的，续保时按一定比例减免互保费，这有利于提高会员的防灾意识，减少道德风险。

第八节　数据管理

一、大数据的价值

“大数据”是近年来出现的行业热词，正在各个领域广泛应用起来。大数据，又称巨量资料，是指所涉及的数据资料量规模巨大到无法通过人脑甚至主流软件工具，在合理时间内达到撷取管理、处理并整理成为帮助社会管理、企业经营决策更积极目的的资讯。大数据的特征：

1. 大量

大数据的特征首先就体现为“大”，从先前 Map3 时代，一个小小的 MB 级别的 Map3 就可以满足很多人的需求，然而随着时间的推移，存储单位从过去的 GB 到 TB，乃至现在的 PB、EB 级别。

2. 高速

就是通过算法对数据的逻辑处理速度非常快，1 秒定律，可从各种类型的数据中快速获得高价值的信息，这一点也和传统的数据挖掘技术有着本质的不同。

3. 多样

多样不仅表现在数据的多样性，而且表现在数据形式的多样性，如网络日志、图片、音频、视频、地理位置信息等。在互联网上，上网用户的年龄、学历、爱好、性格等每个人特征都不一样，如果扩展到全国，每个地区，每个时间段，都会存在各种各样的数据多样性。

4. 价值

大数据最大的价值在于通过从大量不相关的各种类型的数据中，挖掘出对未来趋势与模式预测分析有价值的数据，并通过机器学习方法、人工智能方法或数据挖掘方法深度分析，发现新规律和新知识。

二、大数据的作用及其应用

2015 年 9 月国务院把大数据上升到国家战略。信息技术与经济社会的交汇融合引发了数据迅猛增长，数据已成为国家基础性战略资源，大数据正日益对全球生产、流通、分配、消费活动以及经济运行机制、社会生活方式和国家治理能力产生重要影响。目前，我国在大数据发展和应用方面已具备一定基础，拥有市场优势和发展潜力。资料显示，大数据在农业、金融、教育、医疗、交通、城市智能等各个领域已得到广泛应用。

三、大数据与渔业互保

（一）大数据在互保中应用现状

2004 年，中国渔业互保协会利用互保数据资源开展渔船事故研究，编著出版《中国渔船安全事故分析报告》，开创了我国渔船安全分析的先河；

2009年又编撰出版《中国渔船船员死亡事故分析报告（2006—2007）》，填补了我国渔船船员死亡事故分析的空白；2007年、2009年和2018年分别出版了《中国渔船安全事故分析报告（1999—2005）》《中国渔船安全事故分析报告（1999—2008）》《中国渔业船舶安全分析报告（1994—2015）》。这些分析报告对探索事故规律、预防事故发生、适时发布事故预警、为政府做好防灾减灾起到重要作用。但就互保协会利用大数据价值而言，这只是冰山一角，仅仅对事故数据分析还是不够的，按照国内外对保险自身大数据分析的分类，它属于外部分析报告，而对互保内部运营及其价值分析还未挖掘，尚处空白，所以互保大数据价值的利用任重道远。纵观国内外商业保险市场，早在“大数据”尚未走上台面前，就挖掘利用大数据，“大数法则”就是运用大数据的结晶。商业保险公司在做好内部运营分析管理中，通过大数据来充分了解市场信息，掌握竞争者的商情和动态，知晓产品在竞争群中所处的市场地位，来达到“知彼知己，百战不殆”的目的。大数据在保险行业中的运用俨然成为时代发展的趋势与必然选择。

（二）大数据在互保中应用展望

大数据是渔业互保重要资产。各级互保机构应该充分利用、发挥大数据的作用，把大数据分析纳入常态化管理。通常，保险大数据分析分为基本分析和运营分析两种类型。基本分析是指利用大数据的积累对经营发展规律和趋势的分析，而运营分析是适时对各种内部经营的分析，包括营销、险种、核保、理赔、经营风险、防灾防损、财务管理、客户管理等，可以说每一项工作都与大数据的采集和分析息息相关。目前应该充分利用现有的大数据资源做好如下工作：

1. 利用大数据拓展展业渠道。展业是互保工作前提，通过大数据可以实现精准展业，把互保产品和服务推送到有需求的会员身上。通过大数据，还可以多角度、全方位地搜寻会员及其需求，大大提高其准确性。

2. 利用大数据降低风险空间。大数据为及时掌握有效的需求信息，降低风险，提供了强有力的支撑。例如，利用大数据，分析不同会员的信息，对会员风险进行分级，对风险级别低的实行无理赔优惠，收取较低的保费；对风险级别高的收取较高保费；通过出险情况分析，及时发出风险预警或安全管理建议，并在此基础上实现优质会员群体的持续增长。

3. 利用大数据提供理赔服务。通过大数据分析，协会可以实时获得会员的出险信息，并及时主动地向会员提供理赔服务，这样可以有效提高服务水平，更好地做到让会员满意。

4. 利用大数据为政府提供支持。政府部门是安全生产监管主体。互保机构利用大数据资源，为政府部门适时或定期提供风险预警信息和安全分析报告，将会提高政府防灾减灾管控能力，也会提高互保自身的地位，有利于争取政府部门对互保工作的支持。这对于在国家推行安责险，发挥参与风险评估管控和事故预防功能的今天，显得更加必要。

四、互保大数据的管理

要充分利用互保大数据，达到全面实现内部运营分析，还有大量工作要做，包括人才的培养、分析工具的开发以及对数据项目的设计和建立数据模型等。当前，重要的是搞好对大数据的管理。

（一）数据的录入

数据录入是数据管理的第一步，事关数据开发的源头。从目前看，还存在着数据全国不统一和录入不准确问题。这将会失去大数据“大”的意义。因此应以国家协会牵头搞好数据顶层设计，明确各分支机构必须收集的信息。对一些船舶资料，如船价、股东、船长、年限、材质等，事故环境因素、距岸距离、人员文化、海龄、持证、是否穿救生衣、伤害部位等，这些数据虽然不会左右事故的赔付，但对安全管理作用重大。它可以为国家渔业产业政策调整、船舶小额贷款、事故防控预警、船员教育培训，甚至对国家海上救助力量的合理分布等，提供第一手数据支持。与此同时还应建立健全数据录入、审核等制度，以确保数据的可靠有效和准确。

（二）数据的分析

对数据收集的目的是应用，即利用大数据进行分析，从而发现一些趋势和规律。自2004年以来，国家互保协会一直利用互保数据致力于渔船安全分析，先后编撰了5个版本的“渔船安全分析报告”和“渔船船员死亡事故分析报告”。例如，通过对1994—2015年渔船事故分析发现：落水是导致船员死亡的最主要原因，排在死亡事故的首位，占全部死亡人数的1/3（33.76%）；物体打击是导致船员伤残的主要原因，占全部伤残事故的23.20%。在船舶险中，碰撞事故发案最多，其次为风灾，分别占船舶事故总数的53.16%和13.95%，而风灾又是造成船舶全损的主要原因，占船舶全损事故的45.59%。这些分析报告中的数据和结论被政府部门报告、学术论文所引用，还被应用于安全生产培训。

（三）数据的发布

大数据的利用价值在于指导所在领域的运营管理，因此不可避免地要公示于众，但对大数据来说，并不是随意的、任何人或组织都可向外公开的，特别是有些大数据涉及国家机密或者一些部门的商业秘密。互保大数据也是如此。因此要严格数据管理，建立健全大数据对外公开制度，实行保密审核报批，统一对外发布。任何机构和个人未经允许不得公开、公示互保大数据及其相关信息。

参考文献

[1] 农业部渔业局 . 中国渔业年鉴（2005—2013）[M]. 北京：中国农业出版社，2005—2013.

[2] 农业部渔业渔政管理局 . 中国渔业年鉴（2014—2017）[M]. 北京：中国农业出版社，2014—2017.

[3] 农业农村部渔业渔政管理局 . 中国渔业年鉴（2018）[M]. 北京：中国农业出版社，2007.

[4] 中国保险年鉴编辑部 . 中国保险年鉴 2019[M]. 北京:《中国保险年鉴》社，2019.

[5] 中国农业年鉴编辑委员会 . 中国农业年鉴 2018[M]. 北京：中国农业出版社，2019.

[6] 农业农村部渔业渔政管理局，等 .2019 中国渔业统计年鉴 [M]. 北京：中国农业出版社，2019.

[7] 2019 年中国海洋灾害公报 [EB/OL].2020-04-30.

[8] 孙祁祥 . 中国保险业发展报告 2019[M]. 北京：北京大学出版社，2019.

[9] 龙文军 . 现代农业保险政策与实务 [M]. 北京：中国农业出版社，2018.

[10] 李毅 . 农业保险财政补贴效果评估研究 [M]. 北京：中国金融出版社，2019.

[11] 李永东 . 农业经济学 [M]. 北京：中国人民大学出版社，2019.

[12] 陈辉 . 相互保险创新保险新方式 [M]. 北京：中国经济出版社，2019.

[13] 陈辉 . 相互保险定义保险新方式 [M]. 北京：中国经济出版社，2019.

[14] 陈辉 . 相互保险开创保险新未来 [M]. 北京：中国经济出版社，2019.

[15] 陈辉．相互保险理论与实务教程 [M]. 北京：中国经济出版社，2019.
[16] 陈辉．相互保险开启保险新方式 [M]. 北京：中国经济出版社，2019.
[17] 白广申，郑祎华．保险实务 [M]. 大连：东北财经大学出版社，2019.
[18] [美] 帕特里夏·L. 萨里托．大数据时代保险分析 [M]. 李凯，译．北京：中国人民大学出版社，2018.
[19] 袁纯清．让保险走进农民 [M]. 北京：人民出版社，2018.
[20] 王凤霞，张珊．海洋牧场概论 [M]. 北京：科学出版社，2018.
[21] 中国渔业互保协会．中国渔业船舶安全分析报告（1994—2015）[M]. 北京：中国农业出版社，2018.
[22] 江生忠，等．农业保险财政补贴理论及经验研究 [M]. 天津：南开大学出版社，2017.
[23] 叶明华．中国粮食作物保险风险测度与政策优化 [M]. 北京：中国农业出版社，2017.
[24] 梁涛．相互保险组织运作及风险管理研究 [M]. 北京：中国金融出版社，2017.
[25] 杨红生．海洋牧场构件原理与实践 [M]. 北京：科学出版社，2017.
[26] 张祖荣．农业保险发展中的政府与市场：一个分析框架 [A]. 中国农业保险研究（2017）[C]. 北京：中国农业出版社，2017.
[27] 庹国柱，冯文丽．一本书明白农业保险 [M]. 郑州：中原农民出版社，2016.
[28] 陈文辉．中国农业保险市场年报 [M]. 天津：南开大学出版社，2016.
[29] 陈文辉．中国农业保险发展报告 [M]. 天津：南开大学出版社，2016.
[30] 陈文辉．中国农业保险发展改革理论与实践研究 [M]. 北京：中国金融出版社，2015.
[31] 宋志华，查斌仪．江苏农业保险研究（2004—2014）[M]. 北京：中国农业出版社，2015.
[32] 丁少群．农业保险学 [M]. 北京：中国金融出版社，2015.
[33] 于晓利．渔业水上安全管理 [M]. 大连：大连海事大学出版社，2015.

[34] 叶晓凌 . 中国渔业互助合作保险形成、运行及保障机制研究 [[M]. 杭州：浙江工商大学出版社，2015.

[35] 陈剑峰 . 航程——中国渔业互助保险二十年 [M]. 北京：中国农业出版社，2014.

[36] 黄亚林 . 政策性农业保险各主体利益协同研究 [M]. 北京：中国金融出版社，2014.

[37] 张团囡 . 美国农业保险演进研究 [M]. 北京：中国社会科学出版社，2013.

[38] 马巾英，康新 . 中国农业保险经营模式选择及发展构想 [M]. 北京：北京理工大学出版社，2013.

[39] 孙颖士 . 渔船船员培训教程 [M]. 北京：中国科学技术出版社，2012.

[40] 唐启升 . 中国区域海洋学—渔业海洋学 [M]. 北京：海洋出版社，2012.

[41] 费友海 . 中国农业保险制度演化研究 [M]. 成都：西南财经大学出版社，2012.

[42] 尹成杰 . 中国农业保险组织制度研究 [M]. 北京：中国农业出版社，2011.

[43] 郑伟 . 中国保险业发展研究 [M]. 北京：经济科学出版社，2011.

[44] 郭树华，蒋冠 . 中国农业保险经营模式的选择研究 [M]. 北京：人民出版社，2011.

[45] 庹国柱，赵乐，朱俊生 . 政策性农业保险巨灾风险管理研究 [M]. 北京：中国财政经济出版社，2010.

[46] 谢家智 . 中国农业保险发展研究 [M]. 北京：科学出版社，2009.

[47] 黄英君 . 中国农业保险发展机制研究：经验借鉴与框架设计 [M]. 北京：中国金融出版社，2009.

[48] 孙颖士，李冬霄 . 中国渔船安全分析报告（1999—2008）[M]. 北京：中国农业出版社，2009.

[49] 孙颖士，王炳喜 . 中国渔船船员死亡事故分析报告 (2006—2007)[M]. 北京：中国农业出版社，2009.

[50] 孙颖士 . 渔业保险和渔船安全论文集 [M]. 北京：中国农业出版社，2008.
[51] 徐永前 . 农业专业合作社法辞解 [M]. 北京：企业管理出版社，2007.
[52] 孟春 . 中国农业保险试点模式研究 [M]. 北京：中国财政经济出版社，2006.
[53] 宋英杰 . 中国农业保险概述 [M]. 北京：中国社会出版社，2006.
[54] 苏同江 . 海上保险实务与法律 [M]. 大连：大连海事大学出版社，2005.
[55] 孙颖士 . 中国渔业保险制度论纲 [M]. 北京：中国农业出版社，2004.
[56] 樊启荣 . 责任保险与索赔理赔编 [M]. 北京：人民法院出版社，2002.
[57] 魏润泉，陈欣 . 海上保险的法律实务 [M]. 北京：中国金融出版社，2001.
[58] 李家熹 . 船舶保险海事处理指南 [M]. 大连：大连海事大学出版社，2001.
[59] 李宝明，鞠伟红 . 保险索赔理赔规则 [M]. 北京：人民法院出版社，2001.
[60] 陈欣 . 保险法 [M]. 北京：北京大学出版社，2000.
[61] 农业部渔业局 . 中国渔业五十年大事记 [M]. 北京：中国农业出版社，1999.
[62] 李继熊，魏华林 . 海上保险学 [M] 成都：西南财经大学出版社，1997.
[63] 陈锡旸 . 渔船动力装置 [M]. 北京：中国农业出版社，1995.
[64] 贾复 . 船舶原理与渔船结构 [M]. 北京：中国农业出版社，1994.
[65] 郭仁达 . 现代海洋渔船 [M]. 北京：农业出版社，1983.
[66] 张成，张伟华，高志平 . 我国水产养殖业技术效率和全要素生产率研究 [J]. 农业技术经济，2014（6）.
[67] 梁铄，秦曼 . 中国近海捕捞业生产的随机前沿分析——基于省级面板数据 [J]. 农业技术经济，2014（8）.
[68] 李大海，潘克厚，韩立民 . 我国海水养殖业的发展历程 [J]. 中国渔业经济，2005（6）.

[69] 庞世之，杨博 . 英美相互制医师责任保险的启示 [N]. 中国银行保险报，2020-05-21.

[70] 陈勇 . 中国现代化海洋牧场的研究与建设 [J]. 大连海洋大学学报，2020（2）.

[71] 中国渔业互保协会官方网站 .